# 일본日本, 야스쿠니靖国

김영근 · 김용철 엮음

진인진

일본日本, 야스쿠니靖国

초판 1쇄 발행 | 2019년 4월 16일
엮 은 이 | 김영근 · 김용철
발 행 인 | 김태진
발 행 처 | 진인진
편    집 | 김민경
등    록 | 제25100-2005-000003호
주    소 | 경기도 과천시 별양상가 1로 18 614호(별양동 과천오피스텔)
전    화 | 02-507-3077~8
팩    스 | 02-507-3079
홈페이지 | http://www.zininzin.co.kr
이 메 일 | pub@zininzin.co.kr

ⓒ 진인진 2019
ISBN 978-89-6347-407-6  93300


*이 저서는 2007년 정부(교육과학기술부)의 재원으로 한국연구재단의 지원을
받아 수행된 연구임(NRF-2007-362-A00019).

# 목차

# 서론

■

# 야스쿠니에 다가서며

김영근 · 김용철

근대 일본의 역사에서 '뜨거운 장소'였던 야스쿠니신사는 그것이 가졌던 중요성만큼 2차 세계대전 종전 후 논란의 중심에 놓이게 되었다. 「신도지령」이 공포된 이후 치도리가부치 묘원과의 관계, 정교분리를 둘러싼 논란, 국가관리를 위한 움직임 등은 그 대표적인 이슈들이다. 특히 A급 전범의 합사가 이루어진 1978년 이후 외교적 이슈로 번진 사례는 그것이 단순한 과거의 장소가 아니라, 전쟁이 끝난 지 수십 년이 지난 오늘날에도 생생하게 '살아 있는 장소'임을 웅변해준다.

그러나 A급 전범 합사 이후 새로운 단계를 맞이한 야스쿠니신사문제에 대해 한국 국내에서 나타난 반응은 일정한 패턴을 드러냈다. 즉, 일본의 수상이나 각료와 같은 정치가들의 참배가 있게 되면 국내언론의 비판적 보도, 열화와 같은 여론의 비등이 순서에 맞추어 일어났다. 나아가 군국주의의 부활을 경계하며 제기한 역사인식의 문제는 야스쿠니문제가 일본군위안부문제나 독도문제, 역사교과서 왜곡 문제 등과 세트를 이룬 한일관계의 걸림돌이라는 지적이 뒤따랐다. 하지만 그것으로 끝이었다. 거의 매년 반복되는 이와 같은 패턴에도 불구하고 야스쿠니문제에 대한 인식이 심화되지도 못하였고 새로운 논의가 전개되지 못하였다.

물론 그와 같은 패턴이 반복되는 현상은 야스쿠니문제가 단순하지 않다는 것을 반증하는 일면이기도 하다. 특히 매스미디어가 전달한 뉴스에 촉발되어 일어난 현상의 매카니즘 자체만으로도 그것이 가진 명확한 한계가 설명된다. 그러다보니 분명한 것은 일본에서 끊임없이 야스쿠니신사에 관한 문제가 일어나고 그것이 가진 의미가 무엇인지에 대해 이해하는 일이 결코 용이하지 않다는 것뿐이었다. 아이러니컬한 현실을 조금이라도 흔들기 위한 접근방법에는 별도의 시도가 필요했다.

사실 생각해보면 일본 사회가 야스쿠니신사를 중시하는 이유가 단순하지 않을 뿐 아니라, 그것이 가지는 중요성에는 결코 간과할 수 없는 측면이 있다. 그것은 단순히 하나의 신사가 아니었고 지금도 그렇다. 유물론적이나 인식론(사상)적 군국주의나 전쟁은 말할 것도 없고, 천황제와 국가신도, 생사관, 국가주의와 같은 무거운 키워드들이 도사리고 있다. 모두 일본인의 특수한 가치 혹은, 특수한 세계관과 밀접한 관련을 갖고 있다. 그만큼 보편적인 시각에서 이해하기가 쉽지 않다는 것이다. 바로 그 사실은 역설적으로 보편의 시각에서 파악하고 다가갈 필요성이 절실함을 일깨워주었다.

사정이 이러함에도 국내의 야스쿠니신사에 관한 연구성과는 손에 꼽을 정도였다. 제대로 씌어진 단행본 한 권이 드문 실정이었다. 몇 권 나와 있는 일본서적의 번역서로는 근본적인 시각상의 한계가 너무 크다는 것을 인정하지 않을 수 없었다. 거기에는 일본의 전통문화나 생사관 등 많은 것이 설명이 필요하지 않은 전제로 설정되어 있었고, 일본 사회의 상식이 바탕에 깔려 있었다. 일본을 가리켜 '기호의 제국'이라는 수사도 있듯이 그 수많은 전제를 제대로 파악하지 못한 채 야스쿠니문제를 이해하고 대응의 방도까지 찾아내는 문제는 간단한 일이 아니었다. 일본 연구자의 문제의식에 편승하여 이해하는 야스쿠니신사 혹은, 야스쿠니문제는 때로 그들의 빛나는 통찰이 새로운 길을 열어주는 경우도 없지는 않았지만, 제한된 시각에서 제한된 범위만을 다루게 됨으로써 남의 안경을 빌려서 보는 답답함을 지울 수는 없었다.

이와 같은 상황을 조금이라도 타개해보고자 2015년 고려대학교 글로벌일본연구원(옛 일본연구센터)은 첫해에 〈야스쿠니에 다가서다〉라는 주제로, 이듬해에도 연장선상에서 〈야스쿠니에 다가서다Ⅱ〉를 주제로 심포지움을 개최하였다. 기획의 대전제는 사상사, 정치사, 문학사, 박물관학과 같은 다양한 인문학 분야를 중심으로 사회과학 분야까지를 아우르는 학제적 조명이었다. 이야말로 야스쿠니 문제가 가진 복잡함을 풀어가는 전략으로서 유효하다는 판단에서였다.

학제적인 연구와 함께 또 하나의 전제는 국내 연구자들만의 공동연구라는 점이었다. 이는 다행히도 그것은 국내의 일본 전공자들이 공유한 문제의식 역시 야스쿠니라는 주제의 무게만큼이나 충분한 깊이를 갖고 있었기에 가능했다. 참가 연구자 전원이 일본유학을 통해 각자의 분야에서 야스쿠니에 다가가는 길을 파악하고 있었고, 결과적으로 이 공동연구를 통해 야스쿠니의 윤곽을 입체적으로 그려내는 현실적이고도 효과적인 방법에 해부할 수 있게 되었다.

국내 연구자들에게 공동연구를 제안하여 개최한 두 차례의 심포지움의 내용을 담은 것이 이 책의 내용이다. 야스쿠니신사에 얽힌 다양한 측면을 묶어 〈야스쿠니의 이데올로기와 정서〉, 〈야스쿠니라는 공간과 그 유산〉, 〈脫야스쿠니로 여는 새로운 일본론〉 3부로 구성했다. 각각의 논문이 다룬 내용을 통해 야스쿠니신사에 얽힌 이데올로기와 정서의 문제를 비롯하여 야스쿠니신사 공간이 가진 성격과 야스쿠니신사의 유산, 그리고 천황제와의 연관, 일본의 정치 분야에서 가지는 의미까지를 다룸으로써 새로운 일본론의 방향을 가늠해보았다.

구체적으로 이 책의 내용을 구체적으로 소개하면 다음과 같다.

## 제1부 〈야스쿠니의 이데올로기와 정서〉에서

제1장 「감정의 야스쿠니-모노노아와레의 르상티망-」(박규태)은 야스쿠니 가요를 중심으로 그 대표적 표상인 '어머니'와 '사쿠라'의 의미분석을 통해 야스쿠니를 둘러싼 감정의 문제를 다루고, 야스쿠니 현창을 지지하는 국민적 감정의 밑바닥에는 원령신앙이라는 민속적 관념이 깔려있고, 그것이 "강자에 대한 약자의 콤플렉스, 원망, 시기, 질투, 증오, 모욕감, 복수심 등과 연관된 무기력하고 수동적인 고통과 분노 혹은 원한의 감정"을 가리키는 개념인 르상티망의 전형적인 일본적 표현임을 밝혔다. 또한 일본적 감정의 전형적인 미의식이라 할 만한 '모노노아와레' 및 '미야비'와 결부시켜보면 '감정의 야스쿠니'의 핵심은 '모노노아와레의 르상티망'에 있다는 결론을 제기하였다.

제2장 「전사자 추모의 '탈후진적' 상상력-에토 준江藤淳의 야스쿠니 문화론을 중심으로-」(서동주)는 문화보수주의자 에토 준의 야스쿠니문화론을 통해 '전통'이나 '문화'를 언급하며 문화상대주의에 기대어 야스쿠니신사의 존재를 정당화하는 문화보수주의자들의 주장을 비판하였다. 그들의 논리가 1980년대 에토 준에서 비롯된 것임을 밝히고 '역사'의 부재화라는 1980년대의 경향 속에서 에토가 개척한 '허구로부터 구성되는 역사'라는 방법이 과격한 우익적 후예들에 의해 반복되면서 '역사의 반지성주의'라는 새로운 '지적 타락'

으로 계승되고 있다고 지적한다.

제3장 「야스쿠니신사의 초혼사상招魂思想과 전사자 유골」(지영임)은 야스쿠니신사의 초혼사상을 통하여 근대 이후 야스쿠니신사의 전사자제사가 새롭게 만들어지는 과정을 규명하였다. 특히 기존의 야스쿠니연구에서 주목하지 않았던 전사자 유골의 문제를 결부시킴으로써 일본의 전통적인 시지 의례에서 필수불가결한 요소인 유골이 야스쿠니신사의 제사대상이 되지 못함에도 불구하고 제사방식에 대해 문제를 제기하거나 전사자 유골을 끝까지 발굴하라고 요구하는 유족 또한 많지 않은 사실을 들어 오직 영혼에 중점을 둔 야스쿠니 특유의 영혼관인 초혼사상이 큰 영향을 미치고 있다고 파악한다.

제4장 「민중의식 속의 천황제이데올로기와 야스쿠니신사의 건립」(이충호)은 13세기 이후 에도시대, 메이지시대 초기까지의 민중의식 속에서 형성된 천황제 이데올로기와 야스쿠니신사의 건립과정을 규명한 논문이다. 역사적으로 보면 권력쟁취를 위하여 일본 사회의 하층부의 에너지를 이용한 천황과 주류사회에서 이탈하여 주변부로 전락한 반체제적인 민중이 '천황이라는 대의명분'을 통하여 결집하는 일본만의 독특한 권력구조의 논리가 야스쿠니신사를 지탱하는 근본사상이 되었다고 주장한다.


## 제2부 〈야스쿠니라는 공간과 그 유산〉에서

제5장 「야스쿠니신사의 공간적 변용-여홍의 공간에서 현창의 공간으로-」(박삼헌)는 근년 일본에서 이루어진 연구성과를 소개하며 야스쿠니신사가 자리한 공간이 건립 초기부터 지금의 일본인들에 이르기까지 '위령'의 공간으로 온전히 기능하고 있는지에 대해 비판적 고찰을 시도한다. 실상이 그렇지 않음

으로 인해, 이를 극복하기 위한 시도로서 도시 공간 속의 '쉼/휴식'의 공간으로 외원을 재조성하여 방문하도록 하고, 이것이 '본전으로의 참배 유도=위령'으로 이어지도록 하려는 것은 아니었을지 추측한다.

제6장 「야스쿠니(靖国)-아시아태평양전쟁기 일본의 정신적 허브-」(김용철)는 야스쿠니신사가 아시아태평양전쟁기에 가졌던 성격에 주목하고 당시 일본인의 정신적 허브로서 기능하였다고 주장한다. 특히 전사자의 합사가 이루어지는 예대제에서 천황의 참배, 참배가 끝날 무렵의 시간에 맞춘 1분간의 전국민적 묵념 등은 야스쿠니신사가 전선의 군인들은 말할 것도 없고, 후방의 국민 모두에게 국가주의, 천황제 이데올로기 등이 작용하는 상징적 토포스로서 기능하였다고 파악한다.

제7장 「야스쿠니신사와 봉납스모의 제의祭儀적 고찰」(조규헌)은 야스쿠니신사 봉납스모의 제의祭儀적 성격을 초혼식招魂式과의 관련에서 중점적으로 고찰하고, 춘계예대제에 즈음하여 사쿠라마쓰리와 함께 화려하게 행해지는 봉납스모가 어떠한 문화적 특수성을 내포하는지를 밝히려 하였다. 특히 초혼식 다음날 펼쳐진 본전 앞 도효이리 의식은 전사자戰死者 영혼의 초혼招魂 관념을 반영한다고 보고, 요코즈나와 마쿠노우치 선수들이 야스쿠니의 영령이 강림하는 군신이자 충신과 오버랩된다고 주장한다. 또한 전전 임시대제 초혼식의 봉납스모는 '사쿠라 꽃처럼 진' 명예로운 죽음을 맞이한 전사자 영혼과 관계한다면, 현재의 봉납스모는 사쿠라마쓰리의 시기에 맞추어 열린다는 점에서 '만개한 사쿠라 꽃'인 환생한 전사자 영혼의 상징성을 내포함으로써 전전과 전후를 관통하는 전사자의 '영혼'을 배경에 둔 일본만의 특징적 문화현상으로 규정하였다.

제8장 「야스쿠니신사靖国神社 유슈칸遊就館의 건립과 동시대 전쟁박물관으로의 성격변화」(김용철)는 지금의 야스쿠니신사 박물관인 유슈칸은 원래 전

통적인 신사의 봉납용 그림 진열공간인 에마당으로 계획되어 무기진열소로 바뀌어 개관하였고 전쟁박물관으로 변모해간 과정을 규명하였다. 특히 중일전쟁 발발 이후에는 중요한 프로파간다 장소로서 기능한 사실은 근년의 대규모 리노베이션을 통해 부활한 사실과 관련해서도 주목된다.

## 제3부 脫야스쿠니로 여는 새로운 일본론

제9장 「천황의 전쟁 책임과 야스쿠니 문제-'도미타富田 메모'를 중심으로-」(박진우)는 2006년 공개된 '도미타 메모'를 통해 오늘날의 소위 상징천황제와 야스쿠니신사와의 관계를 규명하고자 하였다. 쇼와 천황의 측근으로서 궁내청 장관이었던 토미다 모토히코가 남긴 메모의 내용에 따르면 천황과 'A급 전범'의 사이를 단절시켜 천황의 전쟁 책임을 봉인하고 평화주의자로 미화하려 한 일본 정부의 의도가 관철되어 결국 'A급 전범'은 도쿄재판에서 처형되었고, 일본의 정치가나 관료들은 60여년이 지난 지금까지도 자신들을 희생하여 천황을 지키는 '충신'의 역할을 다하고 있다고 파악한다.

제10장 「야스쿠니신사 한국인 무단 합사 철폐 소송 경위와 논리」(남상구)는 한국인 무단 합사 철폐소송 문제를 통하여 야스쿠니신사 문제를 바라보는 일본 정부와 사법부, 그리고 야스쿠니신사 측의 시각이 한국 유족의 시각과 어떻게 다른지와, 그 문제가 식민지 청산과 관련된 문제라는 점을 밝히고자 하였다. 설령 합사 철폐는 불가능할지라도 합사에 협력한 일본정부가 사죄할 것, 한국인 합사자는 일제의 강제동원 피해자이며 일본 정부가 그 사실을 교육할 수 있는 시설을 설치할 것, 한국인 강제동원 희생자 유골이 치도리가부치 묘원에 안장되었을 가능성이 높은 만큼 그 사실의 명기, 일본 정부와 야스쿠니신사의 주장을 반박할 수 있는 논리의 개발과 대만 등

피해국과의 공동연구 등을 제안한다.

제11장 「일본의 '야스쿠니 정치'란 무엇인가-동아시아 내셔널리즘의 대립과 위기관리-」(김영근)는 야스쿠니신사를 통한 정치적 행위를 점검하고, 일련의 정치적 이슈가 일본의 국내외 정치에 미친 영향에 관해 고찰하려 하였다. 아베의 야스쿠니 정치는 전후체제에서 탈피하여 〈보통국가화〉의 실현을 목표로 하고 있다. 야스쿠니 정치 및 이와 밀접하게 관련되어 있는 천황제나 내셔널리즘은 굳이 분류하자면 국제적 요인이 작동하기 어려운 이슈라 다각적 트랙이 작동할 수 있는 여지는 크지 않다고 보고, 전쟁 희생자와 관련된 인권문제 혹은 역사인식과 연계되어 있다는 점에서는 충분히 국제적 협력을 도출할 수 있는 사안으로 파악한다.

이 책은 발표자 각자의 진지한 문제의식이 출발점이 되어 진행된 야스쿠니라는 사례연구를 통해 학문분야를 넘어서 공통점과 차이점들을 부각시키고 유형하여 보다 선명한 논의와 이해가 가능해진 결과물이 되었다고 자부한다. 더더욱 각 분야가 선 일본연구에 대한 각자의 태도에 바탕을 둔 것이었지만, 두 차례의 심포지움을 통해 다루어진 내용으로 단행본 출판을 결정하게 하는 중요한 요인이 되었다. 당분간 이어질 것으로 보이는 일본 사회의 보수우경화 역시 그 필요성을 증대시켜주었음을 부인할 수 없다.

잘 알려져 있는 바와 같이 야스쿠니신사는 패전 후 우여곡절을 거쳐 군국주의 시절의 기억과 야망을 간직한 불씨로 살아남았다. 근대 일본이 도달한 군국주의와 천황제 이데올로기 등이 교차하는 혈에 자리했던 그곳이 매년 8월 15일마다 코스프레의 무대가 되고 있는 현실은 야스쿠니신사가 가진 상징성의 단편에 불과하다. 현장에 가득 찬 이상한 열기는 야스쿠니문제와 관련한 한 일본 사회가 보수를 넘어 복원을 지향하고 있다는 착각이 들 정도다. 더욱이 근년의 복잡해진 동아시아 국제정세와 맞물려 그러한 움직임이 활기를 얻고 젊은 세대들에게 전승되는 상황도 간과할 수 없는 사태의 추이다. 말하자면 야스쿠니는 패전으로 묻혀 있던 '어두운 입구'로서 일본 사회의 빗나간 지향을 끌어내는 도화선이었던 셈이다.

인문한국(HK)사업의 일환으로 학제적 연구방법론을 적용하고, 그 과정을 통해 얻어진 결과물로 사회적 확산을 시도할 수 있게 된 것도 의미가 있지만, 국내 연구자들만으로 앤솔로지를 출판했다는 사실 자체로 작지 않은 의의를 찾을 수 있다. 험난한 길일지라도 누군가 시작하지 않으면 안된다는 각오로 첫걸음을 내디딘 결과가 이 한 권의 책이다. 첫술에 배부를 없다는 것은 당연한 이치다. 이 책의 출판을 계기로 하여 이전까지 야스쿠니문제가 불거졌었을 때 반복되어온 반응의 패턴, 그리고 그것에 맞닿은 피상적인 판단을 유보하고 야스쿠니문제에 한 걸음 다가설 수 있기를 기대해본다. 더 나아가서는 언젠가 야스쿠니문제에 대해 더욱 심도있고 통찰력이 번득이는 비판논리가 개발될 날이 올 것을 기대하며, 이 책이 그 기대의 실현을 앞당길 작은 발판이 되기를 바랄 뿐이다.

덧붙여서, 저자들의 심도있고 신중한 분석결과를 이 책을 통해 독자들에게 쉽게 다가서기 위해 제목을 어떻게 할 것인가를 두고 많은 논의를 전개해왔다. 앞서 소개한 바와 같이 〈야스쿠니에 다가서다〉라는 제목은 두 번의 학술대회의 주제였기에 가장 우선순위에 있었다. 오해의 소지도 있다는 의견을 존중하여 후보로 거론한 제목들을 소개하자면 다음과 같다. 본서의 제1부, 제2부, 제3부의 제목으로 선정한 〈야스쿠니의 이데올로기와 정서〉, 〈야스쿠니라는 공간과 그 유산〉, 〈脫야스쿠니로 여는 새로운 일본론〉이라는 제목 이외에도 〈야스쿠니, 일본〉, 〈일본 야스쿠니의 해부〉, 〈일본의 야스쿠니〉, 〈야스쿠니, 일본을 묻다〉, 〈야스쿠니, 일본을 알자〉, 〈야스쿠니를 파헤치다〉, 〈뒤틀린 제국의 추억: 야스쿠니를 다시보다〉, 〈신화와 근대의 공존: 야스쿠니 신사〉, 〈한국 연구자의 보편적 시각으로 본 야스쿠니에 다가서다〉, 〈야스쿠니를 바라보는 보편적 시선〉, 〈일본 제국, 야스쿠니를 다시보다〉, 〈일본 근대와 신화의 공존: 포스트 야스쿠니〉, 〈일본 야스쿠니를 가르다〉, 〈일본 야스쿠니에 관한 비판적 시각〉, 〈일본의 '야스쿠니 정치'〉, 〈동아시아 내셔널리즘의 표상: 야스쿠니〉 등이다.

한편, 본문에서 사용하는 일본어 표기는 원칙적으로 가능한 한 원어발음을 사용하고, 외국어표기법과는 달리 장음과 단음을 구별하였다. 다만 일본어 원음보다는 한글발음에 익숙한 단어들은 각 저자들의 용어선택을 존중하여 예를 들어, '초혼사' 혹은 '쇼콘샤'를 혼용하고 있다. 이와 같은 경우 한자를 병기하거나 색인(찾아보기)에서도 명기하고 있다. 저자들의 심오한 고민을 긴 호흡을 바탕으로 과감하게 독자 여러분들께서 상상력을 발휘하시어 일독하시기를 기원하는 바이다.

# 제 1 부

# 야스쿠니의 이데올로기와 정서

# 제1장

■

# 감정의 야스쿠니
-모노노아와레의 르상티망-

박규태

## I. 들어가는 말: 감정의 연금술

대다수의 일본인들이 과거 군국주의와 전쟁에 대한 강한 반감을 가지면서도 동시에 성전聖戰 사관을 고수하는 야스쿠니에 대해 높은 국민적 지지를 보내는 현상은 기이하게 비쳐진다. 흔히 야스쿠니에 대한 일본인들의 지지는 심정적인 것이라고 말해진다. 그리고 이런 지지에 기대어 "평화를 위해 야스쿠니를 참배한다"고 강변하는 많은 일본 정치가들은 통상 야스쿠니를 일본전통 혹은 국민적 감정과 동일시하곤 한다.[1] 한편으로 개인적인 체험이나 사자에 대한 농밀한 기억을 통해 야스쿠니와 연관성을 가진 유족들의 숫자가 감소하면서 야스쿠니와의 정서적 유대가 점차 약해지고 있다. 하

---

[1] 가령 2006년 6월 아베총리는 참배를 중지하라는 중국의 요구에 대해 종교의 자유 및 양심의 자유와 더불어 "전몰장병에 대한 일본인의 추모 감정"을 들면서 거절했다.

지만 아직도 정치적, 문화적으로 '야스쿠니파'의 힘이 매우 강하다는 판단도 가능하다.[2]

　이런 의미에서 '감정의 야스쿠니'를 묻는 물음은 이른바 '야스쿠니 문제'에서 간과할 수 없는 중요한 측면을 구성한다고 말할 수 있겠다. 야스쿠니 문제는 정치, 외교, 법률, 경제, 군사, 교육, 종교, 역사, 문화 등 다양한 영역에 걸쳐 있고 그 각각의 요소가 복잡하게 얽혀 있어서 현실적으로 대단히 풀기 어려운 것이 사실이다. 이와 관련하여 "야스쿠니는 본질적으로 유족의 의지나 감정을 무시하는 시설"[3]이라고 끊어 말하는 다카하시 데쓰야는 『야스쿠니 문제』에서 감정의 문제, 역사인식의 문제, 종교의 문제, 문화의 문제, 국립추도시설의 문제 등 다섯 가지의 주제를 제시하고 있다. 이 중 그는 감정의 문제에 대해 유족의 감정, 다양한 감정의 대립(일본인의 감정, 아시아 각국 사람들의 감정), 피의 이미지, 국가교, 정신분석학적 억압개념, 추도와 현창의 구별 등을 언급하면서 궁극적으로 '감정의 연금술'이라는 관점에 도달한다. 여기서 '감정의 연금술'이란 한마디로 슬플 수밖에 없는 유족의 감정을 국가적 의식에 의해 기쁨으로 전화시키는 테크닉을 가리킨다. 다시 말해 그것은 "유족의 불만을 진정시켜 가족을 전쟁에 동원한 국가에 대해 절대 불만을 터뜨리지 않도록 하고, 무엇보다도 전사자가 현창되어 유족이 그것을 기뻐함으로써 다른 국민이 스스로 나서서 국가를 위해 목숨을 바치고자 희망하게" 만드는 국가차원의 다양한 기제를 뜻한다. 가령 전전의 일본 정부는 막대한 국비를 투입하여 전국 각지에서 수많은 유족들을 도쿄에 초대하여 초혼의식에 참석시킨 후, 신주쿠교엔, 황궁, 우에노 동물원 등 도쿄 명

---

2　島薗進(2014),『宗教・いのち・國家』, pp.142-143.

3　다카하시 데쓰야(2005),『야스쿠니 문제』, p.98.

소를 구경하고 기념사진을 찍게 했다. 그럼으로써 국가와 천황이 얼마나 고마운 존재인지를 알게 해서 최고의 감격을 느끼게 한 후 명예로운 유족으로서 고향으로 돌려보냈던 것이다.[4]

요건대 야스쿠니는 이런 '감정의 연금술'에 의해 전사戰死의 비애를 행복으로 탈바꿈시키는 장치라는 것이 다카하시의 입장이다. 그러니까 전사자를 '추도'하는 것이 아니라 '현창顯彰' 즉 드높여 받드는 것이야말로 야스쿠니의 본질적인 역할이라는 말이다.[5] 이런 '감정의 연금술'은 매우 인상적이고 유의미한 수사학임에 분명하다. 그 수사학은 감정이란 기본적으로 개인적인 경험이면서도 동시에 대단히 사회적이고 시대적인 것으로서 특정한 정치적 행동을 불러일으키는 힘과 관련되어 있다는 점을 시사해준다. 특히 그것은 "일본에서는 논리가 아니라 감정이 사회적 현실을 구성한다"[6]는 테제를 환기시킨다는 점에서 주목할 만하다. 다시 말해 야스쿠니에 있어 '감정의 연금술'은 "논리보다는 마음에, 지성보다는 감각과 감성에 호소하는 다양한 상징들이 부단히 기능하면서 체제유지에 일조해온"[7] 일본사회의 역사적 맥락과 많은 부분 겹쳐진다.

그런데 '감정의 연금술'이 말하는 '추도로부터 현창으로'는 단순히 시간적인 추이를 뜻하는 것이 아니다. 야스쿠니의 기원에서부터 이미 추도와 현창의식은 함께 뒤섞여 있었기 때문이다. 가령 『야스쿠니신사 백년사』는 1868년 5월 10일 막말 순난자와 무진전쟁 전몰자의 위령을 위해 교토 히가시야

---

4　위의 책, pp.44-45.

5　위의 책, 『야스쿠니 문제』, p.14.

6　百川敬仁(2000), 『日本のエロティシズム』, p.12.

7　渡辺浩(1997), 『東アジアの王權と思想』, p.19.

마東山에 초혼사를 창건하여 그들의 충절을 영구히 '현창'한다는 취지를 기록하고 있다.[8] 이는 야스쿠니 문제와 관련하여 추도, 위령, 현창을 구분하기가 간단치 않음을 예상케 하는 대목이다. 본고는 이 점을 염두에 두면서, '감정의 연금술'이라는 수사학을 약간 비틀어 '감정의 야스쿠니' 즉 야스쿠니를 둘러싼 감정의 문제에 접근하고자 한다. 이를 위해 이하에서는 '감정의 야스쿠니'를 가장 압축적으로 드러내는 야스쿠니 가요에 있어 대표적 표상인 '어머니'와 '사쿠라'의 의미 분석을 시도할 것이다. 그 과정에서 본고는 야스쿠니에 대한 심정적 공감의식의 기층에 깔려 있는 원령신앙과 관련하여 '르상티망'의 관점을 도입하는 한편, 그것을 일본적 감정의 전형적인 미의식이라 할 만한 '모노노아와레物哀れ'와 결부시킴으로써 궁극적으로 '감정의 야스쿠니'의 핵심이 '모노노아와레의 르상티망'에 있다는 점을 주장하고자 한다.

## II. 야스쿠니 가요와 모노노아와레: 어머니와 사쿠라 표상

1869년 창사 이래 일본국민의 숭경의 중심이 된 야스쿠니에 관련된 노래는 1894년 학습원 음악교관 노쇼 벤지로納所辯次郎와 고등사범학교 음악교관 스즈키 요네지로鈴木米次郎 공편의 『메이지 군가』에 수록된 〈초혼사〉[9]를 비롯하여 일본 가요사상 유례가 없을 만큼 무수히 많다.[10] '감정의 야스쿠니'

---

8  靖国神社編(1984), 『靖国神社百年史 事歷年表』, p.100.

9  위의 책, p.145.

10  초대 경시청 음악대장을 역임한 지휘자 야마구치 쓰네미쓰는 『야스쿠니신사 창립 120

를 말할 때 전전의 가요는 국가가 노래를 통해 국민들에게 어떤 감정을 고취시키고자 했는지를 가장 잘 보여준다는 점에서 간과할 수 없는 중요한 의의를 지닌다. 가령 1937년 국민정신총동원 방침에 따라 만들어진 〈애국행진곡愛国行進曲〉은 후지산으로 표상되는 '금구무결金甌無缺'의 일본, '팔굉일우八紘一宇'의 대사명을 짊어진 '황국'을 예찬한 군가인데, 이는 당시 일본인들 사이에 열광적인 우월감과 전의를 불러일으키면서 제2의 애국가라 할 만큼 널리 불려졌다.[11] 아무리 전시라 하더라도 군가가 어떻게 국민들 사이에 이처럼 유행할 수 있었을까? 이런 물음은 정치적 의도에 의해 만들어진 수많은 야스쿠니 가요들이 사람들의 마음을 사로잡을 수 있었던 이유와도 밀접한 관계가 있어 보인다. 이와 관련하여 무사도 정신의 부활을 외치는 보수우익계 학자 후지와라 마사히코의 발언이 하나의 실마리를 제공해 줄지도 모르겠다. 그는 일본이 세계를 구제할 사명과 자격이 있다고 주장하면서, 그 근거 중 하나로 그 자신이 '일본의 가장 중요한 보물'이라고 칭한 '모노노아와레'의 미적 감성을 들고 있다.[12] 일종의 유행가였던 전전 군가는 단지 전사戦士의 용맹성을 부추기는 노래이기에 앞서, 오기意気地와 비애(모노노아와레)가 혼합된 감정의 노래였다.[13] 이하에서는 이런 모노노아와레 정서가 군가라든가 야스쿠니 가요에 녹아들어 있었고, 그것이 일본인의 정서와

---

주년 특집』에서 대표적인 야스쿠니 노래 34곡을 소개하고 있다. 山口常光(1988), "靖国神社の歌", pp.190-205.

11  국민을 전쟁에 동원하기 위한 도구로 기능했던 전전의 군가는, 그러나 이와 동시에 아이러니컬하게도 일본사상 가장 국민의 마음을 사로잡은 음악이자 국민들에게 가장 친근했던 오락과 여흥이기도 했다. 辻田眞佐憲(2014), 『日本の軍歌 : 國民的音樂の歷史』 참조.

12  藤原正彦(2005), 『國家の品格』, p.190.

13  梅原猛(2002), 『美と宗教の發見』, p.196.

공명을 일으켜 놀랄 만한 유행을 낳았을 것이라는 관점에 입각하여 논의를 전개하고자 한다. 이때 먼저 모노노아와레를 둘러싼 미와 정치의 연관성에 대해 생각해 볼 필요가 있다.

## 1. 모노노아와레 공동감정: 미와 정치의 공모

하시카와 분조는 『일본낭만파 비판서설』에서 일본의 정신풍토에 있어 '미'의 불가사의한 힘과 역할을 강조하면서, 그것이 서구에 있어 '신God'이 담지해온 힘과 역할에 비견될 수 있다고 지적한다.[14] 이와 같은 미의 자리매김은 일본사상사에서 뿌리 깊은 발상이라 할 수 있다. 그것은 국학의 대성자 모토오리 노리나가本居宣長에게서도 발견된다. 노리나가는 "모노노아와레를 안다는 것을 좀 더 확장시킨다면, 몸을 닦고 집안을 다스리고 나라를 통치하는 도에까지 관련될 수 있다(源氏物語玉の小櫛)"고 하여, 미적 개념인 모노노아와레의 적용 범위를 '치국'의 정치원리에까지 확장시켜 이해했다. 이런 노리나가 국학을 찬미해 마지않았던 근대 일본의 경우, 미적 가치를 강조한 일본낭만파는 젊은이들이 미적 가치를 이상주의와 애국심에 투영함으로써 자신들의 희생을 고상하고 아름다운 목적을 위한 것이라고 정당화하는 데 일조했다.[15]

미시마 유키오는 『문화방위론』에서 헤이안시대 궁정풍의 미의식인 미야비雅에 주목하면서, "비상시에 그것은 테러리즘의 형태를 취하기도 했다."고 주장한다. 그 대표적 사례가 2·26사건인데, 이 정치적 대사건이 실패로 끝

---

14    橋川文三(1998), 『日本浪漫派批判序說』, p.108.

15    오오누키 에미코(2004), 『사쿠라가 지다 젊음도 지다』, p.20.

난 것은 2·26 청년장교들의 미야비를 이해하지 못한 쇼와 천황의 무지 때문이라는 것이다. 하지만 미시마에 의하면 어디까지나 "미야비의 원류는 천황"이며, 일본전통의 핵심은 "미적 가치의 정점을 미야비에서 찾는" 데에 있다. 그는 미야비를 문화개념으로서의 천황제를 구성하는 핵심적인 세 가지 요소 즉 재귀성, 전체성, 주체성 가운데 특히 전체성과 연관시켜 이해했다. 예컨대 미시마는 "어떠한 반역도 어떠한 비속함도 결국은 미야비 안에 포괄된다. 여기에서 문화의 전체성이 남김없이 드러나며, 문화개념으로서의 천황이 성립된다."라고 말한다.[16] 미시마는 이런 문화개념으로서의 천황이 전후 일본에서 붕괴되었다고 보았으며, 이런 위기를 극복하기 위해서는 오직 "천황과 군대를 영예의 유대로 연결시키는 것이 급무"라고 주장한 것이다. 이는 정치개념으로서의 천황이 아니라 문화개념으로서의 천황의 부활이 되어야만 한다는 것을 뜻한다. 문화의 전체성을 대표하는 천황만이 궁극적인 가치 그 자체라는 것이다.

이와 같은 미시마의 문화방위론은 미와 정치의 관계를 부정한 것이라기보다는 그것을 역으로 파악했다고 보는 편이 더 적절할 것이다. 천황과 미의 분리 불가능한 결탁은 미의 정치성을 전제로 할 때 비로소 가능한 것이기 때문이다. 게다가 미시마가 말한 '천황과 군대의 영예로운 유대'는 정치적 목적으로 운영된 전전의 야스쿠니를 통해 거의 완벽한 형태로 이루어졌다. 미시마는 야스쿠니에 관해서는 일체 언급하지 않은 채, 전후 일본에서 그런 유대가 정치적 차원이 아니라 문화적 차원에서 이루어져야 한다고만 역설했다. 한편 『아름다운 나라로』에서 정치와 미의 결합을 표명한 아베 신조를 비롯하여 야스쿠니 참배에 집착하는 일본 정치가들은 '일본전통'이라

---

16　三島由紀夫(2006), 『文化防衛論』, p.79-80.

든가 '일본문화'라는 레토릭에 기대어 면죄부를 삼고자 한다.

어쨌거나 야스쿠니 문제와 관련하여 유념할 것은 일본사회에서 '미와 정치의 공모'의 한가운데에 천황이 존재한다는 사실이다. "전전의 천황은 '미' 그 자체임과 동시에 '미'를 국민들에게 그것을 배분하거나 승인하는 존재로서 기능하기도 했다. 즉 천황의 이름하에 수행된 전쟁 등에 참가한 공로자나 희생자는 천황의 이름하에 미적 대상으로 가시화됨으로써 공동체 속에서 추모의 대상이 될 수 있었던 것이다."[17] 전전의 천황은 미의 분배를 통한 전몰자들의 가시화라는 정치적 기능을 지니고 있었다는 말이다. 이때의 미를 대표하는 것으로 모노노아와레를 들 수 있다. 전후정치의 총결산을 외치면서 8월 15일에 최초로 야스쿠니 '공식'참배를 결행했던 나카소네 야스히로 전수상은 일본인의 정신에서 잘라내려야 잘라 낼 수 없는 관념이 바로 모노노아와레라고 말한다.[18]

그렇다면 '모노노아와레物の哀れ'란 무엇인가? 그것은 이를테면 "자연과 인간의 대비 속에서 미를 발견하는 감성", "사물이나 사건에 예민하게 감동할 줄 아는 능력", "비애와 연민의 공감을 환기시키는 사물의 파토스", "사물에 대한 동감과 일체화를 추구하는 대상적 감수성", "타자를 배려한다든지 널리 인정에 따르고자 하는 일본인의 심성을 나타내는 말" 등과 같이 다양한 방식으로 규정된다.[19] 원래 헤이안시대 귀족문화의 애상적인 정조를 나타내는 문학용어였던 모노노아와레는 17세기 중엽에 이르러 근세 도시문화가 새롭게 낳은 공동감정으로 재구축되었다. 이 무렵 오늘날까지 은연중 일

---

17  남상욱(2014), "아베 신조 『아름다운 나라로』 속의 '미'와 '국가'", p.182.

18  나카소네 야스히로(2011), 『보수의 유언』, p.165 p.251.

19  박규태(2012), "모토오리 노리나가의 모노노아와레론 재고", p.301.

본인의 사고를 지배하고 있는 이데올로기로서의 '체념의 모노노아와레론'을 수립한 자가 바로 전술한 노리나가이다. 모노노아와레 공동감정은 자연과 마찬가지로 사회(체제, 조직, 국가) 또한 인간에게는 통어불가능한 자연이며 어쩔 수 없이 받아들일 수밖에 없는 것이라는 체념을 기반으로 형성된 미적 감정이라는 것이다. 이와 같은 체념의 문법에 입각하여 노리나가는 이 세상을 '고통의 바다'가 아니라 '모노노아와레의 바다'라고 불렀다. 이때 그는 모노노아와레를 "사물에 접하여 그 기쁘거나 슬픈 일의 마음을 헤아려 아는 것"(石上私淑言)이라고 정의내리면서, 일본 고유의 가장 중요한 특질이 바로 이 모노노아와레라는 미적 감수성에 있다고 생각했다.

이처럼 모노노아와레라 불리는 독특한 공동감정을 공동성의 기반으로 하는 사회시스템이 근세 이래 형성된 후 서서히 쇠퇴했다가 근대 천황제를 통해 다시 재건되기에 이른다. 모모카와 다카히토에 의하면, 근대 천황제의 확립은 모노노아와레의 재건과 불가분의 관계가 있다. 즉 근대 천황제는 그 이전의 종교적 권위를 본질로 하는 천황제와는 달리, 무엇보다 근세 이래 모노노아와레 공동성을 재건하고 보완하는 역할에 있어 그 본질을 말할 수 있다. 근대 천황은 서양이라는 위협을 앞두고 선명하게 부상한 '일본'이라는 국가를 상징하는 존재이자, 개개 일본인이 느끼는 모노노아와레를 국가 차원으로 전위시키는 매체였다. 그러니까 근대에 일본은 처음으로 자신을 하나의 국가로 의식하게 되었는데, 이는 천황이라는 존재에게 자신의 모습을 투영함으로써 가능했다는 말이다. 천황은 신이자 동시에 인간이라는 애매한 존재였는데, 그때 사람들은 덧없는 인간과 영원한 신이라는 대비 속에서 강렬한 모노노아와레 공동감정을 느꼈을 법하다. 거기서 천황은 신으로서 국가를 담지하는 존재이자, 그 자신도 즐겨 와카(和歌)를 짓는 등 모노노아와레를 느끼는 한 사람의 인간으로서 대중적 동감의 대상이 되었다.[20] 일본의 전후 민주주의 시스템하에서 이런 모노노아와레 공동감정은 점차 쇠퇴해 왔지만, 그럼에도 오늘날까지 여전히 기본적으로는 동일한 구조가 일본사회의 밑바닥에 흐르고 있다. 그것은 특히 '감정의 야스쿠니' 안에 살아 있다. 야스쿠니 가요에 자주 등장하는 '어머니'와 '사쿠라' 표상은 이와 같은 모노노아와레의 공동감정을 주요한 배경화면으로 삼고 있다.

## 2. 야스쿠니의 어머니: 연기의 모노노아와레

> "야스쿠니에 영혼은 진좌되어도/틈나는 대로 돌아가라/어머니의 꿈길로"(야스쿠니노)

이 노래의 작사자 오에 가즈후미大江一二三는 『야스쿠니신사』(1984)를 펴낸 오에 시노부大江志乃夫의 부친이다. 중일전쟁 개시 직후 육군대좌였던 가즈후미는 전사한 부하의 군복 주머니에서 '어머니, 어머니'라고 무려 24번이나 적혀있는 어머니 사진을 찾아낸다. 1937년 11월 17일 부하의 장례식 때 그가 보낸 전보가 위 노래인데, 이것이 1944년 일본방송협회NHK의 국민창가에 수록되어 크게 히트했다. 이 노래에 대해 오에 시노부는 "온몸을 천황을 위해 바쳤던 전사자의 영혼만이라도 왜 유족의 품안으로 돌려보내지 않는가, 왜 죽은 자의 영혼까지도 천황의 국가가 독점하지 않으면 안 되는가"라는 의문을 품었다고 한다. 당시는 "틈나는 대로 돌아가라, 어머니의

---

20  百川敬仁(2000), 『日本のエロティシズム』, p.166 및 pp.212-213.

꿈길로"라고 말하는 것조차도 용기가 필요한 시대였다. 영령이 된 아들을 만나기 위해서는 어머니가 구단 고개의 야스쿠니까지 찾아가는 것이 당연하다고 여겨지던 시대였기 때문이다.[21]

2005년 니혼TV가 종전 60주년 특별드라마로 방영한 『24개의 눈동자』[22]에서 여주인공의 남편이 전사하여 백목 상자에 담긴 유골로 돌아왔을 때의 장면을 상기해보자. 유골 상자를 안고 있는 여주인공 앞을 두 아들이 걷고 있다. 군국소년인 형이 슬픔에 우는 동생에게 "나라를 위해 명예롭게 전사한 것이니까 울어서는 안 돼."라고 꾸짖는다. 그러자 엄마가 화를 내며 "명예로운 전사라니 그런 게 아냐. 넌 야스쿠니의 아내가 된 나를 이번에는 야스쿠니의 어머니로 만들 작정이냐? 이런 때 울지 않는다면 도대체 언제 운단 말이냐. 사람들이 보아도 상관없으니 실컷 울거라."고 소리친다. 이 장면은 1939년 잡지 〈주부의 벗〉 6월호에 게재된 "홀로 키운 사랑스런 외아들을 나라에 바친 명예로운 어머니들의 감격의 눈물 좌담회" 장면과 매우 대조적이다. 이는 중일전쟁 초기에 전사한 장병들을 야스쿠니에 합사하는 임시대제가 열렸을 때 초대받은 유족 어머니들이 나눈 대화 기록인데, 그 중에는 다음과 같은 언급이 나온다.

〔1〕 "천자님께 절을 올릴 때 저는 눈물이 흘러서 주체를 할 수가 없었어요. 야스쿠니님께 참배할 수 있었고, 천자님께도 절하고, 나는 이제 여한이 없어요. 오늘 죽어도 만족이예요. 웃으며 죽을 수 있어요."

---

21  오에 시노부(2001), 『야스쿠니신사』, pp.200-208.

22  원작은 쓰보이 사카에(壺井栄)의 동명 소설로, 일찍이 1954년 기노시타 게이스케(木下惠介) 감독에 의해 영화화된 바 있다.

〔2〕 "우는 얼굴 따위를 보여서야 천자님께 죄송하죠. 모두 나라를 위해서
인데, 안 그래요? 그렇게 생각하면 정말로 언제나 기운이 넘치죠."

〔3〕 "이제 아들이 돌아오지 않는다고 생각하면 쓸쓸하기 이를 데 없지만,
나라를 위해 죽어 천자님께 칭찬받고 있다고 생각하면 다른 것은 모두 잊
어버릴 만큼 기뻐서 기운이 나요.",

〔4〕 "이미 그 아이는 죽었다고 생각하고 있습니다만, 그래도 다른 건강한
군인을 보면, 아아, 저렇게 어디엔가 살아 있을까, 괜한 생각을 하기도 하
죠. 나 혼자만 남았구나 하고 무심결에 푸념을 늘어놓기도 하죠. 저녁 무
렵이 되면 부끄러운 일이긴 합니다만, 부모된 마음으로 '불쌍해라, 불쌍해
라' 생각해요. 그렇게 생각하자마자 곧바로 '아아, 명예로운 일이야, 명예
로운 일이야'라고 생각하죠. 그러면 왠지 모르게 웃는 얼굴이 돼요."

'야스쿠니의 어머니'는 눈물을 흘리지 않으며〔2〕, 설령 흘린다 해도 그것
은 슬픔이 아닌 기쁨의 눈물이어야 한다〔1〕. 하지만 그렇다고 해서 어머니
의 쓸쓸함〔3〕이나 죽은 자식을 불쌍해하며 그리워하는〔4〕 본심이 다 가려질
수 있는 것은 아니다. 그럼에도 '야스쿠니의 어머니'들은 자기검열과 자기기
만을 통해 본심을 억누른다. 이에 대해 다카하시는 비애 감정이 국가에 의
한 '감정의 연금술'을 통해 억압된다고 말한다.[23] '야스쿠니의 어머니'가 등
장하는 전전의 가요에서도 종종 이런 '감정의 연금술'을 찾아볼 수 있다. 가
령 비장하고 슬픈 곡조의 군국가요 삼부작 〈군국의 어머니〉(1937), 〈황국의
어머니〉(1938), 〈구단의 어머니〉(1939)의 가사는 각각 다음과 같다.

---

23　다카하시 데쓰야(2005), 『야스쿠니 문제』, pp.27-29 및 pp.36-39.

〔1〕일편단심 조국을 위해/명예롭게 전사할 것을 부탁한다고/눈물도 보이지 않은 채 격려하며 자식을 보내는 아침의 기차역. 〔2〕산화하거라, 어린 벚나무의 사쿠라여/남자로 태어나 전쟁터에서/천황을 위해 총검을 잡는 것도/일본 남아의 숙원이나니. 〔3〕살아서 돌아올 생각은 말아라/백목 상자가 전해지면/장한 내 아들이라고/네 어미가 칭찬해 줄 것이니. 〔4〕강인하고 씩씩하게 후방을/지키는 군국의 어머니가 아니더냐/여자 몸이지만/전통적인 충과 의라는 두 글자에는 변함이 없을 것이다.(군국의 어머니)

〔1〕환호성과 깃발의 파도/뒷일을 부탁한다는 저 목소리/이것이 전장터의 마지막 소식/오늘도 멀리서 들려오는 나팔 소리. 〔2〕돌이켜보면 그 날은 비가 내렸지/아기는 엄마 등에서 새근새근/어깨를 베개 삼아 잠들어 있었는데/뺨에는 눈물이 반짝였다. 〔3〕무사히 돌아올 것을 기다리겠노라고 했을 때/당신은 사내답게 말씀하셨지요/다음번 만날 날은 내년 4월/야스쿠니의 벚나무 아래서라고. 〔4〕동양평화를 위해서라면/왜 울겠어요/나라를 위해 산화하신 당신이 남긴 아기/꼭 멋지게 키우겠어요.(황국의 어머니)

〔1〕우에노역에서 구단까지/왜 그다지도 심란하고 초조했던지/지팡이 짚고 하루 걸려/내 아들아, 널 만나러 에미가 왔다. 〔2〕하늘을 찌를 듯한 대도리이大鳥居/이렇게 멋지고 웅장한 신사에/신으로 모셔져있다니 황송하고 과분하구나/엄마는 기쁨의 눈물을 흘리네. 〔3〕무릎 꿇고 두 손 모아/절하며 힘차게 염불하다가/문득 정신 차려 허둥거리네/내 아들아 용서해다오, 이 시골뜨기를. 〔4〕솔개가 송골매의 자식을 낳았다한들/지금은 과보果報가 분에 넘치는구나/무공훈장을 보여주고 싶을 뿐/아들 만나러 온 구단 자카여.(구단의 어머니)

1937년 12월 8일 개봉된 닛카쓰 영화 〈후방의 저성赤誠〉의 주제가이자 군국가요라는 명칭을 만들어 낸 시발점인 〈군국의 어머니〉는 당초 육군성에서 '비상시 전시가요'로서 제작한 것으로, 동년 7월 7일부터 시작된 중일전쟁을 배경으로 크게 히트했다. '군국의 어머니'는 눈물도 보이지 않은 채, 유골이 전해지면 칭찬해 줄 것이니 아예 살아서 돌아올 생각은 말라고 하며 아들을 전장터로 보낸다. 이에 비해 황국의 아내는 출정하는 남편과 이별하는 자리에서 눈물을 흘리며 무사히 돌아오라고 말한다. 하지만 남편은 자신이 죽은 뒤 야스쿠니에서 만나자며 떠난다. 결국 아내는 남편의 죽음이 "동양평화를 위한 것"이니 울어서는 안 된다고 본심을 억압하면서 '황국의 어머니'가 되어간다. 한편 죽은 아들을 만나러 야스쿠니를 찾아온 '구단의 어머니'는 심란하고 초조한 본심을 감추려 애쓴다. 그 본심에 대한 자기검열과 억압은 신사 앞에서 염불을 하다 황급히 멈추는 장면에서 잘 엿볼 수 있다. 그럼에도 결국 '감정의 연금술'은 어머니의 본심을 기쁨의 눈물로 전화시키고 만다. 그러나 전후에 나온 야스쿠니 가요는 사뭇 다른 정조를 띠고 있다. 가령 요시카와 시즈오吉川静夫 작사의 〈야스쿠니의 어머니〉(1957)와 야노 료矢野亮 작사의 〈비내리는 구단 고개〉(1961)는 이렇게 노래하고 있다.

〔1〕손자와 며느리의 손에 이끌려/아픈 허리도 늙은 몸도/마다않고 이 에미가/만나러 왔어 내 아들아/꽃 피어난 도쿄의 아아 구단 언덕이여. 〔2〕국화 문양 앞에 넙죽 엎드려/이제 와서 운들 무슨 소용이 있으리/고향의 토산물 사과란다/생각날 거야, 내 아들아/꺼안은 사진에 아아, 눈물이 떨어지네. 〔3〕합장한 양손에 아직도 떠오르는/아들의 웃는 얼굴 그거 하나로 살아가야지/다음에 사쿠라 필 무렵/꼭 또 올게 내 아들아/혼이여 잘 자거라, 아아 구단 언덕이여.(야스쿠니의 어머니)

〔1〕숨이 차 양산을 내리고 하늘을 우러러보니/빗줄기 속에 부옇게 보이는

대도리이/에미가 왔다, 마침내 왔다/사랑하는 아들이 살고 있는 신사에/
한번만이라도 만나고 싶어서. 〔2〕비에 젖은 자갈길을 밟으면서/어딘가 모
르게 아들과 닮은 사람이 지나가네/어차피 돌아올 수 없음을, 푸념임을 알
면서도/살아있다면 저 사람 나이쯤 되었겠지 라고/늙은 엄마의 눈물이 앞
을 가리네. 〔3〕두 손 모아 공손히 절하는 늙은 엄마의 등 위로/떨어져 내
려붙는 사쿠라의 꽃보라/내 아들아 용서해다오 장하게 죽었노라고/칭찬은
못하겠지만 안타깝고 애달픈 거짓말을/다 감출 수 없는 이 에미를.(비내리는
구단 고개)

"이에 와서 운들 무슨 소용이 있으리"라고 체념하는 '야스쿠니의 어머니'
는 "안타깝고 애달픈 거짓말을 다 감출 수 없노"라고 토로한다. 아무리 '군
국'이나 '황국'으로 수식된다 한들, 죽은 아들을 생각하는 어머니의 절절한
본심(마고코로＝모노노아와레)을 모두 감출 수는 없는 일이다. 때문에 '천황을
위해 죽는 것'이 곧 '야스쿠니 정신'이라고 주창한 다카가미 가쿠쇼조차 "세
아들을 국가에 바치고도 눈물 한 방울 흘리지 않은 강한 어머니, '울지 않는
어머니'라고 마을 사람들에게 칭찬받은 군국의 어머니도 역시 인간입니다.
아들의 유골을 몰래 고타쓰에 넣고 '추웠지'라고 우는 어머니의 마음이야말
로 '포기하지 않는다는 것을 포기했다'는 경지라고 생각합니다. '울지 않는
어머니가 운다' 그것이 진짜이겠지요."[24]라고 한발짝 뒤로 물러선다. 그러니
까 '야스쿠니의 어머니'들이 기쁘다고 말한 것은 하나의 연기였을 것이다.
　야나기사와 기엔(柳澤淇園, 1704-1758)은 인간이 본질적으로 연기演技의 존
재라고 생각했다. 이 때 연기의 토대는 혼네(本音, 속마음)와 다테마에(建前,
표면상의 명분이나 원칙)의 미묘한 짜깁기에 있다. 일상생활에서의 아픔과 비

---

24　高神覺昇(1943), 『靖国の精神』, p.37.

애를 서로 직접 확인하는 것이 아니라, 아무렇지도 않은 듯이 가장하면서 그래도 슬쩍슬쩍 나타났다 숨었다 하는 혼네의 감정을 서로 암묵적으로 알아차릴 때 모노노아와레가 비로소 가슴을 파고들어 사람들 간의 연대감을 낳게 된다. 그러니까 모노노아와레를 환기하는 데에는 혼네 즉 인간의 덧없음, 취약함, 근원적인 슬픔과 고통 등을 감추면서도 드러낸다는 역설적인 조작이 필요하다. 이는 오직 연기에 의해서만 가능한 것이다. 모노노아와레 공동체는 연기 공동체인 것이다. 하지만 그 연기는 의도적인 것이어서는 안 된다. 의도적인 연기는 공감을 이끌어내지 못한다. 역설적이게도 연기는 연기가 되어서는 안 된다. 이것을 '조작적 연기'라 칭할 수 있다면, 또 하나의 연기 유형 즉 '허구적 연기'를 말할 수 있다. 근세 후기에 이르러 조작적 연기는 더 이상 연기가 아니게 되며, 연기 그 자체가 혼네이자 진실처럼 여겨지는 허구적 연기의 상황에 도달한다. 바꾸어 말하자면, 현실보다 더 현실적인 허구, 원본original보다 더 원본 같은 사본copy, 진짜보다 더 진짜 같은 가짜가 혼네이자 진실 혹은 욕망의 실제 대상으로 여겨지게 되는 것이다.[25] '야스쿠니의 어머니'의 연기는 이 두 역사적 유형의 연기 곧 조작적 연기와 허구적 연기 모두에 걸쳐 있다.


## 3. 야스쿠니의 사쿠라: 미야비의 모노노아와레

지금까지 살펴본 '어머니' 표상과 더불어 야스쿠니 가요의 가장 전형적인 표상은 역시 '사쿠라'일 것이다. 가령 1912년 12월 15일에 나온 『심상소학교 창가』 제4학년용에 수록된 국민창가 〈야스쿠니신사〉라든가 특히 군인들 사

---

25　박규태(2009), "모노노아와레, 일본문화론, 애니메이션", pp.170-171.

이에서 폭발적인 인기를 구가했던 〈동기의 사쿠라〉라는 다음 노래를 보라.

〔1〕아아, 고귀하신 천황께/목숨 바쳐 나라를 위해/세운 공훈이여 영원히/찬란하게 빛나는 야스쿠니의 신. 〔2〕아아, 황송하구나 벗나무/꽃으로 산화하신 충의忠義의/대장부여 그 혼은 영원히/나라를 수호하는 야스쿠니의 신.(야스쿠니신사)

〔1〕너와 나는 동기의 사쿠라/같은 항공대의 정원에 피어났지/한번 피어난 꽃이 지는 것은 각오한 일/멋지게 지겠노라 나라를 위해. 〔2〕너와 나는 동기의 사쿠라/같은 항공대의 정원에 피어났지/피를 나눈 혈육의 사이는 아니지만/어딘가 마음이 통해서 잊혀지지 않네. 〔3〕너와 나는 동기의 사쿠라/뿔뿔이 흩어져 지더라도/사쿠라 피어난 도쿄 야스쿠니에서/같은 나무 끝에 피어 만나자꾸나.(동기의 사쿠라)

〈야스쿠니신사〉가 실린 『심상소학교 창가』는 1932년 3월부터 12월에 걸쳐 문부성에 의한 개정증보판이 나왔고, 결국 이 노래는 1940년에 소학교가 초등학교로 바뀔 때까지 소학창가로서 전국 방방곡곡에 이르기까지 오랜 기간 동안 국민가요로서 애창되었다. 한편 1938년 와세다대학 교수 사이죠 야소西條八十가 〈두 송이의 사쿠라: 전우의 노래〉를 출간했는데, 1942년 해군병학교 71기생인 조사 유타카帖左裕가 가사를 변경하여 〈동기의 사쿠라同期の桜〉라는 제목을 붙였다. 이때의 동기란 해군병학교의 동기생을 의미한다. 당시 제국해군은 휘장 등에서 사쿠라를 상징으로 삼았고, 해군병학교에서는 사쿠라를 배경으로 졸업사진을 찍는 관습이 있었다.[26] 어쨌거나 위 두

---

26    오오누키 에미코(2004), 『사쿠라가 지다 젊음도 지다: 미의식과 군국주의』, pp.251-252.

노래에서 사쿠라는 천황과 국가를 위한 '산화'의 표상으로 묘사되어 나온다.

1935년 6월 23일 도쿄의 각 신문은 일제히 지난 4월 26일 야스쿠니 임시대제가 거행된 그날 대륙에서 전사한 사쿠라이 병조장의 유서를 공개했다. "지금 나는 조국 일본의 융성과 영원한 동양평화를 기원하면서 애기愛機와 함께 적지로 가고자 한다. 예로부터 생사를 논하지 않는 것이 무인의 도이다. 지금 아무 것도 후회하지 않는다. 일본남자로 태어나 이제 25년, 오늘 화사하게 조국을 위해 순사하여 황은에 보답하고자 한다." 그는 이어 양친과 아내와 자식에게 눈물 없이는 읽을 수 없을 만큼 애정어리고 감동적인 유언을 남긴 후, 끝으로 "동아의 영원한 평화를 기도하면서 나는 대륙 벌판에 산화하련다."는 말로 유서를 맺고 있다. 이에 대해 불교학자 다카가미 가쿠쇼는 『야스쿠니의 정신』(1943)에서 "죽어야만 할 때에 깨끗하게 죽은 사쿠라이 병조장이야말로 실로 죽어서 산 인간입니다. 황국을 위해 산화한 병조장은 일본이 있는 한 영원히 살아있습니다. 아니, 병조장 뿐만 아니라 동양평화의 일초석으로서 조국을 위해 깨끗하게 웃으면서 죽은 이들은 언제까지나 영원히 살아있는 것입니다. 영원한 그 생명은 영광스러운 일장기와 함께 언제까지라도 찬란하게 빛날 것입니다."라고 적고 있다.[27] 이는 전전 일본에서 '미련 없이 깨끗하고 화사하게 산화하는 것'이 황국을 위한 이상적인 죽음의 모델이었음을 보여준다.

사회학자 미타 무네스케는 『근대 일본의 심정의 역사』에서 심정의 상징체계를 연구테마로 제시하면서 그것이 "각 민족의 생활사의 연륜을 무심한 형태로 개시하며, 그런 심정의 상징체계를 통해 해당민족과 시대의 정신구조 근저에 있는 심정의 경향을 알 수 있다."고 주장한다. 이런 관점에서 그

---

27    高神覺昇(1943), 『靖国の精神』, pp.41-44.

는 근대 일본의 유행가를 열 가지 심정의 항목(분노, 슬픔, 연모의 정, 의협, 미련, 익살, 고독, 향수와 동경, 무상감과 표박감)으로 나누어 고찰하면서, 유행가의 빈출 어휘들이 상징하는 고유한 심정을 사전 목록으로 정리하고 있다. 가령 그 중 '꽃'은 사랑, 연모의 정, 기쁨을, 그리고 '사쿠라'는 깨끗함いさぎよさ과 화사함のどか을 응축적으로 상징하는 어휘에 속한다는 것이다.[28]

실제로 야스쿠니 가요에 많이 등장하는 '꽃'이라든가 '사쿠라' 혹은 '산화'라는 어휘는 종종 '기쁨', '화사함', '깨끗함'의 심정과 결부되어 있다. 예컨대 『신찬여학창가新撰女學唱歌』(1934)에 실린 창가곡 〈야스쿠니신사〉[29]는 "봄날 신전을 장식한/사쿠라도 저녁 바람에/휘날리는 눈처럼 져서 미련 없이 깨끗한/야마토다마시大和魂로 나타나리니/황국과 함께 흔들림 없이/이름도 야스쿠니의 궁주宮柱이어라."고 하여 '미련 없이 깨끗하게 지는 사쿠라'를 일본정신(야마토다마시)과 결부시켜 예찬하고 있다. 국민학교 초등과 제4학년용 교과서[30] 『초등과 음악(2)』(1942)에 수록된 가요 〈야스쿠니신사〉 또한 "꽃은 사쿠라, 사람은 무사/그 벚나무로 뒤덮인 곳이/야스쿠니라네/나라를 위해 미련 없이 깨끗하게/꽃으로 산화하신 이들의/혼이 이곳에 진좌하셨노라."고 하여 마찬가지로 사쿠라를 '미련 없이 깨끗하게 산화한 혼'의 상징으로서 찬미하고 있다. 여기서 '꽃은 사쿠라, 사람은 무사'라는 전통적인 금언의 삽입은 무사도와 사쿠라 표상의 결합에 있어 『만엽집』적인 '마스라

---

28 　見田宗介(1967), 『近代日本の心情の歷史: 流行歌の社會心理史』, pp.246-249.

29 　이와야 사자나미(巖俗小波)가 작사한 이 노래는 여자고등학교의 음악교과용으로 편집된 『신찬여학창가』에 실린 80곡 중 78번째 곡이다.

30 　1941년 4월 초등학교령이 시행되면서 교과서 개정이 행해졌다. 당시 교과서에는 야스쿠니 가요뿐만아니라, 〈기미가요〉, 〈칙어봉답〉, 〈천장절〉, 〈명치절〉, 〈1월1일〉, 〈기원절〉의 여섯 곡이 의식 창가로서 전학년 교과서에 들어가 있었다.

오부미'(남성풍)가 지배적이었던 군국주의 시대의 미학을 반영하고 있다. 그
럼으로써 자연스럽게 천황을 위한 전장터에서의 죽음을 감성적으로 미화할
수 있었던 것이다. 위와 동일한 제목의 다음 노래에서 잘 엿볼 수 있듯이,
그런 미화는 궁극적으로 '야마토다마시'와 사쿠라의 동일시로 귀결된다.

> 〔1〕아침해에 향기로운 산벚꽃/유례를 찾아볼 수 없을 만큼 뛰어난 시키시
> 마敷島의/야마토고코로大和心가 황국을/천대만대 수호하리라. 〔2〕대장부가
> 나라를 위해/산화하여 야스쿠니에/모셔진 그 높은 공적은/야마토고코로
> 의 찬란한 빛이어라. 〔3〕지고 난 후에도 향기로운 사쿠라 꽃잎처럼/사람은
> 죽은 후에 이름을 남기고/오늘날 제사받으니 고귀하여라/모두 나라를 위
> 해 진력할지니. 〔4〕사천여만 민초의/불도 물도 해치지 못하는/마음을 가
> 진다면 일장기가/세계에 찬연히 휘날리리라.(야스쿠니신사)

이 노래는 당시 창가 보급에 크게 기여한 작곡가 다무라 도라조田村虎蔵[31]
가 책임편집하여 1903년 1월 문부성 검정으로 발행된 『국민교육신찬가國民
敎育新撰歌』에 수록된 것이다. 러일전쟁을 앞둔 급박한 시대정황 속에서 야
스쿠니 현창을 통해 국민의식을 고취하고자 했던 이 노래는, 노리나가의
"시키시마의 야마토고코로가 무어냐고 묻는다면 아침해에 운치있게 빛나는
산벚꽃이라 하리敷島の 大和心を 人間はば 朝日に匂ふ 山さくら花"라는 유명한 '시
키시마 노래敷島歌'[32]를 끌어와 전사자의 죽음을 '아침해에 향기로운 산벚꽃'

---

31    다무라는 창가가 속된 가요로 화하는 것을 우려하여 아동창가의 개혁을 추진함으로
      써, 창가를 통해 역사상 모범인물, 호국, 덕행, 정의 등의 국민의식을 널리 진작시키고
      자 했다. 靖国神社編(1984), 『靖国神社百年史 事歷年表』, p.159.
32    마쿠라고토바인 '시키시마'는 '야마토'와 마찬가지로 일본을 지칭하는 옛말이다.

혹은 '지고 난 후에도 향기로운 사쿠라'[33]에 비유하면서 그것을 일본정신(야마토고코로)과 등치시키고 있다.

노리나가의 시키시마 노래는 위의 야스쿠니 가요를 비롯하여 근대 일본에서 국책사업의 진행과 더불어 대대적으로 선전되면서 온 국민에게 널리 알려졌다. 가미카제 특공대는 이 노래를 따서 시키시마 부대, 야마토 부대, 아사히(아침해) 부대, 야마자쿠라(산벚꽃) 부대라는 이름으로 편성되기도 했으며, 특공기에 만개한 사쿠라 문양을 그린다든지 혹은 특공대원들이 벚나무 가지를 꽂고 출격하거나 그들을 배웅하는 소녀들도 벚나무 가지를 흔드는 장면이 흔히 연출되었다. 이 밖에도 국가는 다양한 방법을 통해 사쿠라의 미적 가치를 군사적 이미지와 행위로 전이시켰다. 소집된 병사들은 사쿠라에 의해 상징되는 과거의 사무라이로 미화되었고, 전장에서의 죽음은 '산화'로 미화되었다. 군복의 휘장도 사쿠라와 국화가 사용되었으며, 야스쿠니의 사쿠라는 병사들의 환생을 표상했다. 뿐만 아니라 이 시대에 사쿠라는 군대와 함께 행진했다. 즉 식민지나 정복지역을 대일본제국의 일부로 각인시키기 위해 군부는 군대가 가는 곳마다 사쿠라를 심었던 것이다. 이와 더불어 유행가, 영화, 연극, 동요, 교과서 등에서 "천황을 위해 사쿠라꽃처럼 아름답게 죽는 것"이 찬미되었다. 특히 시키시마 노래는 초등학교 교과서와 군가 등에 많이 활용되었으며, 1940년대의 유명한 『애국백인일수愛國百人一首』에도 수록되었다.[34] 나아가 근대 일본군대 편성에 중요한 공헌을 한 니

---

33  여기서 사쿠라의 향기를 운운하는 대목은 실은 노리나가 노래 속의 '匂ふ'를 오독한 것이다. 노리나가의 경우 '匂ふ'는 '운치있게 빛나는 것'을 뜻하는 말인데, 〈야스쿠니신사〉는 그것을 사쿠라의 향기(좀に匂い)로 읽은 것이다.

34  배관문(2014), "하나의 일본, 시원의 벚꽃: 시키시마 노래의 산벚꽃을 중심으로", pp.53-58; 오오누키 에미코(2004), 『사쿠라가 지다 젊음도 지다』, p.467.

시 아마네西周는 1878년의 강연 "병가덕행兵家德行"에서 이 시키시마 노래를 인용하면서 사쿠라와 일본인을 동일시했다. 여기서 그는 "홑겹의 사쿠라꽃은 모란의 요염함이나 연꽃의 청결함에 미치지 못하고, 또한 동백이나 무궁화처럼 썩을 때까지 가지에 달려있지도 않다."면서 사쿠라꽃이 다른 꽃들과 달리 깨끗하게 진다는 것을 가장 큰 미덕으로 강조하고 있다.[35]

이처럼 '미련 없이 화사하고 깨끗하게 지는', 그리하여 '지고 난 다음에도 여전히 향기롭고 아름다운' 사쿠라의 미학은 한마디로 '모노노아와레의 미학'이라고 바꾸어 말해도 전혀 이상하지 않다. 모노노아와레는 많은 일본인들에게 "일본 고유의 무상관이 보다 추상화되어 형성된 매우 독특한 정서이자 특히 덧없는 인간과 유구한 자연 사이의 대비 속에서 미를 발견하는 감성"[36]으로 이해되어온 미적 감정이기 때문이다. 다시 말해 사쿠라 표상이 슬픔을 기쁨으로 전화시키는 '감정의 연금술'에 의한 야스쿠니 현창과 성공적으로 접목될 수 있었던 것은 '지는 꽃(죽음)'의 덧없음과 지고 난 후의 깨끗함(생명력)이 보여주는 선명한 대비 속에서 강렬한 아름다움을 느낄 줄 아는 일본인의 모노노아와레적 공동감정 때문이라는 말이다. 그리하여 이제 사쿠라는 야스쿠니에서 '다시 피어나는 꽃(환생)'으로 환출되기에 이른다. 요컨대 근대 일본국가는 야스쿠니 현창을 매개로 하여 천황과 황국을 위한 희생 이데올로기의 보급을 촉진하기 위해 떨어지는 사쿠라를 전몰병사로, 피어나는 사쿠라를 환생으로 비유했지만, 사람들은 이런 근본적인 변화에 놀라지 않았다. 사쿠라는 생명력과 환생을 나타내기도 하고 그 정반대의 죽음

---

35  오오누키 에미코(2004), 『사쿠라가 지다 젊음도 지다』, pp.200-202.
36  藤原正彦(2005), 『國家の品格』, pp.101-103.

을 상징하기도 하기 때문이다.[37]

야스쿠니 가요 속에서 사쿠라는 노리나가의 시키시마 노래를 매개로 하여 모노노아와레의 표상으로 확고히 자리잡게 되었다. 그런데 사쿠라는 한편으로 미야비의 표상으로 말해지기도 한다. 가령 니토베 이나조는 "무사도는 일본의 상징인 시쿠라와 마찬가지로 일본정신 고유의 꽃이다."[38]라는 말로 시작하는 영문저작『무사도: 일본정신』(1904)에서 노리나가의 시키시마 노래를 소개하면서 다음과 같이 언급한다.

> "일본정신을 뜻하는 '야마토다마시大和魂'가 궁극적으로 이 섬나라의 국민정신을 나타내는 말이 되었다. (중략) 사쿠라는 오랜 동안 일본인이 사랑해온 꽃이자 일본 국민성의 상징이었다. (중략) 사쿠라는 본질적으로 일본 고유의 자생적 산물이다. 하지만 일본인이 사쿠라를 사랑하는 것은 이런 자생적 고유성 때문만이 아니다. 이는 다른 꽃들과는 달리 사쿠라의 고상하고 우아한 아름다움이 일본인의 미적 감수성을 깊이 자극하기 때문이다."[39]

'무사도=사쿠라=일본정신'의 일치를 주장하는 이 대목에서 특히 눈여겨 볼 것은 니토베가 사쿠라의 아름다움을 다름 아닌 미야비적인 것 즉 '고상하고 우아한 아름다움'으로 이해하고 있다는 점이다. 사실 모노노아와레와 미야비는 상호 침투적이다. 그래서 노리나가는 "대저 인간이란 미야비

---


37  오오누키 에미코(2004),『사쿠라가 지다 젊음도 지다』, p.463.

38  Inazo, Nitobe(1908), *Bushido: the Soul of Japan*, p.1.

39  *ibid.*, pp.150-152.

의 마음을 알아야만 한다. 미야비의 마음을 모르는 자는 모노노아와레를 모르며 마음이 없는 자이다(宇比山踏)."라 하여 미야비와 모노노아와레를 동일시하기도 했다. 이와 관련하여 우메하라 다케시는 모노노아와레의 미학을 '객관적인 것'과 '주관적인 것'으로 구분하면서, "일본민중의 마음의 근저에 흐르는 것은 객관적인 모노노아와레의 미학도 강건한 기개의 미학도 아닌, 『고금집古今集』과 직결된 주관적인 모노노아와레의 미학"[40]이라고 말한다. 여기서 우메하라가 말하는 '강건한 기개의 미학'이 『만엽집』풍의 남성적인 '마스라오부리'의 미의식을 의미한다면, '주관적인 모노노아와레의 미학'은 『고금집』풍의 여성적인 '다오야메부리'의 미의식을 가리킨다. 이 중 노리나가는 다오야메부리의 입장에서 미야비와 모노노아와레를 동일시한 것이다. 요컨대 니토베도 우메하라도 노리나가와 마찬가지로 사쿠라 표상을 미야비적인 모노노아와레로 이해한 것이라 할 수 있다.

오늘날 일본인들이 사쿠라 하면 떠올리는 노래는 단연코 에도시대 이래 많은 사랑을 받아온 민요를 1941년에 개창한 "사쿠라 사쿠라/야산도 마을도/저 멀리 아스라이 바라보이는/안개인지 구름인지/아침해에 향기로운 におう/만개한 사쿠라여, 사쿠라여."라는 〈사쿠라〉일 것이다. 여기서 사쿠라의 비유로 나오는 향기, 안개, 구름 등은 우미한 곡조와 더불어 미야비의 정취를 잘 느끼게 해 준다. 이때 'におう'는 종종 '향기'로 번역되는데, 이런 '향기' 또한 야스쿠니 가요에서 빼놓을 수 없는 중요한 요소라 할 수 있다. 가령 1939년 소학교 교사 양성용 교재인 문부성 검정의 『표준사범학교 음악 교과서 제1편』에 수록된 〈야스쿠니신사〉는 "정원 가득히 피어난 향기로운/꽃으로 산화하신 대장부의/영예를 말해주는 사쿠라여/평화로운 치세의 봄

---

40    梅原猛(2002), 『美と宗教の發見』, p.193.

과 가을마다/천황께서도 행차하시어/몸소 절하시는 황송함이여."라고 노래한다. 사쿠라의 '향기'를 영예라든가 천황과 연관시키고 있는 이 가요는 당시 '야스쿠니의 신들'을 예찬한 가장 신성한 어조의 노래라고 여겨지기도 하는데, 노래가 전해주는 이런 신성한 감정은 향기로운 미야비의 정취와도 무관하지 않아 보인다. 이 노래보다 훨씬 전대인 1905년의 대중가요 〈나팔노래ラッパ節〉 또한 "나라의 영예는 이 몸의 영예/죽음으로써 가치 있는 대장부의/남은 향기는 후세에/사쿠라꽃으로 피어 향기로운 구단 언덕"이라 하여 '향기'의 미야비로 죽음을 미화하고 있다. 전술했듯이 일본에서 미와 정치의 결합을 둘러싸고 종종 언급되곤 하는 이 미야비의 모노노아와레는 이제 르상티망의 감정과 결합된 야스쿠니 정신으로 그 모습을 드러내게 된다.


## Ⅲ. 야스쿠니 정신: 모노노아와레의 르상티망

1940년은 황기 2600년에 즈음하여 11월 3일 황거 앞 광장의 봉축식전을 정점으로 국가의식이 크게 고양된 해로, 야스쿠니 숭경의 움직임도 더욱 두드러지게 나타났다. 가령 이해 호치報知신문사는 영화 『영령찬가』를 제작하여 야스쿠니에 봉납했고 주제가 〈영령찬가〉를 레코딩했다. 전해인 1939년에는 앞서 다루었던 〈구단의 어머니〉가 널리 유행했으며, 〈주부의 벗〉사가 야스쿠니에 유채화 〈초혼의 의식〉을 봉납하는 한편 전국에 〈야스쿠니신사의 노래〉 작사를 공모하여 그 당선작의 작곡을 육해군 군악대장에게 의뢰했다. 마침내 작곡이 완성되어 야스쿠니에 봉납된 것이 1940년 10월 14일의 일이었다. 봉납식에서 육해군 군악대가 연주하고 우에노 음악학교 학생

100명이 합창한 이 곡은 다음 날부터 거행된 임시대제(10월 15일에서 22일) 및 추계 예대제(10월 23일부터) 때 야스쿠니 사상 최초의 의례용 제전 악곡으로 연주되었다. 군국가요 〈구단의 어머니〉와 함께 야스쿠니 가요로서는 당시 쌍벽을 이룬 이 〈야스쿠니신사의 노래〉는 다음과 같다.

[1]해뜨는 곳日の本의 햇살에 빛나는/진충盡忠의 웅혼雄魂을 제사지내노라/찬란하게 빛나는 궁주宮柱를/아아, 천황께서 배례하시는/영광의 야스쿠니여. [2]단호하게 일장기를 지키고자/그 목숨을 나라에 바치신/대장부의 혼이 진좌하신 곳/아아 국민들이 칭송하며 예배드리는/공훈자들의 야스쿠니여. [3]보국의 피바다血潮로/산화하셨으니 일본大和의 모든/청명한 혼이여 평안하소서/아아 동포의 감사와 함께 향기롭게/피어나는 사쿠라의 야스쿠니여. [4]행어혼幸御魂[41]이 우리에게 행복을 가져다주며/드높은 치기千木가 빛나는 이곳에서/황국은 영원히 위엄하리니/아아 일억 신민들이 조려 기도하는/호국의 야스쿠니여.(야스쿠니신사의 노래)

여기서 '영광'의 '공훈자들'에 의한 '호국'의 야스쿠니는 다름 아닌 향기로운 '사쿠라'의 야스쿠니로 노래되고 있다. 그런데 이때 미야비 혹은 모노노 아와레의 상징인 '향기로운 사쿠라'의 산화가 '보국의 피바다'로 묘사되고 있다는 점이 흥미롭다. 사쿠라와 피바다의 동거를 어떻게 이해해야 좋을까? 사쿠라가 내포하는 죽음 상징의 측면이 피바다와 연결될 수 있는 여지가 없는 것은 아니다. 하지만 그보다 더 중요한 것은 양자의 대비적 관계가 불러

---

41　사치미타마. 하나의 신 안에 있는 네 가지 영혼 가운데 행복을 가져다주는 영혼을 가리키는 말.

일으키는 모노노아와레적 감정이 아닐까 싶다. 대비가 극단적일수록 그 모노노아와레 감정도 더 진해질 것이다. 그렇다면 남편이 야스쿠니에 합사되어 있는 '야스쿠니의 아내' 이와이 마스코岩井益子가 2002년 4월 15일 오사카 지방재판소에 제출한 다음과 같은 진술서 대목은 어떻게 보아야 할 것인지 궁금해진다.

> "남편이 생전에 '전사하면 반드시 야스쿠니에 혼령을 모셔준다'라고 믿으며 사지로 떠난, 바로 그 야스쿠니를 욕보이는 것은 나 자신을 욕보이는 것의 몇 억 배의 굴욕입니다. 사랑하는 남편을 위해서도 절대로 용서할 수 없는 일입니다. 야스쿠니를 욕보일 정도라면, 나 자신을 백만 번 죽여주십시오. 단 한마디 야스쿠니를 매도하는 말을 듣는 것만으로도 내 몸이 갈가리 찢겨져 전신의 피가 역류해 넘쳐 나와, 그 피가 전사戰士들의 피바다가 되어 끝없이 펼쳐져 나가는 것이 보이는 듯합니다."[42]

이 '야스쿠니의 아내'의 격한 감정은 아마도 거짓이 아닐 것이다. 그녀는 죽은 남편이 신으로 모셔져 있는 야스쿠니와 심정적으로는 결코 둘이 아니라 하나였으리라고 짐작되기 때문이다. "태초에 동감이 있었다"는 테제야말로 그녀와 야스쿠니의 관계를 가장 잘 설명해 주리라. 그것은 모노노아와레 공동성의 기본 감정에 의거하는 동감이다.

그런데 이런 동감으로서의 모노노아와레는 본질적으로 사고나 논리와는 거의 무관한 반언어적이고 수동적인 감정이며, 따라서 거기에는 상이한 감수성이나 이질적인 생각을 가진 사람을 받아들이는 회로가 부재하기 십상

---

42    다카하시 데쓰야(2005), 『야스쿠니 문제』, p.20.

이다.[43] 막스 셸러에 의하면, 이런 의미에서의 동감은 도덕적인 능력이 아니며 다만 착각, 혼란, 자아상실에 불과하다. 진정한 동감은 수동적인 감정 상태가 아닌, 자타의 거리를 유지하는 자립적이고 의식적인 자아의 능동적인 감정 기능이다. 이에 비해 야스쿠니 현창을 통한 국가와의 합일감정은 감정 전염의 극단적 상황에 해당한다. 그것은 자신이 속한 공동체의 감정이 마치 나 자신의 감정인 것처럼 착각하게 만든다. 그것은 무의식적으로 타인의 감정을 나의 감정으로 느낄 뿐만 아니라 타인의 자아를 나의 자아와 동일시하게 만든다. 다른 한편으로 이 점을 의식하지 못하게 만드는 동감의 메커니즘이 존재한다. 가령 근대 일본처럼 상하 권위적 관계에서는 상위자가 하위자를 지배하고 보살피고 자애를 베푸는 동감과, 하위자 쪽에서 상위자의 의지에 희생적으로 관여하면서 그 상위자에게 동감하는 것이 혼합되어 있다.[44]

이는 모노노아와레 윤리가 가지는 결정적인 취약점임에 분명하다. 그것은 전형적으로 노리나가의 '가라고코로漢心론'이 잘 보여주듯이 모노노아와레 공동체의 내부에서만 통용될 수 있는 매우 특수한 윤리로, 일본 외부에 대해서는 종종 배제의 논리로 작용하기 쉽다. 이때 모노노아와레에 원리적으로 내포되어 있는 자기연민의 감정이 반전하여 자신과 열등감 혹은 우월감을 공유하려 들지 않는 자에 대해서는 바닥을 알 수 없는 증오심을 품게 될 수도 있다.[45] 앞서 언급한 이와이 마스코의 사례는 이런 증오심과 관계가 있어 보인다. 이를 '모노노아와레의 르상티망Ressentiment'이라고 부르기로

---

43  百川敬仁(2000), 『日本のエロティシズム』, p.123.

44  막스 셸러(2006), 『동감의 본질과 형태들』, p.60, p.107, p.115.

45  百川敬仁(2000), 『日本のエロティシズム』, p.14.

하자. 여기서 르상티망이란 "강자에 대한 약자의 콤플렉스, 원망, 시기, 질투, 증오, 모욕감, 복수심 등과 연관된 무기력하고 수동적인 고통과 분노 혹은 원한의 감정"을 가리키는 개념으로, 복수심에 차 있으나 실제 행동으로 옮길 수 없는 무기력힘, 내가 가지지 못하는 것을 타인이 가지고 있을 때 상상 속에서 타인의 것을 평가절하히고 무회시키는 가치 전도, 자기 안의 내면적인 기준이 아니라 타인과 외부세계에 맞추어서 설정되는 상대적이고 부정적인 가치평가, 타인 가치의 반대급부로서 나의 가치에 대한 왜곡된 상향조정 등과 밀접한 관계가 있다.[46]

야스쿠니 현창을 지지하는 국민적 감정의 밑바닥에는 원령신앙이라는 민속적 관념이 깔려있는데,[47] 그것은 르상티망의 전형적인 일본적 표현이라 할 수 있다. 분노와 원한의 감정은 일본에서 종종 원령신(다타리가미)이나 요괴로 나타난다. 이런 르상티망은 종종 가치질서의 전도를 수반한다. 그것이 부정적인 방식으로 이루어질 때, 르상티망에 기초한 가치평가는 분노나 좌절로 인해서 타인이나 사물의 본래적 가치를 제대로 평가하지 못하고 비뚤어진 방식으로 왜곡하게 만든다.[48] 르상티망을 '노예도덕'[49]과 연관시켜 이해한 니체는 르상티망적 인간은 "아무 것도 의욕하지 않는 것보다는 오히려

---

46  최정화(2014), "르상티망과 그리스도교적 윤리에 대한 재고", p.323.

47  야스쿠니와 원령신앙의 관계에 대해서는, 박규태(2000), "야스쿠니신사와 일본의 종교문화" 및 박규태(2008), "야스쿠니의 신화", pp.53-55 참조.

48  막스 셸러(2006), 『동감의 본질과 형태들』, p.336.

49  니체는 노예도덕을 사제의 도덕, 무기력한 자의 도덕과 동일시한다. 기독교 사제의 무기력함이 르상티망을 낳고 그 르상티망이 결국 온갖 가치를 날조한다는 것이 니체의 생각이다. 이때 르상티망은 현실의 고통에 대한 인간의 가상적 복수를 가리킨다. 니체에 의하면, 인간은 원래 르상티망의 존재이며 강자에 대한 르상티망의 감정이 노예도덕의 근원이라는 것이다.  프리드리히 니체(2002), 『도덕의 계보』, pp.367-368.

허무를 의욕하고자 한다."[50]고 말하면서, 자발적으로 고통을 감수하는 태도의 심리적 이면에 도착적인 르상티망이 존재한다는 점을 간파했다. 여기서 허무감은 모노노아와레의 다른 이름이라 할 수 있다. 그렇다면 사쿠라는 일면 '르상티망의 꽃'이라고 부를 수도 있겠고, 따라서 사쿠라와 '피바다'의 연상관계도 어느 정도 납득이 가게 된다.

'모노노아와레의 르상티망', 그것은 사쿠라로 표상되는 일본정신(야마토고코로＝야마토다마시)으로서의 야스쿠니 정신과 동심원상에 위치한다. 다카하시가 '감정의 연금술'의 전형적인 사례로 들은 다카가미 가쿠쇼(高神覺昇, 1894-1948)는 『야스쿠니의 정신』(1942)에서 "국가를 위해 기쁘게 피를 흘리는 것"[51]이야말로 야스쿠니 정신의 정수이며 그것이 곧 일본정신임을 피력하고 있다. 그는 "우리는 자신을 위해 사는 것이 아닙니다. 천황을 위해 사는 것입니다. 천업익찬天業翼賛[52]을 위해 태어난 이상, 천업익찬을 위해 살고 그리고 죽는다. 이것이 일본인의 참된 각오입니다."[53]라고 말하면서 천황을 위한 죽음을 미학적으로 미화시킨다. 즉 "죽음 저편에 빛나는 생의 발견, 거기야말로 일본인의 강함이 있다. 생사를 초월한 일본인의 각오, 거기에 일본인의 강함이 있고 아름다움이 있다."[54]는 것이다. 이는 죽음을 두려워하지 않는 일본정신의 표상으로서 사쿠라를 노래한 야스쿠니 가요의 테제와 정확히 일치한다.

천황은 생신生神이자 초월적인 신성군주로 간주되는 한편, 서양이라는 외

---

50 　위의 책, p.541.

51 　高神覺昇(1943), 『靖国の精神』, p1.

52 　나라를 다스리는 천자의 사업을 돕는 것.

53 　高神覺昇(1943), 『靖国の精神』, p76.

54 　위의 책, p21.

부에 직면함으로써 일본인으로서 자기를 의식하기 시작한 모노노아와레 공동체의 구성원을 대표하는 자이기도 했다.[55] 이때 천황은 서양 앞에서는 무력한 존재였고, 그 무력한 존재로 상징되는 일본은 서양에 대한 복수를 감행하고자 했다. 그것은 어디까지나 상상의 복수로서의 르상티망에 머물러야만 했던 것인데, 일본은 그 이상을 원했고 그 결과 패전에 이르렀다. 야스쿠니는 이런 모노노아와레적 르상티망의 산물이었다.


## Ⅳ. 나오는 말

A급 전범뿐만 아니라 일본 우익의 원조이자 정한론자인 요시다 쇼인과 이토 히로부미를 '야스쿠니의 신'으로 제사지내는 야스쿠니는 1910년 9월 15일 '한국병합 봉고제奉告祭'가 올려진 곳이자,[56] 지금도 2만 여명이 넘는 한국인이 합사되어 있는 곳이다. 이런 의미에서 야스쿠니는 우리에게 분명 단순한 '신사'가 아니다. 마찬가지로 일본인에게도 그곳은 종교시설로서의 신사이면서 동시에 그 이상의 장소이다. 야스쿠니는 인간(사자)에 대한 감정뿐만 아니라 신=국가에 대한 감정이 집적된 '모노노아와레와 르상티망의 저장소'이기 때문이다. 사회적 모순에 대한 불만을 체념의 문법으로 해소시키는 기제로서의 모노노아와레적 심리에는 매저키즘적이고 나르시시즘적인 요소가 깔려있는데,[57] 이런 모노노아와레적인 자기연민의 감정을 반대방

---

55    百川敬仁(2000),『日本のエロティシズム』, p150.

56    靖国神社編(1984),『靖国神社百年史 事歴年表』, p.180.

57    百川敬仁(2000),『日本のエロティシズム』, p.134 및 p.222.

향으로 취한 것이 르상티망이다.

일본사에서 위기의 시대에 그 탈출구는 종종 르상티망을 수반하는 모노노아와레 공동감정의 재건에서 찾아지곤 했다. 근대에 그것은 신이자 국가 자체인 천황의 신사 즉 야스쿠니를 중심으로 이루어졌는데, 1995년 옴사건과 2011년 3·11 동일본대진재로 더욱 촉발된 현대일본사회의 고조되는 위기의식 속에서 야스쿠니가 다시금 모노노아와레 재건의 핵심적 장소로 부활할 가능성을 전적으로 부정하기 어려운 것이 작금의 상황이다. 이때 가장 풀기 어려운 문제는 감정의 진리성에 대한 주장에 있다. 야스쿠니 가요에 있어 '연기의 모노노아와레'라든가 '미야비의 모노노아와레' 등은 흔히 그 미학적 감정의 진정성을 하나의 알리바이로 삼아 르상티망적 공동감정의 윤리성과 진리성을 주장하려들기 때문이다.

"나는 오랫동안 신이 진리라고 믿어왔다. 그러나 지금은 진리가 신이라는 것을 깨닫게 되었다." 만년의 간디가 한 말이다. 신이 진리가 아니라 진리가 신이라는 것이다. 이는 신(또는 신을 둘러싼 전통 자체)을 부정하지 않으면서 근본적인 가치의 전도가 일어날 수 있다는 점을 시사한다. 그런데 근대 일본에서 이 진리의 자리를 차지한 것은 국가였고 또한 감정적으로 국가와 일체라고 여겨진 현인신 천황이었다. 하지만 간디가 깨달은 신과 진리의 코페르니쿠스적 전환은 감정이 진리와 결부되기 쉬운 일본의 사례와는 달리 애당초 미학적 감정과는 무관하게 이루어진 것이었다.

애국심의 본질이 감정에 있다고 이해한 오누키 에미코는 『비틀린 사쿠라 ねじ曲げられた桜』에서 그 책제목이 시사하는 대로,[58] 우리 모두가 깨닫지 못

---

58  이 제목은 "인간성은 줄기가 비틀린 나무와 같은 것으로, 거기서 올곧은 것이라고는 지금껏 아무 것도 만들어지지 않았다."는 칸트의 명언에서 따온 것이라고 한다.

하는 사이에 역사의 나무를 비트는 행위에 가담할 수도 있다는 점, 즉 우리 자신의 나약함이 엄청난 비극을 초래하는 역사 흐름의 일단을 담당할 가능성이 있다는 메시지로 결론을 삼고 있다.[59] 진리는 강하지만 감정은 한없이 취약한 것이다. '감정의 야스쿠니'를 문제삼고자 할 때, 한편으로 "인문학자와 사회과학자들의 진정한 소명은 윤리와 국제법의 잣대를 자기 조국에 우선적으로 들이대는 데에 있다."[60]는 마크 셀든의 말에 귀기울이면서 '내 안의 야스쿠니'를 잊지 말아야 하는 소이가 여기에 있다. 한국사회야말로 르상티망의 사회가 아니던가? 그리고 우리 또한 종종 진리와 진실을 믿느니 차라리 자신의 덧없는 감정에 기대어 스스로를 속이기를 원하고 있지 않은가?

---

59    오오누키 에미코(2004), 『사쿠라가 지다 젊음도 지다: 미의식과 군국주의』, pp.49-51.

60    마크 셀든(2008), "전쟁과 역사의 기억 그리고 아태지역의 미래: 미일과 야스쿠니 문제", p.28.

■ 참고문헌

권정기(2014), "르상티망", 『철학과 현상학 연구』61.

나카소네 야스히로(2011), 『보수의 유언』, 오대영 외 옮김, 중앙books.

남상욱(2014), "아베 신조 『아름다운 나라로』 속의 '미'와 '국가'", 『일본비평』10, 서울
    대학교 일본연구소.

다카하시 데쓰야(2005), 『야스쿠니 문제』, 현대송 옮김, 역사비평사.

동북아역사재단 편(2014), 『야스쿠니에 묻는다』, 동북아역사재단.

막스 셸러(2006), 『동감의 본질과 형태들』, 조정옥 옮김, 대우고전총서18, 아카넷.

박규태(2014), "이세신궁 식년천궁과 천황제 이데올로기: 새로운 신화만들기", 『일본
    사상』26, 한국일본사상사학회.

박규태(2012), "모토오리 노리나가의 모노노아와레론 재고: 감성적 인식론의 관점에
    서", 『일본연구』17, 고려대학교 일본연구센터.

박규태(2009), "모노노아와레, 일본문화론, 애니메이션: 덧없음과 체념의 주체성", 『일
    본사상』17, 한국일본사상사학회.

박규태(2008), "야스쿠니의 신화: 현대일본의 종교와 정치", 『종교연구』50, 한국종교
    학회.

박규태(2000), "야스쿠니신사와 일본의 종교문화", 『종교문화연구』2, 한신대학교 종교
    문화연구소.

배관문(2014), "하나의 일본, 시원의 벚꽃: 시키시마 노래의 산벚꽃을 중심으로", 『글
    로벌시대와 동아시아 문화의 표상Ⅲ』, 한양대학교 동아시아문화연구소 국제학
    술대회 자료집.

오에 시노부(2001), 『야스쿠니신사』, 양현혜 · 이규태 옮김, 소화.

오오누키 에미코(2004), 『사쿠라가 지다 젊음도 지다: 미의식과 군국주의』, 이향철 옮
    김, 모멘토.

최정화(2014), "르상티망과 그리스도교적 윤리에 대한 재고", 『원불교사상과 종교문
    화』59.

프리드리히 니체(2002),『도덕의 계보』, 김정현 옮김(니체전집14), 책세상.

梅原猛(2002),『美と宗教の發見』, ちくま文庫.

島薗進(2014),『宗教·いのち·國家』, 平凡社.

高神覺昇(1943),『靖国の精神』, 京都市役所.

橋川文三(1998),『日本浪漫派批判序説』, 講談社文藝文庫.

辻田眞佐憲(2014),『日本の軍歌: 國民的音樂の歷史』, 幻冬舍新書.

藤原正彦(2005),『國家の品格』, 新潮新書.

三島由紀夫(2006),『文化防衛論』, ちくま文庫.

見田宗介(1967),『近代日本の心情の歷史: 流行歌の社会心理史』, 講談社.

百川敬仁(2000),『日本のエロティシズム』, ちくま新書.

山口常光(1988), "靖国神社の歌",『靖国神社 創立百二十年記念特集』, 新人物往來社.

靖国神社編(1984),『靖国神社百年史 事歷年表』, 靖国神社.

渡辺浩(1997),『東アジアの王權と思想』, 東京大學出版會.

Inazo, Nitobe(1908), *Bushido: the Soul of Japan*, Tokyo: Teibi Publishing
    Company(13th edition).

# 제 2 장

■

# 전사자 추모의 '탈전후적' 상상력
-에토 준江藤淳의 야스쿠니 문화론을 중심으로-

서동주

## I. 들어가며

2009년에 영화 〈야스쿠니〉(감독 리잉)가 개봉되었다. 이 다큐멘터리 영화의 초점은 전쟁 당시 야스쿠니신사 경내에서 '야스쿠니검'의 제작에 참여했던 92세의 노인에 맞춰져 있다. 검의 제작을 마치 종교적 의례를 행하듯이 임하는 경건함과 검에 대한 깊은 애착과 자긍심은 전통에 대한 그의 장인적 풍모를 잘 보여주고 있다. 그러나 영화 말미에 과거 성심을 다해 정성들여 만든 검이 전장의 학살 도구로 사용되었다는 '역사적 사실'을 어떻게 생각하느냐는 감독의 질문 앞에 그는 결국 침묵으로 대답을 대신한다. 감독은 이런 노인의 딜레마를 2005년 8월 15일을 전후로 야스쿠니신사를 가득 채웠던 우익적 언사와 교차시키며, 침략전쟁의 역사에 연루된 야스쿠니신사를 '순수한' 전통으로 간주할 수 있는가를 문제를 던지고 있다.

야스쿠니신사가 전쟁을 지지하고 전쟁에 국민을 동원하기 위한 극히 정치적 목적에 따른 종교시설이었다는 과거를 떠올리는 한 야스쿠니를 '전통'으로 간주하는 것이 곤란함은 명백하다. 하지만 이런 야스쿠니신사가 안고 있는 일종의 존재론적 곤경에도 불구하고 야스쿠니신사의 존재를 '문화'나 '전통'과 같은 것으로 포장해 정당화하는 정치인의 목소리는 끊이질 않고 있다. 예컨대 아베 신조는 『아름다운 나라에美しい国へ』(2006)에서 "정치인의 야스쿠니신사 참배문제와 관련해 일국의 지도자가 그 나라를 위해 숨진 사람들에 대해서 존숭尊崇의 마음을 표현하는 것은 모든 나라에서도 행하는 행위이다. 또 그 나라의 전통과 문화에 근거한 추모의 방식이 있는 것도 극히 자연스런 것이다."[1]고 적고 있다. 즉 대부분의 국가들이 고유한 방식으로 전사자를 추모하는 것처럼 야스쿠니신사에 참배하는 것은 '일본만의 전통과 문화에 근거한 추모방식'이기에 비판의 대상이 될 수 없다는 논리이다. 나아가 그는 그런 의미에서 야스쿠니는 알링턴 국립묘지와 다르지 않다고까지 말한다.[2]

그런데 2000년대 이후 야스쿠니신사를 참배하는 수상들의 주장에서 보

---

1  安倍晋三(2006), 『美しい国へ』, 文藝春秋, p.68.

2  아베 수상은 미국의 외교전문지 『포린에페어즈』(2014.6)와의 인터뷰에서 야스쿠니신사를 참배하는 것은 과거 일본이 일으킨 '침략전쟁'을 긍정하는 것이라는 대내외의 비판에 대해 다음과 같이 말하고 있다. "알링턴국립묘지에는 남북전쟁에서 전사한 남군장병의 영혼도 모셔져 있습니다. 그 묘지에 참배한다고 노예제를 인정하는 것은 의미하지 않을 것이다. 나는 야스쿠니에 관해서도 마찬가지라고 생각합니다. 야스쿠니에는 자국을 위해 목숨을 잃은 사람들의 영혼이 모셔져 있습니다." 이러한 아베의 주장에 대해서는 알링턴묘지가 '노예제'를 긍정하고 있지는 않지만, 야스쿠니신사는 과거의 전쟁을 '성전'으로 긍정하고 '전사자'를 '호국의 영령'으로 '현창'하고 있다는 점에서 그 성격이 근본적으로 다르다는 비판이 있다. 이상의 논의에 관해서는 内田雅敏(2014), 『靖国参拝の何が問題か』, 平凡社, pp.29-30를 참조할 것.

게 되는 이 범용한 문화상대주의가 소위 '야스쿠니문제'와 결부되어 나타나는 사례를 찾다보면 전후일본의 문화보수주의를 대표하는 문예비평가 에토 준이 1980년대 중반에 발표한 야스쿠니론과 만나게 된다. 다카하시 데쓰야가 그의 책 『야스쿠니문제』(2005)에서 문화론적 야스쿠니론 가운데 가장 세련된 부류에 속한다고 평가한 이 글의 제목은 「산자의 시선과 사자의 시선」(生者の視線と死者の視線、江藤淳、小堀桂一郎編 『靖国論集―日本の鎮魂の伝統のために』, 1986에 수록)이다. 여기서 에토 준은 수상의 야스쿠니신사 공식참배를 둘러싼 문제는 무엇보다 "일본문화의 문제"로서 "그 문화의 문맥 속에서 사자가 어떻게 제사되고, 산자는 사자를 어떻게 대해왔는가, 그것이 그대로 지금에도 끊어짐이 없이 이루어지고 있는가"를 생각하는 것이 중요하다고 말하고 있다. 그런 전제 위에서 에토가 일본의 고유한 사고방식으로 거론하고 있는 것이 '산 자와 죽은 자의 공생감'이다. 달리 말하면 죽은 자는 사라지지 않고 산자의 주위에서 산자의 세계를 지켜보고 있다는 감각을 말한다. 참고로 이 글은 에토 자신이 나카소네 수상의 야스쿠니신사 참배를 정당화하기 위한 논리를 마련하기 위해 1984년 8월 관방장관의 사적자문기관으로 설치된 〈각료의 야스쿠니신사 참배문제에 관한 간담회〉에 참여했을 때 품었던 어떤 불만 위에서 작성된 것이다. 그가 품었던 불만이란 〈간담회〉의 논의가 시종일관 현행 헌법과의 합치 여부에만 집중되는 상황이었다. 왜냐하면 그에게 야스쿠니신사 참배의 정당성은 헌법과의 부합 여부가 아니라, 사자를 대하는 일본인의 전통(문화)에서 찾아져야 하는 문제였기 때문이다.

　사실 사자와의 친밀한 관계에 근거해 인식의 일본적 특수성을 강조하는 이런 문화상대주의는 그리 특별한 것은 아니다. 분명 에토는 사자를 대하는 태도가 민족마다 다르다는 것을 근거로 일본인의 야스쿠니신사 참배는 비난의 대상이 될 수 없다고 주장하고 있지만, 정작 에토의 글을 특별하게 만드는 것은 이런 문화상대주의라기보다 일본문화의 역사에 관한 독특한 논법에 있다. 그는 야스쿠니참배의 문제를 1946년에 제정된 전후헌법과의 관련 속에서 생각하는 당대의 일반적 인식을 비판하며, 그것을 '기기와 만요'로부터 지속되고 있는 사자 추모와 관련된 문화의 관점에서 볼 것을 주장한다. 즉 '전후'라는 시간을 대신해 '고대'로부터 이어지는 장대한 시간을 도입하고 있는 것이다. 여기서 그는 야스쿠니의 '역사'를 확장하고 있는 것처럼 보인다. 반면 제목에서 보는 것처럼 야스쿠니신사에 합사된 '전사자'를 일관되게 열도에서 생을 마감한 '사자'의 집합 속에 용해시키는 발상은 야스쿠니를 전쟁이라는 역사적 사건과 분리시키려는 의도를 드러내고 있다. 즉 에토의 야스쿠니문화론은 '장대한 시간'에 관한 지향과 '역사적 사건'의 배제라는 '역사'에 관한 이율배반 위에 성립하고 있다고 할 수 있다. 따라서 에토의 문화상대주의는 그의 이러한 이율배반을 내포한 '역사' 인식과 결부시켜 보지 않으면 안 된다.

수상의 야스쿠니신사 참배를 정당화하기 위한 에토의 논리를 해명하는 것과 함께 문화상대주의의 '외피'를 두른 야스쿠니문화론이 다름 아닌 왜 1980년대에 나타났는가도 간과할 수 없는 문제이다. 왜냐하면 에토는 산자와 사자 사이의 공생감이라는 일본문화를 주장하며 양자 사이에는 어떤 긴장이나 불협화음도 존재하지 않는 것처럼 말하고 있지만, 패전 이후로 상당 기간(대략 1970년 전후까지) 전사자를 야스쿠니신사를 통해 추모하는 행위에는 상당한 신중함이 뒤따랐기 때문이다. 패전국이면서 전쟁 포기를 명문화한 헌법이 존재하는 '전후일본'에서 전사자를 천황과 국가를 위해 목숨을 바친 '영령'으로 '현창'하는 야스쿠니신사가 국민의 지지를 받는 추도 장소로 인정받는 것은 어려운 일이었다.[3] 전사자에 대한 대중적 표상은 영화『들어라, 해신의 목소리』(1950) 속의 학도병처럼 전쟁에 의해 목숨을 잃은 '무고'하고 '순수'한 '수동적 희생자victim'였고, 장소적으로는 야스쿠니신사가 아니라 '히로시마평화기념공원'이 담당했다.[4]

그러나 '수동적 희생자'라는 표상도 '전후민주주의'에 대한 비판이 본격적으로 분출하기 시작하는 1960년대 후반에 이르러 거센 비판에 직면하게 된다. 미시마 유키오와 같은 '우익' 작가는 과거 '적'이었던 미국과의 '동맹' 위에서 번영을 구가하는 '전후일본'을 비판하기 위해 '특공대'의 영혼을 소환하는 상상력(영령의 소리, 1966)을 발휘했고, 전공투 학생들은 학도병세대였던 '전중파'가 주도하는 '전후민주주의'에 저항하기 위해 '수동적 희생자'의 대표적 상징인 '해신상'을 넘어뜨렸다. 이후 1970년대를 통해 가속화된 전쟁체험에 관한 기억의 풍화와 1980년대 '전후정치의 총결산'을 주장하는 수상의 등장 및 그의 야스쿠니신사 '공식' 참배(1985)는 '전사자=수동적 희생자'라는 표상체계의 침식을 가속화했다. 에토의 야스쿠니론은 이런 '역사적'

---

3  1959년부터 야스쿠니신사와 후생성인양원호국에 의한 BC급전범의 야스쿠니신사 합사는 여론의 비판을 우려해 신중하게 진행되었다. 島田裕巳(2014),『靖国神社』, 幻冬舎, p.138 참조.

4  다카하시 히데토시(2009),「'야스쿠니'와 '히로시마'」, 전진성, 이재원 엮음,『기억과 전쟁-미화와 추모 사이에서』, 휴머니스트, p.291. 참고로 전후일본의 사자(死者) 표상의 기본구조를 '야스쿠니 대 히로시마'라는 구도 위에서 다루고 있는 논의에 관해서는 다음 글이 있다. 김민환(2006),「일본 군국주의와 탈맥락화된 평화 사이에서-오키나와 평화기념공원을 통해 본 오키나와전 기억의 전장」,『민주주의와 인권』(제6권1호); 김상준(2005),「기억의 정치학: 야스쿠니 vs. 히로시마」『한국정치학보』(39(5)); 다카하시 히데토시(2009),「'야스쿠니'와 '히로시마'」. 여기서 사용하는 '수동적 희생자', '능동적 희생자'라는 개념은 다카하시 히데토시의 논의를 따른 것임을 밝혀둔다. 아울러 이런 구분을 김민환은 '야스쿠니적 방식=전쟁의 낭만화', '히로시마적 방식=평화의 낭만화'로 정식화하고 있다.

상황 속에서 쓰여졌다. 그런 의미에서 그의 논의는 특수주의에 입각한 일본문화론의 한 부류가 아니라 전사자 표상의 '탈'전후적 전환의 사례로 취급할 필요가 있다.

그렇다면 에토 준이 문화론의 형태로 시도했던 야스쿠니의 정당화 전략의 내용은 무엇이며, 그것이 의거하고 있는 동시대적 맥락이란 어떤 것인가? 이 글에서는 그의 '역사'에 관한 논법에 초점을 맞춰 그가 전개하고 있는 소위 〈야스쿠니문화론〉의 고유한 논리를 해명하고, 그것이 2000년대 이후 고바야시 요시노리로 대표되는 이른바 '우익적' 관점의 야스쿠니론과 어떤 방식으로 관계되고 있는지를 살펴보고자 한다.


## Ⅱ. '토대'로서의 문화

여기에서는 에토 준의 야스쿠니론을 살펴보고자 한다. 앞서 이 글의 집필 배경과 관련하여 〈각료의 야스쿠니신사 참배문제 관한 간담회〉의 논의가 각료 등의 야스쿠니신사 참배를 둘러싼 '헌법상의 합치'의 문제에 국한된 것이 초래한 불만에 있다고 말했다. 에토에게 소위 '야스쿠니문제'란 세 가지의 문제가 병존하는 것으로 간주된다. 이때의 세 가지 문제란 헌법의 문제, 정치의 문제, 문화의 문제이다. 그리고 이렇게 세 가지의 문제가 병존하는 야스쿠니문제의 '근본문제'는 '국가(문화)의 지속이라는 명제'와 '헌법의 변화라는 사실' 사이에서 어느 쪽을 우선할 것인가에 있다.

그는 야스쿠니와 일본문화의 관계를 논하기에 앞서 헌법을 의미하는 Constitution의 어의를 확인한다. 그는 사전[OED]을 보면 Constitution의 원래 의미가 'make-up of the nation'으로 되어 있음을 언급하며, 따라서

Constitution은 "성문·비성문에 관계없이 문화·전통·습속 일체를 포함한 국가의 실제 존재방식"으로 봐야한다고 주장한다. Constitution이 (성문)헌법과 같은 의미로 사용된 것은 미합중국이 성문헌법의 작성에 착수하고 프랑스공화국이 성문헌법을 채용한 18세기 말기부터라는 것이다. 따라서 "헌법은 국가의 make-up 위에 올려진 것에 지나지 않으며 Constitution의 부분이기는 해도 결코 전체일 수 없"는 것이다.

그렇다면 에토가 생각하는 일본의 make-up of the nation이란 무엇인가? "그것은 요컨대 기기, 만요 이래 오늘날에 이르는 일본이라는 나라의 지속 그 자체가 만들어 낸 것"이며 "그 위에 개인으로서의 기억도 민족으로서의 기억도 전부 누적되어 있는" 것으로 정의된다.[5] 따라서 야스쿠니신사 참배 문제처럼 국가가 어떻게 전몰자에 대한 태도를 결정할 것인가라는 문제의 경우에는 논의 대상이 되는 Constitution은 좁은 의미에서의 헌법의 문제가 아니라, 일본문화의 문제 즉 "그 문화의 문맥 속에서 사자는 어떻게 제사 지배고 산자는 사자를 어떻게 대했으며, 그것이 그대로 오늘날에도 끊임이 없이 이루어지고 있는가"[6]의 관점에서 다루어져야 한다는 것이다.

에토가 사자를 대하는 일본인의 전통적인 태도로 거론하고 있는 것은 "사자와 함께 살고 있다는 감각"이다. 이것을 그는 다음과 같이 설명한다. 즉 일본인이 풍경을 인식할 때에는 단순히 객관적인 자연의 형상으로 인식하는 것이 아니라 그 풍경을 보고 있는 자신들의 시선과 교차하는 사자의 시선을 동시에 인식한다는 것이다. 달리 말하면 일본인은 일상을 이루는 풍경

---

5 　江藤淳·小堀桂一郎編(1986), 「生者の視線と死者の視線」, 『靖国論集—日本の鎮魂の伝統のために』, 日本教文社, p.16.

6 　江藤淳·小堀桂一郎編(1986), 「生者の視線と死者の視線」, p.16.

을 바라볼 때에도 같은 풍경을 보고 있는 또 하나의 보이지 않는 시선, 즉 사자의 시선을 동시에 감득함으로써 거기에서 기쁨과 편안함을 이끌어내면서 살아왔다는 것이다.[7]

여기서 오랫동안 사자와 공생하고 있다는 감각이 유지되어 온 일본에서 도대체 Constitution을 둘러싼 '헌법'과 '문화'의 괴리는 언제, 왜 발생한 것인지 묻지 않을 수 없다. 그 이유를 에토는 "점령에 의한 언어공간의 변용"[8]에서 찾고 있다. 그는 가와지 류코川路柳虹가 패전 직후 사자와의 공생감을 노래한 시「돌아오는 영혼ゕへる靈」이 점령당국의 검열에 의해 「돌아오다ゕへる」로 변경되었을 뿐만 아니라 시의 주제를 응축하고 구절, 예를 들어 '영령'이라는 말이 포함된 부분이 검열에 의해 삭제된 것을 사례로 든다.[9] 예를 들어 검열에 의해 삭제된 부분은 다음과 같다.

검열의 결과, 본래의 일본어의 문화적 시공간 위에 존재했던 시는 검열에 의해 파괴된 '잔해'가 되어 버렸고, 일본어로 쓰였지만 일본의 문화적 make-up과 무관한 것이 되었다고 에토는 말한다.[10] 그리고 마찬가지 방식으로 점령자가 만든 헌법에 의해 야스쿠니문제도 문화의 문제가 아니라 헌법상의 문제에 국한되어 다루어지게 되었다는 것이다.

하지만 점령에 의해 문화적 정체성이 파괴되는 체험에도 불구하고 에토

---

7    江藤淳·小堀桂一郎編(1986),「生者の視線と死者の視線」, p.18.

8    江藤淳·小堀桂一郎編(1986),「生者の視線と死者の視線」, p.28.

9    검열에 의해 삭제된 부분의 원문은 다음과 같다.
     無言の人々に護られた英霊は、
     燃える太陽の光りのなかで、
     白い蛾のやうな幻となつて、
     眩しくかゞやき動いてゐる。

10   江藤淳·小堀桂一郎編(1986),「生者の視線と死者の視線」, p.28.

는 일본인의 기억은 결코 '단절'되지 않았다고 강조한다. 무엇보다 '천황'이 여전히 일본의 Constitution 위에 엄연히 존재하고 있기 때문이다. 그는 '천황'이 「종전의 조칙」에서 군인과 민간인을 포함한 모든 전쟁의 희생자에 대해 깊은 애도와 아픔을 표현할 것, 달리 말하면 "보이지 않는 것의 무게를 느끼는 천황의 말은 일본인의 감수성에 완전히 부합"한다고 말한다. 뿐만 아니라 전몰자들은 그들 가족의 기억을 통해 항상 상기되고 있다고 말한다. 그는 "사자를 추모하는 심정을 잘라낼 수 없는 것처럼 일본인이 어릴 적부터 보아온 풍경(사자와 함께하는 시공간)은 삭제할 수 없으며 이런 기억과 추모의 연속성이 단절될 때 국가도 유지될 수 없다"고 말한다.[11]

여기서 에토가 말하는 문화란, 공동체의 토대이며 그 위에 국가가 존재한다는 일종의 '문화환원주의'에 입각하고 있음을 확인할 수 있다. 따라서 그에게는 Constitution을 성문법의 의미가 아니라, make-up of the nation으로 보는 것이 중요한 것이다. 그리고 '산자와 사자와 공생감'을 핵으로 하는 일본문화make-up of Japan의 관점에서 볼 때, 점령군에 의해 '강요'받은 헌법, 달리 말하면 make-up of America에 의거한 '헌법'[12]을 이유로 야스쿠니의 자유로운 참배를 제약하는 전후일본의 국가는 '극복'의 대상이 이외에 그 어떤 것도 아닌 것이다.

그렇다면 이런 '헌법'이 존재하는 상황에서 전후일본이 안고 있는 문화와 국가 사이의 괴리는 어떻게 메워질 수 있는 것일까? 이때 에토가 해법으로 제시하는 것은 문화를 존중하는 정치인의 '정치적 결단'이다. 이를 테면 에토는 야스쿠니신사 참배와 헌법과의 문제는 자위대와 헌법의 문제와 다르

---

11　江藤淳·小堀桂一郎編(1986), 「生者の視線と死者の視線」, p.34.

12　江藤淳(2007), 『アメリカと私』, 講談社, pp.301-302 참조.

지 않다고 말한다. 즉 정부가 자위대를 통해 산자의 방위와 안전을 확보하는 것처럼, 사자의 추도와 위령에 관해서도 같은 입장을 취할 수 있다는 것이다. 수상은 대내외의 비판이 있더라도 이런 각오와 입장에서 참배하면 충분하다는 것이다.[13] 따라서 "야스쿠니문제의 본질은 문화론이지만 실무상의 돌파구는 정치론이며 정치적 결단의 문제"가 된다.[14]

야스쿠니문제의 본질을 일본문화에서 보는 에토에 대해 다카하시 데쓰야는 다음과 같이 비판한다. 우선 전사자와의 공생감이 야스쿠니라는 형태를 취해야 할 필연성은 없다는 것이다. 그에 따르면 현재와 같은 야스쿠니의 지위는 문화가 아니라 전전부터 전후까지 천황과 수상의 참배라는 정치적 의지의 결과이기 때문이다.[15] 또 다카하시는 문화로서의 '사자와의 공생감'을 말하면서 왜 야스쿠니는 일본의 전사자 중에서도 유독 군인과 군속만을 추모하는가의 문제를 제기한다. 즉 에토는 사자와의 공생감을 말하지만 이때 사자는 오직 전사자와의 공생감에 한정되고 있지 않는가라는 문제제기이다. 이처럼 야스쿠니문제에는 '문화론'을 초월한 국가의 정치적 의지가 작동하고 있다고 지적한다.[16]

요컨대 다카하시는 에토가 '야스쿠니문제'를 사자 인식이라는 포괄적이고 심층적인 의미의 문화 위에 위치시킴으로써 거기에 관여했던 국가의 정치적 의지를 간과하고 있다고 지적하고 있다. 군인과 군속에 한정된 전사자의 합사와 추모에 관해 야스쿠니신사가 갖고 있는 독점적 지위를 생각할

---

13　江藤淳・小堀桂一郎編(1986),「生者の視線と死者の視線」, p.37.

14　江藤淳・小堀桂一郎編(1986),「生者の視線と死者の視線」, p.38.

15　高橋哲哉(2005),『靖国問題』, 筑摩書房, p.165.

16　高橋哲哉(2005),『靖国問題』, p.166.

때, 그것을 문화의 연속성에서 비롯된 자연스런 결과처럼 서술하는 에토의
논지는 분명 야스쿠니신사의 역사에 깊숙이 관여하고 있는 국가의 정치적
의지를 간과하고 있는 것처럼 보인다. 하지만 정말로 에토는 야스쿠니신사
에 관여했던 국가의 의지를 못보고 있는 것일까?

오히려 그의 관심은 국가적 의지의 관여 여부리기보다 국가가 문화라는
토대에 조응하는 형태로 자신의 의지를 발휘하고 있는가를 향하고 있다. 그
것은 다카하시가 전후 천황과 수상의 야스쿠니신사 참배가 야스쿠니에 전
사자 추모의 중심이라는 지위를 부여했다고 보는 반면 에토가 헌법의 위반
여부에 구애받는 수상의 태도에서 거꾸로 야스쿠니에 대한 국가의 의지 부
족을 지적하며 그것에 불만을 드러내고 있는 것에서 알 수 있다. 또한 '전사
자'를 일관되게 '사자'로 호명하고, 야스쿠니를 전쟁의 역사와 분리시켜 '사
자와 산자의 공생감'이라는 결코 변하지 않는 일본의 문화적 전통으로 간주
하는 것이 '문화환원주의'에서 비롯된 것임은 두말할 나위도 없을 것이다.
그런 의미에서 에토의 야스쿠니에 대한 '문화환원주의'가 내포한 문제는 국가
적 의지에 대한 '무시'라기보다 '전사자'라는 말에 부착된 구체적인 '역사'를 '사
자'라는 말로 추상화시켜 버리는 태도에 있다고 봐야 할 것이다.


## Ⅲ. 방황하는 사자死者들


에토는 '죽은 자와의 공생감', '죽은 자의 시선에 대한 감응'에서 산자와
죽은 자의 관계에 관한 일본문화의 근원을 말한다. 여기에서는 사자와 산자
의 친밀한 관계가 처음부터 확고부동한 전제로 가정되고 있다. 그러나 전
후의 야스쿠니에 관한 논의가 모두 이런 전제를 따르지는 않았다. 적어도

1960년대까지 전사자 추모를 야스쿠니와 연결시키는 사고를 수용할 수 있는 대중적 감성의 기반은 취약했고, 실제로 정치인의 야스쿠니신사 참배가 복잡한 '문제'로 인지된 것도 A급 전범의 합사(1978년 10월)가 있은 후로도 몇 년이 지난 1980년대 중반의 일이다.

특히 패전 직후에는 보수주의자조차도 전사자를 야스쿠니신사에서 추모하는 것에 비판적이었다. 그 대표적인 예로 이시바시 단잔의 야스쿠니신사 폐지론을 들 수 있다. 이시바시 단잔은 전전부터 보수적 자유주의의 입장에서 언론활동을 전개했고, 제국주의 노선에 대해 '소일본주의'를 주장하며 군국주의에 대한 비판을 전개한 언론인이자 정치인으로 알려져 있다. 그는 패전 직후인 1945년 10월 자신이 주재하는 『동양경제신보』의 사론에 「야스쿠니신사폐지의 건 곤란을 무릅쓰고 감히 제언하다靖国神社廃止の儀 難きを忍んで敢て提言す」라는 글을 게재하고 있다. 그는 전쟁에서 '패배'한 이상 그 전쟁의 전몰자를 추모하는 것은 '국제적 입장'에서 볼 때 곤란하다는 것이다.

> 야스쿠니신사는 말할 것도 없이 메이지유신 이래 군국의 사업에 따라 전몰한 영령을 주된 제신으로 하여 그 제전에는 종래 폐하가 친히 참배의 예를 올릴 정도로 우리나라에서 중요한 신사였다. 그러나 오늘날 우리나라는 국민이 주지하는 상태에 빠져 야스쿠니신사의 제전이 과연 장래에 지금까지처럼 의례를 계속할 수 있을지 의심하지 않을 수 없게 되었다. 특히 대동아전쟁의 전몰장병을 영구히 호국의 영웅으로 숭경하고, 그 성공을 찬양하는 일은 우리나라의 국제적 입장에서 허용받기 곤란하지 않을까?

그가 말하는 '국제적 입장'이란, 다름 아닌 일본을 패배시킨 '연합국'의 입장을 가리킨다. 이어서 그는 "유형적으로만이 아니라 또한 정신적 무장해

제를 해야 한다고 요구하는 연합국이 이것(야스쿠니신사에서 전몰자를 추모하는 것)을 어떻게 볼 것인가? 만일 연합국 연합국의 간섭을 받다 제례를 중시해야 하는 사태가 발생하면 거꾸로 전몰자에 굴욕을 안겨주고 국가가 입을 불편과 불이익은 막대할 것이다."고 덧붙이고 있다. 즉 전쟁의 이념이 패전으로 부정당한 이상, 전몰자를 전쟁 때처럼 야스쿠니에서 추모하는 것은 현실적으로 불가능할 뿐만 아니라, 강행하면 연합국과의 정치적 갈등의 원인되어 전사자에게 굴욕을 안겨주는 결과를 낳을 것이라는 인식이 표명되고 있다.

이러한 인식의 근저에는 전쟁에 대한 부정적 견해가 자리잡고 있다. "야스쿠니신사의 주된 제신은 메이지유신 이래의 전몰자로서 특히 그 대다수는 청일, 러일 양 전쟁 및 이번 대동아전쟁의 종군자이다. 그러나 지금 그 대동아전쟁은 만대에 씻을 수 없는 오욕의 전쟁으로 국가를 거의 망국의 위기로 이끌어 청일, 러일 양 전쟁의 전과도 또한 남김없이 소멸시켰다. 유감스럽지만 그 전쟁에 신명을 바친 사람들에 대해서는 이들을 제사지내며 '야스쿠니'라고 칭하기는 곤란하게 되었다."고 말하고 있다. 즉 그에게 야스쿠니신사를 폐지해야 하는 가장 중요한 이유는 거기에 합사된 전사자의 다수는 '대동아전쟁'의 전몰장병으로서, 이 '대동아전쟁'은 '국가를 존망의 위기에 몰아넣은 만대에 씻을 수 없는 오욕의 전쟁'이기 때문이다. '야스쿠니'란 '나라는 편안하게 하는' 것, 즉 국가를 평화를 유지하는 것인데, 거꾸로 야스쿠니신사는 나라를 존망의 위기에 빠트리는 자기부정을 범했다는 논리이다. 만약 이 야스쿠니신사가 존속할 가치가 있다면 그것은 '굴욕과 원한의 기념'으로서만 의미를 가질 수 있다고 말한다.[17]

---

17    高橋哲哉(2005), 『靖国問題』, p.231.

한편 야나키타 구니오가 패전 직후 발표한 「선조이야기祖先の話」에서 전
사자의 추모를 국가에서 분리시켜 조령신앙에 기초한 '이에의 제사'를 통해
모셔야한다고 주장한 것도 같은 맥락에서 이해할 수 있다. 여기서 야나기타
가 시도하고 있는 것은 이에의 존속을 뒷받침하는 신앙 상의 기반을 밝히는
것이었다. 그것은 나아가 전쟁에서 사자를 구제하고 위령하지 않으면 안 된
다는 실천적인 문제의식도 포함하고 있었다. 달리 말하면 패전했다고 전사
자의 죽음을 방치하면 한 된다는 것이다. 그럼 어떻게 할 것인가? 여기서 그
가 들고 나오는 것이 '조령신앙'인 것이다. 그는 다음과 같이 적고 있다. "적
어도 나라를 위해 싸우다 죽은 젊은이들만큼은 어떻게 해서든지 불가도가
말하는 무연불로 따로 떼어 놓아서는 안 된다고 생각한다. 물론 국가와 각
지방에는 슬픔을 달래주는 제장이 있고 영혼을 모실 장소가 마련되어 있으
나, 각각의 집에서 뼈와 살을 맞대던 정을 무시해서는 안 된다."

그럼 야나기타의 논의 속에서 이에의 존속을 지탱하는 조령신앙이라는
전통의 존재를 실증하는 것은 어떻게 사자의 구제와 연결되는가? 전장에서
사망한 젊은이들은 국가를 위해 그리고 무엇보다 천황을 위해 죽었다. 그런
데 패전은 이 사자들이 천황과 황국을 위해 죽었다는 관념을 무의미한 것으
로 만들어 버렸다. 이때 사자들의 죽음을 무의미의 세계로부터 구제하기 위
해서는 황실과 천황의 전통으로는 곤란하다. 그것을 일부로 하는 보다 포괄
적인 전통이 요청되는 데, 그것이 바로 '조령신앙'이라는 것이다. 즉 패전 이
후의 관점에서 봤을 때 황실과 국체를 위한 희생으로 보면 젊은이들의 죽음
과 전쟁 중 젊은이들을 전장으로 내몰았던 일본인들의 행동은 정당화되기
곤란하다. 그러나 그들이 지키려 한 것이 패전에 의해 상실되지 않는 이에
이며, 그들의 죽음이 수용된다면 그 죽음도 그것을 응원했던 사람들의 행동

도 의미와 가치를 부여받을 수 있는 것이 야나기타의 논리이다.[18]

야나기타는 국가대신 이에를 위령과 추모의 기반으로 제시하고 있지만, 사자의 죽음은 어떻게 해서든 공동체의 이름으로 안착될 수 있다는 믿음을 보여준다.[19] 이에 대해 1960년대 미시마 유키오라는 다분히 우익적 문학자는 전사자의 존재가 공동체에 포섭되지 않을 수 있음을 상기시키고 있다. 예를 들어 고도성장기에 발표한 소설 「영령의 소리」(1966)는 "더 이상 전후가 아니다"는 주장이 일상화되어 가던 전후의 일본사회에서 "우리는 배신당한 자들의 영혼이다"라고 스스로를 일컫는 영령들이 소비사회의 향락에 들떠 있는 사회를 겨냥하는 내용으로 이루어져 있다. 마을의 초혼식에서 영매에 빙의한 영혼이 등장하자 다음과 광경이 동시에 참가자들의 눈앞에 펼쳐진다.

> 일본을 에워싼 바다에는 여전히 피가 떠다닌다. 일찍이 수많은 젊은이들이 흘렸던 피가 바닷물의 핵심을 이루고 있다. 그걸 본 적이 있는가? 달밤의 바다 위에서 우리는 뚜렷이 본다. 헛되게 흘린 피가 그 순간 검은 해류를 피의 색깔로 바꾸고, 붉은 바닷물이 으르렁거리며 큰소리로 떠드는 마치 사나운 짐승처럼 이 작음 섬나라 주위를 방황하며 슬프게 울부짖는 모습을. [⋯] 저기 일본 본토에는 밤에도 꺼지지 않는 많은 등불의 집단이 바다 위에 떠 있으며, 용광로의 불꽃은 밤하늘을 태우고 있다. 거기에는 1억 백성이 새근대며 자고 있거나, 그들도 모르는 새에 차갑게 질려버린 쾌락이 요를 적시고 있다. 그것이 보이는가? 우리가 그 진실한 모습을 드러내

---

18  大澤真幸(2008), 『不可能性の時代』, 岩波書店, pp.17-18.

19  이소마에 준이치, 심희찬 옮김(2014), 『상실과 노스텔지어-근대 일본이라는 역사 경험의 근원을 찾아서』, 문학과지성사, p.210.

려 했던 국체는 이미 짓밟혔으며, 국체 없는 일본은 저 부표처럼 불안하게 떠 있다.[20]

미시마가 여기서 등장시키는 것은 전후 부흥을 만끽하는 산자의 공동체에 결단코 귀속하지 않을 사자의 사나운 영혼이라 할 수 있다. 이야기가 진행되면서 이 영령들은 자신의 정체를 2·26사건의 청년장교, 가미가제특공대의 병사라고 말한다. 그들은 전후에도 전몰자의 영혼을 제사 지내는 야스쿠니에 들어앉기를 거부한 채 수십 년 동안 원한과 함께 피로 물든 바다 위를 떠다니는 '아라타마(荒魂)'인 것이다. 저승으로부터 강림한 이 사령들은 산자를 보호하기는커녕, 산 자들에게 배반당한 회한이 아직도 풀리지 않음을 누누이 강조한다. 실로 이들이야말로 산자의 공동체에 회수되지 않는 영혼이며 그들의 시선은 바로 산 자들의 안일한 일상에 물음을 던지고 있는 것이다. 즉 자신들은 그저 '개죽음'을 당한 것이 아니냐며 말이다.[21]

한편 미시마는 자결 4개월 전 전후 25년을 다음과 같이 회상하고 있다.

25년 전에 내가 증오한 것은 다소 모습은 변했지만 지금도 변함없이 끈질기게 살아남아 있다. 살아남아 있을 뿐 아니라 놀라울 정도의 번식력으로 온 일본을 완전히 침투해 버렸다. 그것은 전후민주주의와 거기에서 발생한 위선이라는 두려운 바이러스이다.…그 이후로 마음에 걸린 것은 내가 과연 '약속'을 지켜왔는가라는 것이다.[22]

---


20    三島由紀夫(2002), 「英霊の声」, 『三島由紀夫全集決定版20』, 新潮社, pp.477-478.

21    이소마에 준이치(2014), 『상실과 노스텔지어』, pp.212-214.

22    三島由紀夫, 「果たし得てゐない約束ー私の中の二十五年」, 『サンケイ新聞』, 1970.7.7.

미시마가 말하는 '약속'이 겨냥하는 것은 천황이다. 전쟁 중 천황과 병사 사이에 있었던 약속이다. 미시마가 말하고 싶은 것은 '천황을 위해 죽은 사람들'에게 '신이 아니라 실은 인간이었다'고 말한 전후의 천황은 전사자에게 '약속위반'을 한 것이며, 그로 인해 그들의 죽음은 완전히 무의미한 것이 되어 버렸다는 것이다. 그래서 미시마는 전후민주주의를 '바이러스'라고 부르며 증오한 것이다.[23] 달리 말하면 적이었던 미국에 의해 도입된 민주주의 속에서 번영을 누리는 전후의 세태를 전사자의 시점을 빌려 약속의 파기를 되묻고 있는 것이다. 이때 전사자의 의미는 천황을 위해 목숨을 바친 숭고한 영혼英靈, 즉 '적극적 희생자sacrifice'[24]이다. 미시마는 '적극적 희생자'의 시점에서 전후일본이 '수동적 희생자'에 대한 '부전의 약속'과 미국의 비호 아래 성취한 '부흥'의 정당성을 문제삼고 있는 것이다.

전후일본에서 전몰자의 지배적 표상이었던 '수동적 희생자'에 대한 도전은 미시마 유키오와 같은 우익적 지식인만이 아니라 신좌익으로 불리는 '전공투'에서도 제기되었다. 그들에게 '전후민주주의'가 의거하는 '수동적 희생자'는 권력의 압박에 무기력한 존재이자, 혁명을 저해하는 '반동적' 표상에 불과했다. 전공투에 의해 일어난 '해신상' 파괴 사건은 그들의 이런 심정에서 비롯된 것이다. 달리 말하면 전공투의 학생들에게 해신상 파괴는 '전후민주주의'의 '오만'과 그런 체제를 떠받친 지식인들을 비판하기 위한 상징적 행위였다.

예를 들어 도쿄대전공투의 어떤 학생은 1969년 1월 18일, 19일의 도쿄대 야스다강당공방전을 염두에 두면서 '와다쓰미'에 관해 다음과 같이 쓰고 있다.

---

23  大澤真幸, 『不可能性の時代』, 2008, p.14.

24  다카하시 히데토시(2009), 「'야스쿠니'와 '히로시마'」, p.291.

〔1969년〕 1.18, 19 그날 20여년 전 많은 학도병들이 순종적으로 권력의
의지에 따라 총을 걸고 사지로 향했던 야스다강당에서 학우들은 깃발을
흔들고 돌을 던지며 권력과 대결했다. 그리고 20여 년 전 다수의 학도병들
을 '복잡한' 혹은 '명랑한晴れやかな'기분으로 보냈던 교관들은 피투성이가
되어 〔기동대에게〕 연행되는 학우를 가리켜 '너는 그러고도 학생인가'라고
비난하고 권력의 시녀처럼 위축된 얼굴로 검문하는 (중략) 대비는 너무나
분명하지 않은가.


전공투의 일원인 필자는 학도병들을 '복잡한' 혹은 '명랑한' 기분으로 전
장으로 보낸 전시기의 교관들과 대학분쟁 때 기동대에게 연행되는 학생들
을 비난하는 교관을 겹쳐서 보고 있다. 그들은 당대의 권력에 야합하는 '권
력의 시녀'라는 점에서 다르지 않다. 그들에게 학도병세대인 '와다쓰미세대
=전중파'는 '권력에 영합하는 어른들'이자, '어떤 저항도 하지 못한 무기력
한 어른들'을 의미하며, 동시에 그런 '어들들'에 의해 만들어진 '전후민주주
의'의 폐색을 상기시키는 것이었다. 참고로 당시 '와다쓰미세대'에 속한 교
관들은 이미 40대 후반이었고 학생들이 소속된 대학의 중견층을 형성하고
있었다. 그것이 '와다쓰미세대'에 대한 전공투세대의 적의를 배가시킨 점도
무시할 수 없다. 일찍이 '반전'의 상징이었던 '와다쓰미'는 여기에 와서 '반
동'의 상징으로 간주되었다.[25]

전사자를 '수동적 희생자'로 간주하고, 그들에 대한 '부전의 맹세' 위에 구
축된 전후의 '평화'와 '번영'이 긍정되는 상황에서 야스쿠니가 상정하는 '적
극적 희생자'의 방황은 불가피한 것이다. 패전 직후 야나기타가 '조령신앙'

---

25　이상의 전공투에 의한 해신상 파괴 사건에 관해서는 福間良明(2009), 『「戦争体験」の戦
　　後史』, pp.189-191을 참조.

을 통한 사자 추모를 역설했던 것도 바로 그런 사태를 막기 위함이었다. 그러나 1960년대 후반에 이르자, '수동적 희생자'라는 전사자 표상은 좌익과 우익 양쪽의 비판에 직면하게 되고, 1970년대와 80년대를 통해 '풍요'가 일상화되자 그런 세계와 이질적인 전쟁, 전쟁희생자, 전사자를 관련시키는 의식은 더욱 희박해졌다.[26] 이렇게 전사자를 둘러싼 담론장에서 지배적 지위에 있었던 '수동적 희생자'라는 표상은 그것은 호헌파의 언설이나 전몰자추도식에서 발화되는 수상의 '부전의 결의'를 통해 환기될 뿐 사회적 영향력을 점차 상실해 갔다.

## Ⅳ. 역사의 '과잉'에서 역사의 무화無化로

미시마와 달리 에토 준에게 사자는 불편한 존재가 아니다. 산자와 사자의 친밀한 관계는 처음부터 확고한 부동한 전제로 간주된다. 점령체험과 전후 헌법은 분명 일본인의 정체성에 단절감을 가져온 것이 분명했지만, 문화의 수준에서 볼 때 일본문화의 단절은 존재하지 않았기 때문이다. 따라서 사자와의 공생감이라는 문화 위에 존재하는 야스쿠니신사를 참배할 것인가가 쟁점이 되는 상황이 오히려 부자연스러운 것이라고 할 수 있다. 앞에서도

---

26　赤澤史朗(2003), 「戦後日本における戦没者の「慰霊」と追悼」, 『立命館大学人文科学研究所紀要』(82号), p.120. 다른 한편 요시다 유타카는 1963년부터 시작된 '전국전몰자추도식'에서의 수상들의 발언을 분석하면서 거기서 '전몰자'는 '오늘의 영광의 초석'이라는 '안이한' 의미가 부여되고 있다고 지적하고 있는데, 이것은 강화조약 성립 이후 치러진 정부주도의 추도식에서 수상들이 보여준 '정당하지 못한 전쟁'이라는 인식이 비춰볼 때, 후퇴한 것이라고 평가하고 있다. 요시다 유타카, 하종문, 이애숙 옮김(2004), 『일본인의 전쟁관』, 역사비평사, pp.119-120 참조.

말한 것처럼 오히려 에토의 입장에서 보면 문제는 토대로서의 문화에 조응
하지 못하고 있는 전후의 국가 쪽에 있었다.

이런 전후비판의 근거가 되고 있는 문화에 대한 환원주의는 그의 미국 체
험과 무관하지 않다. 그는 1965년의 저작 『미국과 나』에서 미국에 머무는
동안 그의 내부에 '일본적인 것'이 분명한 모습으로 등장했음을 다음과 같이
표현하고 있다.

> 나를 나 자신을 일본에 연결시키는 유대가 있음을 느낀다. 그것은 일본에
> 서 나를 향해 오는 것이 아니다. 오히려 나로부터 일본으로 향해 가는 것
> 이다. 이는 요청이 아닌 자발적 결합이기에 반드시 나를 일본이라는 '국가'
> 에 접근시키지는 않는다. 하지만 이는 결코 단순한 개인적 유대가 아니다.
> 나를 포함하면서 나를 넘어서기 때문이다. 물론 그것은 언어다. 나라는 개
> 체를 『만요슈』 이래로 오늘날까지의 일본문학과 사상의 전체와 이어주는
> 일본어라는 언어다. 만약 나에게 자신을 일본의 과거와 현재-즉 역사에
> 이어주는 이 언어의 의식이 없었다면, 나는 어쩌면 미국이라는 이상한 동
> 화력을 지닌 사회에 쉽사리 삼켜졌을지 모른다.[27]

그러나 야스쿠니문제와의 직접적인 관련을 생각한다면, 1980년대 미일
관계라는 맥락을 간과할 수 없다. 전후 이래 일본의 안보는 미국에 의존하
고 있었지만, 적어도 1980년대 일본이 경제의 영역에서 미국과 경쟁하는
경제대국이라는 점은 의심할 나위도 없었다. 그리고 그런 상황을 배경으로
1980년대에 들어와 에토는 '교전권'의 확보를 통해 미일관계를 "대등한 주

---

27    江藤淳(1972), 『アメリカと私』, 講談社, p.272.

권국가 간의 긴밀한 동맹관계"[28]로 전환해야 한다는 주장을 펼치기 시작한다. 예컨대,

> 그럴 때 비로소 미일관계는 당초의 점령의 계속이라는 색채를 완전히 불식하고 자유로운 주권국가 간의 동맹으로 변질하는 것이 가능하다. 미일 간의 그런 자유로운 동맹은 미국을 아는 일본인에게 영원한 꿈이었다. 그 꿈은 혹은 금후의 미일관계의 노력 여하에 따라 불가능하다고만은 할 수 없다.[29]

즉 에토의 관심은 어떻게 '자유'의 관점 위에서 미국과 대등한 관계를 형성할 수 있는가에 있었다. 그가 야스쿠니론에서 make-up of Japan과 make-up of America의 차이를 반복해서 강조하는 것도 이런 맥락에서 이해할 수도 있을 것이다. 즉 문화적 대등함에 조응하는 정치적 관계의 대등함에 대한 열망으로.

에토에게 타국의 문화와 본질적으로 이질적인 일본문화make-up of Japan의 고유성을 보증하는 것은 오랜 시간에 걸친 문화의 지속이다. 그것은 예를 들어 야스쿠니신사의 문화적 의미를 논하면서 그것의 역사를 '기기와 만요'로부터 시작되는 긴 역사적 시간 속에 용해시키는 발상에서 볼 수 있다. 에토는 자신의 글에서 야스쿠니신사가 메이지유신에서 사망한 3,588명을 제사지내기 위해 1869년 도쿄초혼사東京招魂社로서 창건된 후, 1879년 '야

---

28  加藤典洋(2015), 『戦後入門』, ちくま新書, p.46.

29  江藤淳(2015), 『一九四六年憲法ーその拘束』, 文藝春秋, p.104. 참고로 이글의 초출은 『諸君!』, 1980.8에 수록되었다.

스쿠니신사'로 개칭된 신사의 유래를 서술하고 있다. 도쿄초혼사의 창건부터 보자면, 야스쿠니신사의 역사는 100여년 정도에 불과하다. 하지만 앞에서 살펴본 것처럼 에토는 야스쿠니신사를 『기기』와 『만요』로부터 이어지는 일본문화사 속에 위치시키고 있다. 즉 창건된 지 겨우 100여년이 지난 야스쿠니신사에 1000년이 넘은 장대한 역사를 심어넣고 있는 것이다.

그런데 시야를 동시대의 문화현상으로 확장하면, 야스쿠니문제를 다루는 에토의 방식이 이른바 오타쿠 문화의 상상력과 '상동적' 관계에 있다는 점이 눈에 들어온다. 그 '상동성'의 내용은 관심의 대상이 되는 텍스트의 배후에 장대한 역사를 설정하는 상상력이다. 표층의 역사 이상의 긴 역사를 상정하는 상상력은 또한 동시대 오타쿠 문화의 중요한 특징을 이룬다. 오쓰카 에이지는 1980년대 오타쿠문화를 비판적으로 논한 『「오타쿠」의 정신사』(2004)에서 이 시기를 통해 작품의 배후에 그 작품이 귀속하는 거대한 이야기를 상정하는 수용의 관습이 정착되었다고 말하고 있다. 그에 따르면 이런 태도는 1970년대 후반 구체적으로 「우주전함 야마토」를 계기로 수용자 측에서 나타나 이윽고 1980년대 방대한 연대기를 내장한 「기동전사 건담」 시리즈를 통해 그런 수용자의 욕망에 맞춰 허구의 세계를 제작하는 태도가 제작자 측에 정착되기에 이르렀다는 것이다.[30]

그럼 왜 이런 현상이 다름 아닌 1980년대에 나타난 것일까? 오쓰카는 이런 흐름의 배후에 1970년대 초반에 있었던 '정치의 계절'의 종언이 영향을 주었다고 본다. 달리 말하면 전공투의 혁명이 '실패'로 귀결된 이후, 일본에서 현실의 세계에 마르크스주의적인 역사상을 그려내는 것이 결정적으로 곤란해졌다는 것이다. 그 대신 가상세계의 역사가 추구되기 시작했다. 그는

---

30　大塚英志(2004), 『「おたく」の精神史——一九八〇年代論』, 講談社, pp.215-220.

그런 현실의 역사로부터의 도주가 「건담」에서 시작해 「에반겔리온」(1995)에 이르는 계보 속에 나타나 있다고 말한다. 그것은 1970년대 오타쿠 1세대(신인류)가 1980년대 들어와 수용자에서 제작자로 변모했을 때, 그들이 픽션(허구의 세계) 속에서만 역사를 보고 그것을 비내화시킨 결과라는 것이다. 그리고 그것은 역설적으로 일본의 전후사에서 '역사'의 부재를 재촉하는 결과를 낳았다고 지적한다.[31]

과거의 사건들에 의미를 부여하는 마르크스주의와 같은 초월적 이념이 무너진 이후에 역사가 픽션의 세계에서 비대해진 상황을 '역사'의 부재로 간주하는 오쓰카의 논의는 80년대 에토 준의 역사에 대한 논법을 이해하는 데에도 적용할 수 있다. 앞서도 지적했지만 '기기와 만요'에서 발견한 '사자의 공생감'을 야스쿠니적인 사자 추모의 원리로 간주하는 에토의 논법은 일견 역사에 대한 관심을 보여주는 것 같지만, 실은 그 긴 시간 안에 존재했을 이질적인 사건들은 배제된다. 〈과잉〉된 역사가 '사건으로서의 역사'를 구축驅逐하고 있는 것이다.

물론 에토에게 사건으로 구성되는 복잡한 역사에 대한 관점이 전혀 존재하지 않는 것은 아니다. 그는 마루야 사이이치丸谷才一가 소설 『가성으로 불러라, 기미가요裏声で歌へ君が代』(1982)에서 작중인물의 입을 빌려 '국가목적이 없는 것 같은 지금의 일본은 우연히 어쨌든何となく 이렇게 되어 버렸다'다는 대목을 거론하며, "〈지금의 일본〉이 〈어쨌든 이렇게 되어 버렸〉리가 없다. … 〈어쨌든〉이란 있을 수 없고, 다양한 요인의 퇴적堆積 위에서 그렇게 된 것이다"고 맹렬하게 비판한 바 있다. 하지만 마루야가 '어쨌든 이렇게 되어'버린 것 같다고 말하는 전후일본은 에토에게 미군의 집요한 점령 정책

---

31    大塚英志(2004), 『「おたく」の精神史』, p.222.

에 의해 '폐쇄된 언어공간'이자 '법리에 의해 야스쿠니신사를 보고 일본의 Constitution을 재단하려는 사람이' 관료가 되어 통제하는 '유사類似현실'[32]로 간주된다. 전후라는 시공간을 점령이라는 기원으로부터 규정하는 에토가 과연 그 내부에 존재했을 다양한 사건들의 '퇴적'이 만들었을 복잡함을 시야에서 걸어내고 있지 않는가라는 비판을 견뎌낼 수 있을까? '기원'의 역사에 집착함으로써 '사건'으로서의 역사를 '무화'시키는 논법은 그의 전후사 인식에서도 반복되고 있다.

## Ⅴ. 나가며

그렇다면 에토에게 '역사'는 부재의 상태로 동결되어 버린 것일까? 그는 사건을 통해 구성되는 역사를 거절하는 대신, 허구로부터 〈역사〉를 구성하는 상상력을 보여주고 있다는 점을 놓쳐서는 안 된다. 그의 야스쿠니문화론의 토대가 되는 '산자와 사자의 공생'은 그 자신이 글에서 언급하고 있는 것처럼 죽은 자의 영혼이 산자의 세계 주위에 배회한다는 공상적 이미지를 통해 표현되고 있다. 그가 말하는 '기기와 만요'로부터 이어지는 장구한 일본문화의 역사는 이런 상상력에 의해 가능했다고 할 수 있다. 덧붙여 이런 역사에 대한 태도가 아베 신조와 고바야시 요시노리의 우익적 언설 속에서도 반복되고 있다는 점은 지적해 둘 필요가 있을 것이다. 예컨대 아베는 2013년에 출간한 『새로운 나라로―아름다운 나라에 완전판』에서 '일본瑞穂の国'이라는 나라의 원형을 다음과 같이 서술하고 있다.

---

32　江藤淳·小堀桂一郎編(1986), 「生者の視線と死者の視線」, p.49.

일본이라는 나라는 예부터 아침 일찍 일어나 땀을 흘려 전답을 경작하고
물을 서로 나누면서 가을이 되면 천황가를 중심으로 오곡풍요를 기원해
온 '미즈호의 나라'입니다. 자립자조를 기본으로 불행하게도 누군가가 병
으로 쓰러지면 마을 사람들 모두가 이것을 돕습니다. 이것이 예부터 전해
내려오는 일본사회보장이며, 일본인의 DNA에 박혀 있는 것입니다.[33]


여기서 아베는 성실하고 협동적인 농경공동체의 '가상적' 풍경에 기초해
일본이라는 나라를 살아가는 일본인의 변하지 않는 심성을 기술하고 있다.
사건이 아니라 허구에 의해 구성되는 〈역사〉와 실증을 허용하지 않는 기원
에 대한 상상력이 그의 역사서술을 지탱하고 있는 것이다.[34] 그리고 이런 역
사서술방법은 '위령과 현창', '영령과 희생자'의 의미상의 차이를 확인하는
것으로 시작되고 있는 고야바시 요시노리의 야스쿠니론(保守も知らない靖国
神社, 2014)에서도 찾아볼 수 있다. '현창'과 '영령'의 언어적 의미(허구)로부
터 야스쿠니의 역사를 재구성하고 있는 것이다.[35] 1980년대 '역사'의 부재화
라는 동시대적 경향 속에서 에토가 개척한 '허구로부터 구성되는 역사'라는
방법은 '역사'에 대한 '우익적' 해석을 감행하는 과격한 후예들에 의해 반복
되면서 '역사의 반지성주의'라는 새로운 지적 '타락'으로 계승되고 있다.

---

33  安倍晋三(2013), 『新しい国へ―美しい国へ完全版』, 文藝春秋.

34  남상욱은 이것을 '미의식'이 정치의 영역에 들어오는 현상으로 파악하고 있다. 남상욱
    (2014), 「아베 신조 『아름다운 나라로』 속의 '미'와 '국가'」, 『일본비평』(10), pp.187-
    188.

35  小林よりのり(2014), 『保守も知らない靖国神社』, KKベストセラーズ, pp.16-21.

**■ 참고문헌**

김민환(2006), 「일본 군국주의와 탈맥락화된 평화 사이에서-오키나와 평화기념공원을 통해 본 오키나와전 기억의 전장」, 『민주주의와 인권』(제6권1호).

김상준(2005), 「기억의 정치학: 야스쿠니 vs 히로시마」, 『한국정치학보』(39, 5).

남상욱(2014), 「아베 신조 『아름다운 나라로』 속의 '미'와 '국가'」, 『일본비평』(10), pp.187-188.

다카하시 히데토시(2009), 「'야스쿠니'와 '히로시마'」, 전진성, 이재원 엮음, 『기억과 전쟁-미화와 추모 사이에서』, 휴머니스트, p.291.

요시다 유타카 지음, 하종문 · 이애숙 옮김(2004), 『일본인의 전쟁관』, 역사비평사, pp.119-120.

이소마에 준이치 지음, 심희찬 옮김(2014), 『상실과 노스텔지어-근대 일본이라는 역사 경험의 근원을 찾아서』, 문학과지성사, p.210.

赤澤史朗(2003), 「戦後日本における戦没者の「慰霊」と追悼」, 『立命館大学人文科学研究所紀要』82号, p.120.

安倍晋三(2006), 『美しい国へ』, 文藝春秋, p.68.

安倍晋三(2013), 『新しい国へ―美しい国へ完全版』, 文藝春秋.

内田雅敏(2014), 『靖国参拝の何が問題か』, 平凡社, pp.29-30.

江藤淳(1972), 『アメリカと私』, 講談社, p.272.

江藤淳 · 小堀桂一郎編(1986), 「生者の視線と死者の視線」, 『靖国論集―日本の鎮魂の伝統のために』, 日本教文社, p.16.

江藤淳(2015), 『一九四六年憲法―その拘束』, 文藝春秋, p.104.

大澤真幸(2008), 『不可能性の時代』, 岩波書店, pp.17-18.

大塚英志(2004), 『「おたく」の精神史――九八〇年代論』, 講談社, pp.215-220.

加藤典洋(2015), 『戦後入門』, ちくま新書, p.46.

高橋哲哉(2005), 『靖国問題』, 筑摩書房, p.165.

島田裕巳(2014), 『靖国神社』, 幻冬舎, p.138.

三島由紀夫, 「果たし得てゐない約束ー私の中の二十五年」, 『サンケイ新聞』,
　　　　1970.7.7.

# 제3장

■

# 야스쿠니신사의 초혼사상招魂思想과 전사자 유골[*]

지영임

## Ⅰ. 서론

야스쿠니신사의 전사자 영혼과 유골에 대한 문제의식은 2010년 일본 NHK에서 방송된 〈의혹의 유골의 좇아~전몰자유골수집의 어둠〉[1]에서 시작되었다. 일본정부는 전후 유골 수집을 '유족은 물론 국민감정에서도 방치할 수 없는 큰 문제'로 인식하고 1952년부터 1975년까지 3차에 걸친 유골수집사업이 실시하고, 그 후로도 보완적 유골수집사업을 실시하였다. 그러나 일본의 경우 특징적인 점은 NPO법인과 민간인이 주도가 되고 일본정부와 후생노동생이 협력하는 형태를 띠고 있다는 점이다. 실제로 일본정부는 2009

---

[*] 이 논문은 동북아역사재단의 지원을 받아 수행된 연구임(NEAHF-2006-동북아2016-한일-자유-1-6). 또한 본고는 고려대학교 일본연구센터 학술심포지엄〈야스쿠니에 다가서나〉(2015년 5월 /일)의 발표문을 근거로 작성되었다.

1 NHK 追跡! A to Z 〈"疑惑の遺骨"を追え~戦没者遺骨収集の闇~〉(2010年10月2日).

년부터 구엔따이空援隊라는 NPO법인에게 막대한 지원을 하여 필리핀현지에서 일본인 유골수집활동을 지원하였으나, 현지주민에게 대가를 지불하고 수집한 유골이 일본인의 유골이 아니라 필리핀의 여자 또는 어린이의 유골이 수집되었다는 NHK의 보도가 있었다. NHK의 보도에 대한 진위여부가 소송으로까지 이어지기도 하였는데 이 문제로 일본정부의 유골수집에 대한 안일함과 민간에게 책임을 미룬 국가의 책임이라는 큰 문제가 대두되었다.

일본은 해외전몰자 240만 명 중 현재 116만주의 유골이 미송환된 상태로 전사자 유골의 약 48%가 해외에 방치된 상태이다. 이 중 바다에서 전사한 경우와 상대국의 국민감정으로 수집할 수 없는 유골을 제외한 60만 주는 지금도 수집이 가능하다.[2] 이러한 상황임에도 불구하고 일본 정부가 유골수집에 적극적이지 못한 이유는 무엇이며, 유족들은 어떻게 납득을 하고 있을까.

이러한 문제를 해결하기 위해서 야스쿠니신사의 초혼사상과 전사자 유골에 주목하고자 한다. 초혼의 사전적인 의미는 하늘에 있는 영혼을 일시적으로 불러내려 모시는 제의를 가리키는 말이지만, 전사자의 경우, 천황의 재가를 받은 영혼만이 초혼되어 야스쿠니의 제신이 된다. 이러한 야스쿠니사상의 원류가 되는 초혼사상이 많은 연구자가 지적하였듯이, 새로운 의미를 지니는 신사신도의 탄생이며, 기존의 신사신앙, 민속신앙과는 이질적인 것이라고 한다면, 일본의 초혼사상의 검토를 통해, 어떤 부분이 일반 민중의 제사와 어떻게 다른지 살펴보고, 근대이후 야스쿠니의 전사자제사가 새롭게 만들어지는 과정을 살펴보는 것은 유익한 작업이 될 것이다.

---

2  제164회 국회, 참원후생노동위원회, 2006년, 內海愛子ほか(2007), 『遺骨の戰後―朝鮮人
　　強制動員と日本』재인용.

## Ⅱ. 일본의 사자의례

일본의 사자의례는 유해와 유골에 대해 행해진다.[3] 실제로, 장례식장에서 죽은 사람의 유해 내지 유골이 반드시 안치되며, 절도 유해, 유골에 대해서 행해진다. 화장시 시신을 거의 태우는 것이 아니라 유골의 형대를 알아볼 수 있도록 화장하는 것은 물건을 태우는 것과는 다른 의미이며 제사대상으로서 유골을 중시하고 있다는 표현이다.[4]

이러한 일본인의 유해, 유골숭배는 이러한 습골 때만이 아니라 매장의 경우에는 묘지에서 제사를 지내며, 화장의 경우에는 집 제단에 유골이 안치되어 아침저녁으로 참배를 한다. 그리고 사자의 유골에 대한 존중과 숭배의 관념이 잘 남아있는 사례로 1985년 8월 일본항공기 추락사고 당시 희생자의 유골 수습과 전몰자 유골수집단의 해외파견을 들기도 한다.

일본 민속학에서는 장례식 그 후의 공양은 사령死靈에 대해 행하는 의례이다.[5] 조령화祖靈化의 과정에서는 사령이 불안한 시기이기 때문에 불안정한

---

3 일본어에서 유체와 유골을 문맥에 따라 분별하여 사용한다. 예를 들면, 유체(遺体)는 죽은 사람의 생전의 사회적 관계의 맥락 중에서 언급되는 경우에 한해 사용되며, 유골(遺骨)은 사자의례의 결과로 인위적으로 처리된 생전의 신체가 뼈가 된 경우를 말한다.(波平惠美子(2004), 『日本人の死のかたち』, p.19, p.177) 한국어에서는 유해, 유골이라는 말은 유의어로 사용되는 경우가 많은데, 엄밀히 말하자면 '유골'은 '죽은 사람의 남은 뼈'나 '화장하고 남은 뼈'를, '유해'는 육탈(肉脫)해 뼈만 있는 게 아니라 죽은 사람의 살이 남아있는 시신을 가리킨다고 할 수 있다(위의 책, 『日本人の死のかたち』 p.122). 국방부의 '6·25 전사자 유해발굴사업'에서 알 수 있듯이 '유해'는 격식을 차리는 경우에 주로 쓰인다. 본고에서는 한국과 일본에서 사용되고 있는 유골과 유해의 의미를 문장의 맥락에 맞추어 사용하기로 한다.

4 山田慎也(2007), 『現代日本人の死と葬儀』, p.8.

5 坪井洋文(1970), 「日本人の死生観」, 『民族学からみた日本』, p.201.

영혼을 안정시키고 진혼하는 의례를 행한다. 이와 같은 과정을 거치고 사령은 정화되면서 개성을 잃고, 조령이 되는 것이 일반적인 견해이다. 또한 야나기타 구니오柳田国男의 지적처럼 조령은 '자손이 생활하는 범위 가까이에 있으며 정기적인 방문에 의해 축복하고 지켜보는 역할'을 하지만, '자손의 제사가 충분히 행해지지 않으면 이에의 영속은 보장되지 않으며, 소위 재앙을 일으키거나 악령화惡靈化'하는 경우도 있다. 그러나 공양을 위해 연기법요年忌法要를 반복하여 행하면 33주기 혹은 50주기를 마지막으로 조령 일반에 통합하게 된다.[6] 이러한 프로세스는 야나기타의 조령관과 일본인의 조령관을 구별하지 않으면 안 되는 문제점을 남기면서도 야나기타에 의해 체계화되고 일본의 민속학자에 의해 전형화되고 있다.

그러나 전사자의 경우, 중일전쟁에서 아시아태평양전쟁으로 전쟁이 확대되면서 시신을 수용할 수 없거나 전투 후 시신이 발견되지 않는 경우도 많아서 시신 대신에 전장의 작은 돌이나 루사콘留砂魂이라고 하는 모래를 넣은 백골모래상자가 유족에게 전달되었다.[7] 유골이 없는 장례식은 유골 대신 참배할 또 다른 대상을 필요로 하였기 때문에, 중일전쟁의 전사자 장례식부터 제단이 등장하고 초상화가 고안되기도 하였다.[8]

이와 같이 일본의 전통적인 사자의례에서 유골은 중요하고, 필수불가결

---

6  桜井徳太郎(1989),「柳田国男の祖霊観」,『霊魂観の系譜』, p.156.

7  앞의 책,『日本人の死のかたち』pp.186-187. 일본 국립역사민속박물관이 실시한 '전쟁미망인'에 대한 구술조사에 의하면, 유골함에는 실제 뼈 1개, 유품(파이프 같은 것, 지갑) 2개, 위패 및 레이지 7개, 판자조각 및 목편 3개, 작은 돌과 목판, 부적 3개, 종이 6장, 아무것도 들어있지 않은 사례가 1개로 총 21사례가 보고되어 있다(吉田裕(2007),『アジア太平洋戦争』, pp.226-227).

8  福田アジオ(2000),『寺・墓・先祖の民俗学』, pp.25-29.

| 사진 1  치도리가후치 전몰자 묘원 내 휴게실 | 사진 2  중국 흑룡강성 전지의 돌(靈石) |
| --- | --- |

유골을 대신 한 모래(靈砂: 사진 1)와 돌(靈石: 사진 2)

출처: 메레욘 섬 모래(2008, 필자 촬영)

한 것이었음에도 불구하고 전사자의 유골은 야스쿠니신사에서 제사대상은 되지 못한다. 그러면 왜 일본에서는 다른 나라에서 그다지 볼 수 없는 이와 같은 제사체계가 만들어진 것일까. 그 역사적 경위를 살펴보기 위해서는 유골에 주목하여 국가와 군부에 의해 만들어진 육군묘지, 충령탑, 치도리가후치 전몰자묘원 등을 통해서 전사자의 영혼과 유골이 어떻게 처리되어 왔는지를 고찰할 필요성이 있지만 본고에서는 특히, 초혼사상에 대해 초점을 맞추기로 한다. 초혼사상은 야스쿠니신사가 성립되기 이전의 중요한 이념으로 초혼사상을 통해서 야스쿠니신사가 어떠한 종교 문화적 배경을 취사선택하는지 그리고 전사자가 신이 되는 야스쿠니 제사 중 하이라이트가 되는 초혼제와 초혼제의 영향력에 대해서 살펴보기로 한다.

## Ⅲ. 초혼사상과 야스쿠니신사

주지하듯이 야스쿠니신사의 전신은 도쿄초혼사이다. 도쿄초혼사는 막말 유신기에 각지에 산재한 초혼사들의 대표격에 해당되지만 '초혼'이 어떠한 개념을 지닌 용어인지에 대해서 그다지 주목되지 않았다. '초혼'이라는 말은 죽은 자의 영혼을 하늘에서 지상으로 불러들여 위무한다는 뜻이다.[9] 야스쿠 니신사 제사의 원류는 '국사순난자'의 초혼제로부터 시작되었으며, 야스쿠 니의 사상은 초혼사상이 바탕이 되는 개념으로 야스쿠니신사가 성립되는데 있어서 중요한 종교관념이며 영혼관이라고 할 수 있다.

그러나 흥미로운 점은 무라카미에 의하면, 초혼사상이 신도의 전통과는 이질적인 특이한 영혼관이라는 점이다. 신도에는 인간의 영혼에 작용을 하 는 타마후리, 후리타마振魂, 타마시즈메鎮魂 등은 있지만, 초혼이라는 말은 사용되지 않았다. 물론, 초혼사상 혹은 야스쿠니의 사상은 어령신앙이 확대 된 민중적 신앙을 배경으로 하고 있지만. 이 또한 일본인의 종교적 전통은 말할 것도 없이 신도의 전통과도 이질적인 관념으로 발전하였다고 주장한 다.

창건년도가 가장 빠른 초혼사는 1854년에 창건된 야마구치요시키시모우 노레 초혼사山口吉敷下宇野令招魂社이며, 같은 해 시모노세키 영지 배후의 오 카노하라岡の原에 기병대 전사자의 초혼비가 세워졌다. 1865년 초혼비 앞에 사우祠宇를 세우고, 기병대의 창설자 다카스기 신사쿠高杉晋作가 기병대를 이끌고 초혼제를 집행하였다. 이것은 다카스키의 구상에 의한 것으로 기병 대 전사자의 묘와 대원의 생분生墳을 한곳에 모아 신분에 관계없이 작은 장

---

9  村上重良(1974), 『慰靈と招魂』, p.51.

사진 3 下関桜山招魂社[10]

방형의 묘비, 그리고 맨 앞줄 중앙에 요시다 쇼인吉田松蔭의 묘비, 묘지의 전 방에는 사전社殿과 도리이가 건설되었다. 이곳은 아카마세키신지赤間関新地 초혼사 또는 벗꽃이 식수되었기 때문에 사쿠라야마초혼장이라고도 불렸다 (사진 3 참조).

도쿄초혼사가 성립되기 이전의 각 지역 초혼사를 살펴보면, 초혼사의 창 설은 번주藩主에 의해 창설된 사社, 지역주빈유지, 귀족 등에 의해 창설된 사, 현, 현민, 군과의 협력에 의해 창설된 사 등이 있으며, 초혼사의 형태는 일정한 것이 아니라 사당과 분묘의 구별이 명확하지 않은 것, 사전祀殿이 있

---

10 시모노세키 사쿠라야마초혼사. 본전 배후의 391주의 신령비군(神霊碑群) 전경, 사전 뒤쪽은 묘비로 유골이 납골되어있다. 津田勉(2009), 「招魂社の発生ー靖国神社・護国神 社の源流を求めてー」, 『国学院大学買う初推進センター研究紀要』3, p.12.

는 것과 무사전 등이 있다.[11] 초혼사의 성립과정은 발달형식에 따라 난코사
이楠公祭, 초혼분묘招魂墳墓, 경내사境内社, 초혼비招魂碑, 초혼사招魂社로부터
시작하여 호국신사와 야스쿠니신사로 발달한다.초혼사의 성립과정에서 주
목할 점은 유신 이전에 창설된 초혼사에는 메이지유신의 왕정복고달성을
위해 국사에 순난한 지사의 영혼을 위로할 목적으로 창설된 초혼분묘墳墓,
또는 초혼장招魂場이 많았다는 것이다.묘소에서 초혼장, 초혼사로 발전한 사
례는 전국적으로 넓게 보이지만, 쵸슈번(현 야마구치현)의 초혼사는 거의 이
러한 성립과정을 거쳤으며, 시모노세키의 사쿠라야마 신사桜山神社, 모노미
야마초혼사物見山招魂社와 같이 사역社域에 묘지가 병설되어 있는 경우가 많
다. 이러한 초혼장은 유체, 유발, 그 외 유품을 매장한 사묘, 분묘의 형태에
서 초혼사로 발전한다.[12]

오하마大濱의 자료에 의하면, 1864년부터 1876년까지 창설된 지역 초혼
사의 성립형태는 메이지유신 이전에 이미 분묘의 형태로 발달을 한 것이 많
으며, 메이지유신 이후에는 분묘 형태를 계속 유지하거나, 도쿄초혼사에 합
사되는 과정을 거치기도 한다. 1864년에서 1876년까지 창설된 전국 초혼사
수는 105개 중에서 유신정부의 중요한 역할을 담당한 가고시마 현과 야마
구치 현은 각각 16사, 22사, 교토 13사로 이 3현을 합한 사수社數가 전국 초
혼사수의 반을 차지하고 있는 반면, 막부 측의 니이가타현과 후쿠시마현은
각 1사로 동북 6현을 합해도 교토 사수에 미치지 못할 만큼 가고시마 현과
야마구치 현, 교토지방의 초혼사가 많은 수를 차지하였다.[13]

---

11    小林建三・照沼好文(1969), 『招魂社成立の研究』, pp.17-21.

12    위의 책, 『招魂社成立の研究』, p.108.

13    大濱徹也(1973), 「「英霊」崇拝と天皇制」, 『日本人の宗教』, pp.122-123.

1868년 1월 왕정복고王政復古 선언을 통해 천황을 대표로 내세운 메이지 신정부는 이후 1년 4개월간의 보신戊辰전쟁을 통해 막번幕藩 체제를 옹호하는 친막부군을 완전히 진압하였다. 보신전쟁 중에 신정부에 가담한 각 번藩들은 전사자들을 기리기 위해 초혼장招魂場을 세웠는데, 1869년 들어 메이지 신정부기 도쿄에 초혼사招魂社를 세워서 그간의 전사사를 일괄하여 제사를 지냈다.[14] 그 후, 지방의 묘소근처에 만들어지던 초혼사는 1871년 폐번치현廃藩置県으로 정부의 관할 하에 옮겨졌으며, 정부가 관리하기에 이르렀다.

1875년 메이지천황은 교토동산의 초혼사의 신령을 도쿄초혼사로 합사할 취지를 칙지로 내리고, 새롭게 도쿄초혼사의 국사순난자를 초혼해서 합사하기로 하였다.[15] 이로써 묘소와 사전이 있는 초혼의 사사社祠와는 달리 초혼의례의 거점으로 제사중심 시설인 중앙의 초혼사가 출현하게 되었다.

무라카미村上도 지적하였듯이 막말 쵸슈번長州藩에서 창설한 초혼장이 야스쿠니신사의 원류라고 한다면, 어떠한 특징들이 야스쿠니신사로 계승되었는지 생각해 볼 필요가 있다. 쵸슈번 초혼장을 비롯한 각 지역의 초혼사는 유골과 영혼을 동반한 구 번주에 대한 충성과 연관되어 있으며, 도쿄초혼사의 '혼'이 의미하는 것은 영혼만을 동반한 메이지정부에 대한 충성과 연관되어 있음을 알 수 있다.[16] 시기에 따라 달라지기도 하지만, 패자의 영혼 즉 원령도 함께 모신 초혼사와 승자의 영혼을 제사지내는 도쿄초혼사는 다른 성격이기는 하지만, 국사순난자의 충혼을 제사지낸다는 점에서는 같은 신앙

---

14  앞의 책, 『慰靈と招魂』, pp.1-4.

15  앞의 책, 『慰靈と招魂』, p.98.

16  앞의 책, 「「英靈」崇拜と天皇制」, 『日本人の宗教』, p.123.

사진 4 야마구치현 모노미야마物見山초혼장(현, 아사진厚狭신사 본전과 남쪽 초혼묘군)[17]

에 근거하고 있다고도 할 수 있다.[18]

그러나 가장 큰 차이점은 묘지임과 동시에 영혼의 제장인 이중시설이었던 초혼장에서 초혼묘는 없어지고 최종적으로 초혼묘를 동반하지 않는 사전만의 초혼사 형태로 확립된 사실이다. 이와 관련하여 묘소, 초혼분묘, 초혼장의 형태에서 유골이 탈락하고 영혼만을 합사하는 제사 중심시설로서의 도쿄초혼사가 창건 시에는 본전 배후에 묘지를 건설하려고 했다는 점은 흥미롭다. 무라카미에 의하면, 도쿄초혼사의 사지社地는 현재의 3배가 넘는 33

---

17    http://www5.ocn.ne.jp/~fugeki/sho_asa.html (검색일:2015.5.6).

18    川村邦光(2003), 「靖国神社と神社の近代」, 『戦死者のゆくえ』, pp.104-105.

헥타르의 광대한 면적으로 묘지를 건설하는 것도 계획되었다.[19] 또한, 전후 특정할 수 없는 전몰자의 유골이 해외에서 송환되었을 때, 그 유골의 매장 장소를 결정하는 과정에서 야스쿠니신사측이 야스쿠니신사 경내의 적당한 장소를 묘지로 할 것을 요구한 사실도 있었다. 이러한 사례에서 보면, '신도에서의 죽음의 부정성의 배제'[20]는 일관되게 지켜온 것이 아니라, 선사자의 유골을 둘러싼 논의는 일본의 전통과는 상관없이 야스쿠니의 논리에 좌우되어 온 측면이 있다고 생각된다.

한편, 야스쿠니신사에 전사자의 영혼은 지속적으로 합사되었지만, 전황이 악화됨에 따라 병사들의 유체와 유골은 방치되어 있었다.[21] 그러나 1951년 9월 8일 샌프란시스코 강화조약의 조인을 계기로 1952년 1월부터 4월에 걸쳐 유황도硫黄島와 오키나와沖縄에 처음으로 유골조사단이 파견되었으며, 본격적으로 유골 수용을 위한 미일 교섭이 시작된다. 미국 측과의 교섭에 의해 미국이 제안한 유골의 '상징발굴印的發掘' 방식을 1952년 11월 일본 정부가 정식으로 수용하게 되었다. 이에 따라 국민감정, 국력, 상대국의 정황 등을 감안하여 전몰자의 유골은 원칙적으로 전부 내지에 송환한다'는 내지송환의 원칙을 내걸면서도 실제 처리에서는 '구 전쟁터에 방치되어있는 유골 또는 가매장되어 있는 유골에 대해서는 위령행사에 중점을 두고 현실의 발굴, 수집 등은 실시 가능한 범위에 남겨둔다' 는 방침이 정해졌다.[22] 결

---

19  앞의 책, 『慰霊と招魂』, pp.62-63.

20  波平恵美子(2011), 「「靖国問題」研究と文化人類学の可能性」, 『日本の人類学 —植民地主義、異文化研究、学術調査の歴史』, p.671.

21  일본 전사자 유골에 관한 논문으로 池映任(2010), 「日本の戦死者祭祀における遺骨の行方」, 『交渉する東アジアー近代から現代まで』 참조.

22  '외지에 있는 유골, 묘지의 처리방침과 실시요령에 관한 건', 浜井和史(2014), 『海外戦

과적으로 일본 정부로서는 미국의 요청과 일본 내부의 정치적 상황 사이에서 '상징발굴印的發掘, only token disinterment'의 방식을 수용하게 되었으나, 발굴되지 못하고 현지에 방치되어 있는 유골에 대한 유족의 감정상의 문제는 해결되지 못한 채 그대로 남아있다.[23]

그렇다면 아직 유골을 찾지 못하고 사망한 장소조차 특정하지 못하는 유족들은 어떠한 방식으로 가족의 죽음을 납득하고 있는지 전전의 초혼제를 통하여 알아보고, 전후 달라진 죽음의 의미에 대해서도 언급하도록 하겠다.


## Ⅳ. 야스쿠니신사의 초혼제

도쿄초혼사 건립 이후 수많은 전사자를 합사하는 예대제나 임시대제는 군대가 합사자를 결정하는 모든 과정을 주도하고 천황의 재가를 받으면 혼을 불러내어 야스쿠니신사의 제신으로 합사하는 구조이다. 즉, 군의 조사와 합사기준에 따라 판정 →영새부를 천황에게 상주, 재가 →초혼 →합사라는 순서를 거친다.[24] 전사자는 유골이나 위패가 아닌 영새부靈璽簿에 이름이 기입되면 신관들은 초혼된 영혼들의 이름이 적힌 영새부를 오하구루마에 태우고 본전까지 도교渡御하여, 그 영혼을 본전에 진좌하는 초혼제를 한다. 그리고 다음 날 합사제를 거행하고 제주祭主인 천황이 그 길을 걸으며 참배한

---

没者の戦後史: 遺骨帰還と慰霊』 p.107 재인용.

23  실제로 해외전몰자 240만 명 중 유골수집사업으로 송환한 유골 수는 33만 명으로 해외전몰자 수의 약 14%에 지나지 않는다. 전후, 복원병과 유골수집단에 의해 일본본토로 돌아온 유골 중 신원을 확인할 수 없는 다수의 유골은 후생성 인양 원호국에 임시로 안치된 후, 1959년 3월에 설립된 치도리가후치 전몰자묘원에 안치되었다.

24  赤沢史朗(2005), 『靖国神社ーせめぎあい〈戦没者追悼〉のゆくえ』, 岩波書店, p. 34.

다. 영새부는 사전에 안치되어 신체에 준하는 취급을 받으며 이로써 야스쿠니의 제신이 되는 과정을 거친다.[25] 이 때 유족들은 전사자가 신이 되는 과정을 보기 위해서 만주, 대만, 오키나와, 조선 등지에서 국비로 도쿄에 초대되어 야스쿠니 참도의 양쪽 끝을 메우며 임시대세에 잠식할 뿐 만 아니라 신쥬쿠교엔, 황궁, 우에노 동물원 등 도쿄의 명소를 구경하고 고향에 돌아간다.[26]

여기서 문제가 되는 것은 초혼사라는 것이 이전에는 초혼장이라는 혼을 부르는 장소로 인식되어 있었으나, 초혼사는 영혼을 일정한 공간에 가두어 버린다는 것이다. 미야타에 의하면, 일본의 신사신앙, 민간신앙에서는 신들은 자유자재로 움직이지만 전사자의 영혼은 신전 안에 넣어버리고 영혼의 자유를 빼앗는 구조가 된다. 이 경우, 본래 무라村레벨에서는 유해와 유골의 접근을 고려하여 영혼을 모신다는 의식이 있지만, 도쿄초혼사라는 형태는 묘라든지 유해, 유골의 관계가 없어진다. 도쿄초혼사가 야스쿠니신사가 되면 민속학적인 신이 아닌 별격관폐사와 같은 형태로 신사신도 안에 포함되므로 무라村와 이에家의 신에 익숙한 사람들에게는 익숙하지 못한 제사방법이 된다.[27] 다음 절에서는 이러한 무라레벨과 이에레벨의 신사신앙, 민간신앙과는 다른 초혼의례를 사람들은 어떻게 받아들이고 있는지 알아보기로 하겠다.

---

25  야스쿠니신사에서는 레이지(靈璽, 미타마시로神体)의 거울, 신검에 더하여 副靈璽(소에미타마시로, 副神体)로써 제신의 명부(靈璽簿)를 사전(社殿)에 안치하여 신체에 준하는 취급을 하고 있다(앞의 책, 『慰霊と招魂』p.113).

26  다카하시 데쓰야 저, 현대송 역(2005), 『야스쿠니문제』p.30.

27  宮田登(1984),「家の神、村の神と国の神 −民俗学かたみた「靖国」−」『伝統と現代』79, 春, p.171.

## 1. 유족들이 본 초혼제

전사자의 경우, 일반 사자와는 달리 장례식은 4회, 합사와 분사를 포함하면 실제로 6회나 행해지고 있으며, 전사자의 영혼은 고향 묘지, 육군묘지, 야스쿠니신사, 현의 호국신사 등 4곳에서 모셔지고 있다.[28] 이를 이와타岩田는 다중의 장례식, 다중의 제사라고 칭한다. 전사로부터 장례식에 이르는 과정을 보면, 전사한 현지에서 임시 부대장이 행해지고, 유골이 소속연대에 도착하면 부대장이 집행된 후에 유족들에게 유골을 인도한다. 전사자의 통야通夜가 고향집에서 행해지고 소학교 강당 혹은 교정에서 시정촌市政村 주최의 공장公葬이 집행된다. 그리고 전사자의 고향집에서도 장례식이 거행된 후, 육군묘지에 분골되고, 또 하사금으로 전사자 개인의 묘비를 건립하고, 2년 정도 후에 야스쿠니신사에 합사되어 현의 호국신사에 분사됨으로써 전사자의 장례식은 종료된다.

특히, '다중의 제사' 중에서 야스쿠니신사의 합사 의례는 사적인 영역의 의례를 공적인 영역으로 불러내어 최고의 영광스런 무대를 만들었다. 이하에서는 유족의 목소리를 들을 수 있는 『주부의 벗』[29]을 통해 초혼식이 행해지는 과정과 유족들의 초혼식의 반응을 살펴보도록 하겠다. 1939년 6월호 『주부의 벗』 기사 내용은 '어머니 혼자 귀여운 자식 한명을 나라에 바친 명

---

28  앞의 책, 『성전의 아이코노그래피-천황과 병사, 그리고 전사자의 초상과 표상』 pp. 243-244.

29  『주부의 벗』은 대중적인 잡지를 목표로 1917년 2월부터 발매를 시작하여 패전까지 유일하게 결호나 합병호 없이 출간되었다. 『주부의 벗』의 가격은 다른 잡지에 비해 염가였으며, 1921년 12월에는 25만 5천 8백부를 발매하여 제1의 판매부수를 기록하기도 하였다(이은주(2005), 『전시기 '주부의 벗'에 나타난 여성담론과 야스쿠니신사』, 건국대학교 석사논문, p.8).

예로운 어머니 감루感淚 좌담회'[30]로, 유족들의 초혼식에 대한 감정이 잘 드러나 있다.

모리카와森川: 흰 오미코시가 야스쿠니신사에 들어온 밤은 "고맙습니다. 고맙습니다" 되뇌이며 가슴이 뭉클했어요. 변변치 않은 우리 아이를 그나마 천자님天子을 위해 쓰이게 해주셔서… 정말 다행이에요.

나카무라中村: 우리들 따위에게, 폐하를 위해 쓰일 아이를 주셨으니 정말로 고마운 일이죠. 아, 나팔이 울렸죠. 군인이 불었어요? 하구루마羽車가 들어올 때 울린 나팔소리는 뭐라 표현 할 수가 없더군요. 그저 감사할 뿐.

모리카와: 정말로 뭐라고 말할 수 없이 좋은 소리였죠. 그런 훌륭한 오미코시에 넣어주셔서… 우리 아이는 정말로 행복한 아이라고 생각해요. 보통은 그런 식으로 제사를 지낼 수 가 없지요.

사이토斎藤: 천자天子님까지 참배해주셨지요. 절도 받았구요. (중략) 천자님께서 절을 올릴 때, 저는 눈물이 흘러서 주체를 할 수가 없었어요. '야스쿠니님'께 참배할 수 있었고, 천자님께도 절하고, 나는 이제 여한이 없어요. 오늘 죽어도 만족이에요. 웃으며 죽을 수 있어요.

나카무라中村: 또 오늘은 신쥬쿠교엔新宿御苑이라는 곳을 구경했죠. 정말 어찌나 고맙던지. 아들을 더할 나위 없이 훌륭하게 제사지내 주시고, 훌륭

---

30　이 좌담회는 1937년 노구교사건을 계기로 시작된 중일전쟁 초기에 전사한 장병들을 합사하는 야스쿠니신사 임시대제의 초혼식에 호쿠리쿠(北陸) 지방에서 참석한 전사자 어머니들의 회화기록의 일부이다.

한 곳도 보여주시고 (중략) 나라를 위해 죽어 천자님께 칭찬받고 있다고 생

각하면 다른 것은 모두 잊어버릴 만큼 기뻐서 기운이 나죠.[31]

좌담회에 참석한 유족들에게 암흑 같은 밤에 들어오는 흰색 하구루마의
등장, 그리고 천황(＝천자님), 황후의 친배는 유족들에게 명예로운 의식이었
음에 틀림없을 것이다. '변변치 않은 아이'를 위한 보통의 장례식이 아닌 '훌
륭한 제사'인 초혼의례는 전쟁터에서의 처참한 죽음을 명예로운 죽음으로
인정받고 정부의 보상을 전제로 하는 현실적인 측면을 담보로 하고 있기 때
문이다.[32]

하구루마는 미코시神輿와 같은 형태를 취하고 있으며, 초혼재정招魂齋庭에
불러들여진 전사자의 영혼은 영새부에 이름이 새겨진 채로 하구루마에 실
려 본전으로 봉안되면 비로소 야스쿠니신사의 새로운 신령으로 진좌하게
된다. 영새부는 거울, 신검과 함께 사전에 안치되어 신체에 준하는 취급을
받으며 야스쿠니신사의 제신이 되는 과정을 거치게 되는 것이다. 어둠속에
서 흰 옷을 입은 신관들이 환하게 불을 밝힌 하구루마를 매고 열을 지어 본
전으로 향하는 이동 과정은 합사제의 하이라이트가 되며, 유족들은 이러한
광경을 꿇어앉아 지켜보고 있다.

남편을 잃은 오우치 시즈코(大內靜子, 故 大內 少佐의 부인)는 '남편이 신령이
된 밤-영령초혼식에 참례한 수기'에서 초혼식의 광경을 다음과 같이 쓰고
있다.[33]

---

31  앞의 책, 『야스쿠니문제』 번역 참조.

32  앞의 책, 『전시기 '주부의 벗'에 나타난 여성담론과 야스쿠니신사』 pp. 26-27.

33  앞의 책, 「靖国神社と神社の近代」, 『戦死者のゆくえ』, pp. 240-242.

 저도 깊은 인자함에 은혜를 입은 한없는 기쁨
으로 군인의 아내로 본디 이것만한 소망도 없습니다만, 단지 눈물이 납니
다.

 그 얼굴에 몇 번이나
머리를 숙이고 '영광스런 모습, 축하드립니다. 집안 일과 아이들 일은 절
대 신경 쓰지 마세요. 군인의 아내로써 부끄럽지 않도록 할게요. 부디 편
안히 쉬세요'라고 마음속으로 외치면 조용히 어둠속에 사라져 가는 오하
구루마에 끌려가는 기분으로 잠시 육신이 존재하는 것도 잊고, 합장한 손
끝이 덜덜 떨리는 것을 깨닫게 됩니다 … 많은 영령은 영원히 나라를 지키
시는 신으로 신사 깊은 곳에 진좌해 계십니다. 국사에 목숨을 바치는 것은
슬픔도 괴로움도 아닌 단지 한없는 영광이며 기쁨인 것을 눈앞에서 배견
하고 등불을 받아 붉게 빛나는 유족들의 얼굴은 고귀한 감동으로 빛나고
있을 것이라고 생각됩니다.[34] (밑줄 강조는 필자)

수기를 쓴 남편을 잃은 부인은 하구루마 안에서 남편의 얼굴을 보았으며,
전우들과 하루구마 안에서 이야기를 하고 있을 것이라고 상상을 하고 있다.
지금까지 경험해보지 못한 장례식이지만, 초혼식의 참례를 통해 나라를 위
해 목숨을 바친 것이 슬픔도 괴로움도 아닌 한없는 영광임을 확인하는 과정
을 거친다.

1942년 4월 24일 신문의 표제에서도, "충령, 야스쿠니신사로 돌아오다–
초혼식 의례, 맑고 잠잠하게 숙연한 하구루마, 3만 유족, 감동의 오열"이라

---

34　　『主婦の友』1940年 6月号.

는 표제로 "하구루마다, 저 하구루마야말로 시코노미타테醜の御盾[35]로 산화한 것이며, 지금은 '신으로 개선'하고 있는 아버지, 아들, 남편들이다"[36]라는 기사를 싣고 있다. 이 기사에서도 유족들은 하구루마를 천황을 위해 죽었지만, 지금은 신이 된 아버지, 아들, 남편들로 생각하고 감동하여 눈물을 흘리고 있음을 알 수 있다.

한편, 1939昭和14년 5월호『주부의 벗』에서 야스쿠니신사의 궁사였던 스즈키 다카오鈴木孝雄는 초혼의식招魂の儀이라는 제목으로 다음과 같은 글을 쓰고 있다.

> 초혼의식은 야스쿠니신사 대제大祭 초하룻날 밤에 이루어지는 최대의 장엄한 의식입니다. 불제祓除를 끝낸 제정齊庭에서는 새로운 영혼이 있는 하구루마羽車를 한 계단 높이 봉사奉祀하고, 대제大祭위원장이 처음으로 문무관文武官을 대표하여 위의威儀를 바르게 하고 참렬, 정료庭燎가 모조리 꺼지고 기침 소리 하나 들리지 않는 완전한 고요함이자 정암靜暗입니다. '나라를 지키는 야스쿠니의 대신大神으로서 하늘과 땅地을 진정시키십니다' 라고 궁사가 축사를 읽고 끝내자, 참열한 모든 사람이 열을 정돈하고, 곧 군악軍樂이 연주되고, 전국에서 모여든 수만 유족이 꿇어앉아 있는 가운데 미타마시로御靈가 조용히 신전으로 향합니다 (중략) 무의식중에 엎드리는 용사의 아버지, '아버님은 저곳에 계시는가' 라며 천진난만하게 묻는 아들, 목소리를 죽이고 우는 아내, …사람으로 태어나서, 천황을 위해 죽은 내 아들, 우리 남편이 지금 호국 신으로 맞아들여져 신사 안 깊은 곳에 진좌

---

35  천황의 방패가 되어 변방에서 외적을 막는 병사가 자신을 낮추어 이르는 말.

36  앞의 책,『성전의 아이코노그래피-천황과 병사, 그리고 전사자의 초상과 표상』, pp. 258-259 재인용.

<u>해 계신다고 생각하면 황은皇恩의 감사함에 눈물이 흐릅니다.</u>[37] (밑줄 강조
는 필자)

　스즈키의 글에서도 유족들은 하구루마를 아버지, 남편, 아들이 있는 곳으로 생각하고 야스쿠니 본전 안에 진좌되어 있는 것을 감사하게 생각하고 있음을 알 수 있다. 이러한 초혼식을 통해서 전사자의 죽음이 비참하고 비인간적인 형태로 생각되기보다는 영예로운 죽음으로 의미부여를 하게 된다. 남편과 아들을 잃어도 슬픔을 표출하기 보다는 전쟁터에서 죽는 것을 명예로 느끼는 야스쿠니 신앙은 당시 일본인의 삶과 죽음, 즉 사생관死生觀에 최종적인 의미를 부여하였다. 특히 초혼식과 함께 야스쿠니신사에서의 천황의 친배는 야스쿠니 신앙을 성립시키는 중요한 요소가 되었다. 천황의 친배는 메이지천황 때 7회, 다이쇼천황 때 3회, 쇼와 천황 때 20회 친배가 이루어졌다.[38] 천황이 임시대제에 처음으로 참배한 것은 1875년 2월 22일이었으며,[39] 1877년 1월 13일의 임시대제 익일에 천황이 참배한 이래 임시대제에 천황의 참배는 항례恒例가 되었다.[40]

　그러나 상기에서 예를 든 『주부의 벗』 잡지는 전시기의 천황제국가에 충성을 다하는 모범적인 여성의 모습을 선전한 전형적인 국책잡지라고 할 수

---

37　「招魂の儀」, 『主婦の友』 1939年 5月, p.1, 앞의 책, 『성전의 아이코노그래피-천황과 병사, 그리고 전사자의 초상과 표상』, 번역 참조.

38　앞의 책, 『전시기 '주부의 벗'에 나타난 여성담론과 야스쿠니신사』, pp.45-46.

39　천황의 야스쿠니신사 첫 참배는 1873년 1월 27일이며 이는 신하를 제신으로 하는 신사에 천황이 최초로 참배한 것이었다.

40　박진우(2007), 「국가신도와 야스쿠니신사·초혼사의 통합과정에 대한 재검토」, 『일본사상』 12, p.154.

있으며, 이 잡지에 등장하는 유족들의 모습이 유족 모두의 모습은 아니라고
할 수 있다.[41] 초혼식 라디오 실황방송에서 제외된 유족의 목소리가 있었으
며,[42] 또한 전후에는 유족의 비애와 명예의 갈등 감정이 명확히 드러나기 시
작한다.

아사히신문 테마담화실이 1987년 편집한 『전쟁–피와 눈물로 쓴 증언』(상
권)에서는 도쿠시마현의 한 전사자 형제의 증언이 나온다.

> 당시 전쟁에 아들을 보낸 집은 명예롭다고 칭송받고, 1명이 군대를 가면
> 히노마루 1개가 문 앞에 세워지고, 우리 집에서는 나중에 3개의 히노마루
> 를 세웠다. 어머니는 '무엇이 명예란 말이냐, 무엇이 영광이란 말이냐. 내
> 배 아파서 낳은 자식들을 잃지 않아서 모르는 것이다. 본인의 자식을 잃어
> 보라'며 몇 번이나 나에게 말했습니다.

그렇지만, 1명의 아들이 전사했을 때에는 어머니도 '명예로운 집이기 때
문에 슬픔을 나타내서는 안 된다며 집 안에서 울고 계셨다'고 한다.[43]

다음은 전쟁으로 남편을 잃은 부인은 남편의 전사통지를 받았을 때의 상
황을 다음과 같이 이야기했다.

---

41 山田昭次(2014), 『全国戦没者追悼式批判 – 軍事大国化への布石と遺族の苦悩』, p.179.

42 야스쿠니신사 임시대제의 초혼식은 라디오 실황방송을 하였는데, 야스쿠니신사의 참
　　도(参道)에 서있던 유족은 오열하면서 '살인자', '우리 아이를 돌려달라'는 등의 소리
　　가 들리자 아나운서는 그 소리가 들리지 않도록 고심했다 했다고 한다(앞의 책, 『慰霊
　　と招魂』 p.29).

43 朝日新聞テーマ談話室編(1987), 『戦争—血と涙で綴った証言』(上) p.15.

그 슬픔 속에서 내가 들었던 말은 '명예의 전사 축하드립니다'였습니다. 축하하는 죽음이 이 세상에 있을까요? 지금, 만약 '교통사고로 죽어서 좋겠습니다. 축하드립니다'라고 말하면 어떻게 될까요. 누구라도 알고 있겠지만 죽음의 진짜 슬픔, 아픈 마음의 상처를 알아주기보다는 '명예로운 전사', '영령의 아내'라고 불린 것입니다. 그와 같이 말한 것은 대체 왜 그랬을까요, 어떤 힘이 움직여서 모두가 그렇게 말한 것일까요? 이상한 생각이 듭니다.

그런 말이 고맙다고 생각하거나, 영령의 아내로서의 의식을 나는 1번도 한 적이 없는 것 같은 생각이 듭니다. 예를 들면, 그와 같은 영광이 넘치는 영령의 아내라고 해도 영령의 아내의 자리는 너무 짧습니다. 눈 깜짝할 사이에 전쟁이 끝나버린 것입니다.

흰 유골 상자가 장식된 방에서 명예의 전사로 칭송받는 공허한 말들을 들었지만 흰 상자에 매달려 운 것은 아무도 없을 때 향을 피울 때 잠깐 뿐이었습니다.[44]

이와 같이 '명예로운 전사자'의 유족들은 가족을 잃은 슬픔도 공공연히 표현하지 못하고 감정을 억압받는 한편, 일본 정부는 『주부의 벗』의 좌담회나 유족들의 수기 등을 통해 모범적인 유족의 모습을 부각시키면서 침략전쟁으로 민중을 동원해나갔다.

그러면 다음 절에서는 오리구치 시노부折口信夫가 이러한 초혼의례의 모순을 어떻게 보고 있는지 살펴보기로 한다.

---

44　위의 책, 『戰争―血と涙で綴った証言』(上) pp.6-7.

## 2. 오리구치 시노부折口信夫가 본 초혼제

오리구치는 국문학자이며, 민속학자, 신도학자이기도 하다. 오리구치는 결혼은 하지 않았으나, 국학원国学院대학 재직 중 제자였던 후지이 하루미(藤井春洋, 1907~1945)와 18년간 함께 생활한 후, 1944년 7월에 양자로 입적하였다. 하루미는 1943년 소집 명령을 받고, 1944년 7월에 이오지마硫黄島에 착임한 다음해 3월 19일 전사한다.

오리구치는 하루미의 두 번째 소집을 전후하여 1943년 4월 제62회 합사, 임시대제에 다녀와서 『초혼의례를 배견하고招魂の御儀を排して』(1943년 7월)를 쓰게 된다. 야스쿠니신사의 초혼의식에 처음으로 참석한 오리구치는 "나는 지방에 있는 옛 신사들의 밤의 제전에 한층 밤이 깊어질 때부터 여러 번 참가한 적이 있던 터라, 그 깊고 장엄하며 고귀한 밤의 기억이 마음 속에 여러가지 형태로 떠오르고 있습니다. 이 초혼식에 줄지어 선 유족들의 감격은 보통이 아닐 것이라고 상상할 수 있었습니다."[45]라고 하면서 향토의 마쓰리에서 느꼈던 "장엄하고 고귀한 밤의 기억"을 초혼식에서 느끼고 있음을 표현하고 있다. 이러한 감정을 오리구치는 유족들의 감정과도 동일시하며 유족 또한 초혼식에서 '향토'의 마쓰리에서 느끼는 감동과 감격을 느낄 것이라고 추측하고 있다.

그리고 오리구치는 전사자의 영혼이 신이 되는 과정을 다음과 같이 기술하고 있다.

---

45    折口信夫(1943), 「招魂の御儀を排して」, 『折口信夫全集』 28, p.396.

아득히 멀리 떨어진 야산 혹은 해천海川 사이에 귤나무의 구슬처럼 세월 지난 영혼이 널리 펼쳐져 있습니다. 이것들을 불러내고 받아들여 여기에 밝고 깨끗한 영혼으로서 본사本社 속에 삼가 정성스럽게 담습니다. <u>야산, 해천의 사이에서 영혼을 불러들여 맞아들이는 이 초혼법을 가지고 이번에 맞아들인 영혼, 또 무릇 3년 가까운 세월을 거친 이 혼령들이 이제 곧 완전하게 신으로 바뀌게 되는 것입니다. 현재의 신앙에서는 무릇 이때만을 경과하면 신이 될 수 있는 것이라고 믿고 있는 비결입니다.</u> 그래서 이렇게 맞이하고 제사 지내게 된 사정입니다. 초혼의식을 보게 된 것은 실로 이번이 처음이었기 때문에 저에게 야스쿠니신사의 이 의례에 관한 지식은 없었습니다. 그 뿐만으로 <u>감명 깊게 뜻밖의 모습</u>을 보았던 것이기도 합니다.[46] (밑줄은 필자 강조)

오리구치는 초혼식을 통해 야산, 해천 사이에 머물러 있는 영혼을 맞이한 후, 3년 정도가 경과하면 완전하게 신이 된다고 한다. 그리고 현재의 신앙에서는 3년만 경과하면 '신이 될 수 있는 것이라고 믿고 있는 비결'이라고 설명하기도 한다. 오리구치는 초혼식에 처음 참여하였다고 하지만, 그는 일관되게 '신의 관념'에 관한 연구를 해 왔기 때문에 야스쿠니신사의 초혼식이 일본인의 전통적인 의례와 다르다는 것은 인식하고 있었을 것이다. 이러한 인식은 '감명 깊게 뜻밖의 모습'으로 표현되기도 하지만, 초혼식을 '새로운 신의 제사법'[47]으로 자각하고 있음을 추측하게 한다.

다음 글에서는 오리구치가 본 야스쿠니신사에서의 새로운 신의 출현과 야스쿠니의 신과 인간의 신의 차이를 언급하고 있다.

---

46  위의 책, 「招魂の御儀を排して」, 『折口信夫全集』 28, p.397.

47  앞의 책, 『성전의 아이코노그래피-천황과 병사, 그리고 전사자의 초상과 표상』 p. 269.

나는 그분들이 돗자리에 앉아 계시는 부근을, 아직 어둠이 들기 전 희미한 밝음 속에서 여기저기 거닐었습니다. 그렇게 다다른 곳마다 우리들이 여행할 적 야산의 길게 늘어진 길을 걷고 있을 때, 혹은 해변에서 혹은 산벼랑 길에서 만나거나 지나치는 사람들, 어떤 때는 밭두렁에서 만날 수 있는 모습과 얼굴들을 보았습니다. 그런 <u>고향 시골마을의 정치 그대로인 분들을 뵙고, 실로 그리움이 밀려왔습니다. 말을 걸어 멀리서 일부러 오신 노고를 위로하고 싶은 마음을 억누를 수가 없을 정도로, 정말 뭐라고 말할 수 없는 착잡한 마음으로 제례가 시작되는 것을 기다리고 있었습니다.</u> (중략) <u>저희들의 마음가짐으로서는 이만큼 기쁘지 않으면 안 될 정도, 기뻐하지 않으면 안 될 때는 없습니다.</u> 그러나 또한 생각하면, 지금이야말로 인간으로서 영원한 헤어짐입니다. 평범한 인간의 육체는 되살아나고, 또 풀<u>의 이삭이 시들어서는 번영하고, 번영해서는 시들어 가고 있지만, 이런 식으로 이번에 신이 되시면, 또한 영원히 번영해 갈 것입니다.</u> … 영원히 죽는 일 없이 번영해 갈 것이지만, 그것을 배웅하고 현세에 계신 분들은 이 영광의 저녁에 마음을 깊이 정하고 이 저녁에 계시는 것이겠지요. <u>이 신들은 영원히 살아갈 수 있지만, 우리네들은 이대로 사라져가는 것이라는 기쁨과 동시에 깊은 상념에 잠겨 있으시리라고 생각합니다. 나는 이것이야말로 국민으로서 느낄 수 있는 영혼 깊숙한 곳까지 사무치는 깊은 감격이라고 생각합니다. 이러한 깊은 정신으로부터 일본인의 끝 모르는 강함이 나오는 것입니다.</u>[48]

오리구치에 의하면, 평범한 인간은 사라지지만, 야스쿠니의 신은 영원히 죽는 일 없이 영원히 번영할 것이라고 간주하고 있다. 그리고 현세를 살고 있는 우리는 영원한 헤어짐에 대해 기쁨과 동시에 깊은 상념에 잠겨 있겠지

---

48  앞의 책, 「招魂の御儀を排して」, 『折口信夫全集』 28, pp.396-399.

만, 이러한 감정은 '국민으로서 느낄 수 있는 영혼 깊숙한 곳까지 사무치는 깊은 감격'이며, '일본인의 강한 정신'이라고도 표현하고 있다.

그렇다면 오리구치가 초혼식에서 느끼는 위화감과 '감격'이라는 양가 감정을 우리는 어떠한 방식으로 이해해야 하는 것일까. 가와무라는 오리구치가 야스쿠니의 신과 인간의 근본적인 차이를 지적하고 위화감, 서부감을 지니고 있었지만, 메이지 신도에 대한 비판, 신도, 초혼·합사의 의식을 비판하는 일은 없었으며, 오히려 전사자가 신이 되기 위해서 천황의 영력[49]에 의지하고 있었다고 주장한다.[50]

그러나 가와무라도 지적하고 있듯이 어두운 밤에 전사자가 신이 되는 초혼식의 의례는 유족들에게 감동을 주었을 것이다. 오리구치도 느꼈듯이 야스쿠니신사의 초혼제의 '감격'은 결코 무시할 수 없는 유족의 감정인 것이다. 이러한 감정이야말로 다카하시가 주장하는 야스쿠니 신앙을 성립시키는 '감정의 연금술'[51]이며, 그 바탕이 되는 것은 초혼사상이며, 그것이 재현되는 상징적인 의례가 초혼제이다.

야스쿠니신사의 창건 사상이며, 그 후도 그리고 현재까지도 야스쿠니신학이라고도 불릴 만 한 '초혼'사상은 일본 특유의 종교관념 및 영혼관을 만들어냈다. 그러나 초혼사상은 민속적 배경과는 분리된 것이며, 정월이나 오본이 되면 집으로 돌아오는 그러한 조령관이 아닌 야스쿠니라는 공간에 영

---

49  오리구치는 『초혼의례를 배견하고』 서두에 다음과 같은 단가를 썼다. 여기서 대군은 천황을 가리키며, 천황과 인간이 다름을 표현하고 있다. "대군(大君)은 신으로 되시거니와 대장부의 영혼을 불러들여 신으로 삼으신 것이고, 눈앞에서 신은 지나쳐 버리셨지만, 우리로서는 말을 걸기 어려운 현인신."

50  앞의 책, 『성전의 아이코노그래피-천황과 병사, 그리고 전사자의 초상과 표상』 p. 280.

51  高橋哲哉(2005), 『靖国問題』, p.45.

사진 5 현재의 초혼재정
출처: 招魂齋庭, 2008년 필자촬영

사진 6　1985년 제정을 축소하여 주차장으로 사용

혼이 유폐幽閉되어 있다.[52] 전사자의 영혼이 야스쿠니신사에 갇혀있기 때문에 유족들은 야스쿠니신사에서만이 육친과 대면할 수 있는 유일한 방법이 된다. 야스쿠니신사가 아무리 영령을 만들어내어도 사자의 유골은 지역사회로 돌아갈 수밖에 없다. 유골은 선조대대의 묘가 아닌 개인묘나 절 등에 납골되거나 초혼사, 육군묘지, 충령탑에 분골의 형태로 남아있다. 이러한 이에와 지역사회의 역할을 무시한 채 야스쿠니신사는 영혼만을 매개로 유족의 심정을 대변하고 있는 것이다. 초혼사상은 이러한 이질성을 지니면서도 야스쿠니신사의 제사시스템 확립의 기반이 되었다.

---

52　일본어로는 とりこむ、幽閉する、閉じこもる 등의 표현이 사용되고 있다.

## Ⅴ. 결론

이상으로 야스쿠니신사의 초혼사상을 통하여 근대이후 야스쿠니신사의 전사자세사가 새롭게 만들어지는 과정을 살펴보았다. 일본의 전통적인 사자의례에서는 영혼은 물론이고 유골은 중요하고 필수불가결한 요소임에도 불구하고 전사자의 유골은 야스쿠니신사의 제사대상이 되지 못한다. 그러나 유족들은 야스쿠니신사에서의 제사시스템에 당황해하면서도 일본정부의 책임을 추궁하거나 분노를 표출하는 유족은 많지 않으며, 전사자 유골을 마지막까지 발굴하라고 요구하는 유족 또한 많지 않다.[53] 필자는 이러한 유족들의 대응방법에는 야스쿠니신사가 성립되는데 있어서 새롭게 만들어진 제사시설의 형태와 종교 관념이며, 영혼관인 '초혼사상'이 큰 영향을 미치고 있다고 생각한다.

초혼사상의 '초혼'이라는 말은 죽은 자의 영혼을 하늘에서 지상으로 불러 들여 위무한다는 뜻이지만, 전사자의 경우 천황의 재가를 받은 영혼만이 초혼되어 야스쿠니의 제신이 된다. 이 초혼식의 의례는 전전 야스쿠니신사에서 행해지는 의례 가운데 가장 중요한 의미를 지녔으며, 이 초혼식과 함께 이루어지는 천황의 친배는 야스쿠니 신앙을 성립시키는 중요한 요소가 되었다. 초혼식을 통해서 유족들은 전사자의 죽음을 비참하고 비인간적인 형태로 생각하기보다는 전쟁터에서 죽는 것을 영예로운 죽음으로 의미부여를 하게 된다.

그러나 전전과 달리 전후에는 유족의 비애와 명예의 갈등 감정이 명확하게 드러나면서 전사자에 대한 영혼과 유골에 대한 갈등 감정이 표출되어 나

---

53　앞의 책, 『遺骨の戦後―朝鮮人強制動員と日本』, p. 38.

온다. 전전 일본 정부가 모범적인 유족의 모습을 부각시키면서 침략전쟁으로 민중을 동원하거나 레이지와 전장의 모래 등을 유골이라고 믿도록 강요한 언설은 더 이상 논리를 잃어버렸다. 특히, 전후 해외전사자와 유골수습에 대한 관심은 1952년 유황도를 시작으로 1976년까지 계속되었으며, 이러한 과정에서 해외격전지를 방문한 유족과 전우들은 다수의 전사자 시신과 유골이 방치되어 있다는 사실을 알게 되었다. 그러나 미일교섭에 의한 결과로 채택된 '상징유골 수집'이라는 소극적 유골 수습 방식은 시간의 경과와 함께 NPO 법인과 민간인의 주도하에 일본후생노동성이 협력하는 '보완적 유골 수집' 형태로 변용되어 간다.[54] 정부의 소극적 유골 수습 방식이 지속되어 온 배경에는 유골 수집에 관한 관련법이 없고, 광대한 지역에서 240만 여명의 유골을 수집하는 일이 불가능한 일이었기 때문에 정부 내에서는 몇 번이나 종결이 검토되었다戰没者遺骨收集推進法.[55] 또한, 후생노동성으로부터 위탁을 받은 NPO법인이 필리핀에서 수집한 다수의 유골 중에 일본인 병사 이외의 유골이 섞여 있었던 점이 2011년 밝혀진 후, 그 반성(読売新聞, 2016年 4月 22日)에서 정부는 유골 수집에 전면적으로 나서게 된다. 2010년 간 나오토菅直人 전 수상의 주도하에 전사자 유골에 대해 '보다 정중하게 대응'하는 방침이 제시되었으며, 용어도 '유골수집'에서 '유골수용'으로 바뀌고, 총칭은 '유골귀환'으로 사용하게 되었다.[56] 2016년 4월 처음으로 유골 수용을 법적으로 국가의 책무'로 명기하고, '전몰자유골 수습 추진법'을 제정하

---

54   민간인 주도하의 유골 수습 작업을 지속적으로 행하며, 그 성과를 책으로 출판한 경우도 다수 있다. 岩渕宣輝(2007), 小森陽一監修(2008), 具志堅隆松(2012) 등이 있으며, 일본 유골 수습과정의 특징이라고 할 수 있다.

55   http://tamutamu2011.kuronowish.com/senbotusyaikotu.htm(검색일2016.11.15)

56   후생노동백서, 2011년, 앞의 책, 『海外戦没者の戦後史: 遺骨帰還と慰霊』, p.222 재인용.

는 등 가속화하는 방침이 제시되었다. '전몰자유골 수습 추진법'은 2016년
에서 2024년을 '집중실시기간'으로 정하고 국가가 지정하는 법인을 만들어
후생노동성, 외무성, 방위성이 연계하여 지원할 수 있도록 하였으며, 그 대
상은 1937년 중일전쟁에서 1945년 패전까지의 전사자와 구소련에 억류되
었던 사람들의 유골이다. 아이러니하게도 유족들의 유골에 대한 감정상의
문제 해결을 위해 정부가 본격적으로 유골 수습을 시작한 것은 2016년부터
라고 할 수 있으며, 일본의 전몰자 유골 수용문제는 새로운 국면을 맞이하
고 있다.

전사자 유골 수습의 새로운 변화는 현재 진행형이지만, 초혼식은 패전과
동시에 더 이상 이루어지지 않았으며, 혼을 불러오는 장소로 사용되었던 야
스쿠니신사 내 초혼제정의 일부분은 주차장으로 바뀌었다(사진 5, 6 참조).[57]
이러한 야스쿠니신사의 외관변형은 초혼식 또는 초혼제정이 현재에 와서는
그 의미가 축소 또는 약화되었다고 볼 수 있으나, 전전에는 유족을 비롯하
여 국민의 상상력을 불러일으키는 중요한 장소였음을 상기해야 할 것이다.

이상으로 근대이후 만들어진 초혼사상을 기반으로 한 일본의 전사자체
계는 전통의례에서 보이는 제사대상으로서의 유골숭배와 유체숭배의 전통
을 반영하지 않았음을 알 수 있다. 이미 1879년부터 야스쿠니신사의 전사자
제사의 성립은 전사자의 영혼에 중점을 두고 유골을 제사대상으로 보지 않
는 일본의 독특한 전사자제사의 유형을 만들었다. '유골 부재'의 야스쿠니신

---

57  1985년 오른쪽의 초혼제정 중 정역(淨域)만을 축소보존하고 대부분을 주차장으로 사
    용하고 있다. 이에 대해 쓰보우치(坪内)는 야스쿠니신사가 정부의 방침이나 지원을 기
    대할 수 없게 되자 귀중한 현금수입원으로 하기 위해서 전전 전사자를 신으로 만드는
    과정에서 그 영혼을 불러들이는 가장 중요한 장소였던 초혼제정을 주차장으로 변경한
    배경으로 추측하고 있다(坪内祐三(1999), 『靖国』新潮文庫).

사의 제신은 국가의 영령으로 현창되고 국가가 그 제사를 지내는 것에 의해 권위와 정당성을 지켜왔으며, 유족에게 야스쿠니신사에 영혼이 머물러있다고 하는 '초혼'사상을 침투시켰다. 이러한 국가적 제사체계의 성립은 유골을 모시는 전사자제사의 성립을 막았다고 할 수 있다. 야스쿠니신사를 중심으로 하는 일본의 전사자제사는 전후 60년이 지난 현재까지도 유족의 유골에 대한 요청에 대답하지 않은 채 그 제사체계를 계속해서 지키고 있다.

# ■ 참고문헌

가와무라구니미쓰, 송완범외 역(2009), 『성전의 아이코노그래피-천황과 병사, 그리고 전사자의 초상과 표상』, 제이앤씨, pp.240-244, 258-259, 280.

다카하시 데쓰야저, 현대송역(2005), 『야스쿠니문제』, 역사비평사, pp.30-45.

박규태(2000), 「야스쿠니신사의 일본의 종교문화」, 『종교문화연구』 2.

박진우(2007), 「국가신도와 야스쿠니신사·초혼사의 통합과정에 대한 재검토」, 『일본사상』 12, p.154.

이은주(2005), 『전시기 '주부의 벗'에 나타난 여성담론과 야스쿠니신사』, 건국대학교 석사논문, p.8, pp.26-27, pp.45-46.

赤沢史朗(2005), 『靖国神社ーせめぎあい<戦没者追悼>のゆくえ』, 岩波書店, p. 34.

朝日新聞テーマ談話室 編(1987), 『戦争ー血と涙で綴った証言』(上)、朝日ソノラマ, pp.6-7, p.15.

岩田重則(2003), 『戦死者霊魂のゆくえ-戦争と民俗』, 吉川弘文館.

岩渕宣輝(2007), 『太平洋戦史舘 -LEST WE FORGET-』.

大濱徹也(1973), 「「英霊」崇拝と天皇制」 田丸徳善·村岡空·宮田登 編集, 『日本人の宗教Ⅲ 近代との邂逅』, 佼成出版社, pp.122-123.

内海愛子ほか(2007), 『遺骨の戦後ー朝鮮人強制動員と日本』, 岩波ブックレット 707, pp.34-38.

折口信夫(1943), 「招魂の御儀を排して」, 『折口信夫全集』 28, pp.396-399.

賀茂百樹編(1911), 『靖国神社誌』.

具志堅隆松(2012), 『ぼくが遺骨を掘る人「ガマフヤー」になったわけ-サトウキビの島は戦場だった』, 合同出版.

小森陽一監修(2008), 『戦争への想像力』, 新日本出版社.

川村邦光(2003), 「靖国神社と神社の近代」, 『戦死者のゆくえ』, 青弓社, pp.104-105.

小林健三・照沼好文(1969),『招魂社成立史の研究』, 綿正社, pp.17-21, p.108.

桜井徳太郎(1989),「柳田国男の祖霊観」,『霊魂観の系譜』, 講談社学術文庫, p.156.

高橋哲哉(2005),『靖国問題』ちくま新書.

池映任(2010),「日本の戦死者祭祀における遺骨の行方」,『交渉する東アジア―近代から現代まで』, 風響社.

津田勉(2009),「招魂社の発生 - 靖国神社·護国神社の源流を求めて-」,『国学院大学買う初推進センター研究紀要』, 3, p.12.

坪井洋文(1970),「日本人の生死観」,『民族学からみた日本』201, p.51.

坪内祐三(1999),『靖国』, 新潮文庫.

波平恵美子(2004),『日本人の死のかたち』, 朝日新聞社, p.122.

＿＿＿＿＿＿(2005),『民俗小事典 死と葬送』, 吉川弘文館.

＿＿＿＿＿＿(2011),「「靖国問題」研究と文化人類学の可能性」,『日本の人類学－植民地主義、異文化 研究、学術調査の歴史』, 関西学院大学出版会, p.671.

浜井和史(2014),『海外戦没者の戦後史: 遺骨帰還と慰霊』歴史文化ライブラリー, pp.10-107, 185.

福田アジオ(2000),『寺・墓・先祖の民俗学』, pp.25-29.

村上重良(2001(1974)),『慰霊と招魂』, 岩波書店, pp.1-4, 51, 62-63, 98.

宮田登(1984),「家の神、村の神と国の神 -民俗学かたみた「靖国」-」,『伝統と現代』79, 春, p.171.

山田昭次(2014),『全国戦没者追悼式批判 - 軍事大国化への布石と遺族の苦悩』, 影書房, p.179.

山田慎也(2007),『現代日本の死と葬儀』, 東京大学出版会, p.8.

吉田裕(2007),『アジア・太平洋戦争』, 岩波書店, pp.226-227.

『主婦の友』,1939年5月号、1940年6月号、主婦の友社.

『読売新聞』, 2016年 4月 22日.

NHK 追跡! A to Z「"疑惑の遺骨"を追え~戦没者遺骨収集の闇~」(2010年10月2日).

http://www5.ocn.ne.jp/~fugeki/sho_asa.html(검색일:2015.5.6)

『靖国神社臨時大祭記念写真帖』

http://www2.kokugakuin.ac.jp/kaihatsu/maa/taisai_index.html(검색일:2016.11.15).

戦没者遺骨収集推進法

http://tamutamu2011.kuronowish.com/senbotusyaikotu.htm(검색일:2016.9.14).

# 제4장

■

# 민중의식 속의 천황제이데올로기와
# 야스쿠니신사의 건립<sup>*</sup>

이충호

## Ⅰ. 서론

### 야스쿠니신사와 천황

일본 도쿄東京 시내 중심부의 치요다구千代田区 구단九段에 위치하고 있는 야스쿠니신사靖国神社는 1869년 건립 당시에는 '도쿄초혼사東京招魂社'라 불리고 있었다. 이후 천황을 정점으로 하여 종교와 국가를 하나로 묶는 신도 국교화가 추진되면서 1879년에 이르러 '야스쿠니신사'로 사명社名이 개칭된다. 막말幕末의 정쟁政爭에서 '관군에 가담하여 희생된 전몰자를 위령'하는

---


* 이 글은 필자의 학술논문 「야스쿠니와 천황제 이데올로기-야스쿠니의 천황중심 사상과 반사회세력과의 연관성을 중심으로-」(『일본연구』 24호, 고려대학교글로벌일본연구원, 2015)를 수정·보완한 것임.

'초혼사'에서 '천황을 위해 싸워 전사한 국민을 현창'하는 '야스쿠니신사'로 변모해 가는 과정은, '전몰자 개개인을 위한 초혼의 장'으로부터 '국가에 의한 획일적인 위령현창의 종교시설'로 변질되어 가는 과정이었다고 할 수 있다.

창건기의 도쿄초혼사에는 '승리하면 관군, 패하면 적군勝てば官軍、負ければ賊軍'이라는 말에서 알 수 있듯이, 보신전쟁戊辰戦争과 같은 내전에서도 막부幕府 측의 전몰자는 천황의 군대인 '관군官軍'에 대항한 '적군賊軍'이라고 하여 합사合祀되지 않았다. 말하자면 초혼사의 단계에서 야스쿠니신사는 천황의 군대(관군)와 막부의 군대(적군)를 구분하여 천황의 병사들만을 신으로 모시는 불평등하고 배타적인 시설이었다고 할 수 있다.

고지마 쓰요시小島毅가 '야스쿠니신사는 일본국을 위해서 어쩔 수 없이 전장에서 죽어간 사람들을 추도하는 시설이 아니다. 어디까지나 천황을 위해서 스스로 나서서 죽어간 전사를 현창하는 시설인 것이다.'[1]라고 그 성격을 분명히 밝히고 있듯이, 야스쿠니신사는 역적(朝敵, 여기서는 천황에 대한 반역자)은 제신祭神으로 모시지 않기 때문에 보신전쟁이나 세이난전쟁西南戦争의 반란군 측의 전사자는 제신의 대상이 되지 않았다. 이는 도쿠가와막부가 가지고 있던 정권을 천황이 빼앗는 것을 도우다가 죽은 자들이 야스쿠니신사의 제신이 되는 것을 의미하고, 같은 일본인이라도 반란군 측에 가담한 자들의 입장에서 보았을 때 야스쿠니신사는 국가를 위해서 희생한 자들을 위령하는 곳이 아니라 천황을 위해서 목숨을 바친 충사자忠死者들을 추도하는 배타적이고 불평등한 시설인 것이다.

하지만 야스쿠니신사로의 사명 개칭 후 내전이 종식되고 대외전쟁이 빈

---

1　小島毅(2014), 『増補靖国史観-日本思想を読み直す』, ちくま学芸文庫. p.17.

발해지자, 국민들을 전장戰場의 포화 속으로 보내야만 하는 상황에서 야스쿠니신사는 '천황 아래 평등주의'를 내세우게 된다. 국민 모두에게 병역의 의무가 부가되는 국민개병제가 시행되고, 민중을 천황의 군대로 만들기 위해서는 천황을 위해 생명을 바쳐 희생한다면 '누구나가 평등하게 현창된다고 하는 희생에 대한 보상이 필요했던 것이다. 이와 같은 시대적 요청에 따라 야스쿠니는 천황을 위해 목숨을 바친 일본국민이라면 신분, 직업, 성별 등에 관계없이 제사지낸다는 '천황 앞에 평등天皇の前では万民は平等'을 표방하며 천황중심 제국주의 하의 일본인들에게 '민주적이고 평등한 종교시설'로 그 성격이 변모되어 간다.

이처럼 야스쿠니의 사상은 그 시작은 막말과 유신의 격변기를 거치는 일본 국내의 정쟁 속에 탄생한 국사순난자国事殉難者의 초혼招魂의 사상에서 비롯되고 있지만, '야스쿠니靖国'라는 사호社号가 '천황의 국가를 편안히 한다天皇の国家を安んずる'라는 것을 의미하듯이, 전몰자는 천황을 위해 충사忠死했다는 것만으로 나라에 의해 신神으로 받들어지게 된다. 요컨대 국사순난자의 초혼의 사상은 모든 가치를 천황에게 일원화하는 근대천황제의 성립과 함께 현인신現人神[2]인 천황이 직접 예배를 하는 무상無上의 영예栄誉가 주어진다[3]는 점이 강조되는 '야스쿠니의 천황중심 사상'으로 전개되어 간다고

---

2 사람의 모습을 하고 나타나는 신을 의미하며, 특히 영위(靈威)가 현저한 신을 말한다. 고대에는 가쓰라기히토고토노누시(葛城一言主神)나 야하타노가미(八幡神) 및 항해신인 스미요시노오가미(住吉大神)가 그렇게 불리며, 중고 이후에는 스가와라노 미치자네(菅原道眞)를 비롯한 어령신을 가리키는 경우가 많다. 후자의 경우 그 후환의 무서움에서 〈아라히토가미(荒人神)〉라는 뜻도 포함하고 있는데 천황 또한 현인신이지만, 천황에게는 〈명(현)신〉이 공식칭호로서 많이 이용되었다(한국사전연구사편집부(1998), 『종교학대사전』, 한국사전연구사. 고유명사는 필자에 의해 일본식독음으로 표기하였다).
3 国史大辞典編集委員会 編(1979-97), 『国史大事典』, 吉川弘文館.

볼 수 있다.

이상에서 보았을 때 야스쿠니신사의 모습은 천황제 이데올로기와 관련되어 '천황에 반反하면 누구라도 불평등'하고 '천황 아래에서는 누구나가 평등'하다는 평등과 불평등의 상반된 양면을 동시에 내포하고 있다고 볼 수 있지만, 결과적으로 그 본질은 '천황에 대한 충성'이 평등과 불평등을 구분 - 야스쿠니신사의 제신祭神이 되느냐 마느냐- 하는 절대적인 기준이 되고 있다는 점에서 야스쿠니신사를 둘러싼 제문제를 규명하기 위해서는 천황이라는 존재에 대한 고찰이 필연적이고 불가분한 요소 중에 하나라고 할 수 있을 것이다.[4]

따라서 야스쿠니신사를 둘러싸고 발생하고 있는 다양한 사건들과 사회현상들도 전시 하의 군국주의와 관련된 야스쿠니신사의 역사에만 초점을 맞출 것이 아니라, 일본의 역사와 사회, 사상 속에서 이전부터 이어져 오고 있는 천황제 이데올로기와의 연관성을 통해서 보다 다면적으로 분석할 필요가 있다.

본고에서는 야스쿠니신사와 천황제 이데올로기의 관계에 대해서 특히 일

---

4　야스쿠니신사가 단순한 종교시설이 아니라 그 배경에는 천황제 이데올로기와 밀접한 관련이 있다는 점에 대해서는 이전부터 선행연구에서 재차 언급되어 오고 있는 부분이다. 무라카미 시게요시(村上重良)는 '야스쿠니신사는 천황과 신사와 군을 연결한 특이한 종교시설로서 발전하게 된다.'(村上重良(1974), 『慰霊と招魂』, 岩波書店, p.114)고 하였고, 다카하시 데쓰야(高橋哲哉)는 '야스쿠니신앙은 (중략) 「お天子様」즉 「お国」를 신으로 하는 종교로, 천황 그 자체인 국가를 신으로 하는 종교이다.'(高橋哲哉(2005), 『靖国問題』, ちくま新書, p.30)라고 하여 야스쿠니의 신앙이 국가 그 자체인 천황을 신으로 하는 종교임을 강조하는 등, '야스쿠니신사는 천황과 신사와 군을 연결한 특이한 종교시설로 단순한 추도·위령의 시설이 아니라 천황을 위해서 싸워 전사를 한 국민을 칭찬하는 현창의 장이다.'(일본의전쟁 책임자료센터 편, 박환무 옮김(2011), 『야스쿠니신사의 정치』, 동북아역사재단, p.108)라는 천황의 이데올로기적 종교적 권위와 야스쿠니신사의 밀접한 관계에 대해서는 재론의 여지가 없을 정도로 분명하다고 할 수 있다.

본사회의 하층부를 구성하는 반사회세력[5]과 천황과의 연관성에 주목하고자
한다.

최근 종전기념일의 야스쿠니신사의 풍경을 보면, 현 정권과 사회에 대
해 불만을 가진 단체니 집단들이 침배객들을 상대로 전단을 나눠주고 확성
기를 통해 선전활동을 하는 등 반사회세력들이 야스쿠니신사 주변으로 몰
려드는 현상을 목격할 수 있다. 왜 하필 이들은 종전기념일에 욱일기문양이
나 칠생보국七生報國[6]이 새겨진 티셔츠를 입고 야스쿠니신사 앞에 집결해서
확성기를 통해 혐중嫌中·혐한嫌韓을 외치고, 히노마루日の丸를 흔들면서 가
두시위를 하며 천황폐하만세의 구호에 외치고 있는 것일까? 어쩌면 종전기
념일의 야스쿠니신사가 사회에 대한 불만세력과 천황을 연결시키는 역할을
하고 있으며, '천황 앞에서의 평등'을 내세우고 있는 야스쿠니의 천황중심
사상이 이들을 야스쿠니신사로 불러들이고 있는지도 모른다.

이들 종전기념일의 야스쿠니신사 주변에서 활동하고 있는 집단 중에는
한국에 대해 노골적인 혐오감을 드러내고 있는 재특회在特會[7]라는 단체가 있

---

5　일반적으로 '반사회세력'이란 폭력과 위력, 혹은 사기적인 수법을 구사하고, 부당한 요
　구행위에 의해 경제적이익을 추구하는 집단이나 개인의 총칭이다. 여기에 해당하는 조
　직이나 개인은 폭력단과 그 단원 및 준구성원, 폭력단원이나 그 관계자가 관여, 협력하
　는 폭력단 관계기업, 총회꾼, 사회운동이나 정치활동을 가장하여 부당한 행위를 하는
　사회단체 등 부정행위의 중핵에 존재하는 특수지능폭력집단 등을 의미한다.("反社会的
　勢力", ニッポニカ·プラス, JapanKnowledge, http://japanknowledge.com) 본고에서 다
　루는 '반사회세력'의 의미는 주로 사회운동이나 정치활동에 관련된 집단에 해당한다고
　볼 수 있다.

6　일곱 번 다시 태어나서 국가를 위해서 충성을 다하는 것. 즉 이 세상에 다시 태어날 수
　있는 한 영원히 국가에 보답한다는 의미이다.

7　재특회는 '재일한국인의 특권을 허용하지 않는 시민의 모임(在日特権を許さない市民の
　会)'의 준말로 재일한국인이 일본에서 부당하게 권리를 누리고 있다고 주장하는 '인터

다. 이 재특회의 회장 사쿠라이 마코토가 천황에 관련된 문제에 대해서도 적극적으로 의견을 개진하고 있다는 점을 주목할 필요가 있다. 그는 일본 헌법 조문 제1장에서 천황의 지위를 명기하고 있는 제1조를 중시하여 반천 련反天連[8]과 같은 황실반대단체에 대해서 항의하고, 천황이나 황족을 모욕하 거나 불경한 행위를 하는 것에 대해 비난하고 있을 뿐 아니라,[9] '일본에서 가 장 소중한 것은 천황폐하다日本で一番大切なのは天皇陛下だ'라고 하는 등 천황 에 대한 경의를 나타내고 있다.[10] 이뿐 아니라 종전기념일에 야스쿠니신사 주변에서 흔히 볼 수 있는 가이센우익街宣右翼과 같은 우익정치결사의 가이 센샤街宣車를 보아도 '존황尊皇'이라든지 '경천敬天'과 같은 선전문구와 천황 가의 국화가문菊紋이 새겨져 있는 것을 흔히 볼 수 있다.

본고에서는 이와 같은 종전기념일에 야스쿠니주변에서 발생하고 있는 배 외적이고 과격한 현상들의 일단을 파악하기 위한 작업으로, 야스쿠니사상 의 핵심을 이루고 있는 '천황제 이데올로기'를 중심으로 야스쿠니신사와 천

---

넷우익'을 중심으로 2006년에 결성된 단체이다.

8　반천황제운동연락회(反天皇制運動連絡会)의 약칭으로, 반황실투쟁을 목적으로 하는 일 본의 신좌익그룹 중에 하나로 1984년에 신좌익계평론가 간 다카유키(菅孝行)에 의해 결성되었다.

9　예를 들면 마이니치신문의 재일조선인 기자의 천황문제거론을 비판하고(2015.4.7.자 유튜브영상), 천황에게 하사받은 훈장을 모독했다고 하여 물의를 일으킨 사잔 올스타즈 (サザンオールスターズ)의 구와다 게이스케(桑田佳祐)를 비판한 것(2015. 1. 5자 유튜브 영상)을 들 수 있다.

10　사쿠라이는 특히 2012년 8월 14일에 당시 이명박대통령이 천황에 대해 사죄요구를 하 자, 8월 25일 신오쿠보(新大久保)에서 항의데모를 행하고, 가두연설에서 '천황에 대한 모욕은 절대로 용서할 수 없다. 천황은 우리나라의 국체, 국가 그 자체로 천황이 없으면 일본은 존재하지 않는다. 천황에 대한 모욕은 국가에 대한 모욕, 그리고 일본 국민 개개 인에 대한 모욕이기도 하다.'라고 말하고 있다(위키피디아, 2015년 8월 15일 검색).

황, 그리고 일본사회의 하층부를 구성하고 있는 반사회세력과의 관련성에 대해서 살펴보고자 한다.

야스쿠니신사가 종교시설로서의 신사의 고유의 기능을 넘어서 일본인들의 반정부, 반체세주의와 맞물리는 천황제 이데올로기와 연결되기까지의 과정을 역사적 사실들을 통하여 순차적으로 고찰하는 작업은, 현대일본의 상징천황제하에서 작용하고 있는 천황과 일본인들의 정신세계의 연결점을 찾아내는데 일조할 수 있을 것이다.

## Ⅱ. 이형異形의 천황과 하층민의 연결

### 겐무의 중흥建武の中興과 도막倒幕의 역사

일본 역사에서 천황이라는 정점과 사회하층부의 민중들이 가장 밀접하게 하나로 결속한 것은, 가마쿠라막부鎌倉幕府를 타도하고 천황의 친정을 도모한 고다이고後醍醐천황과 이를 도와 '겐무의 신정建武の新政'[11]을 이끌어 낸 당시의 히닌非人,[12] 율승律僧과 같은 반막부·반사회세력이었다. 본장에서는 우선 천황이 반사회집단과 연결되어 가는 과정의 시작을 고다이고 천황이

---

11  '겐무의 신정'이란 고다이고 천황이 1333년 가마쿠라막부를 타도하고 천황 친정체제를 추진한 정치 개혁을 말한다.

12  '평인이 아닌 자(平人でない者)'라는 의미로 인간이 아닌 자·죄인·세상을 등진 사람·천시된 사람들을 의미하고 있었는데, 후에는 주로 천시된 사람들 중에서 히닌(非人)·거지(乞食)를 의미하게 되었다. 에도시대에는 천민신분의 일부를 가리키는 호칭으로 사용되었다. ("ひにん【非人】", 国史大辞典, JapanKnowledge, http://japanknowledge.com)

라는 이형異形의 천황과 하층민의 관계에서 살펴보도록 하겠다.

일본에는 막말의 도막倒幕운동과 메이지유신의 왕정복고 이전에 또 한 번의 도막과 왕정복고가 있었다. 그것이 바로 고다이고 천황에 의한 가마쿠라막부의 타도와 '겐무의 신정'이다. 천황에 의한 친정親政을 기본으로 하는 '겐무의 신정'은 에도江戸막부 말기에 막부지배체제에 불만을 가진 존왕론자들이 권위적인 질서와 종교적인 정점으로서의 천황이라는 대의명분을 이용하고자 할 때 내세우는 가장 이상적인 정치형태였고, 왕정복고의 이념을 실현한 메이지 신정부가 본보기로서 지각知覺할 수 있는 시대였다.[13] 천황과 사회하층부의 연결은 이 '겐무의 신정'의 당사자인 고다이고 천황과 고다이고 천황이 가마쿠라막부 전복을 위해 끌어들인 히닌세력에서 출발했다고도 볼 수 있다.

1274년과 1281년의 두 번에 걸친 몽고의 침략 후, 막부의 실권자인 호조씨北条氏가 무사들의 불만을 무마하기 위해 초기의 합의제를 중지하고 전제정치를 행하자 반막부反幕府의 분위기가 확산된다. 이런 가운데 고다이고 천황은 황위에 오르자 조정의 정치쇄신을 꾀하고 천황을 중심으로 하여 무력한 조정의 세력을 강화하고자 하였다. 고다이고 천황은 우선 원정院政을 폐지하고 천황의 친정을 부활시켜 그 위에 기록소記錄所를 두고 인재를 등용하는 등 의욕적으로 개혁정책을 추진하였다. 그리고 막부가 쇠퇴하고 사회가 문란해지자, 기회를 틈타 막부타도를 계획하였다.

그렇지만 1324년 고다이고의 막부타도 계획은 사전에 누설되어 계획에 가담했던 공경公卿들은 막부에 의해 체포당하고 만다.[14] 이러한 좌절에도

---

13　関幸彦(2014), 『国史の誕生』, 講談社学術文庫, p.175

14　쇼추(正中) 원년(1324)에 고다이고 천황의 가마쿠라막부 타도계획이 발각되어 천황의

불구하고 천황은 더욱 대규모의 막부타도 계획을 세웠다. 그러나 이 또한 1331년에 발각되어 천황은 체포되어 오키隱岐섬으로 유배되고, 막부는 지명원통持明院統의 고곤光嚴천황을 즉위시켰다. 이듬해 1332년, 체포된 고다이고 천황의 황자 모리요시친왕護良親王은 반막부세력의 결집에 주력하였고, 막부에 불만을 품은 구스노키 마사시게楠正成, 아카마쓰 엔신赤松円心과 같은 하급무사세력들이 모리요시친황과 고다이고 천황의 호소에 응하여 각지에서 반막부를 기치로 거병하였다.[15]

이와 같은 고다이고 천황과 반막부세력과의 관계를 묘사하고 있는 것이 고다이고 천황의 즉위 이후 호조 다카토키北条高時 토벌 계획부터 '겐무의 신정'까지 50년에 걸친 일본 남북조의 대립을 그리고 있는 군기 모노가타리軍記物語 『다이헤이키太平記』이다.

『다이헤이키』가 그리고 있는 고다이고 천황은 중국 송宋의 절대왕제를 모델로 한 천황중심 질서의 구축을 목표로 하여 가마쿠라막부를 타도하고 천황의 친정체제를 만들고자 했다. 특히 그는 율승들을 이용하여 가마쿠라막부 타도를 기원하는 기도를 올리는 등 다른 천황들과는 구분되는 이형異形-독특한 스타일-의 천황이었다.[16] 아미노 요시히코網野善彦에 의하면 남북조

---

측근인 히노 스케토모(日野資朝) 등이 처분을 받는데, 이를 쇼추의 변(正中の変)이라고 한다.

15  고다이고 천황은 가마쿠라막부 도막과정에 관한 내용은 정혜선(2011), 『일본사 다이제스트 100』, 가람기획을 참조하였음.

16  쇼추의 변 이후 고다이고 천황은 은밀히 막부타도를 준비하여, 다이고사(醍醐寺)의 분칸(文観)과 호쇼사(法勝寺)의 엔칸(円観) 등의 승려를 측근으로 불러들여, 겐토쿠(元徳) 2년(1329)에는 중궁(中宮)의 출산기도를 빙자하여 몰래 관동의 막부를 저주하는 기도를 행하고, 고후쿠사(興福寺)와 엔랴쿠사(延暦寺) 등 남도(南都)·에이잔(叡山)의 사찰세력에 접근한다.

시대는 천황제 존속의 위기의 시대였고, 왕권강화를 위해 고다이고 천황이 이용한 반발세력에는 궁정의 폐색상태閉塞状態에 강하게 반발한 히노 스케토모日野資朝와 같은 중하류의 귀족과 기득권층인 대사원大寺院의 승려로부터 '이류이형異類異形'[17]이라고 불리면서 승려의 '가격家格'의 서열에서 벗어난 율승 등이 있었다고 한다.[18]

이와 같은 이형의 천황 고다이고와 사회하층부 집단과의 연관성을 상징적으로 그리고 있는 에피소드가 있는데, 그것이 바로 『다이헤이키』 권1의 「무례한 강석의 일無礼講の事」[19]이다. '무례강無礼講'이라고 하는 것은 지위나 신분의 고하를 무시하고 즐긴다고 하는 취지의 연회를 말하는데, 이는 평상시의 사회계급을 일시적으로 무시하는 것에 의해 참가자의 욕구불만을 해소하고, 결과적으로 기존의 사회질서를 유지하기 위한 수단으로 사용되는 것이었다. 하지만 『다이헤이키』에서는 쇼추의 변正中の変 이후 은밀히 막부타도를 준비하는 고다이고 천황이 막부타도에 참가하는 사람들의 본심을 확인하기 위해 신분과 서열을 묻지 않고 주연酒宴을 개최하여 막부타도의 모의를 해 나가는 모습을 그리고 있다. 『다이헤이키』 1권 「無礼講事付玄慧文談事」에서 그려지는 무례강의 모습은 다음과 같다.

---

17 아미노 요시히고(網野善彦)에 의하면, '이형(異形)' 혹은 '이류(異類)'라는 말은 원래 예부터 사용되고 있지만, 가마쿠라기(鎌倉期) 이후에는 종종 '이류이형'으로 함께 사용되는 경우를 포함하여 일종의 요괴(妖怪), 오니(鬼), 귀신(鬼神) 등에 대한 형용의 경우에 사용되는 용례가 많은데, 특히 가마쿠라 후기 이후에는 인간의 복장, 자태 등에 대해서 이 말은 부정적·차별적인 의미로 사용된다고 한다(網野善彦(1993), 『異形の王権』, 平凡社ライブラリー 951, p.23.).

18 網野善彦(1995), 「楠木正成に関する一、二の問題」, 『悪党と海賊 ― 日本中世の社会と政治』所収, 法政大学出版局, pp.229-245.

19 『太平記』, 巻第一, 「無礼講事付玄恵文談事」.

그 연회의 모습은 사람들의 이목을 놀라게 했다. 건배를 하자 상하를 묻지
않고, 남자는 에보시를 벗으며 상투를 풀고, 법사는 의복을 입지 않고 속
옷차림이 되었다. 열일곱 여덟 쯤 되는 자태가 아름답고 피부가 고운 여자
를 둘러싸고, 20여 명이 훈도시 한 겹만 걸치고 술잔을 따르니 눈처럼 흰
피부는 투명하여 부용꽃이 새로 피어난 것 같구나. 산해진미를 모두 맛보
고 좋은 술로 술잔을 가득 채워 유희가무를 즐기는데, 그 틈에 단지 동쪽
의 역적(필자주. 가마쿠라막부)들을 물리칠 계획만을 세우고 있다.[20]

『다이헤이키』에서 묘사되고 있는 '무례강'의 모습은 주위를 놀라게 할 정
도로 난잡하였고, 이 모임에 참가한 사람들의 면면을 보면 무사와 법사法師
뿐만 아니라 미천한 신분의 유녀와 같은 여성까지도 참가하고 있었다. 이처
럼 '무례강'이라고 하는 상궤를 벗어난 술자리를 통해 고다이고 천황은 궁궐
에 사회하층부의 사람들을 끌어들이고 있는데, 사회적으로 차별받고 있던 히
닌, 악당惡党[21]들을 막부타도를 위한 무력으로 동원하는 등 사회하층부의 에
너지를 이용했다는 점에서 그전까지 볼 수 없었던 특별한 형태의 천황이라
고 할 수 있다.

'겐무의 신정' 하에서도 궁중에 출입했던 자들 중에는 복면覆面을 하거나
게타足駄나 가죽버선을 신은 특이한 차림새를 한 사람들이 있었고, 이들 중
에서는 히닌도 포함되어 있었다. 고다이고 천황이 궁중에 까지 사회하층부

---

20  後藤丹治・釜田喜三郎校注(1961), 『太平記』第2권 『日本古典文学大系』 第35권, 岩波書
店. pp.44(인용자 역).

21  여기서 말하는 악당은 나쁜 짓을 일삼는 일당이라는 일반적인 의미로서의 악당이 아
니라, 역사적으로 가마쿠라후기부터 남북조시대에 걸쳐 강도나 산적, 해적 등 악행을
일삼는다는 이유로 지배계급으로부터 금압(禁壓)의 대상이 되었던 무장집단을 일컫는
다.

의 사람들을 끌어들이게 된 것은 승려 분칸文観을 통해서 히닌을 동원한 결과이기도 하고, 이러한 바사라婆娑羅[22]의 모습을 한 사람들이 분칸의 수하로서 '겐무의 신정'을 달성하기 위한 무력수단으로 동원되었던 것은 확실해 보이고, 그 중에 히닌 등 사회저변부의 사람들이 천황에 직속하는 군사력으로서 존재하게 된다.[23] 이처럼 고다이고 천황이 사회저변부의 사람들을 궁중으로 끌어들이고 상하의 신분질서를 무시한 '무례강'을 개최한 이유는 무사 중심의 사회를 난세亂世로 만듦으로서 새로운 변화를 초래하는 기폭제로서 이용하고자 한 것으로 보인다.

이들 고다이고 천황이 동원한 사회하층부의 사람들 가운데 구스노키 마사시게楠木成라는 당시에는 악당이라 불린 지방의 하층계급의 무사가 있었다.

구스노키 마사시게는 역사적으로는 가마쿠라鎌倉시대 말기부터 남북조시대에 걸쳐서 활약한 무장으로 『다이헤이키』에서는 고다이고 천황의 꿈에서의 계시에 의해 처음으로 역사의 무대에 등장한다. 마사시게는 지인용智仁勇의 삼덕三德을 갖춘 무장으로 눈부신 활약을 펼치고 고다이고 천황에 의한 '겐무의 신정'의 주역으로 활약하지만, '미나토가와전투湊川の戦い'에서 아시카가 다카우지足利尊氏군에 패하여 최후에는 자결하게 된다. 그는 최후의 결전인 '미나토가와전투'에서 자결하며 동생 마사스에正季와 함께 '일곱 번 다시 태어나도 천황을 위해서 역적을 멸하겠다'는 '칠생멸적七生滅賊'의 다짐을 하게 되는데, 이로 인해 마사시게는 죽음으로서 바른 도리를 지켰다고 하

---

22  일본 남북조의 동란기에 보이는 사회풍조 또는 문화적 유행을 나타내는 말이며 실제 당시의 유행어로 사용된 적도 있다. 신분질서를 무시하고 화려한 복장과 행동을 즐기는 미의식끌로 하극상의 행동의 일종이다.

23  網野善彦(2005), 『中世の非人と遊女』, 講談社. pp.12-13.

여, 후세의 사람들은 이 미련 없는 최후에 대해 천황에 대한 충성의 모범으로서 최대의 찬사를 보내고 있다.

마사시게가 역사의 무대에 처음으로 등장하게 되는 것은 막부에 쫓겨 절체절명의 위기에 처해 있던 고다이고 천황의 꿈에서의 계시에 의한 것이었다. 지방의 하급무사에 불과한 마사시게는 현실적으로 천황에게는 접근조차 할 수 없는 신분이었지만, 꿈이라는 비현실적인 설정에 의해 지방 토호에 불과한 자가 군신상하君臣上下의 틀을 뛰어 넘어 천황에게 직접 연결되는 것이다.

이와 같은 『다이헤이키』에서의 설정은 일반적인 '민民'에 지나지 않는 인물인 마사시게를 등용하기 위해 고다이고 천황에 의해 기획된 것이라 할 수 있는데, 『다이헤이키』에서의 이 에피소드로 인해 사회하층민을 천황에게 직결시키는 대의명분의 사상이 제공된다. 그리고 이로 인해 천황제하에서 만들어진 일본의 독특한 사회구조와 신분질서 속에서 일본인이라면 누구라도 마사시게처럼 천황을 위해 목숨을 바치는 것으로 천황이라고 하는 정점에 있는 존재와 연결될 수 있다는 가능성을 제공하게 된다. 말하자면 마사시게는 '무례강' 등 토막계획에 의해 동원된 일련의 미천한 신분의 대표적인 존재로서 고다이고 천황이 이용하고자 한 사회하층부의 에너지를 대변하는 인물이라고 할 수 있다.

# Ⅲ. 막부타도와 남조부흥의 결합

## 반사회세력과 '천황'이라는 대의명분

근세기에 들어서면 『다이헤이키』가 그리고 있던 고다이고 천황과 사회하층부를 구성하는 민중들의 이야기는, 근세초기에 유행한 다이헤이키요미太平記読み[24]를 매개로 하여 남조멸망 후 무로마치막부室町幕府 하에서 신분을 감추고 살아가는 남조 유신들의 남조부흥이야기로 변모되어 간다. 그리고 이와 동시에 당시의 에도막부 정권에 불만을 가진 반체제세력들의 막부타도의 이야기와 결합되어 간다. 이 과정에서도 앞서 언급한 구스노키 마사시게는 천황과 사회하층부를 잇는 연결고리와 같은 역할을 하고 있다.

에도 초기 게이안慶安 4년(1651) 7월, 당시 에도에서 이름을 떨치고 있던 병법학자兵法者 유이 쇼세쓰由比正雪와 마루하시 쥬야丸橋忠弥 등 막부의 무단정치에 불만을 품은 로닌牢人들이 막부전복을 계획한다. 하지만 사전에 발각되어 반란이 실행에 옮겨지지 못하고 미연에 진압되는데, 이 사건을 '게이안사건慶安事件'이라고 한다.

반란을 주도했던 유이 쇼세쓰는 우수한 병법학자로 각지의 다이묘大名는 물론 쇼군가將軍家로부터도 관직을 제의받았지만, 이를 거절하고 군법을 지도하는 사설교육시설을 만들어 사람들을 모았다. 이 무렵 막부는 3대 쇼군 도쿠가와 이에미쓰徳川家光 아래 혹독한 무단정치가 행해지고 있었고, 세키

---

24　일본근세초기에 『다이헤이키』의 사건 · 전투 · 인물 등에 대해서 정도론(政道論) · 병법론(兵法論)을 서술한 강석(講釋)의 텍스트인 『리진쇼(理尽鈔)』등을 대중 앞에서 강석하는 것 또는 다이헤이키강석을 전업으로 하는 자를 '다이헤이키요미'라고 한다. 초기에는 주로 무사층을 대상으로 하였으나, 이후 일반대중들에게도 전파하게 된다.

가하라 전투關ヶ原の戦い와 오사카의 진大坂の陣 이래 막부에 의한 다이묘와 하시모토旗本의 개역改易[25]과 감봉에 의해 로닌의 수가 증가하고 있었다.

이와 같은 사회적 배경에 의해 발생한 에도시대 초기의 많은 로닌들은, 겐나(元和, 1615~1624)이래 평화와 질서의 유지를 바라는 막부와 번番으로부디 위험한 요소로서 인식되어 억압을 받아왔다. 특히 사건이 일어난 게이안기慶安期가 되면 재차 벼슬길에 오를 기회도 상실하고, 생활도 궁핍하여 막부와 번에 대한 불만이 축적되어 있었다. 당시 막부의 관직 제의도 거절한 채 하시모토와 다이묘집안에서 무사들에게 병법을 강의하면서 제자들로부터 존경받고 있던 유이 쇼세쓰의 주변에는 벼슬의 주선을 바라고 모여든 로닌들이 많았고, 쇼세쓰는 이들을 획책하여 반란을 일으키고자 한 것이다.[26]

이 유이 쇼세쓰의 반란계획에는 약 5천명에 달하는 대규모의 로닌이 가담하게 된다. 그런데 여기서 게이안사건의 주모자인 유이 쇼세쓰를 모티브로 한 실록체소설『게이안다이헤이키慶安太平記』[27]에서 유이 쇼세쓰가 자신이 구스노키 마사시게의 자손임을 스스로 칭하고 있다는 점에 유의할 필요가 있다.

당시 막부체제에 반발하여 막부를 전복하기 위해 사회의 불만세력인 로닌들을 동원한 유이 쇼세쓰가 구스노키 마사시게의 후손임을 사칭한 것은, 아마도 천황의 부름에 호응하여 막부타도를 위해 목숨을 바친 구스노키 마

---

25  에도시대에는 다이묘나 하시모토 등의 무사로부터 신분을 박탈하고 영지와 저택 등을 몰수하는 것을 의미했다.

26  拙論(2013),「近世文學における楠正成伝説の再生-南朝復興の物語への転換をめぐって」, 第36回国際日本文学研究集会会議録, 国文学研究資料館, pp.51-52.

27  『도쿠가와짓키(徳川実記)』와『유이쇼세쓰슨뿌잇켄(由井正雪駿府一件)』등 게이안사건에 대한 기록을 실록체소설로 만든 것.

사시게의 혈통임을 주장하는 것이 자신의 막부전복운동에 대의명분을 제공해 주는 역할을 할 수 있기 때문일 것이다. 즉 『게이안타이헤이키』의 '막부전복'과 '계급질서의 혼란'이라고 하는 테마의 연원에 존재하고 있는 것이 천황과 직결되는 반사회세력으로서의 구스노키 마사시게의 이미지이고, 마사시게의 후손임을 보여줌으로써 구현되는 '천황이라는 대의명분'이 유이 쇼세쓰가 반막부세력을 선동할 수 있는 근원적인 힘인 것이다.

에도막부가 시작된 후 그리 많은 시간이 지나지 않은 게이안 3년(1651) 3대 쇼군 도구카와 이에미쓰가 사망하고, 이에쓰나家綱가 어린 나이에 쇼군이 되자 막부를 둘러싼 정치적 상황은 불안에 빠지게 된다. 이처럼 사회적으로 안정되지 못한 시기에 당시의 심각한 사회문제 중 하나였던 로닌들에 의해 일어난 반란음모사건은 사람들의 지대한 관심사였을 것이다. 이러한 사실은 이후에 실록체소설 『게이안다이헤이키』가 당시 사람들에게 많은 공감을 얻게 되고, 막부에 의해 금서禁書로서 단속의 대상이 됨에도 불구하고 게이안사건의 주모자인 유이 쇼세쓰를 모티브로 한 문학작품들이 이후에도 끊임없이 창작되었던 것에서도 알 수 있다.

이 유이 쇼세쓰의 반란사건을 소재로 한 일련의 문예작품을 '게이안다이헤이키모노慶安太平記物'라고 하는데, 근세의 대표적 예능 중 하나인 조루리浄瑠璃의 '게이안다이헤이키모노'에서는 '막부타도'를 기도한 유이 쇼세쓰의 이야기가 '남조부흥'을 목표로 하는 구스노키 마사시게의 후손들을 중심으로 한 남조의 유신遺臣들의 이야기와 결합하게 된다.

'게이안다이헤이키모노'에서는 '막부전복'이라고 하는 불온한 내용을 감추기 위한 목적으로 남북조의 내란을 '세계世界'[28]로 설정하여 유이 쇼세쓰의

---

28 '세계'라는 용어는 가부키와 조루리에서는 작품의 시대배경 또는 인물군을 의미한다.

‘막부전복’의 음모를 그리고 있다. 이와 같은『다이헤이키』의 세계를 이용한 스토리의 재구성이 결과적으로는 이야기의 주제가 ‘막부전복’에서 ‘남조부흥’으로 변환하게 되는 이야기의 본질에 관련된 중요한 변화를 초래하게 되고, 이는 소설이라는 창작의 세계에서 막부전복을 도모한 자들이 ‘천황이라는 대의명분’과 연결되는 결과를 낳게 된다.

예를 들면 조루리『다이헤이키기쿠스이노마키太平記菊水之巻』[29]에서는 ‘게이안다이헤이키모노’의 주요인물과 구스노키 마사시게와 관련된 남조의 주요인물을 뒤섞어 복잡한 전개를 보이고 있다. 이야기의 초점이 ‘남조부흥’을 목표로 하는 마사시게의 적자嫡子인 구스노키 마사쓰라楠正行를 중심으로 한 구스노키 일족의 활약에 맞추어져 있어, 유이 쇼세쓰의 ‘막부전복미수사건’은『다이헤이키』의 ‘세계’를 배경으로 하여 중층적이며 이중적인 구조로 그려져 있다는 것을 알 수 있다. 즉 남조의 유신들이 목표로 하는 남조부흥을 위한 ‘아시카가막부足利幕府의 전복’과 유이 쇼세쓰가 목표로 한 입신출세를 위한 ‘에도막부의 전복’이라는 서로 다른 성격의 ‘막부전복 이야기’가 구스

---

‘다이헤이키모노(太平記物)’라고 불리는 연극작품은 근세기를 통해서 계속 제작되어『다이헤이키』는 연극의 ‘세계’로서는 가장 영향력이 있는 작품 중에 하나라고 할 수 있다.

29  5단 구성의 조루리로 다케다 고이즈모(竹田小出雲, 三世竹田出雲)·니후도(二歩堂)·지카마쓰 한지(近松半二)·기타마도 고이치(北窓後一)·다케모토 사부로베(竹本三郎兵衛)·미요시 쇼라쿠(三好松洛)의 합작이다. 쓰노가키(角書, 조루리나 논문의 제목 혹은 책명 따위의 위에 두 줄로 나누어서 작은 글씨로 쓴 간단한 내용의 글)는「남조정평 4년 북조 정화 4년(南朝正平四年北朝貞和四年)」라고 되어 있어 남북조시대가 무대인 것을 알 수 있다. 다른 제목으로는「구스노키마사쓰라군랴쿠노마키(楠正行軍略之巻)」가 있다. 호레키(宝暦) 9년 ( 1759 ) 9월 16일 오사카 다케모토좌(竹本座)에서 초연되었다 (졸론(2014),「일본근세문학에서의「게이안다이헤이키모노(慶安太平記物)」의 발생과 전개 ─『게이안다이헤이키(慶安太平記)』에서『다이헤이키기쿠스이노마키(太平記菊水之巻)』까지를 중심으로 ─」, 일본학보, 한국일본학회, p.350.).

노키 마사시게를 매개로 하여 천황과 직접 연결되는 하나의 스토리 안에 결합하게 되는 것이다.

이처럼 '게이안다이헤이키모노'에서 두 개의 다른 '막부전복'이 '천황이라는 대의명분'으로 결합하게 된 것은 사회 하층부에 위치하는 민중들의 입신출세의 염원이 발현된 자연스러운 현상으로, 계층적으로 사회의 저변부에 위치하고 있던 사람들과 천황을 직접 연결시키는 대의명분의 사상이 작용하고 있다고 볼 수 있다.[30]


## Ⅳ. 도막파 존왕尊王지사들의 남공제楠公祭와 초혼제招魂祭[31]

### 도막세력과 존왕사상의 결합

천황과 사회하층부를 연결시키는 대의명분의 사상은 에도막부 말기의 존왕양이론자들에게서 가장 급진적이고 격렬하게 발현되고, 이는 에도막부를

---

30   이처럼 자신에게 마사시게의 모습을 투영해 가는 쇼세쓰의 모습이 그려지기에 이르게 된 배경에는, 이야기의 성립에 깊이 관여한 사회 하층부의 이야기꾼들의 존재 또한 크다고 할 수 있다. 유이 쇼세쓰와 천황에 대한 절대적인 충(忠)으로 알려져 있는 구스노키 마사시게(楠正成)가 항설로서 이들의 전설을 전파를 담당한 이야기꾼들과 계층적으로 사회의 저변에 있다고 하는 공통점을 매개로 하여 연결되어, 그 안에서 이상화되어진 모습이 투영되어 가는 구조가 존재하고, 유이 쇼세쓰와 마사시게를 둘러싼 전설이 일본사회의 하층부를 대변하는 이야기로서 성장해 왔다(兵藤裕己(1995), 『太平記〈よみ〉の可能性 ― 歴史という物語』, 講談社, p.170).

31   이하 요시다 쇼인과 남공제에 관련된 내용 중 일부는(졸론(2014), 「구스노키 마사시게(楠正成)의 「칠생멸적(七生滅賊)」과 천황중심 사생관의 탄생과 전개」, 일어일문학, 대한일어일문학회, pp.417-436)를 참조하여 수정, 보완하여 작성하였다.

타도하고 왕정복고를 이루어내는 에너지로 작용하여 메이지유신으로 연결된다.

막말의 존왕양이운동을 대표하는 지사였던 요시다 쇼인吉田松蔭은 제국열강의 접근을 배경으로 한 대외적 위기의식이 고조되고 있던 도쿠가와막부 말기에, 아이자와 세이시사이会沢正志斎와 후지타 도코藤田東湖 등 미토학水戸学의 존왕양이운동의 영향을 받아 스스로도 존왕양이를 강하게 주장하게 된다.[32] 그런데 쇼인이 이상화하고 있던 것이 바로 고다이고 천황에 의한 '겐무의 중흥'으로, 이 '겐무의 중흥'에 중심적인 역할을 하고 있던 구스노키 마시시게에게도 심취하게 된다.

쇼인은 안세이安政 3년(1856) 4월 15일 숭배하는 구스노키 마사시게의 사생관을 이어 받아 '칠생설七生説'을 저술하고, '공공公共을 위해 나를 희생하는 자를 대인大人이라고 하고, 나를 위해 공공을 희생시키는 자를 소인小人이라고 하여, 대인은 하늘의 이理와 통하고 있기 때문에 설령 그 육체가 썩더라도 그 마음은 결코 변하지 않는다고 한다. 따라서 남공楠公형제는 헛되이 일곱 번 다시 태어난 것이 아니라, 처음부터 여지껏 한 번도 죽지 않았다.'[33]라고 하여, 천황에 대한 절대적인 충성을 맹세하며 자결했던 구스노키 형제의 죽음을 상찬賞讚하고 있다.

---

32  막말의 존왕양이운동을 대표하는 지사였던 요시다 쇼인은 5살 때 숙부 요시다 다이스케(吉田大助)의 양자가 되어, 야마가류(山鹿流)의 군학가(軍学家)였던 요시다 집안의 영향으로 어릴 때부터 병법을 배우고 있었는데, 제국열강의 접근을 배경으로 한 대외적 위기의식이 고조되고 있던 도쿠가와막부 말기에, 아이자와 세이시사이와 후지타 도코 등 미토학의 존왕양이운동의 영향을 받아 스스로도 존왕양이를 강하게 주장하게 된다.(졸론(2014), 「구스노키 마사시게(楠正成)의 「칠생멸적(七生滅賊)」과 천황중심 사생관의 탄생과 전개」, 일어일문학, 대한일어일문학회, pp.417-436)

33  中村孝也編(1935), 『楠公遺芳』, 大楠公六百年大祭奉賛会, p.215.

쇼인은 구스노키 마사시게를 상찬하는 것에 머무르지 않고, 스스로를 재야에서 천황의 최측근으로까지 등용된 구스노키 마사시게의 환생으로 여기게 되는데, 이로 인해 쇼인은 '초망굴기(草莽崛起, 재야의 사람들이여 궐기하라.)'라고 하는 사상을 주장하게 된다. 쇼인이 분큐 2년(1862) 9월 27일에 저작한 「시세론時勢論」의 내용에는 도구카와막부의 타도를 주장하면서 천황이 결심하기만 한다면 남조의 충신인 구스노키 마사시게와 닛타 요시사다新田義貞, 고지마 고토쿠児島高徳, 기쿠치 다케시게菊池武重와 같은 조정을 위해 목숨을 바칠 충신이 출현할 것이라고 주장한다. 그리고 천황을 중심으로 하여 민중 모두가 마사시게가 되어 궐기하여 막부를 타도하고자 하는 과격한 태도를 보이는데, 이로 인해 당시 막부로서는 쇼인을 매우 위험한 사상을 가진 인물로 인식하게 된다.

한편 쇼인은 고향에서 사설 교육기관 쇼카손주쿠松下村塾을 주재하고 있었다. 이 쇼카손주쿠로부터는 다카스기 신사쿠高杉晋作, 구사카 겐즈이久坂玄瑞, 이토 히로부미伊藤博文, 야마가타 아리토모山県有朋, 요시다 도시마로吉田稔麿, 이리에 구이치入江九一, 마에바라 잇세이前原一誠, 시나가와 야지로品川弥二郎, 야마다 아키요시山田顕義 등 막말에서 메이지에 걸쳐 일본을 이끌어 간 인재들이 배출된다. 그리고 이들 쇼인의 제자들이 이후 메이지 신정부의 중핵을 담당하게 되는데, 그들 중에서는 쇼인의 영향을 받은 마사시게의 열렬한 신봉자가 적지 않아 막말의 존왕지사들 사이에서 '충신 마사시게'의 신격화가 급속하게 진행되었다.

이처럼 막말에 존황토막尊皇討幕의 기운이 높아짐에 따라 천황에 대한 마사시게의 충의는 존왕론을 지지하는 지사志士들의 행동이념으로서 작용하고, 자신들도 구스노키 마사시게와 같이 되고 싶다고 바라는 순수한 마음과 열정이 시대를 변화시키는 커다란 에너지로 발전하게 된다. 이와 같은 시대

분위기 속에서 막말의 젊은이들 중 많은 이들이 개국開國과 양이攘夷, 좌막佐幕과 도막倒幕 사이에서 격변하고 있던 혼란 속에서 마사시게와 같이 목숨을 내던지게 된다. 이들이 목숨을 희생하여 행동할 수 있었던 것은 자신들도 마사시게처럼 천황을 위해 목숨을 바치게 되면 천황과 직접 연결될 수 있다는 이상을 지니고 있었기 때문일 것이다.

마사시게를 동경하던 당시의 지사들은 천황을 위해 목숨을 바친 마사시게의 뜻을 본받기 위해 마사시게를 기리는 남공제楠公祭를 지내게 된다. 남공제는 이미 마사시게 숭배의 전통이 있는 미토번水戸藩을 중심으로 이전부터 행해져 오고 있었는데, 덴포天保 5년(1834)에 아이자와 세이시사이는 『소엔와겐草偃和言』에서 널리 민중이 제사지내야 할 제일祭日을 제의하여 그 중 하나로, 「五月 楠贈左中将忌日 二十五日」를 들고 있다. 아이자와는 국가가 구스노키 마사시게를 제사지내야 하는 당위성을 주장하며, 「천고충신의 제일第一로 인륜의 모범이 되고, 천하후세까지도 의사義士의 기운을 격려해야만 하기 때문이다. 그러므로 귀천의 구분 없이 이 날은 동지들이 서로 청하여 함께 의義를 격려하고, 각자의 형편에 따라 국가에 충성을 다해야 함을 담론사려談論思慮하여 풍속의 교화를 도와야 할 것이다.」[34]라고 하여, 마사시게를 본받아 귀천의 구분 없이 누구나가 국가(=천황)를 위해 충성을 다해야 함을 역설한다. 이와 같은 전통 아래 미토번에서는 가에이嘉永 년간(1848~1854) 각지에서 구스노키 마사시게의 기일에 남공제를 개최하고, 참가자는 구스노키 마사시게의 영전에 시가詩歌와 문장文章을 바쳤다.

---

34　千古忠臣の第一等にして、人倫の模範となり、天下後世までも、義士の気を励ますべき故也。されば貴賤となく、此日は遇ては、殊に同志の友を求て、相共に義を励し、其身の時所位に随て、国家に忠を尽さむ事を談論思慮して、風教の万一を助け奉るべき也。(会沢正志斎, 『草偃和言』)

이후 막말의 존왕양이의 분위기에 힘입어 조슈번과 미토번뿐만 아니라 일본전국의 제번諸藩에서 경쟁적으로 남공제가 행해지게 된다.

사쓰마번薩摩藩에서는 이미 안에이安永 6년(1777)에 가고시마鹿児島의 마치다町田씨가 전래의 남공상楠公像을 저택 내의 작은 신사에 모시고, 존왕양이의 실현을 남공楠公에게 기원하였다고 한다. 막말의 정쟁이 격화됨과 함께 지사로서 비명에 쓰러진 자의 수가 갑자기 증가하자 천황을 위해 충사한 자를 남공제와 함께 초혼하여 제사지내게 되고, 존왕양이파의 활동가를 배출한 다른 제번에서도 공사公私의 초혼제招魂祭를 남공의 조제弔祭에 맞추어서 행하는 경우가 많았다. 이로 인해 각 번의 초혼제의 대부분은 막말에 활발했던 마사시게숭배와 직결된다.

존왕활동가로 유명한 구루메번久留米藩의 마키 이즈미真木和泉도 열렬한 구스노키 마사시게의 숭배자로 가에이 5년(1852)부터 매년 남공의 기일에 사제私祭로 유교식의 남공제를 행하고 있었다고 한다. 분큐 3년(1863) 마키 이즈미는 시모노세키下関에서 나카야마 다다미쓰中山忠光와 구사카 겐즈이 등과 함께 남공제를 행하고, 그 다음 해 겐지元治 원년(1864)에는 스오周防국의 유다湯田에 망명 중인 산조 사네토미三条実美 등이 행한 남공제에도 참가하는 등 구스노키 마사시게의 현창에 열심이었다.

이와 같은 마키의 활동이 조슈번의 남공숭배에도 영향을 미치게 되는데, 조슈번에서는 1864년의 남공 기일에 번주藩主 모리 다카치카毛利敬親가 제주祭主가 되어 야마쿠치山口의 명륜관明倫舘에서 최초의 남공제를 행한다. 조슈번의 남공제에서는 제문을 올리고 시가詩歌를 헌영献詠하고, 『대일본사大日本史』의 「남공론찬楠公論賛」의 강독, 창술시합, 장병의 조련 등을 행하는 가운데, 무라타 세이후村田清風, 요시다 쇼인吉田松陰, 구루하라 료조來原良蔵 등 번사藩士 14명의 영靈을 함께 제사지냈다. 이처럼 조슈번이 행한 남공제의 특징은 남공제에 요시다 쇼인과 함께 존왕양이운동을 이행하는 도중에 희생당한 하급무사들도 함께 제사지냈다는 것이다.

이처럼 조슈번에서는 번의 정책에 따라 생명을 잃게 되면 이는 순난자가 되고, 이들의 영혼은 마사시게와 쇼인과 함께 같은 장소에 모셔진다. 이로 인해 누구나가 자신의 소중한 생명과 바꾸어 세2, 세3의 마사시게나 쇼인이 되려고 하는 것이다. 특히 여기서 주목할 부분은 생전의 신분과는 관계없이 번을 위해 희생한 자라면 누구라도 번주藩主에 의해서 똑같이 숭배된다는 것이다. 앞서도 언급했듯이 마사시게가 미천한 신분임에도 불구하고 천황과 직접적으로 연결된 것처럼, 희생자들 하나하나를 신분과 관계없이 번의 최고책임자가 직접 받들어 모신다는 구조를 만듦으로써 사기를 높이려고 한 것이다.

이 후 막말의 격변 속에서 남공제의 장을 빌어 순난자들을 제사지내는 것과 동시에 각지에서 희생자들을 기리는 초혼제가 행해지게 되는데, 이는 초혼장招魂場의 개설로 이어진다. 그리고 이와 같은 움직임은 초혼제에 대한 천황의 관심으로 연결되어 간다. 분큐 2년(1862) 8월 2일 고메이천황孝明天皇은 조슈번의 요청에 의해, 막부에 의해 처벌되거나 죽음을 당한 존왕양이파 지사들의 사면과 초혼제를 명령하는 칙문勅文을 막부에 내린다. 이 칙문에는 지사들을 '국사에 목숨을 잃은 자들'이라고 칭하며, 아군의 희생자를 국사순난자로서 받들어 그 명예를 회복함과 동시에 격렬한 정쟁 속에서 존왕양이파의 활동가들을 격렬하게 분기奮起시키기 위한 노림수가 있었다.

그러나 이러한 노림수와는 별개로 각지의 지사들 사이에서는 고메이천황에 의한 국사순난자의 초혼조제의 하명에 답하여, 충사한 선인들의 초혼제가 활발히 제창되어 거행하게 된다. 이는 천황에 의해 존왕양이파 지사들의 죽음이 번을 초월한 국사의 순난자로서 위치 지워진 것에 의해 현실에 신명

身命을 걸고 고군분투하고 있는 도막운동의 담당자들을 감동시킨 결과였다. 존왕양이론자들은 때때로 교토에 있는 현실의 천황을 다마玉라고 부르며 대의명분을 내세우기 위한 정치적 도구로 여기고 있었지만, 이들을 사지死地로 나가게 한 정열의 근원은 이념 속에서만 존재하는 천황 그 자체에 대한 절대적인 충성이라고 하는 열광적인 신념이었다고 할 수 있다.


## Ⅴ. 초혼사에서 야스쿠니신사로

### 반사회세력과 야스쿠니신사의 접점

천황과 사회하층부의 연결고리는 메이지유신 이후 국체國體로서의 천황을 정점으로 하는 가족국가관이 성립하면서 더욱 공고해진다. 천황중심 제국주의 국가로의 전환이 진행되면서 일본정부는 황국사관에 의거한 신민교육을 강화하고, 천황을 위해 명예롭게 희생할 수 있는 선량한 신민을 양성하는 것을 목표로 한다. 천황을 위한 전쟁에 국민들을 동원하기 위해 '천황을 위해 목숨을 바치는 것'이 최고의 가치임을 강조하는 과정은 초혼사가 야스쿠니신사로 변모하는 과정에서 자세히 살펴볼 수 있다.

분큐 2년(1862) 12월 14일에는 교토의 히가시야마영산東山靈山의 영명사靈命舎에서 최초의 전국적인 초혼제가 열린다. 태정관이 초혼사의 사지社地를 히가시야마영산으로 정한 것은 이곳이 다수의 국사순난자가 잠들어 있는 묘지였기 때문이다. 이 지사志士들의 묘소에 인접하여 초혼을 위한 사당을 지었는데, 그 형식은 효고兵庫현 미나토가와湊川에 구스노키 마사시게의 무덤 바로 옆에 구스노키사楠社를 조영한 구상과 일치한다.

태정관 포고를 전후로 하여 각 번에서 번설藩設 초혼장의 건설이 이어졌고, 전국 각지에서도 충사자를 위한 초혼분묘招魂墳墓의 옆에 초혼장을 만들게 되는데, 그 대부분은 초혼사로 발전해 간다.[35] 이 시기에는 아직 히가시아마초혼사에 '안세이의 내옥安政の大獄'[36] 이후의 국사순난자를 합사하는 것에 머무르고 있어 보신전쟁戊辰戦争 관계의 전몰자의 합사는 행해지지 않은 채였다. 따라서 지사의 초혼분묘로서의 성격을 강하게 남기고 있었고, 내전 중에 희생된 천황군의 전몰자를 위한 초혼은 오직 동정군東征軍에 의해서 에도 성내의 초혼제의 계통으로 이어지게 된다.

메이지유신 이후에도 내전이 계속되는 긴장된 분위기 속에서 전몰자의 초혼은 전의고양戦意高揚을 위해서도 소홀히 할 수 없는 중요한 일이었기 때문에, 신정부의 본거지가 도쿄로 옮겨감과 동시에 신수도에 초혼사의 건립이 요구되었고, 도쿄로의 천도와 함께 초혼사의 건립이 건의되었다.[37]

이에 따라 메이지정부는 1868년 1월 17일에 3직 7과의 관제를 발포하고, 7과 중 하나로 신기사무과神祇事務課를 설치한다. 이는 신정부가 제정일치祭政一致를 목표로 하여 그리스도교를 철저하게 금압하면서, 천황숭배를 핵으로 하는 신도적神道的 국민교화를 긴급한 과제로서 추진하였기 때문이었다. 신도국교화정책에 의해 전국의 신사는 각각의 역사적 전통과 성격이 서로 다름에도 불구하고 천황과 직결하는 이세신궁 아래에 중앙집권적으로 재편

---

35  내전에 관련된 각 부번현(府藩県)의 초혼사는 메이지유신 직후의 3년간에 집중적으로 창건되었다.

36  에도 막부의 다이로(大老) 이이 나오스케(井伊直弼)가 안세이 5년(1858)에 자신의 반대파를 체포하기 시작해서 다음 해까지 100여명의 존왕양이파 및 히토쓰바시파 인사를 대량 숙청한 사건.

37  村上重良(1974), 『慰霊と招魂』, 岩波書店, p.46.

성되었고, 모든 신사는 천황숭배를 국민에게 보급하기 위한 국가적 공적시설로 변질되었다.[38] 이와 같은 신도국교화정책의 입안에 따라 메이지천황은 스스로 각지의 신사를 참배하여 국민에게 경신敬神의 모범을 보이고 신도국교화 정책의 추진에 최선을 다하게 된다.

그런데 메이지 초기의 신사의 창건에도 고다이고 천황의 '겐무의 중흥'이 영향을 미치고 있었다. 메이지 초기의 신사 창건은 천황을 위해 목숨을 바친 남조의 충신을 제신祭神으로 하는 여러 신사에서 먼저 시작되어, 다음으로 천황 자신을 제신으로 하는 여러 신사로 진행되어 갔다. 이것은 막말 도막·왕정복고의 새 정치의 모델이 되었던 것이 바로 고다이고 천황의 '겐무의 중흥'이었기 때문이었다. 따라서 남조관계의 충사자를 신으로 모시는 것은 천황에 대한 충성의 모범을 보이는 것에 매우 효과적인 교육수단이라는 인식 아래 정부는 이 계열의 신사의 창건을 적극적으로 장려하는 자세를 보였다.[39]

이와 같이 메이지 신정부 신기관료의 최초 사업은 국가에 의한 충신 위령을 목적으로 한 구스노키사와 초혼사의 창건이었기 때문에, 막말 지사들 사이에서 널리 보급된 남공제는 왕정복고와 함께 구스노키사의 창건으로 결실을 맺고 남공제와 더불어 널리 퍼진 국사순난자를 위한 초혼제도 구스노키사와 마찬가지로 정부에 의해 초혼사의 창건으로 구체화된다. 이처럼 구스노키사와 초혼사를 건립한 메이지정부의 의도는 천황이 몸소 신하의 충성을 칭찬하며 특히 신으로 받들어 제사를 지내는 것은 각별한 처우라는 것

---

38　村上重良(1974), 『慰霊と招魂』, 岩波書店, p.68.

39　구마모토번(熊本藩)의 기쿠치 다케토키(菊地武時), 후쿠이번(福井藩)의 닛타 요시사다
　　(新田義貞), 호우키국(伯耆國)의 나와 나가토시(名和長年) 등 남조의 무장의 신령을 모
　　시는 신사가 연이어 창건되었다.

을 널리 국민에게 선전하려고 한 것이다.

메이지유신 직후인 1868년 메이지천황은 칙령 「湊川神社創祀御沙汰書」을 내리고,[40] 이어 1869년에는 도쿄에 초혼사가 건립된다. 도쿄의 초혼사는 처음에는 기도 나가요시木戸孝允가 우에노上野의 간에이사寬永寺의 사지社地에 초혼사를 건립할 것을 건의하지만, 오무라 마스지로大村益次郎가 이 의견에 반대하여 구단九段에 입지가 결정되고, 동년 6월 29일에 도쿄초혼사가 진좌鎭座된다.

이 후 많은 전몰자가 발생한 세이난전쟁을 계기로 하여 도쿄초혼사는 그 성격이 크게 변모하게 된다. 메이지정부는 천황에 등을 돌린 역도들을 정벌하는 과정에서 쓰러진 세이난전쟁의 전몰자를 위해 초혼사에서 3일간에 걸쳐 성대한 임시대제臨時大祭를 거행하여 전몰자를 도쿄초혼사에 합사함과 동시에 국민들 사이에 반정부의 기운을 억누르고, 천황과 국가에 충성심을 일으키게 했다.

이와 같은 흐름 속에서 별격관폐사別格官弊社[41]가 출현하게 되는데, 이 별격관폐사는 천황에 대한 충성을 기준으로 하는 새로운 신도를 형성하는데 있어서 중요한 일보를 의미한다. 별격관폐사의 공통된 특징은 천황에 대한 충성을 척도로 하여 선정된 대표적인 인물을 위해 창건된 신사라는 점이다.[42] 별격관폐사에 모셔진 신들은 도쿠가와 이에야스 이외는 모두 막말에 존왕양이파의 지사들이 열렬히 숭상한 역사상의 영웅이었다. 천황의 종교

---

40　효고현 미나토가와에 구스노키 마사시게를 모시는 미나토가와신사(湊川神社)가 창건된 것은 1872년 5월 24일이다.

41　제신(祭神)이 신화에 나오는 신이나 천황 · 황족을 제사지내는 신사(관폐사) 다음으로 격이 높은 신사.

42　村上重良(1974),『慰靈と招魂』, 岩波書店, p.82.

적 권위를 기반으로 성립한 신정부는, 국민의 모든 행동의 궁극적 가치기준을 천황에 대한 충성에 두었기 때문에, 천황군의 전몰자를 모시는 초혼사와 상통하는 성격을 이들 별격관폐사에 부여하게 된다.

1879년에 이르러 도쿄초혼사도 신사화가 실현되고, 야스쿠니신사로 개칭되어 별격관폐사가 된다. 초혼사에서 야스쿠니신사로의 개칭은 단순히 사명의 변화에만 머무르는 것이 아니라, 이 종교시설 그 자체의 변질을 의미하고 있었다. 초혼사에서는 말하자면 '충사자의 영혼'이 주인공이었지만 야스쿠니신사에서는 '국가'가 확실히 전면에 나오고, 야스쿠니의 주역은 '충사자의 영혼'에서 '국가' 즉 '근대천황제 국가'로 이행하게 된다.[43] 이는 야스쿠니신사가 천황이 직접 참배하는 신사라는 특별한 지위에 있었다는 것에서도 확인할 수 있다.

이후 현대에 이르기까지 전몰자를 영령이라고 칭하며 모시고 있는 야스쿠니신사가 일본인들에 의해 숭배되는 결과를 초래하게 되는데, 앞서 살펴보았듯이 조슈번이 마사시게를 모시는 '남공제의 논리'는 번을 위해 목숨을 바친 순난자를 마사시게나 쇼인과 동급으로 처우하는 '초혼사의 논리'로 이어지고, 막말幕末의 정쟁政争에서 관군으로 희생된 전몰자를 위령하는 '도쿄초혼사의 논리'는 천황을 위해 싸워 전사한 국민을 현창하는 '야스쿠니신사의 논리'로 변모해 간다. 이와 같이 연결되어 가는 과정은 전몰자 개개인을 위한 초혼의 장이 국가에 의한 획일적인 위령현창의 종교시설로 변질되어 가는 과정이라고 할 수 있다.

야스쿠니신사는 '천황 앞에서는 만민이 평등'하다는 미명 하에, 천황을 위해 목숨을 바친 일본국민이라면 신분, 직업, 성별 등에 관계없이 제사지

---

43　村上重良(1974), 『慰霊と招魂』, 岩波書店, p.111.

낸다는 '민주적이고 평등한 종교시설'을 표방하고 있지만, 이는 결과적으로 모든 가치를 천황에게 일원화하는 야스쿠니의 천황중심 사상으로 귀결된다고 할 수 있다.

특히 '천황 아래 만민이 평등'하다는 야스쿠니의 천황중심 사상은 일본민족은 만세일계万世一系・신성불가침의 천황을 받드는 천손민족天孫民族이고, 일본은 신국神國이라고 하여 일본인만이 천신天神으로로부터 선택받았다고 하는 '선민選民사상'으로 이어져 야스쿠니신사 주변에 몰려드는 일본인들에게 타민족, 타국민에 대한 배타적인 의식을 심어주고 있다는 점에서 현재의 일본사회에 많은 문제점을 안겨주고 있다.

무라카미 시게요시村上重良는 이미 40여 년 전에 야스쿠니신사의 천황중심 사상을 바탕으로 한 배외적인 집단원리가 초래할 문제점들을 다음과 같이 지적하고 있다.

'초혼의 사상, 야스쿠니의 사상에서는 천황에 적대한 자는 사후도 미래영겁의 적敵이 되고, 그 영혼을 공양하고 제사지내는 것은 생각할 수 없는 일이었다. 이러한 특이한 인간관, 영혼관은 일본인이 역사와 함께 내적으로 키워 온 휴머니즘을 파괴해 버린 것뿐만 아니라, 근대 천황제 하의 70여년에 걸쳐 일본 국민의 인간성을 왜곡하고, 인류애를 적시하고 타민족, 타국민과의 사이에 인간으로서 공감을 키우는 것을 저해하고 있는 무서운 역할을 하고 있는 것이다.'[44]

무라카미는 천황에 적대한 자는 영원한 적이 되고, 제사의 대상이 될 수

---

44　村上重良(1974), 『慰霊と招魂』, 岩波書店, pp.54-55.

없다는 야스쿠니의 인간관과 영혼관이 이전의 일본역사에 키워 온 휴머니즘을 파괴하는 것에 머무르지 않고, 타민족과 타국민을 적대시하는 배외주의사상으로까지 발전할 수 있다는 점을 예언하고 있는데, 이런 그의 주장은 현시점의 일본사회를 조명해보면 보기 좋게 적중하고 있다.

종전기념일인 8월 15일에 야스쿠니신사 주변에 펼쳐지는 풍경을 보면, 정치적 프로파간다를 담은 삐라를 나눠주고 확성기로 현 정권과 사회에 대한 불만을 토로하는 사람들이 야스쿠니신사 주변을 둘러싸고 있는 등 야스쿠니를 지탱하고 있는 에너지는 유족을 중심으로 한 추도와 위령을 목적으로 하는 참배객만이 아니라, 현재의 일본정부의 정책에 불만이 있거나 사회에 대해 불안을 느끼고 있는 세력, 즉 반사회세력들이 총집결하고 있다는 것을 알 수 있다.

이들 반사회세력들에게 보이는 근래의 눈에 띠는 변화 중 하나가 그들이 외치고 있는 주장 중에 근린국가인 중국과 한국을 비난하는 혐중과 혐한의 구호가 두드러지게 많은 부분을 차지하고 있다는 점이다.[45] 무라카미가 지적하였듯이 이들 반사회세력은 인종주의에 바탕을 두며 중국, 한국, 북한을 비롯한 주변국을 반일反日국가로 지목하고, 이들 국가에 대한 강한 반감을 가감 없이 표출하면서 인류애를 적시敵視하고 타민족과 타국민에 대한 공감을 저해하고 있다.

이와 같은 야스쿠니를 둘러싼 반사회세력들의 타민족, 타국민에 대한 배타적인 주장에 천황중심사상을 근본으로 하는 야스쿠니의 배타적 사상이 많은 영향을 미치고 있는 것은 아닐까? 이들이 자신들의 불우한 처지를 현

---

45   그 중에서도 특히 타민족, 타국민에 대한 배타적인 의식을 노골적으로 드러내고 있는 집단이 재특회(在特会)이다.

체제와 정권의 상층부가 아니라, 외부에 그 책임을 돌리고 있는 근본적인 이유 중 하나는 '천황 아래 만민이 평등하다'는 야스쿠니의 천황중심 사상이 일정 부분 영향을 미치고 있다고 볼 수 있을 것이다. 이들 배외주의자들의 주장에는 인종주의 및 우생주의에 기초한 혈통주의가 자리 잡고 있고, 이는 결국 신성불가침의 천황을 받드는 일본인만이 하늘로부터 선택받은 선민이 라는 야스쿠니신사의 천황중심 사상과 일맥상통하는 부분이 있는 것이다. 즉 야스쿠니신사는 메이지유신부터 태평양전쟁의 패전에 이르는 70여년에 걸친 일본을 지배한 근대천황제의 구조를 남김없이 반영하는 종교시설이 고, 이를 관통하는 원리는 '국체의 교의' 즉 천황에 대한 충성과 죽음을 국민 의 모든 행위의 최종적인 목표로서 설정하는 배외적인 집단원리가 작용하 고 있다는 것이다.

그런데 여기서 간과해서는 안 될 점은 이들 반사회세력의 구성원 대다수 가 사회적으로 혜택 받지 못한 사회 하층부를 구성하는 사람들이라는 것이 다. 재특회의 간부 중 한 명이 '우리들의 운동은 계급투쟁'이라고 잘라 말하 고, '좌익이든 노동조합이든 그렇게 혜택 받은 사람들은 없다. 그런 혜택 받 은 사람들에 의해 재일 등의 외국인이 비호庇護받고 있다. 차별받는 것은 우 리들 쪽이다.'라고 주장하는 것을 보면,[46] 그들의 활동이 일종의 강자, 사회 기득권에 대한 저항인 것이기도 하고, 현 사회체제와 현 정권에 대해 불만 을 가진 사람들이 구성원의 많은 부분을 차지하고 있다는 것을 알 수 있다. 실제로 이들 반사회세력의 구성원들은 저학력, 저소득에 사회적 지위가 낮 고 사회저변부의 하층사회를 이루고 있는 경우가 많다.

검은 선전버스를 타고 특공복을 입은 야쿠자풍의 이들 반사회세력의 구

---

46    安田浩一(2012), 『ネットと愛国―在特会の「闇」を追いかけて』, 講談社.

성원들-사회적 위험분자들-이 하필 종전기념일에 야스쿠니신사 앞에 집결해서 확성기로 시끄럽게 욕을 하고 욱일기旭日旗를 흔들며 천황폐하만세의 구호에 외치고 있는 것은, 종전기념일의 야스쿠니신사가 단지 추도의 장소일 뿐만 아니라 이미 이전부터 일본사회의 그늘진 부분, 즉 하층부의 민중들과 어떤 형태로든 밀접한 관계성을 가지고 온 것이라고 유추해 볼 수 있다.

즉 종전기념일의 야스쿠니신사는 사회에 대한 불안, 불만세력의 집결지로 현 정권, 권력에 대한 불만세력 혹은 사회적으로 혜택 받지 못한 세력과 천황을 연결시키는 역할을 하고 있으며, '천황 앞에서의 평등'을 내세우고 있는 야스쿠니의 천황중심 사상이 이들을 야스쿠니신사로 끌어들이고 있을지도 모른다는 것이다.


## Ⅵ. 맺음말: 야스쿠니신사와 천황제의 지배원리

이상에서 야스쿠니신사와 천황 그리고 반사회세력이 연결되어 온 일련을 과정을 『다이헤이키』에 그려진 고다이고 천황과 사회하층부의 관계를 필두로 하여, 천황의 권위를 현실권력에 대항하기 위한 대의명분으로 이용하고자 한 유이 쇼세쓰의 막부전복미수사건, 막말 존왕양이론자들의 마사시게 숭배를 위한 남공제와 그와 연계되어 발생한 초혼제의 전통, 그리고 근대천황제국가의 성립과 함께 초혼사가 야스쿠니신사로 변모되는 과정 및 현 시점의 일본의 배외주의현상에 야스쿠니의 천황중심 사상이 끼친 영향 등을 중심으로 분석해 보았다.

야스쿠니신사는 근대 일본에서 건립되었지만, 야스쿠니의 사상은 이전부터 이어져온 천황과 민중의 특수한 관계에 바탕을 두고 있다고 할 수 있다.

단적으로 말하자면 역사적으로 권력쟁취를 위하여 일본사회의 하층부의 에너지를 이용한 천황과 주류사회에서 이탈하여 주변부로 전락한 반체제적인 사상을 지닌 민중들이 '천황이라는 대의명분'을 통하여 결집하는 일본만의 독특한 권력구조의 논리가 야스쿠니신사를 지탱하는 근본사상이 되었다는 것이다.

가마쿠라말기 고다이고 천황은 천황의 종교적 권위를 내세워 히닌·율승과 같은 사회하층부의 민중들을 동원하여 막부타도세력을 결집할 수 있었고, 에도초기 유이 쇼세쓰는 개역과 감봉에 의해 로닌으로 전락한 사회불만세력들을 결집하기 위해 스스로를 천황을 위해 목숨을 바친 구스노키 마사시게의 후손이라 칭하며 천황의 권위에 기대고자 하였다. 즉 천황은 권력쟁취를 위해서 계급에 상관없이 현실의 권력에 불만을 품은 민중들을 동원하려고 했었고, 한편 현실의 권력에 대항하여 체제를 전복하고자 하는 사회하층부의 민중들에게 천황이라는 존재는 끊임없이 강력한 대의명분으로 작용하고 있었다고 볼 수 있다.

막말의 존왕양이의 기운에 힘입어 천황과 민중들의 연결시키는 상징적인 존재인 마사시게의 숭배가 제번에 널리 전파되고, 이는 막부 말기에 도막과 왕정복고운동을 전개한 존왕양이의 지사들이 내전에서 전사한 희생자들을 제사지낸 초혼제의 전통으로 이어진다. 이 초혼제가 야스쿠니신사의 기원이 되었다는 점은 야스쿠니신사가 천황의 이데올로기적 종교적 권위와 밀접한 관련을 가진 시설이라는 점을 말해 주고 있다.

메이지유신부터 태평양전쟁의 패전에 이르는 70여년의 세월에 걸쳐 천황은 종교이자 절대권력이었다. 천황의 군대를 제사지내는 야스쿠니신사의 역사는 일본을 지배한 근대천황제의 구조를 남김없이 반영하고 있으며, '천황 아래 만민이 평등하다'는 야스쿠니의 천황중심 사상은 일본인들에게 있어 현재까지도 유효하다고 할 수 있다. 특히 야스쿠니의 사상은 천황이라는 이름 아래 얼마든지 배타적이 될 수 있다는 점에 그 특징이 있다. 앞서 살펴 보았듯이 이는 현재 종전기념일에 야스쿠니신사에 몰려드는 사회단체와 우 익정치결사와 같은 반사회세력들이 야스쿠니신사의 천황중심 사상의 영향 으로 인해 배외주의를 주장하는 것과 같은 형태로 드러나고 있다. 이와 같 은 현상은 결코 우연이 아니며, 일본 역사 속에서 이어져 온 천황과 사회하 층부 민중들의 특수한 관계에 연유한다고 할 수 있을 것이다.

## ■ 참고문헌

이충호(2014), 「일본근세문학에서의「게이안다이헤이키모노(慶安太平記物)」의 발생과 전개 ―『게이안다이헤이키(慶安太平記)』에서 『다이헤이키기쿠스이노마키(太平記菊水之卷)』까지를 중심으로 ―」, 일본학보, 한국일본학회.

이충호(2014), 「구스노키 마사시게(楠正成)의 「칠생멸적(七生滅賊)」과 천황중심 사생관의 탄생과 전개」, 일어일문학, 대한일어일문학회.

일본의전쟁 책임자료센터 편 ;박환무 옮김(2011), 『야스쿠니신사의 정치』, 동북아역사재단.

정혜선(2011), 『일본사 다이제스트 100』, 가람기획.

網野善彦(1993), 『異形の王権』, 平凡社ライブラリー951.

網野善彦(1995), 「楠木正成に関する一、二の問題」, 『悪党と海賊 ― 日本中世の社会と政治』 所収, 法政大学出版局.

網野善彦(2005), 『中世の非人と遊女』, 講談社.

李忠澔(2013), 「近世文學における楠正成伝説の再生-南朝復興の物語への転換をめぐって」, 第36回国際日本文学研究集会会議録, 国文学研究資料館.

小島毅(2007), 『靖国史観-日本思想を読み直す』, ちくま学芸文庫.

後藤丹治・釜田喜三郎校注(1961), 『太平記』第2巻『日本古典文学大系』第35巻 岩波書店.

関幸彦(2014), 『国史の誕生』, 講談社学術文庫.

中村孝也編(1935), 『楠公遺芳』, 大楠公六百年大祭奉賛会.

兵藤裕己(1995), 『太平記〈よみ〉の可能性 ― 歴史という物語』, 講談社.

村上重良(1974), 『慰霊と招魂』, 岩波書店.

安田浩一(2012), 『ネットと愛国 – 在特会の「闇」を追いかけて』, 講談社.

# 제 2 부

# 야스쿠니라는 공간과 그 유산

# 제 5 장

■

## 야스쿠니신사의 공간적 변용
-여흥의 공간에서 현창의 공간으로-

박삼헌

## Ⅰ. 들어가며: 야스쿠니신사에서 여름 축제를 즐기는 사람들

2017년 4월 21일, 매년 그렇듯 한국의 미디어들은 비록 아베 신조 총리는 빠졌지만 또다시 여야 정치인 90여명의 야스쿠니신사 춘계예대제 집단 참배를 비판하였다. 아마도 일본 정계의 급격한 변화가 발생하지 않는 한, 8월 15일 종전기념일과 10월 17일 추계예대제에도 한국은 물론이고 중국에서도 이와 유사한 기사가 반복될 가능성은 높다.

한국과 중국이 일본 정치가의 야스쿠니신사 참배를 비판하는 이유는 그곳에 아시아태평양전쟁 A급 전범이 모셔져 있기 때문이다. 1978년 10월 도

---

* 이 글은 필자의 학술논문 「야스쿠니신사의 공간적 변용: 여흥의 공간에서 현창의 공간으로」(『아시아문화연구』44, 가천대학교 아시아문화연구소, 2017)를 수정 보완한 것이다.

조 히데키 등 A급 전범 14명이 합사되었다. 이 사실이 언론에 보도된 것은 1979년이었고, 이후에도 총리의 참배는 계속되었다. 하지만 1982년 역사 교과서 문제가 발생하고, 중국과 일본이 1985년 8월 15일 나카소네 야스히로 총리의 야스쿠니신사 '공식 참배'를 군국주의 부활이라 반발한 것을 계기로 총리를 비롯한 일본 정치가들의 야스쿠니신사 참배는 국제 문제가 되었다. 이후 야스쿠니신사는 A급 전범을 모시며 과거의 침략전쟁을 '성전聖戰'으로 기억하려는, 그리고 이와 함께 욱일승천기를 치켜든 옛 일본군 복장의 노인들이 퍼포먼스를 펼치는 '성역聖域'으로서, 일본 '우익'의 상징공간이 되었다.

한편 같은 해 7월 14일, 야스쿠니신사가 주최하는 미타마御靈 마쓰리 소식이 소수이지만 보도되었다(사진 1).[1] "미타마 마쓰리, 종이등 앞에서 셀카 찍는 여성들"이라는, 다분히 섹슈얼리티한 제목의 이 기사는 야스쿠니신사를 일본 '우익'의 상징 공간으로 인식하고 있는 사람들에게 '야스쿠니신사에서?!'라는 의구심 또는 호기심을 불러일으키기에 충분하다.

미타마 마쓰리는 야스쿠니신사가 패전 이후 1947년부터 주최하는 여름 축제로, 전몰자를 위령慰靈하는 종이등奉納提燈 3만개의 화려함으로 유명하다(사진 1).[2] 하지만 종이등 이외에는 미코시부리神輿振り,[3] 봉오도리盆踊り 등

<hr>

1  1946년 7월 민속학자 야나기타 구니오(柳田国男)의 제안에 따라 야스쿠니신사가 오봉(お盆) 행사로 나가노현 유족회에게 봉오도리(盆踊り)를 의뢰한 것을 계기로, 이듬해 1947년 7월부터 정식으로 시작되었다(靖国神社監修·所功編(2007), 『新ようこそ靖国神社へ』, 近代出版社, p.70 참조).

2  미타마 마스리의 종이등은 아키타시(秋田市)에서 개최하는 다나바타(七夕) 마쓰리의 간토(竿燈)를 본 딴 것이다.

3  제례 때 가마꾼들이 미코시를 메고 흔드는 것.

사진 1  미타마 마쓰리, 종이등 앞에서 셀카 찍는 여성들
출처: REUTERS (2017.07.13.)

미타마 마쓰리 축제를 맞아 2백 4십만 명이 넘는 전몰자가 아치되어 있는 일본 도쿄의 야스쿠니신사에서 여름 기모노인 유카타를 입은 여성들이 종이등 앞에서 셀카를 찍고 있다. 미타마 마쓰리는 전몰자 혼을 위로하는 야스쿠니신사 행사로 13일부터 16일까지 열린다.

일반적인 여름 축제와 다르지 않은 프로그램으로 진행된다. 물론 야스쿠니신사는 2015년부터 야타이屋台 설치와 경내 음주를 금지하는 등 여느 여름 축제와 달리 야스쿠니신사만의 '고유'한 위령 기능을 유지하려 하고 있다. 그러나 비록 야타이의 먹거리와 음주라는 여름 축제의 즐거움 중 하나가 '금지'되었다고는 하나, 전몰자 위령을 상징하는 종이등 불빛 앞에서 '셀카'를 찍으며 한여름의 더위를 잊으려는 사람들의 모습에서는 야스쿠니신사가 유지하려는 '위령'의 기능이 다소 무색해진다. 야스쿠니신사의 의도와 달리 그들의 모습은 일반적인 여름 축제를 즐기는 사람들의 모습과 크게 나르지 않기 때문이다.

그림 1 『풍속화보』 제175호 표지

그림 2 『풍속화보』 제177호 표지

이쯤에서 일본 최초의 대중적 화보 잡지 『풍속화보風俗画報』를 살펴보도록 하자. 『풍속화보』는 대중적 흥미를 끌만한 소재 발굴로 큰 인기를 얻었다. 그중에서도 신찬新撰 도쿄 명소도회, 요코하마 명소도회, 교토 명소도회 등 새로운 관광 명소를 소개하는 작업은 메이지시대에 들어서 이동의 자유가 허용된 대중의 욕망을 자극하는 중요한 판매 전략이었다.

신찬 도쿄 명소 도회 중에서 야스쿠니신사가 위치한 고지마치구麴町区[4]는 제175호(1898.10.25)와 제177호(1898.11.25)에 소개되어 있다(그림 1, 2). 제175호와 177호의 표지는 고지마치구에서 대중적으로 가장 인기 있거나, 아니면 편집부가 추천하고 싶은 장소가 선택되었을 가능성이 높다. 따라서 황

---

4    고지마치구는 황거 및 그 주변 지역을 포함하는 구역으로, 1947년에 간다구(神田区)와
     함께 지요다구(千代田区)로 합병되었다.

거 앞 니쥬바시二重橋[5]를 표지로 제시한 제175호와 지금도 야스쿠니신사의 대표 조형물 중 하나인 오무라 마스지로大村益次郎 동상[6]을 표지로 제시한 제177호는 고지마치구의 명소가 황거와 야스쿠니신사임을 말해준다. 물론 두 곳은 지금도 도쿄를 대표하는 명소다. 하지만 표지로 제시된 두 곳의 이미지는 지금의 이미지와 많이 나르다. 실제 방위로는 보일 수 없는 후지산을 배경으로 하는 황거 앞 니주바시, 그것도 사람 모습이 완전히 배제된 공간을 제시한 제175호 표지는 지금도 상징천황제로 이어지고 있는 천황의 절대적 '권위'가 당시에도 존재했음을 시각적으로 보여준다. 이에 비해  오무라 동상을 중심으로 경마가 달리고, 이를 보며 환호하는 사람들로 가득 찬 모습을 제시한 제177호 표지는 당시 일본인들이 야스쿠니신사를 '위령'과 사뭇 다른 '여흥'의 공간으로 인식하고 있었음을 보여준다. 물론 야스쿠니신사의 전신인 도쿄초혼사는 "관군 측 전사자의 공적을 현창하고 '위령'하는 목적"으로 창건되었다. 또한 1939년에 발표된 군가『동기의 사쿠라同期の桜』에 등장하는 "꽃의 고장 야스쿠니신사, 봄의 가지에 피어 만나자"처럼, '위령'의 의미를 넘어서 국가를 위해 목숨을 바친 사람들을 '현창'하는 공간이기도 하였다. 하지만 적어도 1898년의 야스쿠니신사는 '위령'의 기능을 상징하는 본전本殿도 대형 청동 도리이鳥居도 전쟁기념관 유슈칸遊就館도 아니라, 춘계예대제와 추계예대제 기간에 오무라 동상 주위를 달리는 경마를

---

5   니쥬바시는 앞쪽의 '정문 석교(石橋)'가 아니라 뒤쪽의 '정문 철교(鐵橋)'를 가리킨다. 하지만 일반인은 '정문 철교'를 이용할 수 없으므로, 일반적으로 두 다리를 합쳐서 니쥬바시라 부르기도 한다. '정문 철교'는 1888년 황거 앞 광장 건설 때 중건되었다.

6   1893년에 세워진 일본 최초의 서양식 동상. 높이 12미터. 동상의 복장은 오무라가 막부군과 전투할 때 복장 그대로이고, 시선은 전투를 치룬 우에노 또는 동북지방(＝적군)을 바라보고 있다.

소개하는/떠올리는 '여흥'의 공간이다. 다시 말해서 1898년 당시의 야스쿠니신사는 '현창'은 물론이고 '위령'과도 거리감이 있는 '여흥'의 시선이 존재하는 복합 공간이었던 것이다.

그렇다면 언제부터 야스쿠니신사를 바라보는 시선에서 '여흥'은 사라지고 '위령'과 '현창'만 남게 되었을까. 이는 야스쿠니신사를 창립하고 유지하는 '국가'가 아니라, 그렇게 만들어진 야스쿠니신사가 '사회'적으로 어떻게 인식되어 왔는지에 대한 질문이기도 하다.

본고의 문제의식과 유사한 연구 성과가 최근 일본학계에서 제출되고 있다. 후지타 히로마사藤田大誠의 연구가 그것이다.[7] 후지타는 야스쿠니신사를 "국가신도의 군사적 성격을 대표하는 신사"이자 "국체 교의의 중요한 지주支柱"[8]로 규정하는 무라카미 시게요시村上重良 등의 논지를 전면 비판한다. 요컨대 근대 일본에서 "실체 있는 거대한 '국가신도' 체제"는 성립하지 않았다고 전제한 후, 국가신도라는 '이상'이 어디까지 '현실'화되었는지, 그 '사실事實'을 면밀히 고찰해야한다고 주장한다.[9]

구체적으로는 야스쿠니신사의 의미를 국가신도가 아니라 근대 일본의

---

7   藤田大誠, 「慰霊の『公共空間』としての靖国神社」, 『軍事史学』47号, 2011; ＿＿＿, 「靖国神社
    境内整備の変遷と『国家神道』-帝都東京における慰霊の『公共空間』の理想と現実-」, 国学院
    大学研究開発推進センター編, 『招魂と慰霊の系譜-『靖国』の思想を答う-』, 錦正社, 2013;
    ＿＿＿, 「〈聖域〉としての神社境内と『公共空間』-紀元二千六百年と『国家神道』-」, 『神園』第9号,
    2013 등이 있다. 이외에도 坪内祐三, 『靖国』, 新潮社, 1999; 佐藤俊樹, 「社の庭-招魂社·
    靖国神社をめぐる目差しの政治-」, 『社会科学研究』第57巻第3·4合併号, 2006 참조.

8   村上重良(1970), 『国家神道』, 岩波書店, p.144.

9   앞의 藤田大誠, 「靖国神社境内整備の変遷と『国家神道』-帝都東京における慰霊の『公共空間』
    の理想と現実-」, 国学院大学研究開発推進センター編『招魂と慰霊の系譜-『靖国』の思想を答
    う-』, p.117.

'제도帝都 도쿄'에 출현한 위령의 '공공公共 공간'이라는 관점에서 재구성한
다. 그 결과, 야스쿠니신사 경내는 '제도 도쿄'에 형성된 새로운 '명소'이자
'공공 공간'으로 널리 인식되었고, 그 '공공성'이 국사순난자國事殉難者·전
몰자에 대한 '위령' 실적을 서듭하면서 보다 강화되어 중앙의 '국가적–국민
적' 위령의 '공공 공간'으로 확립되었다고 한다.[10] 또한 1939년에 제기된 '야
스쿠니신사 신역神域 확장안'도 '국가신도'의 '절정기'인 1940년 '기원 2600
년' 봉축행사의 일환으로도 '현실'화되지 못했는데, 이는 야스쿠니신사가 근
대 이후 '제도 도쿄'에 출현한 위령의 '공공 공간'이었기 때문이라고 결론을
내린다.[11]

우선 후지타의 연구는, 야스쿠니신사가 '탄생'한 시점부터 '국가를 위해
죽은 사람들을 모시는' '현창'의 공간으로 기능한 듯 서술하는 관점[12]에 대한
비판적 고찰을 목적으로 하는 본고의 문제의식과 총론에서는 동일하다. 다
만 각론에서 후지타가 제시하는 위령의 '공공 공간'에 대한 이해에 차이가
있다.

후지타는 '공공성公共性, public'을 ①국가에 관한 공적인 것official, ②특
정한 누군가가 아니라 모두와 관련된 공통의 것common, ③누구에게나 열
려 있는 것open이라는 의미로 크게 나누고, 신사 경내라는 '공간'을 '사적인

---

10  위의 책, p.125.

11  위의 책, pp.154–156.

12  이러한 관점의 연구들은 대체로 A급 전범 합사, 전쟁 책임, 식민지배 등과 관련된 야스
    쿠니 '문제'에만 주목하는 경향이 있다. 대표적으로는 고야스 노부유키 지음, 김석근
    옮김(2005), 『야스쿠니의 일본 일본의 야스쿠니』, 산해; 다카하시 데쓰야 지음, 현대
    송 옮김(2005), 『결코 피할 수 없는 야스쿠니 문제』, 역사비평사; 일본의 전쟁 책임 자
    료센터 편, 박환무 옮김(2011), 『야스쿠니신사의 정치』, 동북아역사재단 등이 있다.

private' 또는 '개인적인personal', '은폐된secret' 장소가 아니라 '공공성'을 지닌 공간, 즉 '공공 공간'으로 규정한다.[13] 여기에서 공공성public은 ②와 ③의 반대어이면서 ①과 동일한 개념으로 제시되고 있다. 그 결과 공공성public과 '국가에 관한 공적인 것official'은 대체 가능한 개념이 되고, 그 대표적인 장소 중 하나가 공원이다. 그 근거로 1880년대의 야스쿠니신사가 우에노上野, 시바芝, 아사쿠사浅草, 후카가와深川, 아스카야마飛鳥山, 히에신사日枝神社, 간다신사神田神社 등과 함께 '제도 도쿄'의 공원으로 규정된 것을 제시한다.[14]

하지만 '왕정복고 쿠데타' 이후 '국가에 관한 공적인 것'을 천황에게 수렴시키는 한편, 그 천황이야말로 공공성의 원천이어야 했던 '대일본제국'의 경우, 처음부터 공공성과 '국가에 관한 공적인 것'이 동일하거나 대체가능한 개념은 아니었다. 또한 위에 제시된 '제도 도쿄'의 공원 중에서 야스쿠니신사는 태생적으로 '공공 공간'의 기능과 국가와 관련된 '위령'이라는 공적official 기능이 공존하는 유일한 장소였다.[15] 따라서 '국가에 관한 공적인 것'이 공공성을 구현하고, 그 '국가에 관한 공적인 것'을 군주(=천황)가 대표하게 되면 될수록, 야스쿠니신사는 여러 공원과 같은 공공 공간public에서 벗

---

13  앞의 藤田大誠, 「慰霊の『公共空間』としての靖国神社」, 『軍事史学』47号, p.57.

14  1888년 8월 16일 도쿄시구개정조례 등 참조. 위의 논문, p.60.

15  오노 료헤이(小野良平)는 우에노공원도 기념식, 박람회, 전승 개선식 등 국가적 차원의 기획 행사가 개최된 주요 장소였다는 의미에서 '공공 공간'이자 '국가에 관한 공적 공간'이었다고 평가하고, '국민국가 형성을 위한 장치 중 하나'로 규정한다(小野良平, 『公園の誕生』, 吉川弘文館, pp.105-134 참조). 필자도 우에노 공원에 대한 오노의 평가에 동의한다. 다만, 일상적 위령 공간이었던 야스쿠니신사와 달리, 우에노 공원에서는 기획된 국가 행사가 일회성으로 개최되었다는 점에서 상대적으로 '공공 공간'의 성격이 더 강하다고 할 수 있다.

어나 '국가에 관한 공적 공간official'에 가까워질 수밖에 없었다.

예를 들어 야스쿠니신사가 국정교과서에 처음 등장한 것은 1911년 제2기 『심상소학수신서』(4학년)이다. 그 내용은 "국가를 위해 죽은 사람들을 모시는 곳", "여기에 모셔진 사람들을 본받아 국가를 위해 천황을 위해 힘써야만 합니다."[16]이다. 그런데 1920년 제3기 『심상소학수신서』(4학년)에서는 "천황을 위해 국가를 위해 죽은 사람들을 모시는 곳", "천황을 위해 국가를 위해 힘써야만 합니다."[17]라고 수정되었고, 이는 1937년 제4기 『심상소학수신서』(4학년)도 동일하다.

우선, 야스쿠니신사의 등장이 1903년 제1기가 아니라 1911년 제2기였다는 사실은 그 사이에 그 성격에 변화가 있음을 말해준다. 1903년 제1기의 단계에서는 '제도 도쿄'의 여러 공공 공간public 중 하나에 머물러 있던 야스쿠니신사가 1911년 제2기의 단계에서는 국가를 위해 죽은 사람들을 모시는 '공적 공간official'으로 '분리'된 것이다. 다만, '국가를 위해 천황을 위해'라는 기술이 보여주듯이, 아직 이 단계에서는 군주(=천황)가 국가를 대표하는 지위까지는 획득하지 못하였다.[18] 하지만 1920년 제3기에서 기존의 '국가를 위해 천황을 위해'를 '천황을 위해 국가를 위해'라고 서술 순서가 바뀐 것은, 이 단계에 야스쿠니신사가 군주(=천황)로 대표되는 '국가에 관한 공적 공간'으로 '국정國定'되었음을 보여준다. 이런 의미에서 야스쿠니신사야말로 근대

---

16 『尋常小学修身書』卷四, 文部省, 1911(김순전 외 편, 2005), 『日本尋常小学修身書(第Ⅰ－Ⅲ期)』,原文上, 제이앤씨 수록) p.356. 이하 동일.

17 『尋常小学修身書』卷四, 文部省, 1920, 위의 책, p.529.

18 마침 1912년에 시작된 천황기관설 논쟁은 많은 것을 시사한다. 다이쇼 · 쇼와초기의 국체론에 대해서는 박삼헌(2012), 『근대 일본 형성기의 국가체제』, 소명출판, pp.264－276; 박삼헌(2016), 『천황 그리고 국민과 신민사이』, RHK, pp.126－131 참조.

일본의 공공성을 천황이 독점하는 '국가에 관한 공적 공간'으로 수렴시킨 대표적 '공공 공간'이 아니었을까.

이제 그 해답을 찾기 위한 구체적인 논의를 시작하도록 하자.


## II. '여흥'의 공간, 야스쿠니

### 1. 예대제 여흥과 문명개화

1869년 도쿄초혼사 창립이래, 야스쿠니신사는 전사자를 모시는 합사제와 함께 그 전사자를 '위령'하는 예대제(임시예대제 포함)를 개최하고 있다. 신사의 경우, 일반적으로 모시는 제신祭神은 단수單數이고, 제신과 관련된 특정한 날에 제사를 지낸다. 하지만 야스쿠니신사의 경우는 보신전쟁을 비롯한 대내외 전쟁에서 목숨을 잃은 복수複數의 '제국 신민'을 제신으로 모시고 있으므로, 다른 신사와 달리 그때그때의 전사자를 제신으로 모시는 합사제를 개최한다. 또한 제신이 복수이기 때문에 제신과 관련된 날을 특정하기 곤란하다. 그렇다면 야스쿠니신사의 예대제는 무엇을 기준으로 개최되었을까.

〈표 1〉은 창립부터 현재까지 야스쿠니신사의 예대제 개최일을 정리한 것이다. 이에 따르면 1869년 창립 당시 예대제는 연 4회이고, 막부군을 '조적朝敵'으로 규정한 보신전쟁 승리와 관련된 날짜들이다. 이후 태양력 시행에 따른 조정 과정을 거쳐 1879년에 5월 6일과 11월 6일 연 2회가 된다. 11월 6일은 보신전쟁에서 최종적 승리를 거둔 아이즈 항복일이고, 5월 6일은 "연 2회를 상정하고, 12개월의 중간"[19]에 해당하는, 즉 단순히 계산된 날이다.

---

19    靖国神社, 『靖国神社百年史』資料編 上, 原書房, 1983, p.395.

표 1 도쿄초혼사-야스쿠니신사의 예대제例大祭 개최일

| 시기 | 제정 | 제일(祭日) | | | | 제정 이유 |
|---|---|---|---|---|---|---|
| 1869-<br>1911년 | 1869년<br>7월 17일 | *1월 3일 | 5월 15일 | 5월 18일 | 9월 22일 | 후시미(伏見) 전쟁 발발<br>(1월 3일)<br><br>우에노 전쟁 발발<br>(5월 15일)<br><br>하코다테(函館) 항복일<br>(5월 18일)<br><br>아이즈(会津) 항복일<br>(9월 22일) |
| | 1869년<br>9월 23일 | *1월 3일 | 5월 15일-18일 | | 9월 23일 | 천장절(9월22일)때문에 일<br>자 변경 |
| | 1872년<br>5월 12일 | *1월 3일 | 5월 15일 | | 9월 23일 | 5월 18일을 5월 15일에 병합 |
| | 1873년<br>3월 18일 | 1월 31일 | 6월 9일 | | *11월 12일 | 태양력 시행으로 일자 변경 |
| | 1873년<br>9월 5일 | 1월 27일 | 7월 4일 | | *11월 6일 | 태양력에 따라 일자 재조정 |
| | 1877년<br>11월 5일 | 1월 27일 | 7월 4일 | 9월 24일 | *11월 6일 | 세이난(西南) 전쟁 승리<br>(9월 24일) |
| | 1879년<br>6월 14일 | | 5월 6일 | | *11월 6일 | 추제(秋祭)에 맞춰 제정<br>(5월 6일)<br><br>추제, 아이즈 항복일<br>(11월 6일) |
| 1912-<br>1945년 | 1912년<br>12월 3일 | | *4월 30일 | | *10월 23일 | 러일전쟁 당시 육군 개선<br>관병식(觀兵式) 개최일<br>(4월 30일)<br><br>러일전쟁 당시 해군 개선<br>관함식(觀艦式) 개최일<br>(10월 23일) |
| 1946-<br>현재 | 1946년<br>10월 11일 | | *4월 22일 | | *10월 18일 | 춘분을 신력으로 계산<br>(4월 22일)<br><br>추분을 신력으로 계산<br>(10월 18일) |

(주1) * 표시는 천황이 칙사를 파견하는 예제일(例大祭日).

(주2) 靖国神社, 『靖国神社百年史』資料編 上, 原書房, 1983, pp.417-418을 참조하여 작성함.

참고로 1879년의 예대제 개최일 변경은 "보신 이래 국가를 위해 충분전사忠奮戰死한 영혼을 항상 진좌鎭座함으로써 영세불후永世不朽의 법을 세우기 위해"[20] 도쿄초혼사를 야스쿠니신사로 개칭하고 별격관폐사로 지정한 지 10일만의 조치였다.[21] 따라서 1879년의 예대제 개최일 변경은 도쿄초혼사만이 아니라 야스쿠니신사도 여전히 막부군을 배제하고 천황군만을 '위령'의 대상으로 하고 있음을 보여준다. 그 결과 야스쿠니신사의 '위령'은 '천황' 정부의 공적 행위official일 수는 있어도, 아직 '천황' 정부에 반대했던 '조적'까지 포함하는 '일본국'의 공공성pubic 구현까지는 이르지 못하게 된다. 이것이 2019년 야스쿠니신사 창립 150년 행사를 앞둔 현재에도, 막부군과 사이고 다카모리의 합사문제가 또다시 등장하는 이유이기도 하다.[22]

한편 도쿄초혼사 창립 당시부터 예대제 기간에는 봉납행사로 '여흥'이 개최되었다. 〈표 2〉에 따르면, 야스쿠니신사로 개칭된 1879년까지 여흥은 2일간 또는 3일간 개최되었다. 적어도 1879년까지는 예대제의 주된 목적인 위령 못지않게 여흥도 중시되었던 것이다. 그 주된 내용은 경마[23]와 스모이다.

---

20　위의 책, p.81.

21　위의 책, pp.79-86.

22　「靖国神社150周年　西郷隆盛や幕府軍の合祀計画が急浮上」, 『週刊ポスト』(2016년 10월 14일·21일호), https://www.news-postseven.com/archives/20161004_453226.html(2017.06.19 검색).

23　『靖国神社百年史』에는 1871년 5월 15일 예대제부터 경마가 시작되었다고 적혀있다(靖国神社, 『靖国神社百年史』事歷年表, 原書房, 1987, p.47). 하지만 기도 다카요시(木戸孝允)와 히로사와 사네오미(広澤眞臣)의 일기에 따르면, 1870년 9월 23일 초혼사 예제 때 경마가 개최되었다(日本史籍協会編, 『木戸孝允日記』1, 東京大学出版会, 1985, p.239 ; 日本史籍協会, 『広澤眞臣日記』(復刻板), マツノ書店, 2001, p.323).

표 2  1912년 12월 3일 예대제 변경까지 예대제 여흥 행사

| 연도 | 월일 | 경마<br>(競馬) | 스모<br>(相撲) | 불꽃<br>(花火) | 노가쿠<br>(能樂) | 군악<br>(軍樂) |
|---|---|---|---|---|---|---|
| 1869년 | 6월 29일(창립제) | | ○ | ○ | | |
| | 9월 21일 | | | | | |
| 1870년 | 1월 3일 | | | | | |
| | 5월 15  18일 | | ○ | ○ | ○ | |
| | 9월 23-25일 | ○ | | | | |
| 1871년 | 1월 3일 | | | | | |
| | 5월 15-20일 | ○ | ○ | ○ | | |
| | 9월 23-25일 | ○ | ○(2일간) | | | |
| 1872년 | 1월 3일 | | ○ | | | |
| | 5월 15일 | ○ | ○ | ○ | | |
| | 9월 23일 | ○ | | | | |
| 1873년 | 1월 31-2월 2일 | ○ | ○(2일간) | | | |
| | 6월 9-11일 | ○ | ○(2일간) | ○ | | |
| | 11월 6-8일 | ○ | ○(2일간) | | | |
| 1874 | 1월 27-29일 | | ○(2일간) | | | |
| | 7월 4-6일 | ○ | ○(2일간) | | | |
| | 8월 28일(임시대제) | ○ | | ○ | | |
| | 11월 6-7일 | ○(2일간) | | | | |
| 1875년 | 1월 27-28일 | ○ | ○ | | | |
| | 2월 22일(임시대제) | ○ | ○(2일간) | | | |
| | 7월 4-7일 | ○(2일간) | | ○ | | |
| | 11월 6-7일 | ○(2일간) | | | | ○[*1] |
| 1876년 | 1월 27-2월 3일 | | ○(2일간) | | | |
| | 7월 4-8일 | ○(2일간) | ○(2일간) | | | |
| | 11월 6-7일 | ○(2일간) | | | | |
| 1877년 | 1월 27-31일 | ○(3일간) | ○(3일간) | | | |
| | 7월 4-8일 | ○(2일간) | ○(2일간) | | | |
| | 11월 6-8일 | ○(2일간) | | | | |
| | 11월 13-15일(임시대제) | ○ | ○ | ○ | ○ | |
| 1878년 | 1월 27-29일 | ○ | ○(2일간) | | | |
| | 9월 24-26일 | ○(3일간) | ○(2일간) | | ○(3일간) | |
| | 11일 6-11일 | ○(2일간) | | | ○(3일간) | |

| 연도 | 월일 | 경마<br>(競馬) | 스모<br>(相撲) | 불꽃<br>(花火) | 노가쿠<br>(能楽) | 군악<br>(軍樂) |
|---|---|---|---|---|---|---|
| 1879년 | 1월 27-2월 1일 | ○(2일간) | ○ | | | |
| | 6월 25-27일(임시대제) | ○(2일간) | ○(2일간) | | ○(2일간) | |
| | 11월 6일 | | | | | |
| 1880년 | 5월 6-9일 | ○ | ○(2일간) | ○ | | |
| | 5월 14일(임시대제) | ○ | ○ | ○ | | |
| | 5월 17-19일<br>(임시대제) | | ○ | | ○ | |
| | 11월 6일 | ○ | ○[*2] | | ○ | |
| 1881년 | 5월 6-8일 | ○ | ○ | ○ | | |
| | 11월 6-7일 | ○ | | | ○ | |
| 1882년 | 5월 6일 | | ○ | | | |
| | 11월 6-7일 | | | | ○ | |
| 1883년 | 5월 6-8일 | ○ | ○(2일간) | | | |
| | 11월 6-7일 | ○ | ○ | | | |
| 1884년 | 5월 6-7일 | ○ | ○ | | | |
| | 11월 6-7일 | ○ | ○ | | | |
| 1885년 | 5월 6-7일 | ○ | ○ | | | |
| | 11월 6-7일 | ○ | | | ○ | |
| 1886년 | 5월 6-8일 | ○ | ○ | | | |
| | 11월 6-7일 | ○ | | | ○ | |
| 1887년 | 5월 6-8일 | ○ | ○ | | | |
| | 11월 6-8일 | ○ | | | ○(2일간) | |
| 1888년 | 5월 6-9일 | ○ | ○ | | | |
| | 11월 6-7일 | ○ | | | ○ | |
| 1889년 | 5월 6-7일 | ○ | ○ | | | |
| | 11월 6-7일 | ○ | | | ○ | |
| 1890년 | 5월 6-8일 | ○ | ○ | | | |
| | 11월 6-7일 | ○ | | | ○ | |
| 1891년 | 5월 6-7일 | ○ | ○ | | ○ | |
| | 11월 6-7일 | ○ | | | ○ | |
| 1892년 | 5월 6-7일 | ○ | ○ | | | |
| | 11월 6-7일 | ○ | | | ○ | ○ |
| 1893년 | 5월 6-7일 | ○ | ○ | | | ○ |
| | 11월 6-7일 | ○ | | | ○ | ○ |

| 연도 | 월일 | 경마<br>(競馬) | 스모<br>(相撲) | 불꽃<br>(花火) | 노가쿠<br>(能樂) | 군악<br>(軍樂) |
|---|---|---|---|---|---|---|
| 1894년 | 5월 6-7일 | ○ | ○ | | | ○ |
| | 11월 6일 | | | | | |
| 1895년 | 5월 6일 | 청일전쟁으로 여흥 중지 | | | | |
| | 11월 6일 | | | | | |
| | 12월 16-18일(임시대제) | ○(2일간) | ○ | ○ | ○ | ○ |
| 1896년 | 5월 6-8일 | ○ | ○ | | | |
| | 11월 6-7일 | ○ | | | ○ | |
| 1897년 | 5월 6일 | 에이소황태후(英照皇太后) 상중이므로 여흥 중지 | | | | |
| | 11월 6일 | | | | | |
| 1898년 | 5월 6-7일 | ○ | ○ | | | |
| | 11월 6-7 | ○ | ○ | | ○ | |
| 1899년 | 5월 6-8일 | | ○ | | ○ | |
| | 11월 6-7일[*6] | | | | ○ | |
| 1900년 | 5월 6-7일 | | ○ | | | |
| | 11월 6-7일 | | | | ○(2일간) | |
| 1901년 | 5월 6-8일 | | ○ | | | |
| | 11월 4일(임시대제) | | ○ | | ○ | |
| | 11월 6일 | | | | | |
| 1902년 | 5월 6-7일 | | ○ | | | |
| | 11월 6-7일 | | | | ○ | |
| 1903년 | 5월 6-7일 | | ○ | | | |
| | 11월 6-7일[*3] | | | | ○ | |
| 1904년 | 5월 6-7일 | | ○ | | | |
| | 11월 6-7일 | | ○ | | ○ | |
| 1905년 | 5월 3-5일(임시대제) | | ○ | | ○ | |
| | 11월 6-7일 | | | | ○ | |
| 1906년 | 5월 3-5일(임시대제) | | ○(3일간) | | | |
| | 5월 6일 | | | | | |
| | 11월 6일 | | ○ | | | |
| 1907년 | 5월 6일 | | | | | |
| | 11월 6-7일 | | ○ | | ○ | |
| 1908년 | 5월 6-8일 | | ○(2일간) | | ○(2일간) | |
| | 11월 6-7일 | | | | ○ | |

| 연도 | 월일 | 경마<br>(競馬) | 스모<br>(相撲) | 불꽃<br>(花火) | 노가쿠<br>(能楽) | 군악<br>(軍樂) |
|---|---|---|---|---|---|---|
| 1909년 | 5월 6-8일 | | ○ (2일간) | | ○ (2일간) | |
| | 11월 6일 | | ○ | | | |
| 1910년 | 5월 6-7일 | | ○ | | ○ | |
| | 11월 6일 | | ○ | | | |
| 1911년 | 5월 5-6일 | | ○ (2일간) | | ○ (2일간) | |
| | 11월 6일 | | ○ | | ○ | |
| 1912년 | 5월 5-7일 | | ○ | | ○ | |
| | 11월 6일 | 메이지천황 상중으로 여흥 중지 | | | | |
| 1913년 | 4월 30일 | 메이지천황 상중으로 여흥 중지 | | | | |
| | 10월 23-24일 | | ○ | | ○ | |

(주1) 원칙적으로 실시했을 것으로 추측되지만 확인이 불가능한 경우는 제외하였다.

(주2) 이외에도 단발성 행사로 도게오도리(道戲踊) 등이 있지만 제외하였다.

(주3) *1 : 처음으로 육군교도관이 군악을 연주하였다. 별격관폐신사로 지정된 1879년 이후에는
　　　 육군·해군 군악대가 교대로 연주하였다.

(주4) *2 : 일반인 스모가 개최되었다.

(주5) *3 : 이때부터 옛 마장(馬場)에 노점과 흥맹물 등의 출점이 관례화되었다.

(주6) 1895년 12월 17일, 「靖国神社大祭の景況」, 『東京日日新聞』; 日本史籍協会編, 『木戸孝允日
　　　 記』1, 東京大学出版会, 1985; 靖国神社, 『靖国神社百年史』事歴年表, 原書房, 1987; 日本
　　　 史籍協会, 『広澤眞臣日記』(復刻版), マツノ書店, 2001; 今井金吾校訂, 『定本武江年表』下,
　　　 筑摩書房, 2004 등을 참조하여 작성함.

　경마와 스모는 신사의 전통적 봉납행사 중 하나이다. 하지만 도쿄초혼사
에 이어서 야스쿠니신사에서도 개최된 경마는 말을 타고 활을 쏘는 야부사
메流鏑馬와 같은 전통 무예가 아니었다.

　그것은 "육군성 군마국軍馬局이 소관하는 군마를 내어 널리 유지자有志者
를 모집하고 가장 빠른 자에게 상을 주어 여흥을 돋우는 한편, 그 기술을 발
전시켜 마필馬匹 개량을 장려"[24]하는 행사였다. 이를 본 영국공사관원 어네

---

24　賀茂百樹(1911), 『靖国神社誌』, 靖国神社, p.116.

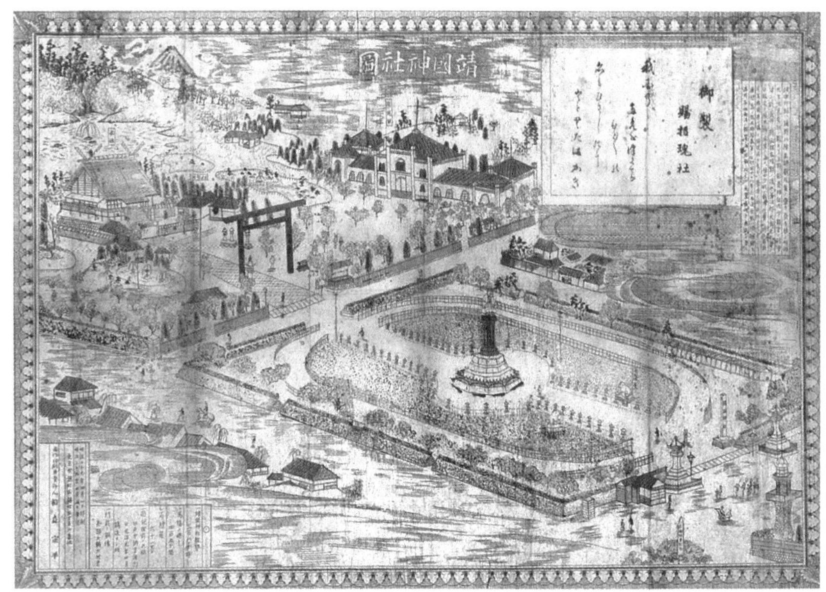



그림 3   1896년 4월 4일 야스쿠니신사 동판화(『靖国神社遊就館所蔵 東京名所錦絵展』, 靖国神社遊就館, 1986, 目録44)

스트 사토가 적고 있듯이, "유럽식 경마"[25]였던 것이다.

후지타는 오무라 동상을 둘러싼 원형 트랙이 있었던 옛 마장馬場의 존재를 야스쿠니신사가 "근대의 '제도 도쿄'에 형성된 새로운 '명소'이자 '공공 공간'으로 널리 인지"되었던 근거로 제시한다(그림 3). 옛 마장의 존재야말로 야스쿠니신사의 공공성public이 '국가에 관한 공적인 것official'과 일치하도록 만드는 '공공 공간'인 것이다.

하지만 후지타의 주장이 타당성을 확보하기 위해서는, 다음과 같은 의문점 두 가지를 해결해야한다. 하나는 1898년에 배전拜殿을 건축하기 위한 작

---

25    Ernest Mason Satow(著), 庄田元男(翻訳)(2008), 『明治日本旅行案内 東京近郊編』, 平凡社, p.42.

업장으로 옛 마장이 사용되면서 중지된 경마는 이후 왜 두 번 다시 개최되지 않았을까. 또 하나는 경마가 개최되지 않게 된 이후 옛 마장은 어떻게 되었을까.

후지타는 후자에 대해 "야스쿠니신사 경내(특히 '마장')의 기억은 다이쇼시기 메이지신궁 조영(특히 '외원外苑')의 전제가 되는 '매개항'이 되었다"[26]고 설명하는 한편, 전자에 대해서는 "'경마' 및 '마장(경마장)'은 1901년에 어이없이 폐지되어버렸다"[27]고 적고 있을 뿐이다. 요컨대 1880년 이후 개최기간이 줄기는 했어도 연 1회 개최되던 스모나 노가쿠와 달리 반드시 연 2회 개최되던 경마가 1898년 이후 개최되지 않게 된 이유를 '어이없이 폐지되었다'고만 서술하고 있는 것이다. 그러나 야스쿠니신사의 공공성public과 '국가에 관한 공적인 것official'이 일치하도록 만드는 '공공 공간'이 옛 마장이었다면, 그곳이 폐지된 이유는 야스쿠니신사의 '공공 공간'적 성격을 규명하기 위해서라도 반드시 설명되어야 하지만 그렇지 못한 것이다.

그렇다면 왜 야스쿠니신사의 경마는 중지되고 옛 마장은 폐지되었을까.

우선 도쿄초혼사-야스쿠니신사에서 '유럽식 경마'가 왜 개최되었고, 그 의미는 무엇인지 알아보도록 하자.

일본에서 '유럽식 경마'는 게이오慶應 시기(1865~1868)에 요코하마 외국

---

26  위의 책, p.154. 藤田大誠, 「帝都東京における『外苑』の創出-宮城・明治神宮・靖国神社における新たな『公共空間』の形成-」, 藤田大誠 외 3인 편(2015), 『明治神宮以前・以後』, 鹿島出版会, pp.122-126 참조.

27  앞의 藤田大誠, 「靖国神社境内整備の変遷と『国家神道』-帝都東京における慰霊の『公共空間』の理想と現実-」, 国学院大学研究開発推進センター編, 『招魂と慰霊の系譜-『靖国』の思想を答う-』, p.129.

인 거류지의 영국인들에 의해서 시작되었다.[28] 하지만 일본인에 의해서는 병부성(1872년 2월 28일 이후 육군성)이 1870년 9월 23일 도쿄초혼사 예대제의 여흥으로 개최한 것이 처음이다.[29] 1871년 5월 15일 예대제에는 일본인민이 아니라 외국인과의 경마도 개최되었다.[30] 하지만 예대제와 상관없이도 1872년 10월 20일에는 외무성 주최로 러시아 왕자에게 보이기 위한 경마가 개최되었고,[31] 1871년 10월 26일에는 서양식 곡마단 공연도 개최되었다(그림 4).[32]

앞에서 언급한 바와 같이, 병부성이 도쿄초혼사에서 경마를 개최한 이유는 예대제의 여흥을 돋우는 한편, 그 기술을 발전시켜 마필 개량을 장려하기 위함이다. 하지만 여기에서 중요한 것은 병부성이 예대제의 여흥을 돋우는 행사로 전통적 경마가 아니라 '서양식 경마'를 선택했다는 점이다.

때문에 당연하게도 도쿄초혼사의 경마에 참가하는 기수들은 서양식 복장과 마구馬具를 사용하였다(그림 5, 6). 예대제와 상관없이 도쿄초혼사라는 공간에서 '허가'된 것도 '서양식' 곡마단 공연이었다. 일본 최초의 서양식 곡마단 공연이 1871년 8월이므로, 도쿄초혼사의 공연은 불과 두 달 후에 바로

---

28  石井研堂, 『明治事物起原』, 橋南堂, 1908, p.482. 요코하마 외국인 거류지의 영국인들이 도쿠가와 막부로부터 네기시촌(根岸村) 일대를 빌려서 개최하였다. 이른바 '네기시 경마장'의 기원이다.

29  이시이 겐도(石井研堂)는 일본인이 개최한 최초의 경마를 1869년 도쿄초혼사 제일(祭日)이라고 적혀 있다(위의 책, p.482). 하지만 이를 확인할만한 1차 자료가 없으므로, 본고에서는 기도와 히로사와의 일기를 토대로 1870년 9월로 추정한다(주23 참조).

30  위의 책, pp.482-483.

31  앞의 賀茂百樹, 『靖国神社誌』, p.116.

32  앞의 石井研堂, 『明治事物起原』, p.483.

그림 4  도쿄초혼사 경내의 프랑스 곡마단 공연(『靖国神社遊就館所蔵 東京名所錦絵展』, 靖
国神社遊就館, 1986, 目録6)

그림 5   1877년 구단우마가케(九段馬か    그림 6   1878년 9월, 초혼사 경마(『靖国神社
け), 고바야시 기요치카(小林清              遊就館所蔵 東京名所錦絵展』, 靖国神
親)(『靖国神社遊就館所蔵 東京              社遊就館, 1986, 目録14)
名所錦絵展』, 靖国神社遊就館,
1986, 目録12)

'허가'된 것이다.[33] 이외에 당시로서는 '서양식' 탈 것을 대표하는 자전거 경

주도 개최되었다.[34]

　이상과 같이 도쿄초혼사의 예대제는 신정부가 주체가 되어 '서양의 것'을

---


33　阿久根厳(1977), 『サーカスの歴史-見世物小屋から近代サーカスへ-』, 西田書店, p.41.

34　大月隆寛(2003), 「競輪・競馬」, 小木新造 外, 『江戸東京学事典』, 三省堂, p.783.

받아들이고 보여주는 공간이었다. 다시 말해서 막부를 폐지하고 '왕정복고'를 선언한 신정부가 자신의 정당성을 확보하기 위해 전면에 내건 문명개화(부국강병·식산흥업) 정책을 선전하는 공간이었던 것이다.

그런데 여기에시 한 가지, 서양식 경마는 도쿄초혼사 이외에 요코하마의 네기시根岸는 물론이고 우에노 공원의 시노바즈노이케不忍池에서도 개최되었고,[35] 서양식 곡마단 공연도 '제도 도쿄'의 아사쿠사 공원만이 아니라 교토의 시조四条, 니이가타 미나토마치湊町 등 전국에서 개최되었다는 점에 유의해야 한다.[36] 즉, 신정부는 새로 조성된 공공 공간(=공원)을 문명개화 정책의 선전 공간으로 이용하였고, 도쿄초혼사도 그중 한 곳이었던 것이다. 다시 말해서 도쿄초혼사의 예대제는 일차적으로 보신전쟁에서 전사한 천황군을 '위령'하는 공간, 즉 '국가에 관한 공적 공간official'의 역할을 수행했는데, 여흥 행사로 '서양식 경마'를 '기획'함으로써 신정부의 문명개화 정책을 선전하는 공원public의 역할도 수행했던 것이다.

이후 여흥 행사 중 경마만이 유일하게 1899년에 중지될 때까지 매년 규칙적으로 2회 개최되었고(표 2 참조), 경마용 마필도 적게는 1891년에 150마리, 많게는 1896년에 268마리 출장할 정도로 그 규모가 점차 확대되었다.[37] 예대제의 경마야말로 신정부가 문명개화라는 '근대의 세계관'을 유포하고, "도쿄 시민들도 근대의 세계관을 신체적으로 습득"하는 행사로 자리 잡은 것이다.[38] 그 결과 예대제의 중심축은 보신전쟁에서 전사한 천황군을 '위령'

---

35  原田眞一(1888), 『東京遊覧記』, 小林仙鶴堂, pp.13-14. 시노바즈노이케 주위는 1884년부터 경마장으로 사용되었고, 경마를 관전하는 건물도 세워졌다.

36  앞의 阿久根嚴, 『サーカスの歴史-見世物小屋から近代サーカスへ-』, pp.41-45.

37  앞의 賀茂百樹, 『靖国神社誌』, p.116.

38  앞의 大月隆寬, 「競輪·競馬」, 『江戸東京学事典』, p.784.

하는 제사보다 상대적으로 여흥을 돋우는 경마에 있게 된다. 때문에 야스쿠니신사의 '위령' 기능을 강화하기 위해 배전 신축이 결정되었을 때, 야스쿠니신사 측은 배전 신축을 위한 공사장으로 옛 마장을 선택하고 제일 먼저 경마를 중지하였던 것은 아닐까. 이에 대한 해답은 제2장에서 찾기로 하고, 그 전에 예대제의 경마 및 도쿄초혼사가 '도쿄 시민' 이외에게는 어떻게 받아들여졌는지 검토하기로 하자.

## 2. 도쿄 안내서와 야스쿠니신사

도쿄초혼사가 도쿄 안내서에 등장하는 것은 1874년 출판된 핫토리 세이이치服部誠―의 『도쿄신번창기東京新繁昌記』초편이다. 이것은 후쿠자와 유키치福沢諭吉의 『서양사정西洋事情』, 『세계국진世界国尽』과 함께 1만부 이상 팔린 메이지초년의 3대 베스트셀러로 평가받는다.[39] 『서양사정』과 『세계진국』이 '근대적 세계관'의 원천인 '서양'을 소개하는 내용이라면, 『도쿄신번창기』는 일본에서 '근대적 세계관'을 받아들인 '도쿄'를 소개하는 내용이었다.

도쿄초혼사는 학교, 인력거, 신문사, 사진, 소고기 가게 등과 함께 소개되고 있다. 예대제 여흥으로는 첫째 날에 불꽃놀이, 둘째 날에 경마, 셋째 날에 스모를 소개하고 있다. 경마에 대해서는 "목책木柵으로 둘러싸고 목책 안에서 말 두 마리가 앞서거니 뒤서거니 겨루는 것"이라는 설명과 함께 "마치 사사키佐々木 · 가시와라梶原의 전구(前驅, 말을 타고 행렬을 선도하는 사람)를 후

---

39  三木愛花, 「撫松服部誠一氏に就いて」, 服部誠一(1925), 『東京新繁昌記』, 聚芳閣, pp.1-4 참조. 1874년 초편이 인기를 얻으면서 1876년에 2편부터 6편까지 출판되었다.

세에 보는 것과 같다"
고 소개한다.[40] 서양
식 경마라는 직접적
인 설명은 없지만, 경
마가 치러지는 모습
을 상세히 설명함으
로서 기존의 야부사
메와 같은 봉납행사
가 아님을 강조하고
있는 것이다. 이후 도
쿄초혼사를 소개하는

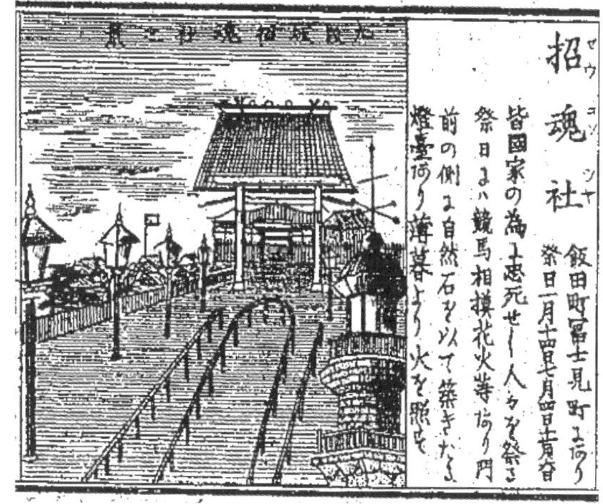

그림 7  福田栄造, 『懐中東京案内』初編, 同盟舎, 1877, p.25).

글에서는 스모나 불꽃놀이가 누락되기도 하지만, '경마'는 반드시 등장한다. 그중에는 예대제 때 설치되는 경마용 목책을 도쿄초혼사의 주된 이미지로 제시하는 경우도 있다(그림 7).[41] 이러한 경향은 아마도 『도쿄신번창기』의 영향이 아닌가 싶지만, 중요한 것은 도쿄초혼사 소개의 중심이 경마였다는 점이다.

야스쿠니신사로 명칭이 변경된 1879년 이후에도 "제사 뒤에는 반드시 경마가 있다"[42]는 설명은 기본적으로는 유지된다. 그중 1881년 3월에 초판이

---

40  위의 책, p.102, '사사키 · 가시와라의 전구'는 겐페이(源平) 전쟁에서 있었던 사사키 다카쓰나(佐々木高綱)와 가지와라 가게스에(梶原景季)의 우지가와(宇治川) 전투를 의미한다.

41  福田栄造(1877), 『懐中東京案内』初編, 同盟舎, p.25, 이외에도 岡部啓五郎, 『東京名勝図会』下巻, 丸家善七, 1877, pp.1-2 등 참조.

42  久保田梁山(1880), 『記事論説集成』, 巣枝堂, p.2.

발행되고, 같은 해 10월에 개정판, 1884년에 증보판이 발행될 정도로 많이 팔린 고다마 에이세이児玉永成의 『도쿄안내東京案内』를 살펴보도록 하자.[43]

여기에서는 이미 명칭이 변경되었음에도 도쿄초혼사와 야스쿠니신사가 같이 등장한다. 전자는 '유원유관지遊園遊観地' 중 한 곳으로, 후자는 도쿄의 '고지마치구'에 있는 신사 중 한 곳으로 소개되고 있다. 전자에 대해서는 "경내境內에 매화 등 백화百花"가 있어서 "꽃이 필 때에는 유객遊客이 많고 분수噴水의 경색景色도 좋다"고 적혀있을 뿐 경마에 대한 설명은 없다.[44] 예대제라는 특정일을 제외한 도쿄초혼사는 일상적 '위령' 공간이 아니라 '유원유관지'로 소개되고 있는 것이다.

반면 후자에 대해서는 특별한 설명 없이 주소만 적혀있을 뿐이다.[45] 이는 동일한 고지마치구에 있는 히라카와천만궁平川天満宮 등의 소개가 상세한 것과 대조를 이룬다. 더군다나 책 전체 구성 상 야스쿠니신사는 도쿄의 각 구区에 있는 신사들을 소개하는 가운데 그 중 한 곳으로 간략히 서술되어 있을 뿐이다. 반면에 에도 명소 중 하나였던 히에신사日枝神社나 간다신사神田神社 등의 소개는 제신祭神이 누구이고 유래가 어떠한지 매우 상세하다.[46]

1881년 현재, 그 소개의 정도 등을 고려한다면 '제도 도쿄'를 방문하는 자에게 야스쿠니신사는 '제도 도쿄'의 여러 신사 중 하나에 불과한, 그것도 에

---

43  1880년대에 철도 건설이 본격화되면서 지역간 이동이 수월해진 결과, 도쿄, 교토, 닛코(日光), 이세신궁 등과 같이 인지도가 높은 장소에 관한 안내서가 대량 출판되었다. 이에 대해서는 앞의 박삼헌, 『천황 그리고 국민과 신민사이』, pp.274-280 참조.

44  児玉永成(1881), 『改正 東京案内』, 大倉孫兵衛, p.20.

45  위의 책, p.30.

46  히에신사의 산노 마쓰리(山王祭)와 간다신사의 간다 마쓰리는 에도의 양대 마쓰리이다.

도의 명소로 알려졌던 곳에 비해 방문의 필요성이 상대적으로 낮은 장소였다고 할 수 있다. 그렇다고 해서 『도쿄안내』가 도쿄를 에도의 연장선상에서만 소개하고 있지는 않다. 첫 페이지의 '도쿄 약설略說'에서는 도쿄를 '황국제일의 도부都府'라 소개하고, 이어서 바로 '황성皇城'을 소개하고 있다. 도쿄의 세일 표상을 천황이 거수하는 공간으로 소개하고 있는 것이다. 하지만 도쿄를 천황의 공간으로 소개하면서도 그 천황과 관련된 '위령' 공간인 야스쿠니신사에 관한 소개가 소략한 반면, 상대적으로 에도 이래의 전통적 '위령' 공간인 히에신사나 간다신사 등에 관한 소개가 상세했던 이유는, 도쿄 유람 중 방문하고 싶거나 해야 하는 일상적 차원의 '위령' 공간 중에서 야스쿠니신사의 인식도가 상대적으로 낮았음을 의미한다. 참고로 처음으로 관객 100만을 넘긴 제3회 내국권업박람회(1890) 안내서에서도 '황성' 다음으로 개최지 우에노 공원, 아사쿠사 공원, 시바 공원, 무코지마向島, 신요시와라新吉原, 스자키유곽洲崎遊郭을 소개하고, 이어서 각 구區를 소개하는 가운데 고지마치구의 명소 중 한 곳으로 야스쿠니신사를 소개하고 있다. 그 내용은 "구단자카에 있다. 고금古今의 충신을 제사지내는 사社로서 1869년 6월 창건하였다. 경내는 공원으로 매화 복숭아 벚꽃 등이 있다. 매년 춘추대제 때 불꽃놀이, 경마, 스모 등이 개최되어 특히 번화하다"[47]로, 매우 간결하다.

한편, 일본을 여행하는 외국인을 위한 안내서(1889)에서 야스쿠니신사는 삽화 2장과 설명문으로 구성되어 있다.[48] 삽화 중 하나는 일본에서 가장 큰

---

47　中島秀勳(1890), 『第三回内国勧業博覧会一覧』, 竹田諒一, pp.27-28.

48　卜冊維暁(1889), 『Illustrated Guide Book for Travellers around Japan 内國旅行 日本名所圖繪』第3卷, 青木嵩山堂(荒山正彦 監修・解説, 『シリーズ明治・大正の旅行 第1期 旅行案内書集成』 第3卷 内国旅行 日本名所図会(1) 卷之一〜卷之四, ゆまに書房, 2013 수록),

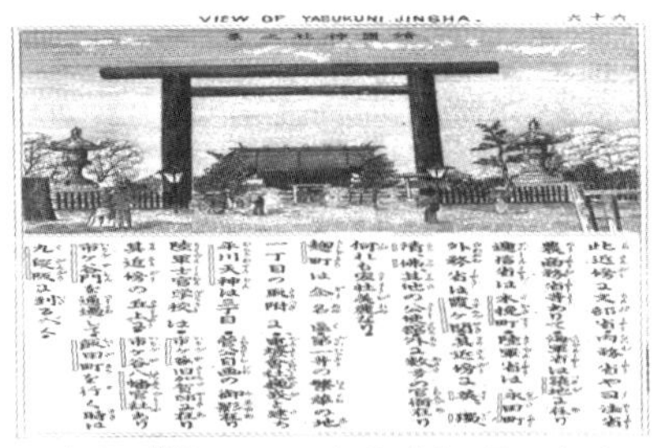

그림 8 『Illustrated Guide Book for Travellers around Japan 內國旅行 日本名所圖繪』제3권, 1889, p.66.

그림 9 『Illustrated Guide Book for Travellers around Japan 內國旅行 日本名所圖繪』제3권, 1889, p.67

청동 도리이鳥居[49]와 본전을 그린 '야스쿠니신사 풍경'이고(그림 8), 다른 하나는 야스쿠니신사 경내의 인공 연못인 '전림천全林泉 풍경'이다(그림 9). 삽화 아래의 설명문에서는 야스쿠니신사의 위치를 제시한 후 "특히 사지社地의 공원은 소나무, 측백나무, 매화, 벚꽃을 배재培栽하여 그 색의 붉고 푸름이 서로 교차하고, 임시 동산假山에는 폭포가 떨어지고 연못에는 분수가 설치되어 있다. (중략) 1869년 6월에 창건하고, 예제例祭가 개최되는 9월 6 · 7 · 8일에는 경마, 스모, 불꽃놀이 등으로 번잡함이 더할 나위 없는 경황은 다 기술하기 어렵다"고 적고 있다. 여기에서도 야스쿠니신사는 일상적 '위령' 공간이 아니라 '유원유관지'＝공원public으로, 예대제에 관해서는 누구를 '위령'하는지가 아니라 부속 행사인 여흥을 소개하고 있는 것이다.[50] 참고로

---

pp.66-67. 단, 예대제 개최일은 1879년 이후 5월과 11월 2회 개최되었으므로 오류이다.

49　현재의 '제2도리이'에 해당한다. 야스쿠니신사 입구의 '제1도리이'는 1919년에 세워진 후, 1943년 일시 철거되었다가 1974년 재건된 것이다.

50　유슈칸(遊就館)에 대해서도 언급을 하고 있다. 하지만 관람 시간과 일본의 옛 무기가 전람되어 있다는 것 이외에 특별한 내용은 없다(앞의 上田維暁, 『Illustrated Guide

1891년에도 야스쿠니신사는 아카사카미쓰케赤坂見附, 시바공원, 즈키지본간지築地本願寺, 히비야대신궁日比谷大神宮, 아사쿠사공원 등과 함께 '벚꽃 놀이'의 명소로 소개되고 있다.[51]

그렇다면 적어도 1891년 현재, 여흥과 공원으로 소개되던 야스쿠니신사는 언제부터 천황이 독점하는 '국가에 관한 공적 공간', 즉 '현창'의 공간이 되었을까.


## Ⅲ. '현창'의 공간, 야스쿠니


1889년 2월 11일, 신축된 메이지궁전에서 '대일본제국헌법'과 '황실전범' 발포식은 거행한 메이지천황은 마차를 타고 황거 밖으로 나와 니쥬바시와 황거 앞 광장을 지나 아오야마青山 연병장으로 향했다. 니쥬바시부터 아오야마 연병장까지 도로변에서 천황 행렬을 기다리던 5,000명의 학생들은 메이지천황의 마차를 향해 '천황·황후 양폐하 만세萬歲'[52]를 외치고 기원절 노래와 기미가요를 합창했다. '대일본제국헌법' 발포식은 "제1조 대일본제국은 만세일계의 천황이 통치한다"고, 천황 주권의 법적 근거를 선언하는 것 이상으로 "일본 최초의 근대적 국가의례"라는 점에서 중요하다.[53]

대일본제국헌법 발포식 이후 개최된 대규모 국가의례는 청일전쟁 관련행

---

Book for Travellers around Japan 內國旅行 日本名所圖繪』第3卷, p.68).

51  『東京朝日新聞』(1891.04.03.), 1면. 이외에도 매년 3월에는 매화꽃, 4월에는 벚꽃의 명소 중 한 곳으로 소개되고 있다(1892.04.15, 1892.04.19, 1898.03.07).

52  '만세삼창'은 대일본제국헌법 발포를 축하 행사 중 니쥬바시 앞에서 처음 시작되었다.

53  다카시 후지타니 지음, 한석정 옮김(2003), 『화려한 군주』, 이산, pp.147-152 참조.

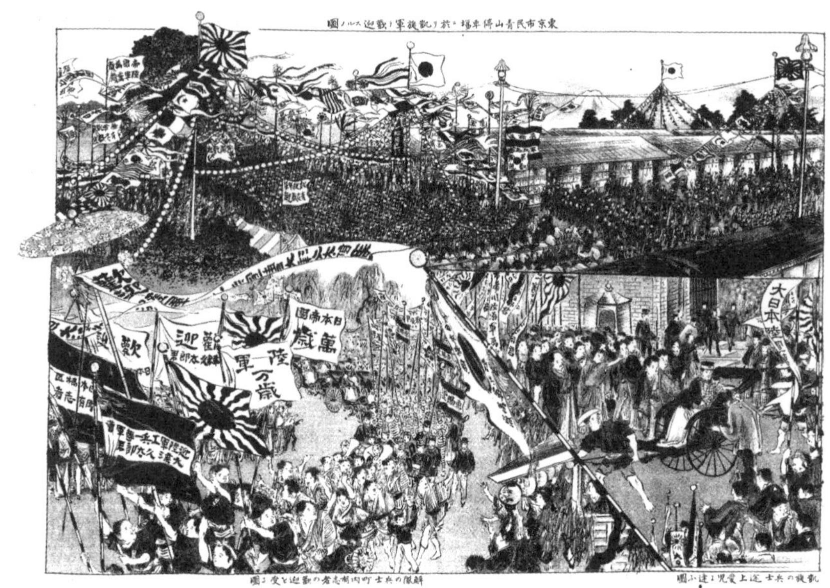


그림 10 『풍속화보』제96호, pp.16-17사이 삽화.

사이다. 청일전쟁 관련행사는 이후 대외전쟁 승리를 축하하는 개선군 퍼레이드의 시작이기도 하다. 1894년 5월 30일 히로시마대본영에서 "스스로 군국軍國의 기무機務를 총람"하는 "성덕"을 보여주고 황거로 돌아오는 메이지 천황을 환영하는 행사가 그것이다.[54]

청일전쟁 관련 행사는 정부가 주도하는 '국가 의례' 못지않게 '도쿄시 축첩祝捷 대회'와 같은 민간인 주도로 개선군 환영 행사도 다수 개최되었다.[55]

---

54 『風俗画報』第96号, 東陽堂, 1895.07.25., pp.21-23. '제도 도쿄'만이 아니라 교토, 오사카, 히로시마 등에서도 개최되었다.

55 1894년 12월 9일, 도쿄의 유력 사업가들이 뤼순 함락(1894.11.21)을 축하하기 개최하였다. 히비야공원에서 축하 행사를 마친 참가자들은 니쥬바시 앞에서 재집결했다가 우에노공원까지 행진하였다. 행사 전반에 관해서는 木下直之(2013), 『戦争という見世物-日清戦争祝捷大会潜入記-』, ミネルヴァ書房, 참조.

<그림 10>은 '도쿄 시민 아오야마 정차장 개선군 환영 모습', '개선 병사가 자식을 만나는 모습', '조내町内 유지자가 해산하고 돌아 온 병사를 환영하는 모습'을 생동감 넘치게 묘사한 것이다. 여기에는 청일전쟁 승리라는 국가 차원의 '경사'를 자신의 '경사'로 받아들이고 즐거워하는 '도쿄 시민', 나아가 '일본인'의 모습이 그려져 있다. 물론 그것은 '중국인'과 '조선인'이라는 타자를 열등한 존재로 설정하고, 그에 비해 자신을 월등한 '일본인'으로 인식하는, 다시 말해서 '일본국'을 전제로 모두가 동일한 '일본인'임을 인식하는 내셔널리즘에 다름 아니다.

하지만 야스쿠니신사의 입장에서 보자면, 청일전쟁이야말로 보신전쟁의 막부군과 같이 배제되는 전사자가 발생하지 않는, 때문에 모든 전사자를 천황의 군인으로 모시는 합사제의 시작이라 할 것이다. 더군다나 청일전쟁은 개병제 실시 이후 최초의 대규모 대외전쟁이었으므로, 당연히 전사자의 대부분은 보신전쟁이나 세이난전쟁과 달리 무사계급이 아니라 평민층이었다. 그 수는 이전의 보신전쟁과 세이난전쟁의 전사자를 합친 14,722명과 맞먹는 13,619명에 달한다(표 3 참조).

표 3 전쟁별 야스쿠니신사 합사자 수

| 전쟁명칭 | 합사자수(2004년 10월) | 백분율 |
|---|---|---|
| 메이지유신 | 7,751 | 0.31% |
| 세이난전쟁 | 6,971 | 0.28% |
| 청일전쟁 | 13,619 | 0.55% |
| 타이완 조선 침략 | 1,130 | 0.05% |
| 의화단 사건 | 1,256 | 0.05% |
| 러일전쟁 | 88,429 | 3.59% |
| 제1차 세계대전 | 4,850 | 0.20% |

| 전쟁명칭 | 합사자수(2004년 10월) | 백분율 |
| --- | --- | --- |
| 제남사건 | 185 | 0.01% |
| 만주사변 | 17,176 | 0.70% |
| 중일전쟁 | 191,250 | 7.75% |
| 아시아태평양전쟁 | 2,133,915 | 86.52% |
| | 2,466,532 | 100.00% |

(주) 일본의 전쟁 책임 자료센터 편, 박환무 옮김(2011), 『야스쿠니신사의 정치』, 동북아역사재단, p.7에서 인용.

그림 11　服部誠一, 『通俗征清戰記』, 東京図書出版, 1897, p.411.

1895년 12월 17일부터 이틀간 개최된 청일전쟁 전사자 합사 임시대제에는 철도 승차권 20% 할인이 실시될 정도로 유가족(지방민 포함) 및 일반인의 참배가 급증하였다(그림 11).[56] 요컨대 청일전쟁은 야스쿠니신사에게 모든 전사자를 '천황'의 군인으로 모시는 것뿐만 아니라, 그 유가족을 포함한 방문자도 청일전쟁 전사자의 "충혼의백(忠魂義魄,

---

56　『東京朝日新聞』(1895.12.15), 6면. 참배자 급증은 1893년에 23만 2,000엔 이하였던 야스쿠니신사의 새전(賽錢)이 1894년에 약 34만 2,000엔으로, 1895년에는 52만 6,000엔 이상 늘어나 2년간 220%나 증가한 것에서 확인할 수 있다(앞의 다카시 후지타니 지음, 한석정 옮김, 『화려한 군주』, p.168).

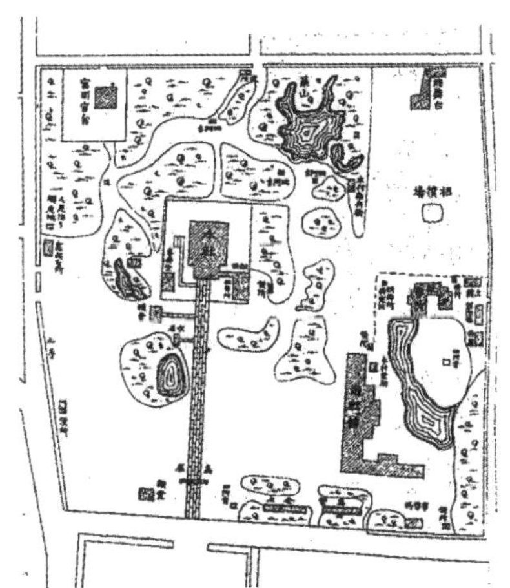 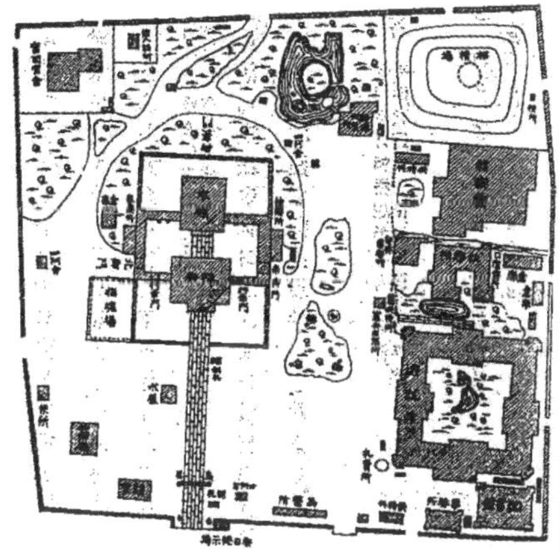

그림 12 1895년 역내도(域內圖), 賀茂百樹, 『靖国神社誌』, 靖国神社, 1911, pp.71-72 사이.

그림 13 1910년 역내도, 賀茂百樹, 『靖国神社誌』, 靖国神社, 1911, pp.71-72.

충의를 위해 죽은 자의 기백)을 항상 마음에 담고 국민의 규범"[57]으로 삼는 결정적 계기를 제공한 것이다. 이후 야스쿠니신사는 청일전쟁을 계기로 변화한 '위상'에 걸맞은 공간 재배치를 시도하게 된다. 1899년부터 경마를 중지하고 옛 마장을 작업장으로 사용하면서 건축되기 시작한 배전이 그것이다.

1898년 3월 21일 야스쿠니신사 2대 궁사宮司 가모 미즈호賀茂水穗는 ①두 번의 예대제 및 임시대제 개최시 협소하여 혼잡, ②우천시 부자유, ③다른 관국폐사와 달리 수차례 행행行幸·행계行啓가 실시되는 특수한 사격社格, ④청일전쟁의 전사자 합사 이래 인민의 존경도 늘어 원근 지방민의 참배 증가 등을 이유로 제시하면서 "궁전을 광대장엄하게 하고 점차 신위神威를 빛내기 위해" 배전 신축을 건의하였다.[58] 즉, 청일전쟁 이후 '원근 지방민의 참

---

57  「靖国神社の臨時大祭に際して所感を述ぶ」, 『東京朝日新聞』(1895.12.17), 2면.

58  앞의 靖国神社, 『靖国神社百年史』資料編 上, p.458.

배'도 급증하였으므로, '광대장엄'한 궁전을 신축하여 장차 신위를 빛내기 위해 배전 건축을 건의하고 있는 것이다.

배전은 1901년 8월 20일 완공되었다.[59] 배전이 건축되기 이전과 이후의 공간 배치를 비교해보면, 배전 때문에 '위령'의 핵심공간인 본전이 일반 참배자의 시선에서 사라지게 됨을 알 수 있다(그림 12, 13). 당연히 유가족은 배전과 상관없이 본전까지 출입이 가능하다. 하지만 일반 참배자는 본전을 '상상'하며 배전 앞에서 참배를 할 수 밖에 없다. 이는 일반 참배자보다 유가족을 우대하는 효과를 만들어 낸다. 또한 배전 건축과 함께 도리이와 본전 사이에 있던 연못도 사라졌는데, 이로써 참배자들의 동선은 아무런 방해 없이 직선으로 '도리이→배전→본전'을 향하게 되어 본전의 장소적 중요성이 극대화되는 효과도 발생한다.

이상과 같이 배전의 건축은 이전과 달리 야스쿠니신사의 공간적 의미가 '천황〉천황을 위해 죽은 군인〉유가족〉일반 참배자'라는 국가적 차원의 서열을 인식하도록 만드는 '현창'으로 전화되는 중요한 계기를 만들었다. 때문에 배전이 완공된 직후인 9월 18일, 그동안 작업장으로 사용되던 경마장은 복원되지 않고, 야스쿠니신사 창립 이래 예대제의 대표적 여흥 행사였던 경마도 더 이상 개최되지 않게 된 것은 아닐까.

그렇다고 해서 문명개화의 상징으로 여러 장소에서 개최되었고, 또한 그만큼 인기가 많았던 경마가 사라진 것은 아니었다. 1902년에 발행된 『풍속화보』에서 요코하마 명소 중 하나로 '네기시 경마장'이 소개되고 있듯이(그림 14), 경마는 정부가 주최하는 문명개화의 상징이 아니라 민간인 단체가 판

---

59　「靖国神社拝殿の新築成る」, 『東京朝日新聞』(1901.9.21.), 5면.

그림 14 『풍속화보』제257호, pp.24-25 사이 삽화.

매하는 마권馬券으로 즐기는 '대중오락' 중 하나로 자리 잡았다.[60] 하지만 이렇듯 경마의 성격이 변화하였기에, 청일전쟁 이후 천황을 위해 죽은 전사자의 '충혼의백'의 정신을 국민의 규범으로 이어받는 '현창'의 장소로 자리 잡은 야스쿠니신사에서는 더 이상 개최되면 안 되는 '여흥'이었던 것이다.

한편, 러일전쟁 후 야스쿠니신사는 "신성神聖한 풍치를 유지"하기 위해 노점을 금지하고,[61] 경내에 헌병파출소를 설치하여 경비를 세우는 등[62] 점차

---

60  마권 발행 경마가 정식으로 인가된 것은 1905년이다. 杉本竜, 「『大衆娯楽』としての競馬」, 奥須摩子・羽田博昭編(2004), 『都市と娯楽-開港期-1930年代-』 참조.

61  「靖国神社境内露店禁制」, 『東京朝日新聞』(1906.7.3.), 7면.

62  앞의 靖国神社, 『靖国神社百年史』事歴年表, p.172.

'현창'의 공간으로 자리 잡게 된다.[63] 1908년 9월 20일, 야스쿠니신사의 야간 봉쇄로 "(도쿄) 시민의 유락지遊樂地 하나를 잃었다"는 기사는 여흥보다 현창의 기능이 강화된 야스쿠니신사의 공간적 의미를 단적으로 보여준다.[64] 이 같은 야스쿠니신사의 '현창' 기능 강화는 다음과 같이 예대제 개최일 변경으로 이어졌다.

야스쿠니신사의 '위령'은 1912년 12월 3일, 기존의 예대제를 러일전쟁에 승리하고 개선한 육군의 관병식과 해군의 관함식 개최일로 변경하면서 그 대상이 '일본군' 전체로 확대된다. 여기에서 천황은 보신전쟁 당시와 달리 대일본제국헌법에 따라 '제국 일본'의 주권자로 규정된 존재이므로, 러일전쟁의 승리는 일차적으로 천황의 승리이지만, 넓게는 천황의 적자赤子인 신민의 승리이기도 하다. 따라서 러일전쟁 승리와 관련된 날짜로 예대제 개최일을 변경한 것은, 야스쿠니신사의 '위령'이 더 이상 '천황' 정부의 공적 행위official에 머물지 않고 '제국 일본'의 공공성pubic을 구현하는 행위임을 선언하는 것이라 할 수 있다. 근대 일본의 공공성은 거듭되는 대외 전쟁의 성과를 천황이 독점하면서 확립되었고, 이제 야스쿠니신사의 '위령'은 그렇게 확립된 '제국 일본'의 공공성을 제일의 가치로 '현창'하는 국가적 행위가 되었던 것이다.[65] 이런 의미에서 패전 직후 대외전쟁과 관계없이 춘분과 추분을 신력으로 계산하여 춘계·추계 예대제를 제정한 것은 창립 당시와 정반대로 야스쿠니신사의 '위령'에서 천황과의 관련성을 배제하고 국민 주권의

---

63    앞의 藤田大誠, 「慰霊の『公共空間』としての靖国神社」, p.68.

64    「靖国神社の夜間封鎖」, 『東京朝日新聞』(1908.9.20.), 6면.

65    따라서 다이쇼시기의 야스쿠니신사 외원 설치 구상은 후지타의 분석과 정반대로 오히려 '현창'이라는 국가적 행위를 어떻게 공간적으로 구현할 것이가의 문제라 할 수 있다. 이에 대해서는 이후의 관제로 삼고자 한다.

신생 '일본국'의 공공성을 조상숭배라는 '전통'으로 구현하려는 시도였다고
볼 수 있다.


## Ⅳ. 나오며: 야스쿠니신사의 창립 150년 기념사업 구상

2016년 6월경부터 야스쿠니신사 홈페이지에서는 2019년에 맞이하는 창
립 150년 기념사업을 소개하고 있다.[66] 이에 따르면 기념사업의 내용은 ①
본전·배전拜殿·영새부봉안전靈璽簿奉安殿靈 관련 공사 ②야스쿠니회관 내
장 개수改修·휴게소 설치공사 ③경내 외원外苑 정비공사이다. 그 내용을 보
면 ①과 ②는 야스쿠니신사 내원(이하 내원)의 개별 건물을 보수하는 것인데
비해, ③은 야스쿠니신사 외원(이하 외원)의 '공간'을 대대적으로 재정비하는
것이다. 이른바 '초대いざない 프로젝트'라 일컬어지는 것으로, 그 내용은 외
원을 "본전으로의 참배 유도와 위령慰靈의 마음을 느낄 수 있는 공간을 만드
는 것"이다. 이를 위해 기존의 수목樹木을 정리하거나 배열을 다시하고 '유
보도遊步道(石疊)'를 설치하여 '위령'과 '쉼/휴식憩い'의 공간을 조성할 예정
이다. 이 같은 설명은 지하철 구단시타九段下역에서 나오면 보이는 커다란
제1 도리이에서 오무라 동상을 지나 내원으로 들어가는 입구인 제2 도리이
까지의 외원 공간을 유유자적할 수 있는 도심 공원처럼 그린 상상도와 함께
제시되고 있다(그림 15). 그 사업 규모로 보건대, 창립 150년 기념사업의 중
점은 외원을 '본전으로의 참배 유도와 위령의 마음을 느낄 수 있는 공간으로

---

66  靖国神社 HP(http://www.yasukuni.or.jp/150th/project/index.html#sect01,
  2017.05.31.검색)

그림 15  야스쿠니신사 외원의 '초대 프로젝트' 상상도

만드는 것', 요컨대 '위령'과 '쉼/휴식'의 공간으로 재조성하는 것이라 판단
된다.

이상과 같은 설명과 상상도는 야스쿠니신사하면 일본 '우익'의 상징공간
을 떠올리는 우리에겐 다소 낯선 모습이다. 하지만 이는 역설적으로 외원이
지금의 일본인에게도 '본전으로의 참배 유도와 위령의 마음을 느낄 수 있는'
공간으로 기능하지 못하고 있음을 말해주는 것은 아닐까? 때문에 야스쿠니
신사 측은 야스쿠니신사 내원(=본전)이 '위령'의 역할을 원활하게 수행하기
위한 조건, 즉 '본전으로의 참배 유도와 위령의 마음을 느낄 수 있는' 외원의
기능 강화를 창립 150년 기념사업의 중점으로 두고 있는 것은 아닐까? 다
시 말해서 야스쿠니신사가 지금의 일본인들에게도 '위령'의 공간으로 온전
히 기능하지 못하고 있으므로, 이를 극복하기 위해 도시 공간 속의 '쉼/휴
식'의 공간으로 외원을 재조성하여 방문하도록 하고, 이것이 '본전으로의 참

배 유도=위령'으로 이어지도록 하려는 것은 아닐까? 때문에 외원 공간 정비를 '초대 프로젝트'라 명명한 것은 아닐까?

■ 1차 자료

石井研堂(1908), 『明治事物起原』, 橋南堂.

今井金吾校訂(2004), 『定本武江年表』下, 筑摩書房.

上田維暁(2013), 『Illustrated Guide Book for Travellers around Japan 内國旅行 日本名所圖繪』第3巻, 青木嵩山堂, 1889(荒山正彦 監修・解説, 『シリーズ明治・大正の旅行 第1期 旅行案内書集成』第3巻 内国旅行 日本名所図会(1) 巻之一～巻之四, ゆまに書房.

賀茂百樹(1911), 『靖国神社誌』, 靖国神社.

久保田梁山(1880), 『記事論説集成』, 巣枝堂.

児玉永成(1881), 『改正 東京案内』, 大倉孫兵衛.

島秀勲(1890), 『第三回内国勧業博覧会一覧』, 竹田諒一.

日本史籍協会編(1985), 『木戸孝允日記』1, 東京大学出版会.

日本史籍協会(2001), 『広澤眞臣日記』(復刻板), マツノ書店.

服部誠一(1925), 『東京新繁昌記』, 聚芳閣.

原田真一(1888), 『東京遊覧記』, 小林仙鶴堂.

福田栄造(1877), 『懐中東京案内』初編, 同盟舎.

靖国神社(1983), 『靖国神社百年史』資料編 上, 原書房.

靖国神社(1987), 『靖国神社百年史』事歴年表, 原書房.

靖国神社遊就館(1986), 『靖国神社遊就館所蔵 東京名所錦絵展』, 靖国神社遊就館.

Ernest Mason Satow(著)(2008), 庄田元男(翻訳), 『明治日本旅行案内 東京近郊編』, 平凡社.

■참고문헌

阿久根厳(1977),『サーカスの歴史-見世物小屋から近代サーカスへ-』, 西田書店.

小木新浩 외(2003),『江戸東京学事典』, 三省堂.

佐藤俊樹(2006),「社の庭-招魂社・靖国神社をめぐる日差しの政治-」『社会科学研究』第57巻第3・4合併号.

坪内祐三(1999),『靖国』, 新潮社.

藤田大誠(2011),「慰霊の『公共空間』としての靖国神社」,『軍事史学』47号.

______(2013),「靖国神社境内整備の変遷と『国家神道』-帝都東京における慰霊の『公共空間』の理想と現実-」, 国学院大学研究開発推進センター編『招魂と慰霊の系譜-『靖国』の思想を答う-』, 錦正社.

______(2013),「〈聖域〉としての神社境内と『公共空間』-紀元二千六百年と『国家神道』-」,『神園』第9号.

______(2015),「帝都東京における『外苑』の創出-宮城・明治神宮・靖国神社における新たな『公共空間』の形成-」, 藤田大誠 외 3인 편,『明治神宮以前・以後』, 鹿島出版会.

村上重良(1970),『国家神道』, 岩波書店.

박삼헌(2012),『근대 일본 형성기의 국가체제』, 소명출판.

______(2016),『천황 그리고 국민과 신민사이』, RHK.

일본의 전쟁 책임 자료센터 편, 박환무 옮김(2011),『야스쿠니신사의 정치』, 동북아역사재단.

# 제 6 장

야스쿠니(靖国)
-아시아태평양전쟁기 일본의 정신적 허브-

김용철

## Ⅰ. 야스쿠니라는 토포스

많은 카미가제(神風) 특공대 대원들의 마지막 인사는 "야스쿠니에서 만나자"였다. 그들끼리, 혹은 가족친지들과 헤어지는 순간에 나눈 그 인사나 그들이 남긴 유언장의 내용은 야스쿠니신사가 태평양전쟁 말기에 어떤 의미를 갖고 있었는가를 웅변해준다. 그들에게 야스쿠니는 죽어서 가는 곳 즉, 영혼의 귀착지였던 것이다. 1869년 창건 당시만 하여도 무진(戊辰)전쟁 전사자를 합사한 합사공간이었던 야스쿠니신사는 이후 국민국가 건설기를 지나며 여가오락공간으로서의 성격을 통해 대중적인 지명도를 제고시켰다. 청일전쟁과 러일전쟁을 거치며 높아진 위상은 국가적인 추도시설로서 뿌리를 내리는 배경이 되었다. 아시아태평양전쟁기 최고조에 달했던 야스쿠니신사의 위상이 1945년 패전과 그해 12월 GHQ의 소위 신도지령(神道指令)을 통

하여 심대한 타격을 받은 사실은 주지하는 바와 같다.[1]

이 글에서는 물리적인 실체로서의 야스쿠니신사에서 일어난 광경을 중심으로 하여 아시아태평양전쟁기에 가진 성격에 관해 논하고자 한다. 야스쿠니신사에 관한 기존의 연구나 논의는 핵심을 이루고 있는 전몰자의 합사 문제에 집중되어 있다.[2] 물론 건립 이후 일본인의 도덕관과 신앙을 지켜온 보루라는 관점에서 미화한 예 혹은, '제사를 지내는 국가'라는 관점에서 야스쿠니신사와 국가신도와의 관련을 조명한 예 등에서 보듯이 보다 넓은 시각에서 야스쿠니신사의 성격을 논한 연구의 경우도 적지 않다.[3] 특히 아시아태평양전쟁기 야스쿠니신사의 성격에 관해서는 총력전 체제 이데올로기를 구축하여 국민을 동원하기 위해 활용되었다는 주장처럼 평면적인 서술도 있지만, '군국주의의 상징'이나 '블랙홀' 등의 규정과 같이 추상도가 높고 간명한 표현에 담긴 명쾌함은 시기별 추이를 담고 그곳에서 이루어진 가시적인 현상, 그리고 당시 일본인 전체와 관련지은 규정으로는 미흡한 점이 있

---

1   아시아태평양전쟁 개념에 관해서는 成田龍一(2005), 「戦争像の系譜」, 倉沢愛子外編, 『なぜ、いまアジア太平洋戦争か』岩波講座アジア・太平洋戦争1, 岩波書店, pp.3-46

2   内海愛子(2005), 「遺族に沈黙を強いる靖国」, 『季刊戦争責任研究』50, pp.5-7; 西里扶甬子(2007), 「靖国合祀」の仕組みとは?」, 『季刊戦争責任研究』57, pp.54-65; 吉村良一(2009), 「故人の追悼・慰霊に関する遺族の権利・利益の不法行為法上の保護: 靖国合祀取消訴訟をてがかりに」, 『立命館法學－生田勝義・大河純夫教授退職記念論文集』2009(5/6(下巻)), pp.2380-2414; 남상구(2006), 「야스쿠니신사 합사 문제에 관한 고찰」, 『日本思想』10, pp.147-187; 檜山幸夫(2011), 「帝国日本の戦歿者慰霊と靖国神社(上)日本統治下台湾における台湾人の靖国合祀を事例として」, 『社会科学研究』31(1), pp.37-171 및 檜山幸夫(2012), 「帝国日本の戦歿者慰霊と靖国神社(中の甲)」, 『社会科学研究』32(2), pp.165-268

3   대표적인 예로는 小堀桂一郎(1998), 『靖国神社と日本人』, PHP研究所 및 大原康男(2003), 『「靖国神社への呪縛」を解く』, 小学館 및 子安宣邦, 김석근 옮김(2005), 『야스쿠니의 일본, 일본의 야스쿠니』, 산해.

었다.[4] 따라서 야스쿠니신사가 건립된 이후의 역사를 조망하면서 그것의 중요성이 절정에 이르렀던 시기에 그것이 일본인들에게 어떤 의미를 가졌는지를 보다 입체적인 시각에서 논하려 하는 것이다. 그와 같은 논지를 살리고자 물리적인 실체를 가진 공간이라는 차원에서 토포스라는 개념을 적용히여 논하되, 특히 싱징직 토포스라는 측년에 비숭을 둘 것임을 미리 밝혀둔다.[5] 상징적 토포스란 세속적인 공간과는 구별되는 성스러운 공간을 가리킨다. 주로 종교적 공간에서 볼 수 있는 상징적 토포스는 그 중요성이 정점에 달했던 시기의 야스쿠니신사를 이해하는 중요한 키워드임이 분명하다. 물론 이는 야스쿠니신사가 고대에 세워진 신전과 같이 전체성을 갖고 있다는 의미는 아니다. 근대에 설립되었으나 상징적인 공간으로서 기능하였고, 또 그렇게 인식된 면에 주목하고자 하는 것이다.

사실 국가신도와 국가주의, 그리고 천황제는 야스쿠니신사가 상징적 토포스로서 기능하는 규정적 요인이 되었다. 이와 같은 야스쿠니신사의 성격에 주목함으로써 전후에 야스쿠니신사가 외교적 이슈가 될 때마다 종교와 무관하다고 선전되어 왔고, 일본의 특수한 정신세계 혹은, 신앙체계와 밀접한 관련이 있어 보편적 차원에서의 접근조차 용이하지 않은 야스쿠니신사의 실체에 다가가고자 한다. 물론 야스쿠니신사나 국가신도와 관련해서는 패전을 경계로 그 전과 후 사이의 불연속성이 크고, 그 양상 또한 복잡한 만큼 이러한 논의 자체가 한계를 가지는 것은 당연하다. 하지만, 양자 사이의 연속성 면면히 이어져 지금의 야스쿠니신사에 이르러 있는 점도 부인할 수

---

4  赤沢史朗, 박화리 옮김(2008), 『야스쿠니신사』, 소명출판, pp.42-44 및 高橋哲哉, 현대송 옮김(2007), 『결코 피할 수 없는 야스쿠니 문제』, 역사비평사, pp.33-36.
5  中村雄二郎, 박철은 옮김(2013), 『토포스』, 그린비, pp.90-95.

없는 사실이다. 이하 본론에서는 야스쿠니신사 창건 이후 그 장소에서 벌어진 일들의 순서나 시간적인 전개를 염두에 두면서 아시아태평양전쟁기의 성격을 집중적으로 조명할 것이다.

## Ⅱ. 추모와 여가오락이 인접한 공간

야스쿠니신사는 1869년 정부 군무관에 의해 도쿄에 초혼사招魂社의 건립이 처음 하달되었을 때만 하여도 무진戊辰전쟁 전몰자와 소위 유신순난자維新殉難者들의 합사공간에 불과했다. 도쿄초혼사라는 명칭에 드러나 있듯이 에도시대 국학자나 소위 지사들이 주도하여 설립한 합사공간의 하나일 뿐이었다. 하지만, 창건 당시의 「축문祝文」에 드러나 있듯이 '위령과 추도의 공간'이라는 측면과 함께 '현창의 공간'이라는 측면이 처음부터 내재되어 있었다.[6] 이후 1874년 대만침공이나 사가佐賀의 난, 1877년의 서남전쟁西南戰爭과 같은 대내외적인 무력충돌을 겪으며 그 복잡한 측면이 점차 구체화되었다. 합사자의 숫자가 늘어났을 뿐만 아니라, 천황의 참배를 통해 신사의 위상이 향상되고 국가주의와의 결합이 두드러진 것이다. 1874년에는 처음으로 메이지천황의 행차가 이루어졌으며, 1879년에는 명칭이 야스쿠니신사로 변경됨과 동시에 내무성, 육군성, 해군성이 공동으로 관할하는 신사로서 별격관폐사別格官幣社로 지정되었다.

별격관폐사로 지정될 당시의 제문에는 이전에는 미미했던 현창의 의미가 두드러져 야스쿠니신사의 위상변화에 담긴 의미를 강조해주었다. 즉, 전사

---

6　靖國神社(1983), 「招魂社創建の祭の祝詞」『靖国神社百年史 資料篇(上)』, 靖國神社, p.34.

자들의 훈공에 의해 '대황국을 편안한 나라로 다스린다'는 등의 표현을 통해 초혼사에서 별격관폐사 야스쿠니신사로 지위를 격상한 배경을 명확히 하였다.[7] 1873년 미나토가와진자湊川神社에서부터 지정이 시작된 별격관폐사의 지정은 신사신도를 기반으로 하여 황실신도와 결합한 국가신도의 체계가 갖추어짐에 따라 이루어진 조치로서 그 과정에서 비록 신도를 국교로 하려는 시도는 실패로 돌아갔지만, 국가주의와 천황제가 밀접하게 결합되고 일본인의 사후세계까지도 국가가 관여할 수 있는 여지가 만들어진 것이다.[8] 소위 순국자로 규정된 메이지유신 전후의 전몰자들이 야스쿠니신사 합사자의 중심을 이루었고, 그들을 제신으로 하는 이 신사의 위상은 이세신궁伊勢神宮과 같은 신궁神宮이나 스미요시신사住吉神社와 같은 관폐대사官幣大社에는 크게 미치지 못했지만, 분명 특수한 것이었다.[9]

별격관폐사로 지정된 야스쿠니신사의 위상변화는 1870년대 신도와 관련한 일련의 움직임과 결부시켜 이해해야 한다. 즉, 바로 그 시기 신도를 국교로 삼으려던 시도, 그리고 정토진종淨土眞宗을 중심으로 한 불교와 신도의 대립, 1880년의 소위 제신논쟁祭神論爭 등을 거치며 분명해진 신도 내외부의 의도가 개입된 사실을 간과해서는 안된다는 것이다.[10] 결국 '신도는 종교가 아니라, 국가의 제사다'라는 다테마에建前 즉, 표면적인 명분 속에서 국

---

7    靖國神社(1983), 「社號改稱社格制定奉告祭御祭文」, 『靖国神社百年史 資料篇(上)』(靖國神社, 1983), p.89.

8    村上重良(1972), 『国家神道』, 岩波書店, pp.45-76; 高木博志(1984), 「神道国教化政策崩壊過程の政治史的考察」, 『ヒストリア』104, 大坂歴史学会, pp.38-60.

9    椙社吉治編(1919), 『神宮国幣社神祇要録』, 誠之堂書店, p.59.

10   中島三千男(1972), 「大教宣布運動と祭神論争-国家神道体制の確立と近代天皇制国家の支配イデオロギー」, 『歴史学研究』126, pp.26-67.

가신도 체제로 재편되고 1889년 헌법의 공포와 함께 제정분리와 신교信敎의 자유를 천명함으로써 일단 정리되었다. 하지만, 일견 신도국교화를 추진하던 차원에서 평가하자면 일보 후퇴한 입장이라고도 할 수 있는 제정분리 및 신교자유의 인정이 신도가 가진 국가사회적 기능을 방기 내지 포기한 것은 아니었고, 국가주의가 되살릴 수 있는 불씨를 내재한 상태였음은 두말할 나위도 없다.

이처럼 별격관폐사로서 지정되며 야스쿠니신사의 위상이 변화된 것과는 달리 일반대중에게는 그것과 대조적인 이미지가 형성되었다. 특히 메이지 시대 초기 우키요에 판화에는 야스쿠니신사가 자리한 쿠단자카九段坂가 경사지임을 강조하고, 그 사실을 희화화하여 묘사한 그림이 남아 있다. 쇼사이 잇케이昇斎一景가 1872년에 그린 〈도쿄명소 36희찬戯撰-쿠단자카〉(그림 1)에서는 초혼사招魂社 팻말을 배경으로 수박장수가 떨어뜨린 수박이 굴러내리는 장면을 다루어 웃음을 유도하였다. 1880년 경 이후에는 점차 여가나 오락과 연관된 장소로 묘사되었다. 민중의 정서가 반영된 우키요에 판화에서는 도쿄 시내를 내려다볼 수 있는 전망과 달구경의 명소로 혹은, 벚꽃 구경의 명소로 남녀노소가 산책

그림 1 　〈東京名所36戯撰-九段坂〉(『靖国神社遊就館所蔵東京名所錦絵展』, 1986)

을 하는 장면이 주류를 이루었다. 또한 같은 시기 울타리를 사이에 두고 들어선 경마장에 군중이 관람석을 가득 메운 것과 대비를 이루며 신사의 토리이문鳥居門이나 본전 건물이 묘사되었다. 일각에서 인식하고 있던 순국자의 합사공간이라는 성격과는 달리 대중적인 차원에서는 여가를 보내는 장소로 혹은, 그 앞에 자리잡은 오락시설을 통하여 더 많이 알려지고 있었던 것이다.[11]

헌법의 공포나 의회의 개설과 같은 국민국가의 장치를 속속 마련해간 일본에서 야스쿠니신사의 기능이 또 한번 새로운 전기를 마련한 것은 근대 최초의 대외전쟁인 청일전쟁이 발발한 이후의 일이다. 청일전쟁으로 대량의 전사자들이 발생하고 합사자의 숫자가 기하급수적으로 늘어나 청일전쟁 발발 이전 약 4000명이던 합사자수는 전쟁이 끝난 후 약 20,000명으로 늘어났고 야스쿠니신사에 대한 관심도 증대되었다. '전사자를 위한 대제전'의 요구가 제기되며 새로운 기능에 대한 환기가 이루어진 것도 그 무렵이다.[12] 신사신도를 기반으로 황실신도를 결합한 국가신도가, 괴리되어 있던 민중의 내면에 뿌리를 내리는 중요한 계기가 된 것도 청일전쟁이었고, 더욱이 야스쿠니신사 22회 합사가 이루어진 1895년 12월의 임시대제 때는 메이지천황이 야스쿠니신사로 이름이 바뀐 후로는 처음 참배함으로써 그 위상이 공고해졌다.[13] 말하자면 야스쿠니신사는 청일전쟁으로 분명해진 국가신도의 가장 중심적인 지표가 된 것이다. 이어 러일전쟁을 지나며 약 5만에 달하는 전

---

11  佐藤俊樹, 「社の庭-招魂社·靖国神社をめぐる眼差しの政治-」, 『社會科學研究 57(3/4), pp.157-181; 박삼헌(2017), 「야스쿠니신사의 공간적 변용: 여흥의 공간에서 현창의 공간으로」, 『아시아문화연구』 44, pp.53-87.

12  「戰死者の大祭典を行うべし」, 『時事新報』 1895.11.14.

13  中島三千男(1972), 앞의 글, pp.35-40.

몰자가 합사되었고 천황의 행차 횟수도 늘어났다. 이로써 국가주의와 결합된 추도공간으로서의 색채가 한층 짙어지게 되었다. 1911년 카와카미 하지메河上肇가 지적한 바와 같이 야스쿠니신사는 국가교의 신자가 된 일본인들이 기꺼이 전쟁에 나갈 수 있는 유력한 근거로 기능하게 되었다.[14] 말하자면 '국가주의의 묘표墓標'가 된 것이다.

1920년대에 들어 비교종교학자 카토 겐치加藤玄智는 신도에 관한 새로운 연구를 통하여 신도가 종교임을 주장한 저서 『神道の宗教学的新研究』를 펴내었다.[15] 기독교나 불교와의 비교연구를 통해 제기된 그의 주장은 '만국무비의 국체万国無比の国体'의 성립을 토대로 한 일본이라는 국가를 '총합가족제總合家族制'로 파악하고 신도를 일본의 국민적 종교로 규정하였다. 메이지시대 불교계에서 제기된 '신도 비종교설'을 극복한 카토의 주장은 국가제사체계로서의 국가신도를 넘어서서 신도를 종교의 영역에 위치시킴으로써 불교나 기독교와 같은 외래종교와 구별되는 일본적인 신앙체계로서의 신도가 차지한 위상을 분명히 하였다. 뿐만 아니라, 신인동격교神人同格教인 신도에서 각 사람이 아마테라스 오미카미의 현현顯現이라는 타다 코센多田孝泉의 주장을 근거로 하여 천황이 야스쿠니신사를 참배하는 일 또한 의의가 있는 것으로 주장하였다.[16]

불교나 기독교와 같은 외래종교와의 비교를 통해 신도가 종교임을 천명하고 야스쿠니신사가 국가주의와 결합된 추도공간으로 정착해가던 그 시

---

14　河上肇(1911), 「日本の独特な国家主義」, 『中央公論』3(『河上肇評論集』, 岩波書店, pp.35-40).

15　加藤玄智(1922), 『神道の宗教学的新研究』, 大鎧閣.

16　加藤玄智, 위의 책, p.297.

사진 1 야스쿠니신사 건립 초기 도쿄초혼사 당시의 경관 小沢健志 (『写真で見る幕末・明治』, 世界文化社, 2000)

기 건물배치의 변화는 신사의 경관을 바꿔놓았다. 창건 당시 가배전假拜殿만 있었던 단출, 초라한 경관은 1872년 본전의 신축으로 변화를 겪었고(사진 1), 청일전쟁 후인 1898년 배전 건축의 논의가 시작되어 1900년 완공되었다. 노能의 무대나 스모장의 건설을 통해 일반적인 신사의 면모를 갖춤으로써 전통적인 신사가 갖고 있던 대중과의 친화 관계를 형성, 유지하려는 의도 역시 실현되었다. 그리고 같은 시기 무기진열장으로 시작한 유슈칸遊就館이 신사 경내에 건립됨으로써 또 다른 관객 유인요인으로 작용하였다. 원래 전통적인 신사에서와 같이 신사에 헌납하는 말그림 즉, 에마絵馬를 전시하는 에마당絵馬堂이 건립될 예정이었으나 초혼사에서 야스쿠니신사로 이름이 바뀌고 지위도 별격관폐사로 격상된 것과 때를 같이하여 액자를 걸고 무기

를 진열하는 곳 즉, '게액揭額 및 무기진열소'로 전환된 것이다.[17]

## Ⅲ. 이벤트 무대로서의 성격

쇼와昭和시대에 들어 대륙침략이 본격화되면서 전몰자의 규모에 비례하여 천황이 야스쿠니신사에 참배하는 빈도 역시 잦아졌다. 특히 만주사변 이후 매년 4월의 임시대제에는 천황의 참배가 정례화되다시피 하였다. 만주사변 직후만 하여도 매년 한 차례 4월 임시대제에 참배하던 천황의 참배는 중일전쟁 발발 이후 두 번으로 늘어나 가을 임시대제인 10월에도 참배가 이루어졌다. 합사자수 또한 대폭 증가하여 중일전쟁 발발 이후 1945년 4월까지는 매회 1만 명이 넘는 전사자가 합사되었다.

같은 시기 후방의 국민이 공교육 과정에서 수신修身, 일본역사, 지리와 같은 과목을 통해 국가신도와 밀접한 연관을 형성, 유지하게 된 것은 야스쿠니신사의 위상을 공고한 것으로 만들어었다. 스모대회나 노 공연, 유슈칸의 전시 등도 야스쿠니신사는 일반대중에게 친밀한 장소로 자리잡는 데 기여하였음은 말할 것도 없고, 중일전쟁이 발발한 이후 야스쿠니신사의 중요성은 더욱 커져 점차 신사들 가운데 중심적인 위치에 자리잡다시피 하였고, 어린아이들의 건강한 성장을 기원하는 753의 장소로 자리잡았을 뿐 아니라, 각종 이벤트의 중심지가 되었다. 1937년 9월 15일에는 수상을 비롯한 각료들과 군장성, 관료들이 참가한 국위선양·무운장구 기원제가 열려 전

---

17　김용철(2015), 「야스쿠니신사 유슈칸(遊就館)의 건립과 동시대 전쟁박물관으로의 성격변화」, 『日本研究』 24, 고려대학교 일본연구센터, pp.93-110.

국에 라디오로 중계되었고, 전황이 일본에 유리하게 전개됨에 따라 육해군 대신이 참가한 남경함락 봉고제, 이듬해 7월에는 중일전쟁 1주년 기념 봉고제가 열렸다. 1938년 2월 11일 요배식으로 처음 열린 건국제에는 2만 여명이 참여하여 이세신궁의 지소 혹은 대리행사장으로의 기능을 수행하였고, 2년 후인 1940년 2월 11일에는 일본기원2600주년을 기념하는 기원절제紀元節祭와 건국제가 함께 열려 진행상황을 전국에 라디오로 중계하였다. 당시 약 10만의 참배자가 몰려들어 성황을 이룬 사실에서도 알 수 있듯이 야스쿠니신사는 명실 공히 국가주의 및 군국주의의 상징으로 자리잡게 되었다. 이 시기에 일어난 바로 이와 같은 변화를 통해 야스쿠니신사는 일본의 정신적 허브가 된 것이다.

1938년 8월 1일부터 시작된 라디오체조 또한 야스쿠니신사 외원外苑 광장에서 개최되어 성황을 이루었고, 10월 5일부터 1주일 동안은 총후국민후원 강조주간銃後国民後援強調週間으로 황군무운장구皇軍武運長久 · 전상자쾌유기원제戰傷者快癒祈願祭, 이듬해 1월 8일에는 도쿄아사히신문사 주최 전쟁대전람회가 열리는 등 전시상황 하의 대규모 이벤트장소로 자리잡아 갔다. 도쿄시민 혹은 일본국민의 일상 속에 야스쿠니신사가 차지하는 비중이 커져간 것이다. 그러나 이와 같은 흐름 속에서 신사 경내 분위기를 경건하게 유지하려는 시도가 이루어지기도 하였다. 1939년 4월 하순 임시대제 기간 동안 신사 구역의 분위기 쇄신을 위해 단행된 '신역정화神域淨化'를 통해 정비작업이 이루어져 이전까지 20여 가지 구경거리, 300개에 달하던 노점이 자취를 감추는 계기가 되었고 오직 봉납무도, 노, 스모에 집중하고 전리품 전시만을 허용한 공원으로 뿌리를 내리는 계기가 되었다. 이후 삼엄한 분위기가 유지되는 가운데 1939년부터는 특정 기간 동안 전사자 자녀의 참배가 이루어져 1945년까지 이어졌다.

사진 2  중일전쟁 발발 이후 야스쿠니신사 행사에 운집한 군중(『朝日新聞』 1941.4.26)

야스쿠니신사가 가지는 이벤트 무대로서의 측면은 그곳에서 벌어진 이벤트나 주요 등장인물의 면면을 통해 확인할 수 있다. 주로 세속적인 이벤트가 중심을 이루고 있으나 임시대제와 같은 종교적인 이벤트 역시 작지 않은 비중을 차지하였다. 전야제에 해당하는 초혼제로부터 시작하는 임시대제는 제1일에는 천황의 칙사가 참배하고 유족의 참배가 이어졌다. 통상 제2일에 이루어진 천황의 참배나 황후의 참배는 신문 제1면에 실리고 라디오 뉴스에 보도됨으로써 전국민적 관심의 초점에 놓였다. 그리고 천황의 야스쿠니신사 참배는 또 하나의 전국민적 이벤트로 이어졌다. 즉, 천황이 오전에 참배할 경우 참배를 끝낸 10시 15분에, 그리고 오후에 참배할 경우 참배가 끝나는 1시 15분에 전국민이 1분 동안 소위 '호국영령'에게 묵도하게 함으로써 야스쿠니신사에서 이루어진 천황의 참배는 천황 한 사람의 행위로 끝나지 않고 전국 각지에 전달되어 집단적인 예배의식의 신호가 되었다. 그 신호는 일본 본토뿐만 아니라, 조선이나 타이완과 같은 식민지, 그리고 상해, 홍콩, 필리핀 등의 점령지까지를 포함하는 것이었다. 사이렌을 울려 천황의 통치 아래 놓인 모두가 1분 동안 묵념을 해야 하는 그 시간 동안 야스쿠니신사는 일본인 개개인의 행위를 제어하는 발신지로서의 성격을 갖게 된 것이다. 또한 그 사실은 야스쿠니신사가 국민통합의 중심지로서 그들의 시간과 관념을 통제하는 중심에 있었다는 것을 의미한다.[18]

태평양전쟁이 발발한 1941년 12월에는 야스쿠니신사 구내에서 각 지역 및 단체의 대표자 1만 5000명이 참여한 전승기원 각계대표자대회가 열렸고 제국재향군인회 주최 미영격멸대회 도쿄대회 참가자 21만 명이 참배하였다. 12월 23일에는 도쿄도내 여학생 1만 2000명이 외원에서 전승기원식을 거행하고 대표자가 참배하는 등 행사의 규모가 날로 커졌다. 이후 싱가포르함락 봉고 및 국위선양기원제와 네덜란드령 인도네시아 항복 봉고 및 국위선양기념제 등 일반국민과 야스쿠니를 이어주는 대규모행사가 연달아 열렸다. 이듬해에 열린 대동아전쟁1주년기념국민대회가 열려 36,000명의 군중이 참가하였다.[19] 명실 공히 군국주의 이벤트의 무대로서 뿌리를 내린 것이다.한편 병사들이 참배하게 되면 야스쿠니신사는 또 다른 의미를 갖게 되었다. 특히 그들이 출정을 앞둔 경우 야스쿠니신사는 그들의 영혼이 합사될 장소로서의 의미 즉, 영혼의 귀착지로서의 의미를 가지는 것이다. "야스쿠니에서 만나자"는 말을 유언으로 남긴 카미가제 대원들은 '멋진 전사花々

---

18    묵도시간을 사이렌으로 알리던 방식이 일시적으로 채택되었으나 1943년 이후부터는 경건의 의미를 살리는 차원에서 사이렌을 울리지 않고 미리 라디오로 통보하였다.

19    靖国神社編(1987),『靖国神社百年史 事歴年表』, 原書房, p.386.

사진 3 출정군인들의 참배(『朝日新聞』 1941 . 10.19)

しい戦死'를 통해 '신이 되어 야스쿠니신사에 모셔져 동포로부터 절을 받는 더없는 행복'을 누리고 혹은, '천황의 방패로서 야스쿠니의 수호신이 될 것'을 꿈꾸었다.[20] 전장으로 향한 모든 병사들에게 야스쿠니신사는 '예정된 영혼의 안식처'였던 셈이다.

이벤트 무대로서의 야스쿠니신사가 수행한 또 하나의 기능은 전쟁프로파간다 장소로서의 기능이다. 당시 유슈칸과 함께 수행한 그 기능은 탱크와 같은 대형무기와 노획무기의 진열장으로서의 그것이었다. 중일전쟁을 계기로 유슈칸이 수행하게 된 동시대 전쟁박물관으로서의 기능은 야스쿠니신사 자체가 하나의 커다란 프로파간다의 장이 되게 하였다.[21] 전리품과 전사자의 유품, 그리고 최신 무기를 전시하는 공간으로 변모해간 것이다. 1938년 4월에 열린 대규모 전시회 〈지나사변대전람회支那事変大展覧会〉에서는 일본군의 기념품을 비롯하여 전리품, 전사자나 사망한 종군기자의 유품 등을 전시함으로써 일반대중에게 침략전쟁의 정당성을 내면화시키기 위한 선전

---

20    靖国神社編(2011), 『英霊の言乃葉』 1, 靖国神社事務所, pp.85-86, pp.93-94.

21    김용철, 위의 글, pp.93-110.

을 전개하였고, 이듬해에 열린 〈대전차전람회〉또한 실내전시와 옥외전시를 동시에 개최함으로써 전쟁박물관 전시의 새로운 장을 제시하며 대중선전의 장으로 기능하였다. 다만, 태평양전쟁 발발 이후에는 대동아전쟁실을 운영하고 전사자의 유품이나 선리품 중심의 전시회를 통해 명맥을 유지하였으나 금속공출이나 물자부족 등의 영향으로 이전의 활기를 유지하지는 못하였다.[22]

표 1 아시아태평양전쟁기 천황 및 주요인사 야스쿠니신사 참배 연표

| 연월일 | 참배자 | 명분 | 비고 |
| --- | --- | --- | --- |
| 1932. 4.27 | 천황/황후 | 46회 합사 臨時大祭 | |
| 1933. 4.27 | 천황/황후 | 47회 합사 臨時大祭 | |
| 1934. 4.27 | 천황 | 48회 합사 臨時大祭 | |
| 1935. 3.10 | 천황 | 해행사(偕行社) 주최 육군기념일 | |
| 1935. 4.26 | | 49회 합사 | |
| 1936. 4.26 | | 50회 합사 | |
| 1937. 4.27 | 천황/황후 | 51회 합사 | |
| 1938. 4.26 | 천황 | 52회 합사 | |
| 1938. 10.19 | 천황 | 53회 합사 | |
| 1939. 4.25 | 천황 | 54회 합사 | |
| 1939. 9.1 | | 흥아봉공일<br>흥아대업 익찬, 국력증강 도모 | |
| 1939. 10.21 | 천황 | 55회 합사 | |
| 1940. 4.25 | 천황 | 56회 합사 | |
| 1940. 10.17 | 천황/황후 | 57회 합사 | 학교/관아휴일 |
| 1941. 4.25 | 천황 | 58회 합사 臨時大祭 | 학교/관아휴일 |

----
22　『朝日新聞』 1941.9.29.

| 연월일 | 참배자 | 명분 | 비고 |
|---|---|---|---|
| 1941. 10.18 | 천황 | 59회 합사 臨時大祭 | |
| 1941. 12.8 | 東条英機 | 선전포고 봉고 | |
| 1941. 12.14 | 東条英機 | 선전봉고제(臨時大祭) | |
| 1942. 1.8 | | 선전포고기념<br>第1回詔勅奉読式 | |
| 1942. 4.25 | 천황 | 60회 합사 | |
| 1942. 10.16 | 천황/황후 | 61회 합사 | |
| 1943. 4.24 | 천황/황후 | 62회 합사 | |
| 1494. 10.16 | 천황/황후 | 63회 합사 | |
| 1944. 4.25 | 천황 | 64회 합사 | |
| 1944. 6.4 | 창덕궁/비 | 獻詠祭 | |
| 1944. 10.26 | 천황/황후 | 65회 합사 | |
| 1945. 4.28 | 천황 | 66회 합사 | |

# Ⅳ. 상징적 토포스로서의 성격

아시아태평양전쟁기 야스쿠니신사가 수행한 기능은 국가신도의 체계 안에서 이해되어야 한다는 기본 전제가 있지만, 전몰자의 영령 안치소로서의 의미나 초혼식招魂式, 천황의 참배 등에서 볼 수 있는 현창의 의미는 국가주의와 천황제 이데올로기, 나아가서는 군국주의 이데올로기와 밀접하게 결합되어 있었다. 이미 설립 초기부터 합사 자체가 전사자를 찬양하는 의미를 내포하고 있었지만, 이미 메이지시대 말기에 카와카미 하지메가 종교와 같이 기능하는 국가주의와 야스쿠니신사의 기능에 대해 비판한 시점에 분명하게 드러났듯이 야스쿠니신사가 자체가 '국가주의의 묘표'였다. 특히 아시아태평양전쟁기에 국가주의와의 결합은 극단적으로 강화되었고, 전사자가 곧 신이 되는 공간이라는 점에서 상징적 토포스로서의 성격이 두드러졌다.

유골이 묻히는 것은 아니었지만, 야스쿠니신사가 가지는 상징적 토포스로서의 성격은 몇 가지 관념이 전제가 되어 성립한 것이다. 먼저, 특공대 대원들의 인사나 유서에서 그들의 혼령이 돌아갈 귀착지로 인식된 예에서 알 수 있듯이 사후세계에 관한 관념이다. 그와 같은 사후세계 관념은 원래 신도보다는 불교적 사생관에 의존하는 바가 더 크다. 이는 신불습합의 세월 동안 불교로부터 영향을 받은 사후세계관이 뿌리를 내리고, 일본 국체의 연구를 제안하며 팔굉일우八紘一宇를 선언하고 불교의 이상을 국가를 통해 실현하려 했던 니치렌日蓮주의자 타나카 치가쿠田中智学와 같은 불교학자의 노력으로 그와 같은 사후세계관이 불교를 배제한 채 야스쿠니사상에 압축되어 나타난 결과다.[23] 말하자면 나라시대 이후 1000년이 넘는 세월 동안 일본이 경험한 종교적인 관념과 장치들이 국가신도의 체계를 통해 업그레이드되어 야스쿠니신앙에 적용되고 있었던 것이다.

상징적 토포스로서의 야스쿠니신사에 개입된 또 하나 중요한 관념은 고야스 노부쿠니子安宣邦가 지적하였듯이 국가주의와 관련된 것이다.[24] 그리고 그 토대는 이미 18세기 아이자와 야스시相沢安에 의해 마련되었다. 아이자와 야스시는 저서『신론』에서 이전까지의 국학이나 신도의 가르침을 벗어나 유교적인 국가관을 도입함으로써 국가주의로 발전할 수 있는 토대를 마련

---

23　末木文美士(2005.9),「近代日本仏教と国家」,『宗教研究』79(2), pp.565-566; 田中智学(1923),「日本国体の研究を発表するに就いて」,『日本国体の研究』, 天業民報社, 1922, pp.4-8

24　子安宣邦, 김석근 옮김(2005),『야스쿠니의 일본, 일본의 야스쿠니』, 산해, pp.103-148.

하였다.[25] 외세의 위협 앞에 시급하게 해결해야 할 문제로서 국민통합을 설정하고, 국민통합을 이룰 수 있는 가장 이른 방법으로서 제사를 지목한 아이자와는 제사공동체의 실현을 통해 신도가 수행해야 할 새로운 길을 제시했던 것이다. 메이지유신 과정과 전쟁을 겪으면서 야스쿠니신사가 수행한 기능이 바로 초혼사상과 합사과정에 드러나 있는 제사공동체로서의 일본이라는 관념을 확산시키는 일이었고, 아시아태평양전쟁기야말로 야스쿠니신사가 그 기능을 수행하는 중심적인 장소임을 가장 명확하게 보여준 시기였다.

이와 같은 관념의 전제 위에서 국가 전체가 제사공동체임을 보여준 임시대제는 야스쿠니신사가 상징적 토포스임을 가장 잘 드러낸 이벤트다. 임시대제는 매년 한 차례를 기본으로 하였으나 중일전쟁 발발 이후부터는 횟수가 늘어나 매년 봄, 가을 두 차례에 걸쳐 열렸고 종전까지의 횟수는 합계 21차례였다. 봉고제로 시작된 임시대제는 하구루마羽車에 실린 영새부靈璽簿를 본전에 봉안하는 초혼식과 유족의 참배, 천황이나 황후의 참배로 이어지며 행사의 열기를 더하였다. 특히 전야제 행사로 어둠 속에서 행해지는 초혼식은 장례식에 비길 만큼 엄숙하고 경건한 분위기 속에서 거행되었다.

참석한 신직神職이나 제전위원회 위원들, 유족에 이르기까지 약 3만명이 운집하여 열린 초혼식의 하이라이트는 새로 전사자들의 이름이 기재된 영새부가 본전에 안치되는 의식이다. 야스쿠니신사 경내의 모든 불이 꺼지고 칠흑과 같은 어둠 속에서 하구루마가 등장하는 그 순간 유족들은 전사자의 혼이 재림한 것으로 여겼다. 아이들과 함께 그 현장에 있었던 어느 전사자의 부인은 "오로지 감사한 기분으로 온통 혼령의 느낌에 사로잡혔습니다.

---

25    会沢安, 『神論』(岡村利平校註(1939), 『校註新論』, 明治書院, pp.1–100에서 재인용).

아이들도 이 밤의 감격을 가슴에 새겨 아버지의 유지를 이어 훌륭하게 집안을 번성하게 해줄 것으로 생각합니다."라는 소감을 밝힌 바 있다.[26] 또 다른 전사자 부인은 "새하얀 하구루마를 보자 온몸이 굳어지는 것 같은 느낌이 드는 중에 남편의 혼이 다른 여러분들과 함께 가까이 있는 것처럼 느껴졌습니다. 출정할 때 남편의 엄숙한 모습이 환상처럼 다가왔습니다. 말로는 표현할 수 없는 장엄한 느낌이 들었고, 정신을 차렸을 때는 남편의 저 '하늘의 유언'이 새삼 가슴에 강하게 느껴져 남겨진 아이들을 지금까지보다 더욱 훌륭하게 키워야지, 그리고 더 강하게 살아야지 하는 생각이 들었습니다." 라며 결의를 다졌다. 초혼제의 의식을 통해 영새부에 이름이 적힌 전사자가 야스쿠니신사에 신으로 안치되는 것이다. 따라서 야스쿠니신사는 신이 된 전사자의 존재를 확증하는 장소가 되고, 혼령을 위로하는 장소임과 동시에 추도하는 장소가 된다. 전사자가 호국신으로 인식된 사실에서 보듯이 전쟁에 나가 전사함으로써 국가를 지키는 초현실적인 존재가 되는 것을 상징적으로 보여주는 장소가 야스쿠니신사인 것이다.

초혼식이 끝난 다음날인 임시대제 제1일 오전에는 칙사의 참배가 있고 오후에는 유족들의 참배가 이루어졌다. 바로 그 순간을 통하여 비로소 야스쿠니신사에서 전사자와 유족이 첫 대면을 하게 되는 것이다. 이어 임시대제 제2일 혹은 제3일에 천황의 참배가 이루어졌다. 군복 차림의 천황이 각종 훈장을 달고 참배하는 동안 경내에 무릎을 꿇고 앉은 유족들은 천황을 직접 보았다는 사실에 감격하고 성은의 고마움에 눈물을 흘렸다.[27] 그런 의미에서 야스쿠니신사는 천황제 이데올로기가 내면화된 유족들의 가슴 깊이

---

26  「神々しいひと時」, 『朝日新聞』 1942.4.23.

27  「御玉串を御手に畏し御直拝遊ばさる」, 『朝日新聞』 1943.4.25.

천황의 존재를 각인시키는 장소였다. 그리고 천황의 참배는 국가 그 자체를 상징하는 천황의 존재를 통해 국가적인 현창의 의미를 가진다. 천황의 참배라는 바로 그 행위를 통해 침략전쟁의 미화는 물론이고 전사자에 대한 국가적인 현창이 이루어지는 것이다. 이는 야스쿠니신사 합사자의 전사가 가지는 의미를 규정하는 행위로 예비참전병사나 그 가족들에게는 전사할 경우 사후의 명예를 보증하는 메시지가 된다. 즉, 전쟁에 나서서 전사하는 것은 최고의 명예요, 예우라고 할 천황에 의한 참배와 현창이 예비된 행위가 되는 셈이다.

천황의 야스쿠니신사 참배가 의미하는 바는 침략전쟁의 합리화나 미화, 그리고 전사자에 대한 현창에 그치지는 것이 아니었다. 천황의 참배행위를 통하여 야스쿠니신사는 천황의 존재자체는 물론이고 천황의 계보와 연결된 공간으로 만드는 것이다. 아마테라스 오미카미天照大御神의 현신現神 즉, 살아 있는 아마테라스 오미카미인 천황이 참배하는 단계에 이르러 야스쿠니신사는 부분적으로 이세신궁의 성격을 떠맡게 되어 도쿄에 있는 이세신궁과 같은 기능을 수행하게 되는 것이다. 이는 제정일치 사회를 지향한 메이지정부의 방침에 따라 1875년 이세신궁 요배전의 설립이 決定되었으나 1880년 완성된 황대신궁皇大神宮 요배전遙拜殿이 본래의 기능을 수행할 수 없게 된 사실과도 맞물려 야스쿠니신사가 이세신궁을 대체하는 장소로서의 성격을 부분적으로 갖게 된 사정과 깊이 연관되어 있다.[28] 이렇게 상징적 토포스로서의 야스쿠니신사의 의미가 천황의 존재에 의해 확장되고 또, 양자가 결합하는 상호보완에 의해 완성된 것이다. 천황제와 국가주의, 국가신도

---

28  中島三千男(1972.6), 「大教宣布運動と「祭神論争」, 『日本史研究』 126, pp.26−67. 제신들의 안치장소라는 점에서는 이탈리아 판테온과도 부분적인 유사성을 인정할 수 있다.

사진 4 쇼와 천황의 야스쿠니신사 참배(『靖国神社臨時大祭記念写真帖』, 1942)

가 교차하는 지점에 위치한 야스쿠니신사의 성격은 살아 있는 신이기도 한 천황의 매개에 의해 그 위상을 강화시키게 되었고, 각료들의 취임 봉고제나 선전포고 봉고제 등이 이루어지는 결정적인 배경이 되었다.

신이 된 전사자들은 태평양전쟁 발발 이후 '미영격멸米英擊滅의 수호신'이 되었다. 더욱이 일반적인 수호신이 국토를 지키고 국민을 지키는 예에서 보듯이 방어적인 성격이 아니라, 공격적인 수호신이 되어 미영격멸이라는 침략전쟁의 목표를 달성시켜줄 수호신으로 여겨졌던 것이다. 뿐만 아니라, 그들에 대한 처우는 천황의 참배를 통해 최상급으로 실현되고, 그것이 일반국민에게는 전쟁상황에서 국가가 필요로 하는 동원에 대해 국가적 보응이 준비되어 있다는 사인이기도 했다. 따라서 임시대제에서 이루어지는 천황의 야스쿠니신사 참배를 통해 확인되는 합사의 의미는 군인원호법에 의한 법직 보상과는 자원을 달리 하는 상징적 행위이며 현창이었던 것이다.

전통적인 신사신도의 경우에는 유골이나 유해를 안치하는 것으로 장례가

치러진 직후의 혼령이 조령신이 되기까지 시간이 필요하나 야스쿠니신사의 경우는 그것과 확연히 달랐다. 유골이나 유해의 안치가 없을 뿐 아니라, 육군성이나 해군성과 같은 군부의 결정에 의한 영새부의 등재에 따라 야스쿠니신사 안치가 결정되고 천황은 형식적인 재가절차를 밟는 것이었다. 따라서 합사 자체가 메이지시대 이후에 만들어진 특수한 절차와 특수한 관념에 바탕을 둔 것이다. 사실 특공대 대원들에게 야스쿠니합사는 전사에 대한 보상이었다. 천황을 위해 전쟁에 참가했다 전사한 그들을 '영령'으로 떠받들고 신으로 격상시키는 일은 '거친 혼령의 타타리祟'를 방지하는 근세 이래의 귀신관 혹은, 전통적 관념에 바탕을 둔 것이다.[29] 그 배경 위에 메이지시대 이후 국가신도와 천황제가 중요한 기제로 기능함으로써 합사가 '영령'에 대한 현창으로서의 의미를 갖게 된 것이다.

물론, 이와 같은 사상에 대한 문제제기가 없었던 것은 아니다. 민속학자 야나기타 쿠니오는 일찍이 1926년 『民族』에 게재한 논문 「사람을 신으로 모시는 풍습人を神に祀る」에서 전사자를 신으로 모시는 행위가 '천황은 신의 자손'이라는 관념과 배치되는 사실과 '충군애국'의 명목 아래 천황에 대한 충절에서 목숨을 잃은 자를 신으로 모시는 행위의 모순점을 지적하였다.[30] 이는 근세의 '살아 있는 신生き神'의 관념과 연속선상에서 나타난 현상이긴 하나 종전 직후에도 '최근 대전大戰까지의 신도'가 '신을 만들어내는' 현상이 가지는 문제점에 대해 조심스럽게 지적한 바 있다.

한편 전사자의 유족들에게 야스쿠니는 각별한 장소였다. 전사자의 부모나 배우자, 어린 유자녀 들에게 야스쿠니는 혼령과 만나는 장소임과 동시에 전사

---

29    紙谷威広(2008), 「柳田国男の≪人神考≫」, 『東京立正短期大学紀要』36, pp.177-205.

30    紙谷威広, 앞의 글, p.185.

戰士의 역할과 그 뜻을 이어받는 곳이었다. 특히 어린 남자 아이의 경우 대를 이어 천황에 충성할 것을 맹세하는 장소였고 장래에는 군인이 되어 전사한 아버지의 뜻을 따를 것임을 맹세하는 상징적 의미를 가진 곳이었다.[31] 유족들이 입장에서는 가정이거나 사식 혹은, 형제의 전사로 인한 슬픔이 기쁨과 고마움으로 바뀌는, 소위 '감정의 연금술'이 이루어지는 토포스였다.[32] 피를 중요시하여 전사자를 신으로 떠받드는 일이 일본의 전통으로만 가능한 일임을 강조한 아시아태평양전쟁 당시의 인식은 이를 합리화하고 미화한 '선민적 간계' 바로 그것이었다.

야스쿠니신사의 초혼제를 통하여 전사자가 합사되고 제2일 혹은 제3일에 이루어진 천황의 참배는 그들이 국가적인 제사의 대상이 되었음을 확증하는 의미를 가졌다. 뿐만 아니라, 천황의 참배가 끝날 시간인 10시 15분 혹은 오후 1시 15분에 맞추어 전국민이 묵도를 하는 그 순간에 이르러 일본 전체가 하나의 제사공동체가 되어 동시에 제사를 지낸 셈이다. 따라서 야스쿠니신사는 전국민이 제사공동체라는 인식을 성립시킨 토포스임과 동시에 동시적인 제사의식의 발신지로서의 기능을 수행했던 것이다.

아시아태평양전쟁기 야스쿠니가 가진 상징적 토포스로서의 성격은 비단 일본인들의 인식에만 드러났던 것이 아니다. 일제의 침략전쟁을 정당화한 조선이나 대만, 만주국의 식민지인들에게도 공유된 경우가 적지 않았다. 중일전쟁 초기까지만 하여도 병사로서 참전의 기회가 거의 없었던 식민지 청년들 혹은, 식민지인들에게 야스쿠니신사는 먼 일본 본토의 이야기거나 일

---

31　若桑みどり(1995), 『戦争がつくる女性像』, 筑摩書房, pp.166-187.

32　高橋哲哉, 앞의 책, pp.44-46.

본인들만의 이야기였다.[33] 하지만, 지원병제도가 실시되고, 곧 이어 징병제도가 실시됨에 따라 상황은 크게 달라졌다. 당시 매스미디어에서는 일본 본토와 구별하기 어려운 야스쿠니 관련기사들이 실렸고, 전사자들의 혼령이 야스쿠니신사에 임한다는 인식 또한 동일하였다. 전사한 조선인 지원병 이인석이 야스쿠니 영령이 되었음을 언급한 서정주의 에세이나 "우리의 혼령으로 쿠단九段에 짙푸를 사랑"을 읊은 헌시의 구절 등은 그와 같은 인식의 예를 보여준다.[34] 이민족의 침략전쟁에서 전사한 전사자들이 야스쿠니에 합사된 것을 자랑스럽게 여긴 사례들이 바로 이와 같은 배경에서 나온 현상이다.


## Ⅴ. 맺음말


이상에서 살펴본 바와 같이 야스쿠니신사는 건립 초기 도쿄초혼사의 이름으로 불릴 때만 하여도 소위 지사들이 주도하여 설립한 합사공간으로서 무진전쟁 전몰자와 유신순난자로 불린 자들을 위한 위령과 추도를 위한 시설이었으며 대중적으로는 여가와 오락의 공간이었다. 그러나 메이지정부의 국가주의와 연관된 야스쿠니신사로 이름이 바뀌고 신사신도, 황실신도를 배경으로 한 국가신도가 체계를 갖춘 이후 청일전쟁, 러일전쟁을 거치는 과정에서 국가신도의 중심적인 표지로서 뿌리를 내렸다. 1920년대를 지나며 비교종교학자 가토 겐치나 니치렌주의 운동을 전개한 불교학자 타나카 치

---

33  합사자 속에는 조선인 군속이나 헌병, 통역 등이 포함되어 있었다. 靖国神社編(1933),
　　『靖国神社忠魂史』, 靖国神社, p.348, p.577.

34  서정주 「松井伍長頌歌」, 『每日申報』 1944.12.9와 「헌시-반도학도특별지원병 제군에
　　게」, 『每日申報』 1943.11.6, 그리고 「스무살 된 벗에게」, 『朝光』(1943.10), pp.23-31.

가쿠의 학술적인 노력이 더해져 이전까지 신도가 종교가 아니라던 주장이 극복되고 사후세계 관념이 야스쿠니신사와 결합된 것은 아시아태평양전쟁기 야스쿠니신사의 성격을 이해하는 중요한 열시가 된다.

아시아태평양전쟁기 야스쿠니신사는 이벤트 무대로서의 성격과 함께 상징적 토포스로서의 성격을 가시며 일본인의 정신적 허브로 기능하였다. 표면적으로는 별격관폐사라는 등급에 속하는 국가신도의 기관이었지만, 천황과 국가를 위해 참전하여 전사한 전사자의 합사공간이었고 천황과 군인, 그리고 후방국민들을 연결하는 상징적 토포스로서의 의미를 가지는 장소였다. 국가주의로 연결된 그들의 정신이 교차하는 지점에 물리적 실체인 야스쿠니신사가 자리잡고 있었던 것이다. 천황이 임시대제와 예대제에 참배하며 야스쿠니신사와 천황가가 연결되는 그 단계에서 야스쿠니신사는 이세신궁을 대체하는 장소의 의미를 가졌고, 야스쿠니에 참배하는 군인은 천황과 국가와 연결되며 후방의 국민 역시 천황과 국가, 그리고 전사자에 연결되었다. 그리고 그와 같은 위상이 중일전쟁 발발 이후 태평양전쟁이 발발하기 이전의 어느 시점에 확립된 점은 총력전 시기 야스쿠니신사가 국민동원을 위해 활용된 사실과 깊이 연관되어 있다. '명예로운 전사'를 강요한 것도, 그것이 받아들여진 것도 그 위상이 있기에 가능한 것이었다.

물론 근대 일본에서 야스쿠니 외에도 여러 상징적 토포스가 있었던 사실은 이론의 여지가 없다. 후지산이나 궁성, 이세신궁 또한 빼놓을 수 없는 상징적 토포스였다. 하지만, 야스쿠니신사는 그것들이 가지는 상징적 의미를 부분적으로 공유하면서도 동시대의 전쟁과 직결된 토포스로서 전사자의 혼령을 모신 토포스였고 천황이 참석하는 임시대제나 병사들의 출정식 등 각종 이벤트의 무대였으며, 여타의 장소가 기진 상징적 의미보나 상한 상징적 의미를 지닌 토포스였다. 아시아태평양전쟁기 천황과 전방의 군인들, 그리고 후방의 국민들을 연결하는 가장 강력한 정신적 허브는 야스쿠니신사였던 것이다.

이와 같은 아시아태평양전쟁기 야스쿠니신사의 성격을 고려하면 천황과 후방의 일본국민, 그리고 병사들이 형성한 관계는 '절묘한 삼각관계' 바로 그것이었다. 그 삼자에 의해 야스쿠니신사의 분명한 성격이 드러나고, 또 바로 그 삼자에 의해 야스쿠니신사의 성격이 지탱되었던 것이다. 그 가운데 하나라고 빠지게 되면 온전한 성격 파악이 불가능할 뿐만 아니라, 일면적인 파악에 그치게 된다. 바로 그 허점을 이용하여 패전 후 이어지고 있는 보수주의자의 야스쿠니 옹호논리가 제기되고 유지되어온 사실은 이와 같은 논리구조를 명확히 보여준다.

또 한 가지 주목해야 할 점은 일본의 패전과 신도지령으로 전후 야스쿠니신사의 성격과의 불연속성은 분명하다는 사실이다. 한때 국가신도의 허구성이 철저하게 비판되고, 그 체계가 와해되어 양자 사이의 단절이 굳어지는 것처럼 보였다. 하지만, 갖가지 계기를 통하여 국가신도와의 단절이 부활하려는 움직임이 나타나기 시작하고 야스쿠니신사의 위상을 부활시키려는 보수적 사상가나 정치가의 시도가 끊임없이 이어지고 있다. 그들이 의도한 바의 중심에 있는 것이 바로 상징적 토포스였던 야스쿠니신사의 성격이라는 점은 결코 간과하지 말아야 할 것이다.

# ■참고문헌

고야스 노부쿠니 지음 · 김석근 옮김(2005), 『야스쿠니의 일본, 일본의 야스쿠니』, 산해.

김용철(2015), 「야스쿠니신사 유슈칸(遊就館)의 건립과 동시대 전쟁박물관으로의 성격변화」, 『日本研究』 24, 고려대학교 글로벌일본연구원.

나카무라 유지로 지음 · 박철은 옮김(2013), 『토포스』, 그린비.

남상구(2006), 「야스쿠니 신사 합사 문제에 관한 고찰」, 『日本思想』 10.

다카하시 데쓰야 지음 · 현대송 옮김(2007), 『결코 피할 수 없는 야스쿠니 문제』, 역사비평사.

박삼헌(2017), 「야스쿠니신사의 공간적 변용 : 여흥의 공간에서 현창의 공간으로」, 『아시아문화연구』 44.

아카자와 시로 지음 · 박화리 옮김(2008), 『야스쿠니신사』, 소명출판.

内海愛子(2005), 「遺族に沈黙を強いる靖国」, 『季刊戦争責任研究』 50.

末木文美士(2005), 「近代日本仏教と国家」, 『宗教研究』 79(2).

田中智学(1922), 「日本国体の研究を発表するに就いて」, 『日本国体の研究』 天業民報社.

倉沢愛子外編(2005), 『なぜ、いまアジア太平洋戦争か』 岩波講座アジア · 太平洋戦争1, 岩波書店.

加藤玄智(1922), 『神道の宗教学的新研究』, 大鎧閣.

紙谷威広(2008), 「柳田国男の≪人神考≫」, 『東京立正短期大学紀要』 36.

河上肇(1983), 「日本の独特な国家主義」, 『河上肇評論集』, 岩波書店.

佐藤俊樹, 「社の庭-招魂社 · 靖国神社をめぐる眼差しの政治-」, 『社會科學研究』 57(3/4).

高木博志(1984), 「神道国教化政策崩壊過程の政治史的考察」, 『ヒストリア』 104.

中島三千男(1972),「大教宣布運動と「祭神論争」,『日本史研究』126.

西里扶甬子(2007),「「靖国合祀」の仕組みとは?」,『季刊戦争責任研究』57.

菱木政晴(1994),「国家神道の宗教学的考察」,『西山学報』42.

檜山幸夫(2011),「帝国日本の戦歿者慰霊と靖国神社(上)日本統治下台湾における台湾人の靖国合祀を事例として」,『社会科学研究』31(1).

檜山幸夫(2012),「帝国日本の戦歿者慰霊と靖国神社(中の甲)」,『社会科学研究』32(2).

村上重良(1970),『国家神道』岩波書店.

椙社吉治編(1919),『神宮国幣社神祇要録』,誠之堂書店 Sugimori Yoshiharu edit. (1919).

靖國神社(1983),「招魂社創建の祭の祝詞」,『靖国神社百年史 資料篇 上』,靖國神社.

靖國神社(1983),「社號改稱社格制定奉告祭御祭文」,『靖国神社百年史 資料篇(上)』,靖國神社.

靖國神社(2011),『英霊の言乃葉』1,靖国神社事務所.

吉成勇編(1989),『靖国神社』別冊『歴史研究』神社シリーズ,人物往来社.

吉村良一(2009),「故人の追悼・慰霊に関する遺族の権利・利益の不法行為法上の保護: 靖国合祀取消訴訟をてがかりに」,『立命館法學−生田勝義・大河純夫教授退職記念論文集』2009(5/6(下巻)).

若桑みどり(1995),『戦争がつくる女性像』,筑摩書房.

# 제7장

■

# 야스쿠니신사와 봉납스모의 제의祭儀적 고찰[*]

조규헌

## Ⅰ. 머리말

2005년 고이즈미 당시 총리의 참배로 인해 이른바 야스쿠니 문제가 중요한 화두가 되었고, 이를 둘러싼 일본의 대내외적 갈등을 풀기 위한 실마리를 제공하기 위해 일본 내에서 야스쿠니론이 다수 등장하였다. 이러한 일본의 다양한 연구서는 한국에서도 번역서로 상당수 출간되었다. 그 결과 고이즈미 총리의 참배는 야스쿠니신사라는 존재 자체에 대한 논의를 넘어 '야스쿠니 문제란 무엇인가'라는 것에 대한 대중적 관심 및 학계의 다양한 논의를 촉발시키는 시발점이 되었다.

국내에 번역된 대표적인 논저를 몇 가지 소개하면 『야스쿠니 문제靖国問題』(다카하시 데쓰야, 현대송 역, 2005), 『야스쿠니의 일본, 일본의 야스쿠니國

---

[*] 본 연구는 2014학년도 상명대학교 교내연구비를 지원받아 수행하였음.

家と祭祀: 國家神道の現在』(고야스 노부쿠니, 김석근 역, 2005) 『야스쿠니신사靖國神社』(아카자와 시로, 박화리 역, 2008) 등을 들 수 있다. 이들은 각 연구자의 관점에서 야스쿠니 문제의 본질이 무엇인지에 대하여 다루고 있다. 우선 다카하시 데쓰야는 야스쿠니신사는 '감정의 연금술'에 의해 전사의 슬픔을 기쁨으로, 불행을 행복으로 탈바꿈시키는 장치일 따름이며 전사자를 추도하는 것이 아니라 전사자를 '현창'함으로써 드높여 받드는 것이야말로 야스쿠니신사의 본질적인 역할이라고 하였다. 고야스 노부쿠니는 야스쿠니 참배는 곧 일본인들의 '전쟁의 기억'과 직접적으로 연결된다는 점을 강조한다. 야스쿠니 참배를 통해서 유지해가려는 전쟁의 기억은 과거 일본의 제국주의 영광이 지속되기를 바라는 독선적인 역사의 주장일 뿐이며 이것은 일본에 의해 입게 된 아시아의 '타자의 고통'을 망각하는 행동이라고 비판하였다. 아카자와 시로는 전후 일본에는 전몰자의 추도를 둘러싸고 국가주의적인 '현창'과 평화주의적인 '추도'의 대립이 있다는 점을 강조하면서 전후 내셔널리즘과 평화주의 속에서 야스쿠니 문제를 다루고 있다.[1]

한편 국내 연구자들에 의한 야스쿠니 연구도 다수 진행되어 왔는데 비교적 최근에 출간된 『야스쿠니에 묻는다』(동북아역사재단, 2014)는 야스쿠니신사 한국인 무단 합사 철폐 소송을 지원하기 위해 일본 법정에 제출했던 의견서를 기반으로 발간한 연구서이다.[2] 이 소송에 참여한 한국과 일본의 전문가들이 저술했다는 점에서 야스쿠니 문제의 현주소를 이해할 수 있고, 무

---

1  다카하시 데쓰야, 현대송 역(2005), 『야스쿠니문제』, 역사비평사; 고야스 노부쿠니, 김석근 역(2005), 『야스쿠니의 일본, 일본의 야스쿠니』, 산해; 아카자와 시로, 박화리 역(2008), 『야스쿠니신사』, 소명출판 참조.

2  동북아역사재단(2014), 『야스쿠니에 묻는다: 야스쿠니 무단 합사 철폐 소송』, 동북아역사재단 참조.

엇보다 한국인 무단 합사라는 일본 외부에서 본 야스쿠니신사 및 야스쿠니 문제의 본질에 대한 시각을 일본 측에 제시하였다는 점에서 매우 중요한 연구 성과라고 할 수 있을 것이다.

지금까지 한국과 일본에서 발간된 야스쿠니 문제에 관한 방대한 연구 성과 중 대표적인 것 몇 가지만 간략히 확인해 보았는데, 기존 야스쿠니론에서는 야스쿠니 문제가 정치쟁점화 되어 있는 만큼 역사적 정치체제 및 사회구조, 전후 일본사회의 전쟁 책임 및 식민지 책임 문제 등에 관한 정치적·역사학적 논의가 주를 이루는 것을 알 수 있었다. 하지만 야스쿠니신사는 천황과 신도라는 일본 고유의 문화적 요소와 깊이 관계한다는 점에서 정치적·역사적 문제만으로 논하기 어려운 면이 분명히 존재한다. 오히려 이러한 문화적 측면을 이용해 일본 측은 문화상대주의 등을 강조하면서 야스쿠니 문제의 정치쟁점화를 회피해 온 측면마저 있다.[3] 따라서 야스쿠니 문제의 본질에 다가가기 위해서는 근대 일본의 국가신도國家神道라는 체제 속에서 야스쿠니신사의 문화론적 고찰도 반드시 필요하다고 하겠다.

야스쿠니신사 춘계예대제(春季例大祭, 4월21일~23일)를 즈음하여 사쿠라꽃의 만개와 함께 사쿠라마쓰리(さくら祭り, 4월 초순에서 10일간)가 펼쳐치며 봉납스모奉納相撲, 봉납노오奉納能 등 다채로운 행사가 펼쳐진다. 이때 야스쿠니신사는 많은 인파가 몰려들어 흥겹고 떠들썩한 축제 분위기에 휩싸인다. 봉납스모의 정식명칭은 일본스모협회 주최의 스모라는 의미로 봉납오

---

3  다카하시 데쓰야, 앞의 책, pp.141-165. 이 책의 〈4장 문화의 문제〉에서는 2004년 10월 중의원 예산위원회에서의 고이즈미 전 수상의 발언, 2004년 10월 TV아사히 보도 프로그램에서 마지무라 노부나가 당시 외부대신의 발언 등을 인용하면서, 일종의 문화다원주의나 문화상대주의에 기대어 A급 전범을 용서하고, 침략과 식민지 지배의 과거를 물에 흘려보내자는 것 등의 사례를 들어 문제점을 지적하였다.

즈모奉納大相撲라고 칭한다. 2015년에는 4월 3일에 야스쿠니신사 안의 스모장에서 개최되었다. 보통 오전 9시 30분 도효마쓰리土俵祭[4]를 시작으로 오즈모 스모경기인 혼바쇼本場所에서는 볼 수 없는 슛키리初切り · 스모진쿠相撲甚句 · 야구라다이코 우치와케櫓太鼓打分 등 볼거리를 제공하며,[5] 요코즈나横綱, 오제키大関 등 약 200여명의 스모선수力士가 경기를 펼친다.[6]

본고에서는 야스쿠니신사의 문화론적 고찰을 위해 야스쿠니신사의 봉납스모奉納相撲의 제의적祭儀的 성격에 주목하고자 한다. 주지하다시피 야스쿠니신사는 전전戰前의 육해군 소속에서 전후戰後 개혁을 통해 종교법인으로 재편되었다. 현재의 종교법인에서는 다른 여타 신사와 같은 연간 제례만이 있을 뿐이다. 하지만 야스쿠니신사가 본연의 기능을 수행한 군국주의 시기에는 전사자戰死者를 제신祭神으로 승화시키는 의식인 초혼식招魂式이 가장 중요한 의례였다. 야스쿠니신사 봉납스모의 제의적 고찰이 필요하다고 판단되는 이유는 이것이 초혼식 의례의 연장선상에서 행해지는 것으로 관찰되기 때문이다. 따라서 야스쿠니신사의 초혼식과 봉납스모를 별개의 것이

---

4    스모 선수가 도효(씨름판)에서 부상을 입지 않고 평안하게 경기가 진행되기를 신에게 기원하는 의식이다. 도효마쓰리는 스모의 심판인 교지(行司) 중에서 가장 지위가 높은 다테교지(立行司) 한사람과 그 밑의 와키교지(脇行司) 두 사람이 제주 역할을 맡아서 진행한다. 도효마쓰리에는 교지 외에도 일본스모협회 이사장, 심판부장, 심판위원이 참가한다. 다른 사람들은 밑에서 지켜보며 교지 중에서 다테교지와 와카교지만 이 도효 위에 올라가 의식을 집전한다. 김용의(2014), 『일본의 스모-종교의례인가 스포츠인가』 (민속원, pp.85-86) 이 김용의의 저서는 국내에서 유일하게 출간된 스모 전문서로 일본문화로서 스모를 심도있게 이해하는 데에 매우 큰 도움이 된다.

5    슛키리(初切り)는 경기에서 금하는 기술을 우스꽝스럽게 소개하는 것. 스모진쿠(相撲甚句)는 스모선수가 도효(씨름판) 위에서 부르는 민요. 야구라다이코 우치와케(櫓太鼓打分)는 개장(開場) · 폐장을 알리는 북.

6    야스쿠니신사 공식 홈페이지 참조 http://www.yasukuni.or.jp(열람일: 2015. 4. 20)

아닌 하나의 연속성을 지닌 의례로 파악하여 분석할 필요가 있다고 생각한다.[7]

아울러 현재 야스쿠니신사의 봉납스모가 반드시 4월 초순 사쿠라가 만개한 시기에 열리는 것의 의미도 간과할 수 없다. 그 이유는 야스쿠니신사의 만개한 사쿠라가 군국주의 시기 지닌 문화적 상징성 때문이다. 오오누키 에미코가 지적한 바와 같이 확 피었다가 지는 사쿠라꽃처럼 젊은이들은 천황을 위해 자신들의 목숨을 희생하였고, 천황이 참배해주시는 야스쿠니신사의 사쿠라꽃으로 환생한다고 약속하였다.[8] 야스쿠니신사의 만개한 사쿠라꽃은 전사자 영혼의 부활을 의미하는 것이다.

지금까지 스모에 관한 방대한 연구가 있어왔지만 거기에서는 기본적으로 '민속民俗' 스모와 '국기國伎' 스모 사이의 이질성보다는 하나의 스모사相撲史 안에서 연속적으로 파악하는 경향이 강하다.[9] 한편 이와는 반대로 '국기' 스모와 '민속' 스모의 이질성에 주목한 연구도 있다. 현재의 흥행 스모경기 대회인 오즈모大相撲는 기존에는 없던 경기방식과 의식 등을 새롭게 탄생시키며 '국기' 스모의 위상을 확립해 갔다는 점에서, 근대국가 일본의 문화내셔

---

7  일반적으로 야스쿠니신사의 봉납스모는 야스쿠니신사의 전신인 1869년 도쿄초혼사(東京招魂社) 창건 시에 진좌제(鎭坐祭) 의식에서 여흥으로 열린 것이 유래로 알려져 있다.

8  오오누키 에미코, 이향철 역(2004),『사쿠라가 지다 젊음도 지다-미의식과 군국주의』, 모멘토, pp.228-229.

9  横山健堂(1943),『日本相撲史』, 富山房 ; 酒井忠正(1956),『日本相撲史』上卷, 日本相撲協会 ; 新田一郎(1994),『相撲の歴史』, 山川出版者 ; 川端 要寿(1993),『物語日本相撲史』, 筑摩書房 등. 김용의가 지적한 바와 같이 일본 스모연구사에서는 대부분『고사기』(712) 신화 부분에 기술된 두 신의 힘겨루기를 일본 스모의 원형으로 간주한다. 즉 근대 이후 형성된 국기 스모의 정통성 고대 신화 속 스모에 대한 기술에서 찾아 그 연속성을 강조한 것으로 보인다. 김용의, 앞의 책, P.138.

널리즘의 한 가지 형태로 스모를 파악하였다.[10] 또한 군국주의 시기에 '스모도相撲道는 무사도'라는 표어를 내세워 군인정신이 투철한 스포츠로서 '국기' 스모의 위상을 확립하였다는 고찰[11]도 있다. 하지만 여기에서도 근대기에 새롭게 형성된 야스쿠니신사와 봉납스모의 관계 자체를 논의의 쟁점으로 삼지는 않았다. 오히려 이 문제에 대해서는 한국의 일본학 연구자인 김용의가 「야스쿠니신사의 봉납스모와 스모의 내셔널리즘」에서 군국주의 시기 스모계는 야스쿠니신사의 봉납스모를 매개체로 천황 및 군부와 보다 밀착된 정치적 관계를 맺으며 국기 스모를 형성하는데 기여해온 과정을 상세히 분석한 바 있다.[12] 하지만 김용의의 논의에서도 야스쿠니신사의 제례로서 봉납스모 자체가 갖는 제의적 성격에 대한 고찰은 이루어지지 않았다.

따라서 본고는 이상의 문제의식을 기반으로 야스쿠니신사 봉납스모의 제의적 성격을 초혼식招魂式과의 관련에서 중점적으로 고찰하고, 여기에 야스쿠니신사 사쿠라 꽃의 상징성이 어떻게 관계하는지를 검토하고자 한다. 이를 통해 전전 야스쿠니신사가 '본연'의 기능을 하던 시기와의 연속성 속에서 현재 사쿠라마쓰리와 함께 화려하게 펼쳐지는 봉납스모가 어떠한 문화적 특수성을 내포하는지 밝히는 것을 본고의 목표로 삼는다.

---

10　風見明(2002), 『相撲、国技となる』, 大修館書店; リートンプソン(2010), 「相撲の歴史を捉え直す」, 『現代思想』, 藤原書店, pp.216-229 참조.

11　藤生安太郎(1938), 『武道としての相撲と国策』, 第日本清風会 참조.

12　김용의(2014), 「야스쿠니신사의 봉납스모와 스모의 내셔널리즘」 『일본의 스모-종교의 례인가 스포츠인가』, 민속원, pp.157-173 참조.

## Ⅱ. 야스쿠니신사 임시대제 초혼식의 의미

야스쿠니신사의 전신인 도쿄초혼사招魂社는 막부 말 유신기 전쟁 때 만들어진 관군 즉 희생자를 제사지내기 위하여 창건되어 근대 천황제 국가를 창출한 제신祭神의 신사로 인정되었다. 도쿄초혼사에서 1879년 야스쿠니신사가 된 이후에도 별격관폐사別格官幣社의 사격이 부여되어 국가의 특별 관리를 받는 신사로서 위상을 확립하였다. 즉 일본 국민 중 천황을 위해 목숨을 바친 전사자가 제신이 된 것이고, 천황에 의해 그들의 공적을 현창하고 위령하는 공간이 야스쿠니신사인 것이다. 따라서 1874년에 시작된 천황의 행차와 친배는 야스쿠니신사의 존재에 있어서 불가결한 것이 되었다. 천황의 야스쿠니신사 참배에는 특별한 형식이 취해졌는데 천황은 신전 안의 ‘오하마다이御濱台’라고 하는 커다란 무대 위에 올라가 참배를 했다고 한다.[13] 이는 다른 관제管制 신사에서는 볼 수 없는 형태로 제신을 결정하는 천황의 권위가 모셔진 ‘제신’의 권위 보다 우위에 있음을 보여주는 단적인 예라고 할 수 있다.

1887년 신궁을 제외하고 신직(神職: 관리 대우)제도가 개정되었는데, 야스쿠니신사는 내무성의 신관임면권神管任免權에서 육·해군성의 신직임면권으로 고쳐짐으로써 내무성으로부터 완전히 분리되어 육·해군성 소속이 되었다. 야스쿠니신사는 이미 정착된 사격寺格제도와 제도화된 제식에 의해 국가신도의 체계에서 중요한 지위를 계속해서 차지하게 되었을 뿐만 아니라, 별격관폐사라는 사격의 관점에서는 ‘충신忠神’을 모시는 신사와 동격이면서도, 실제로는 다른 많은 관폐사보다 우월하고, 나아가 황조신皇祖神을 모시

---

13    아카자와 시로, 앞의 책, p.32 참조.

는 신궁에 버금가는 지위를 차지하기에 이르렀다[14]고 한다. 이렇듯 당시 야스쿠니신사가 우리가 생각하는 것 이상으로 높은 위치에서 영향력을 발휘할 수 있는 것은 아마도 야스쿠니신사가 다른 '충신'을 모신 별격관폐사와는 달리 현재 진행 중인 전쟁과 직접 관계한 것과 무관하지 않을 것이다.[15]

육군성에서 1938년 4월 20일 임시대제를 맞이하여 발간한 문서 「야스쿠니신사 임시대제를 맞이하여靖国神社臨時大祭を迎へて」[16]를 보면, 야스쿠니신사에서 규정하는 제례의 형식과 그 의미가 상세히 설명되어 있다. 주지하다시피 예대제는 신사의 축일이자 제일祭日이며, 통상 신사에서는 예대제를 가장 중요한 날로 여긴다. 일반적으로 신사의 예대제는 제신祭神의 탄생일인 경우가 많다. 하지만 야스쿠니신사의 제신은 한 개인이 아니다. 야스쿠니의 신이 되기 위해서는 일본군으로서 천황에 충의를 다 바쳐 전사戰死하는 것이 조건이다. 따라서 야스쿠니신사에서는 전쟁의 지속과 함께 재생산되는 전사자를 합사合祀하여 제신으로 만들어내는 의식이 가장 중요하였다.

예대제는 오늘날은 연 2회 즉 4월 30일(메이지 39년 육군개선 관병식 기념)과 10월 23일(메이지 38년 해군개선 관함식 기념)에 행하는 대제이다. 예대제

---


14 오에 시노부, 양현혜, 이규태 역(2011) 『야스쿠니신사』, 소화, p.124.

15 야스쿠니신사와 지방의 초혼사와의 연동성이 거의 보이지 않는다는 점에서 1930년대까지 국가신도가 지역의 말단까지 침투되지 않았다고 보는 관점도 있다. 야스쿠니신사를 정점으로 하는 피라미드형의 동원체제가 본격적으로 갖추어지게 것은, 1930년대 이후 특히 중일전쟁 이후이며 전국 초혼사를 호국신사로 개칭하고 나서 부터라고 한다. 박진우(2007), 「국가신도와 야스쿠니신사 · 초혼사의 통합과정에 대한 재검토」(『日本思想』12, 한국일본사상사학회, pp.165-166) 참조.

16 陸軍省新聞班, 海軍省海軍軍事普及部(1938), 「靖国神社臨時大祭を迎へて」, 陸軍省. http://binder.gozaru.jp/(열람일: 2015. 4. 20) 참조.

는 메이지2년9월 21일에 처음 시작되었는데 특히 이날은 황실에서 칙사가 파견되었다. 그 후 몇 번 개정이 있었고 다이쇼 원년 12월에 현재와 같이 정해졌다. 당일은 칙사가 찾아오고 군인(武官)에게는 휴가가 주어진다. 황족을 비롯한 문무백관의 참배 및 공물봉납, 육해군의 정식참배, 유족 및 각 단체학교 생도, 일반국민의 참배가 이어지는 등 참배행렬 등으로 성황을 이룬다. <u>예대제에는 특별히 합사제를 함께 하는 경우도 있는데 이 경우에는 한층 성대해진다.</u>(밑줄 필자)[17]

위의 인용문에서 예대제에 합사제를 하는 경우에 보다 성대해진다고 한 점에서 원래 예대제에 반드시 합사제를 하지 않았다는 것을 알 수 있다. 예대제에 합사제를 하기 시작한 것은 비교적 최근의 일이라고 한다. 이 글은 1938년 문서로 1931년 만주사변 이후 중일전쟁에 이어지는 과정에서 다량의 전사자가 발생함에 따라 예대제에도 합사제를 하게 된 것으로 추정할 수 있다. 즉 야스쿠니신사 임시대제의 목적은 전사자를 제신으로 승화시키는 합사제合祀祭이며 이 합사제가 곧 초혼식招魂式인 것이다. 따라서 예대제는 통상적인 신사의 축일을 의미하기 때문에서 야스쿠니신사의 임시대제와 예대제는 원래 별개의 의례인 것이다.

일본의 경우 유사 이래 가장 큰 전쟁인 청일전쟁에서 일본군 전사자는 1만 3천명을 넘었다. 이 전쟁의 전사자 합사는 전후 곧장 시작되었다. 1895년(메이지28년) 12월 15일 오후 8시, 장관으로는 처음으로 전사한 오오테라 야스즈미大寺安純 육군소장 이하 1500명의 초혼식이 거행되고 다음 날부터 3일간 임시대제가 열렸다. 첫날은 칙사의 파견, 둘째 날은 메이지천황이 직

---

17    陸軍省新聞班, 海軍省海軍軍事普及, 앞의 글 참조.

접 참배하였고 임시대제 기간 중에는 경마, 스모, 아악舞樂 등 봉납 여흥이 펼쳐졌다. 특히 청일전쟁 이후 임시대제의 봉납 여흥은 유족 위안의 의미를 담아 이 제례의 축제 분위기를 보다 강하게 하는 계기가 되었다.

이후 중일전쟁에서 태평양전쟁까지의 시기에는 특히 수천 혹은 수만 단위로 대량의 전사자를 합사하는 임시대제가 되풀이되었다. 그럴 때 마다 전국 각지에서 수많은 유족이 국비로 도쿄에 초대되어 전사자를 신으로 합사하는 임시대제의 초혼식에 참석했다. 유족들로 양측을 가득 메운 야스쿠니 참배길에 영새부靈璽簿를 실은 오하구라마お羽車가 신관들에 의해 본전으로 옮겨지는 것을 지켜본다. 그리고 유족들은 봉납여흥에 참석한 뒤, 신주쿠교엔, 황궁, 우에노동물원 등 도쿄의 명소를 구경하고 기념사진까지 찍고 고향에 돌아간다. 이렇듯 임시대제는 전사자를 제신으로 모시는 의식인 엄숙한 초혼식과 축제 분위기를 연출하는 봉납여흥으로 구성된다.

아래 인용문에서 알 수 있듯이 전사자가 많아 합사자가 많은 경우에는 임시대제라고 하고, 소수인 경우에는 임시제라고 부른다.

합사제의 전날前—日에는 기요하라이식淸祓式을 하고 그날 밤에 초혼식을 한다. 다음날後—日에는 나오라이제直会祭가 행해진다. 초혼식 순서는 초혼장招魂場에 제단을 설치하고 좌우에는 임시막사를 세운다. 정면에는 도리이鳥居가 있고 그 양측에 오색비단五色絹을 붙인 비쭈기나무眞榊를 박아둔다. 정원에 불을 피우고 육해군 장교가 보는 가운데 궁사는 엄숙히 신령을 초제招祭 하고 네기(禰宜,부신궁 직위) 이하 공물을 바치는 것이 모두 끝나면 불러들인 신령이 본전에 진좌하게 된다는 것이다. 그 다음날부터 임시제전

사진 1  초혼장에서의 초혼식

사진 2  본전으로 이동하는 오하구루마

을 행하는데 이것을 합사제라고 하는 것이다.(밑줄 필자)[18]

무엇보다 가장 많은 합사는 메이지38년(1905) 5월 2일의 합사제로 제신 수가 3만8백8십3주에 이르고 가장 적은 것은 메이지8년 칠월삼일 및 메이지 9년 1월 26일 각 1주이다. (중략) 합사제合祀祭는 최근 예를 들어 보면 합사해야할 신령이 많을 때는 이것을 임시대제라고 부르고 소수일 때는 임시제臨時祭라고 칭한다.(밑줄 필자) 임시대제에는 제전위원장 및 위원에 의해 위원회가 준비된다. 임시제에는 육해군성에서 파견 군무원掛官 약간 명이 와서 성심껏 일을 한다. 이번 합사제에는 만주사변 및 이번 사변에서의 육군 3천8백50주, 해군 678주 총 4533주로 이번 사변 관계자는 아직 합사에 이르지 못했다.[19]

고야스 노부쿠니가 언급한 바와 같이 '전쟁하는 국가 일본은 전사자를 제사지내는 국가'이다.[20] 이러한 기능을 구체적으로 행한 것이 다름 아닌 야스쿠니신사 임시대제(합사제)이고 그 중심에 초혼식招魂式이 있다. 앞에서 언

---

18  陸軍省新聞班, 海軍省海軍軍事普及, 앞의 글 참조.

19  위의 글 참조.

20  고야스 노부쿠니, 김석근 역(2005), 앞의 책, pp.241-249 참조.

급한 바와 같이 초혼식은 천황의 뜻聖旨에 따라 야스쿠니신사에 모시는 전사자들의 영을 새롭게 이 신사에 합쳐 모신다는 의미로 합사제라고도 한다. 초혼식의 과정을 잠시 살펴보면 다음과 같다.[21]

1. 국가를 위해 전사한 시점에서 전사자의 영靈은 유족의 부모, 형제, 자식에 해당하는 사람의 영으로 영령英靈이라고 한다.

2. 야스쿠니신사의 '신'으로 모실 전사자를 선정하고, 영새부靈璽簿에 관위, 성명, 본적 등이 기입된다.

3. 영새부를 실은 미코시神輿와 같은 형태를 한 '오하구루마お羽車'를 엄숙하게 야스쿠니신사의 초혼장에 안치한다.

4. 초혼식을 한다. 한밤 중 초혼식을 행할 때, 대제大祭위원장 이하 육해군 관계자, 합사대상 부대 대표, 재경육해군관청在京陸海軍官衙, 학교·부대의 주임관 대표, 궁사宮司 이하 신직神職이 참배한다.

5. 궁사가 새롭게 모시게 될 사람의 영을 영새부에 불러들이고, 이어서 '천황폐하의 배려로 야스쿠니신사에 모셔 올리게 되었습니다.'라는 축사를 한다. 그리고 고헤이(御幣, 비쭈기 나무나 대나무에 백색 혹은 금·은 5색 종이를 접어 끼운 것)와 헤이하쿠(幣帛, 신에게 바치는 공물)를 두고 신에 올리는 음식인 신찬神饌을 바친다. 여기에서 영령은 새로운 '신'이 된다.

---

21　山中恒(2005),『すっきりわかる「靖国神社」問題』, 小学館, pp.107-109.

6. 궁사와 신직은 본전本殿에 가서 이제까지 모신 신들에게 '지금부터 새로운 신을 맞이합니다.' 라고 말한다. 그리고 다시 초혼식장에 돌아와 '이제부터 야스쿠니신사 본전에 모시고 갑니다.' 라고 말한다.

7. 영새부를 실은 오하구루마가 본전으로 이동한다. 참배자는 정렬하여 이를 지켜본다.

8. 영새부를 본전에 봉안한다. 이제 비로소 야스쿠니신사의 신령으로 진좌鎭座하게 된다.


오리구치 시노부折口信夫가 태평양전쟁 개전 후 1943년에 초혼식 합사제에 참석하고 난 후 그 감상을 쓴「초혼의식을 배견하고招魂儀式の御儀を排して」[22]는『야스쿠니문제靖国問題』의 다카하시 데쓰야高橋哲也가 유족의 감격해하는 모습을 인용한 것으로 유명한 글이기도 하다.


아득히 멀리 떨어진 야산 혹은 해천海川 사이에 귤나무의 구슬처럼 오랜 세월을 거친 영혼이 널리 퍼져 있습니다. 이들을 불러들여 깨끗한 영혼인 채로 본사本社 속에 정성스럽게 담습니다. 야산, 해천 사이에서 혼령을 불러들이는 초혼법招魂法으로 이번에 맞아들인 영혼은 3년 가까운 세월을 거친 뒤 이 혼령들이 이제 곧 완전하게 신으로 바뀌게 되는 것입니다.[23]

---

22    折口信夫(1943),『藝能』, 7月號; 다카하시 데쓰야, 현대송 역(2005),『야스쿠니문제』, 역사비평사, p.32 참조.
23    折口信夫(1943), 앞의 글 참조.

어둑어둑한 불빛 속에서 마치 물결 위에 떠있는 것 같이 흰 옷의 신주神主, 신인神人의 손에 의해 떠올려져 있는 것이 있었지요. 고향 마을 오래된 신사 축제에 밤의 신행神幸을 떠올리게 하듯이 사뿐사뿐 무엇인가가 하늘을-땅 위 약간 높은 하늘을 둥실둥실 날고 있는 것 같은 오하구루마お羽車를 비롯해 그 뒤를 따르는 사람들의 행렬이 경건한 그리움으로 충만한 사람들 앞에 다다랐습니다.[24]

여기에서 주목할 것은 오리구치가 요리시로(依代; 빙의물) 개념을 사용하여 초혼식 모습을 표현하고 있는 점이다. 야산, 해천 등이 전사한 전장戰場로 그곳에 머물러 있는 영혼이 초혼식을 통해 야스쿠니에 불려진다. 그리고 이렇게 맞이된 영혼이 오하구라마에 깃들어 유족 앞을 행차하는 모습을 '오하구루마가 둥실둥실 날아서' 등과 같은 표현으로 나타내고 있다. 이 오하구루마가 신사 본전을 향하고 있는 것은 앞에서 살펴본 바와 같다.

야스쿠니신사의 궁사를 역임한 전 육군대장 스즈기 다카오鈴木孝雄는 고요함 속의 초혼식 모습과 본전으로 향하는 오하구루마의 모습을 다음과 같이 기록하였다.

불제祓除를 끝낸 재정齋庭에는 새로운 영혼이 담겨있는 오하구루마를 한 계단 높이 봉사奉祀하고, 대제大祭 위원장이 처음으로 문무관文武官을 대표하여 위의威儀를 바르게 하고 참열, 정료庭燎가 모조리 꺼지고 기침소리 하나 들리지 않는 완전한 고요함이자 정암淨暗입니다. "나라 지키는 야스쿠니의 대신大神으로서 조용히 천장지구天長地久하리라"라고 궁사가 축사를 읽고 끝내자 참열한 모든 사람이 열을 정돈하고, 곧 군악이 연주되고 전국

---

에서 모여든 수만 유족이 꿇어 앉아있는 가운데 미타마시로御靈代가 조용
히 신전을 향했습니다.[25](밑줄 필자)

대군을 위해 니리를 위해 진징에서 생명을 바친 상병, 그 밖의 군속의 영
령은 오하구루마에 봉안되어 맑은 어둠속으로 이제 곧 야스쿠니의 신전에
진좌鎭坐하려고 합니다.(밑줄 필자) 이렇게 해서 야스쿠니의 신전에 진좌하
고 계신 신은 영구히 국가의 수호신으로서 국가 국민의 숭경을 받게 된 것
이고, 이 어찌 고귀한 것이 아니겠습니까.[26]

스즈키 다카오는 오하구라마를 미타마시로御靈代라고 표현하고 있다. 이
는 스즈키가 오하구루마를 천황과 나라를 위해 목숨을 바친 전사자 영혼의
요리시로(빙의물)로 보고 있다는 것을 의미한다. 전사의 영혼이 깃든 오하구
루마는 무릎 꿇은 유족 앞을 거쳐 신사 본전으로 향해간다. 그리고 여기에
진좌됨으로써 국가의 수호신인 야스쿠니의 신으로 영원히 국민의 숭경을
앞으로 받게 된다는 것이다. 오리구치와 스즈키의 초혼식에 대한 기술 모두
단순히 유족이 감격해하는 분위기만을 표현한 것이 아니다. 유족이 감격해
할 수 밖에 없는 이유인 '야스쿠니의 제신祭神'이 되는 과정이 초혼식에 맞이
된 '영혼'의 이동과 진좌鎭坐를 통해 선명하게 그려지고 있었다.

---

25　가와무라 구니미쓰, 송안법 외(역)(2009), 『싱전의 아이코노그래피(전황과 병사, 그리
　　고 전사자의 초상과 표상)』, 재이앤씨, p.275
26　앞의 책, p.263.

## Ⅲ. 야스쿠니신사의 영혼과 도효이리 의식

『야스쿠니신사지靖国神社誌』(1911)에는 스모장의 운영은 육군이 담당하고 있다는 것과 예대제와 임시대제에 정례적으로 봉납스모를 행하고 이를 황족이 친람親覽하였음을 확인할 수 있다. 이는 야스쿠니신사의 봉납스모가 천황 및 군부와 밀접한 관계에 있다는 것을 시사한다.

> <u>예대제 및 임시대제에 반드시 행한다.</u> (중략) 이 때문에 대제 때에 스모선수들이 혹시 먼 곳에 있을지라도 반드시 모여들어 경기에 임한다. 그리고 스모 선수들이 요코즈나가 되면 본 신사에 참여하여 그 의식을 거행한다. (중략) 1879년까지 본 신사에 관계하는 일은 모두 육군성에서 관할하여 스모장은 제1경영부에서 운영하였다. 그 사무는 제5국장 관장하였다. 1877년 11월의 합사제合祀祭에 오사카의 스모선수 180명을 불러서 스모를 하게 했을 때의 경비는 2800여 원이 소요되었다. (중략) 특히 황족이 친람한 횟수가 수십 회에 이른다. <u>황족이 스모를 친람하여 스모의 면목을 세워 준 것은 전적으로 제신祭神의 은덕 덕분이다.</u>[27](밑줄필자)

여기에서는 국학원대학 연구개발추진기구 연구개발추진센터招魂と慰霊の系譜に関する基礎的研究에서 디지털 자료로 제공하는 『야스쿠니신사 임시대제 기념 사진첩靖国神社臨時大祭記念写真帖』의 사진자료를 통해 당시 임시대제에서 봉납스모의 모습을 보다 구체적으로 확인해보기로 하자.[28] 이 사진집은 1906년(메이지39년)부터 아시아태평양전쟁 중에 걸쳐 간행된 것으로, 천황

---


27  賀茂百樹(1911),『靖国神社誌』, pp.114-115.

28  http://www2.kokugakuin.ac.jp/kaihatsu/maa/taisai_index.html(열람일: 2015. 4. 30)

을 비롯해 육군·해군관계자, 유족, 각종 단체가 참배하는 모습과 유족위안회遺族慰安会의 모습을 촬영한 사진, 유족 단체사진, 합사자 명부 등이 수록하고 있다. 약 120페이지 정도의 분량으로 임시대제臨時大祭 마다 제작되어 유족에게 배포되었다.

『야스쿠니신사 임시대제 기념 사진첩』의 '스모' 관련 부분을 보면 다양한 사진자료들이 게시되어 있다. 그 내용은 크게 다음과 같이 구분하여 정리할 수 있다.[29]

1) 요코즈나橫綱의 참배

2) 마쿠노우치幕內[30] 선수들의 참배

3) 군인 및 학생 선수들의 참배

4) 본전本殿 앞에서 요코즈나의 도효이리 의식

5) 본전 앞에서 마쿠노우치 선수들의 도효이리 의식

6) 도효土俵에서 요코즈나의 도효이리 의식

7) 도효에서 마쿠노우치 선수들 도효이리 의식

8) 스모경기

이와 같이 임시대제에서 야스쿠니신사의 봉납스모의 내용을 살펴보면 경기뿐 아니라 스모 선수들의 참배와 도효이리土俵入り가 매우 중요한 부분을

---

29    이 자료에 소개된 연도는 쇼와8년(1933) 4월, 쇼와12년(1937) 4월, 쇼와13년(1938) 10월, 쇼와14년(1939) 10월, 쇼와15년(1940) 4월, 쇼와15년(1940) 10월, 쇼와16년 (1941) 4월, 쇼와16년(1942) 10월, 쇼와17년(1943) 10월이다.

30    스모선수의 계급에서 마에가시라(前頭) 이상의 계급을 말한다. 요코즈나, 오제키(大関), 세키와케(関脇), 고무스비(小結), 마에가시라가 여기에 해당한다.

사진 3  본전 앞 요코즈나의 도효이리

사진 4  본전 앞 마쿠노우치 선수들의 도효이리

사진 5  도효에서 요코즈나 도효이리

사진 6  도효에서 마쿠노우치 선수들의 도효이리

차지하고 있는 것을 알 수 있다. 특히 야스쿠니신사 봉납스모의 도효이리 의식은 이것이 지니는 특수한 의례적 행위 및 의례 장소를 고려하면, 앞에서 본 초혼식의 영혼의 이동과 관련하여 매우 중요한 제의적 성격을 내포한다고 생각된다.

〈사진 3〉은 요코즈나 다마니시키玉錦의 야스쿠니신사 도효이리 모습이다. 다마니시키가 지면 가까이에 자세를 낮추고 있다가 왼손을 가슴에 대고 오른손을 비스듬하게 들면서 서서히 일어나고 있다. 요코즈나의 도효이리에 동반하는 2명인 타치모치太刀持ち라는 칼을 들고 있는 스모선수와 또 한명 요코즈나를 보좌하는 쓰유하라이露払い라는 존재가 보인다. 이 둘을 동반하는 것은 요코즈나의 특권이라고 할 수 있다. 〈사진 4〉는 마쿠노우치 선수들이 본전 앞에서 도효이리 의식을 하는 모습이다. 〈사진 5〉는 야스쿠니신사 스모장의 도효에서 요코즈나가 도효이리를 하는 모습이고, 〈사진 6〉은 도효

에서 마쿠노우치 선수들이 스모경기에 앞서 도효이리를 하는 모습이다.[31]

원래 스모의 도효이리에 보이는 의례적 행동은 신사나 절의 건축 공사 등을 맞이하여 고사지내는 지진제地鎮祭의 땅 밟기 의식地踏み式과 관계가 깊다.[32] 야스쿠니신사의 봉납스모도 1869년 도쿄초혼사 창건 시 7월 1일부터 3일까지의 신사 앞 광장에서 불의 진좌제鎮坐祭에 스모를 봉납한 이래로 봉납스모가 연례행사가 된 것이다.[33] 이 전통은 계속 이어져 1985년 료코쿠両国 국기관国技館의 준공식落成式에서 당시 요코즈나 치요노 후지千代の富士가 이 의식을 선보였다.

위의 도효이리 사진에 보이듯이 팔을 옆으로 펴고 손바닥을 드러내는 것은 무기를 지니지 않고 정정당당하게 경기에 임하겠다는 것을 의미한다고 한다. 하지만 이러한 세련되고 정제된 양식과 이에 대한 설명은 점진적으로 형성되어진 것으로, 원래는 땅을 발로 밟는 행위인 걸음걸이나 한쪽 발을 높이 들었다가 지면을 밟는 시코四股와 같은 동작이 근원적으로 보다 중요한 의미를 지닌 것으로 추정된다. 민속학자 고라이 시게루五来重는 스모선수의 이러한 행위를 '거친 악령을 진압해 이것을 공동체 외부로 쫓아내는 주술성'을 지닌다고 하였다. 이러한 걸음걸이에 내재된 악령진압의 주술성은 불교사원에서의 헨바이反閇라든지 가부키의 롯포六方 등과 관련성이 깊다고 할 수 있을 것이다.[34]

---

31　모든 사진 자료는 『야스쿠니신사임시대제기념사진첩』에서 발췌함. http://www2.kokugakuin.ac.jp/kaihatsu/maa/taisai_index.html(열람일:2015. 4. 30)

32　工藤隆一(2007),『力士はなぜ四股を踏むのか』, 日東書院, p.19.

33　야스쿠니신사의 신전 조성 때에 스모선수들은 재목가 돌을 니르는 등 공사에 상낭부분 기여했다고 한다. 新田一郎(1994), 앞의 책, p.267.

34　内館牧子(2013),『女はなぜ土俵にあがれないのか』, 幻冬舎, pp.69-70 참조.

이렇게 보면 스모선수에게 지진제에서의 땅 밟기 의식地踏み式을 통해 악령을 진압해 주기를 기대한다는 것은 이 의식을 하는 스모선수를 단순한 인간으로서 보는 것이 아니라 일종의 신적神的 존재로서의 역할을 기대하는 것을 의미한다고 볼 수 있다. 오리구시 시노부의 대표적인 이론인 마레비토まれびと를 빌리면 지진제에서의 스모선수는 '재앙을 진압 및 봉쇄하는 강한 힘을 소유한 사람의 형태를 한 신'이 되는 것이다. 따라서 지진제에 땅 밟기 의식을 하는 스모선수는 악령을 진압할 정도의 강력한 신이 강림한 것이 전제가 된다.

〈표 1〉은 야스쿠니신사 봉납스모에서 도효이리 의식의 장소에 주목한 것이 다. 봉납스모 경기에 참가하는 요코즈나 및 마쿠노우치 선수들이 신사본전에 참배한 후 본전 앞에서 도효이리 의식을 한다.

표 1 야스쿠니신사 봉납스모에서 도효이리 의식

| 장소 | 도효이리 주체 |
| --- | --- |
| 본전 앞 | 요코즈나 |
| 본전 앞 | 마쿠노우치 선수들 |
| 스모장 도효 | 요코즈나 |
| 스모장 도효 | 마쿠노우치 선수들 |

그렇다면 초혼식을 통해 전사자 합사의식을 마친 다음날에, 신사 본전에 참배를 하고 그곳에서 도효이리 의식을 행하는 것은 어떠한 의례적 의미를 지니는 것일까. 일반적으로 스모 경기가 펼쳐지는 도효를 신성하다고하는 이유는 그곳에 신이 강림한다고 생각하기 때문이다. 그런데 이곳 야스쿠니신사 본전 앞은 실제 도효는 아니지만 도효이리 의식을 한다. 즉 야스쿠니

신사의 본전 앞은 신이 강림하는 곳이기 때문에 도효이리를 해야 하는 것이고, 이곳은 다름 아닌 전사자의 영혼이 모셔진 곳이다. 그렇기 때문에 스모선수는 본전 앞 도효이리 의식을 하기에 앞서 야스쿠니신사의 제신이 된 전사자에게 경의를 표하는 참배를 한다.

야스쿠니신사에서는 특히 전사자가 다량으로 배출된 시기에 임시대제를 지속적으로 거행하여 초혼식을 통해 그들을 야스쿠니의 신으로 계속 합사해왔다. 야스쿠니신사의 초혼식은 〈천황에의 충忠 → 성전聖戰의 전사자 → 야스쿠니의 신神〉이라는 구조를 성립시키는데 중추적 역할을 해왔다. 야스쿠니신사의 본전 앞 공간과 그곳에서의 의례적 행위에 주목하면, 이 도효이리 의식은 스모선수가 초혼식에 맞이되는 전사자 영혼을 받아들여 '군신軍神' 혹은 '충신忠神'이 되는 것을 상징하는 의례적 의미로 해석된다. 따라서 초창기 야스쿠니신사의 건설 시 진좌제鎭坐祭의 봉납스모에서 행한 도효이리 의식은 안전한 신사 건립을 방해하는 '악령을 퇴치'하는 의식이었다면, 점차 전쟁의 빈발과 함께 행해진 임시대제 속 본전의 도효이리 의식은 야스쿠니신사의 '군신', '충신'이 된 전사자를 상징화한 것으로 판단된다.

〈사진 3〉과 〈사진 4〉를 비교하면 알 수 있듯이 요코즈나의 도효이리는 마쿠노우치 선수들의 도효이리보다 훨씬 특별한 의식으로 보인다. 원래 요코즈나는 스모선수의 계급 명칭이 아니라 스모선수가 입고 있는 옷인 마와시まわし 위에 감은 하얀 시메나와注連繩를 가리킨다. 요코즈나가 스모선수의 계급표인 반즈케番付에서 가장 높은 계급이 된 것은 1890년 제16대 요코즈나 니시노 우미키지로西の海嘉治郎부터이며 그때까지 가장 높은 계급은 오제키大関였다.[35] 요코즈나가 관념상 신처럼 여겨진 것도 이러한 시메나와와 같

---

35    工藤隆一(2007), 앞의 책, p.98.

은 장식물과 도효이리 의식에 의례적 의미부여가 확고해진 이후 일 것이다.

오리구치 시노부는 「히게코이야기髭籠の話」(1915)[36]에서 "마쓰리祭り에서 단지리だんじり 위의 대나무 장대 끝에 붙이는 장식飾り"인 수염 형태를 하는 히게코髭籠를 '요리시로(빙의물)'로 칭하였다. 마찬가지로 본전 앞 도효이리에서 요코즈나의 시메나와를 신의 빙의물이라고 한다면 이것이야말로 야스쿠니신사의 제신인 전사자의 영혼이 강림한 가장 대표적인 빙의물로 판단된다. 따라서 본전 앞에서 시메나와를 메고 도효이리를 하는 요코즈나야말로 스모선수들 중에서도 야스쿠니신사의 제신과 같은 군신軍神이자 충신忠神이 되는 것으로 여겨진다.

지금까지 야스쿠니신사 본전의 도효이리에 주목하여 다소 과감한 가설을 세워보았다. 이는 당시 일본의 '군신 및 충신만들기'가 팽배한 시대적 상황에서도 크게 벗어나지 않는다. 근대기 일본의 국가신도 체제 시기에는 전쟁영웅을 신격화하는 '군신'을 창조하고, 이들을 모신 신사가 많아졌기 때문이다. 오오누키가 지적한 바와 같이 '군신'이라는 말은 원래 무인을 수호하는 신들을 가리키는 것인데, 메이지정부는 이 말을 신격화된 병사를 의미하는데 사용하여 병사가 기꺼이 전쟁터로 나갈 것과 국민이 거기에 반대하지 않고 적극적으로 지지하도록 했다.[37] 주지하다시피, 군신軍神화를 실시한 초기단계에 가장 중요한 역할을 한 쿠스노기 마사시게(楠木正成: 1294~1336)[38]가 있다. 그리고 메이지유신 이후에 러일전쟁의 용사로서 아내와 함께 천황

---

36    折口信夫, 「髭籠の話」, 『折口信夫全集』, 第2巻, 中央公論社, 1995, pp.185-186 참조.

37    오오누키 에미코, 앞의 책, pp.209 참조.

38    쿠스노기 마사시게는 고다이고 천황(재위 1318-1339) 측에 가담하여, 규슈에서 올라오는 아시카가 다카우지의 교토 입성을 막기 위해 효오고 미나토가와에서 이들과 격전을 벌이다가 패하자 스스로 생명을 마감했다.

사진 7  육군의 문장紋章이 들어간 미즈히키막

의 죽음을 따른 것으로 유명한 노기 마레스케(乃木希典: 1849~1912)와 러일 전쟁에서 일본 연합 함대 사령장관으로 활약한 도고 헤이하치로(東郷平八郎: 1848~1934) 등도 군신으로 칭송받았으며 노기신사(乃木神社, 1912년 건립), 도고신사(東郷神社, 1940년 건립)가 건립되어 모셔졌다.[39] 이처럼 당시 군신의 창조와 전쟁영웅의 신격화라는 시대적 분위기 속에 '사람이 신이 되는 신사'로서 야스쿠니신사가 존재하였고, 야스쿠니신사의 봉납 도효이리도 이러한 인식의 연장선상에서 형성되었다고 판단된다.

또한 스즈키 궁사가 초혼식에 대하여 언급한 「야스쿠니신사에 대하여靖国神社について」에서의 발언은 야스쿠니신사의 본전이라는 공간이 도효이리 의식을 통해 '군신'을 생산하는 공간이라는 것을 새삼 확인케 한다.

---

39  오오누키 에미코, 앞의 책, pp.209-210 참조.

이 초혼장에서의 제사는 인령을 그곳에 초빙한다. 이때는 사람의 영이다. 일단 그곳에서 합사의 봉고제奉告祭를 행한다. 그렇게 하여 본전(정전, 正殿)에 안치하게 되면 이때 비로소 신령이 되는 것이다.(밑줄 필자) 이것을 잘 생각해 두어야 한다. 특히 유족들은 이것을 명심하여 언제까지 자기 자식이라고 생각해서는 안 된다. 자신의 아들이 아니라 신이라는 생각을 가지지 않으면 안 된다. 인령과 신령을 구별하지 않는 사고방식이 정신적인 면에서 여러 가지로 잘못된 행동양식을 만들어 내는 것이다.[40]

지금까지의 해석을 토대로 야스쿠니신사 봉납스모의 제의적 성격을 정리하면 다음과 같다. 야스쿠니신사의 본전은 초혼식을 거쳐 전사자의 영혼이 제신으로 모셔진 공간이다. 그리고 본전에서의 봉납 도효이리를 통해 스모 요코즈나와 마쿠노우치 선수들은 야스쿠니의 제신인 전사자의 영령이 강림하는 군신이자 충신이 된다. 본전 앞 도효이리를 마친 뒤에는 야스쿠니신사 스모장의 도효에서 2번째 도효이리 의식을 한다. 즉 '본전' 앞 도효이리 의식을 통해 군신軍神·충신忠神이 된 스모선수들은 스모경기가 펼쳐지는 '신성'한 스모장에서 다시 한번 도효이리를 하는 것이다. 따라서 군신·충신들의 격렬한 스모가 펼쳐지는 야스쿠니신사의 스모장 도효는 신성한 '전장戰場'을 상징화한 공간이 되는 것이다.

---

40  오에 시노부, 앞의 책, p.47 참조.

# Ⅳ. '스모계-군부-야스쿠니신사'의 관계

도효의 지붕 아래 사방을 둘러싼 것을 미즈히키막水引幕이라고 한다. 1909년 국기관國技館 개관을 앞두고 육군과 해군 양쪽에서 스모협회에 미즈히기믹을 보내었는데, 이 미즈히키막이 처음 사용된 것은 1907년 5월 2일 ~4일에 거행된 야스쿠니신사 임시대제에서였다. 그리고 같은 해 오즈모大相撲 대회 나츠바쇼夏場所에서도 사용되었다.

국기관 개관 장소에서 사용된 미즈히키막은 데라우치寺內 당시 육군대신이 협회에 기증한 것이었다. 자주색 천에 흰색으로 산 모양과 사쿠라 꽃이 곁들여진 것이 육군 문장紋章의 미즈히키막이었다. 한편 해군의 도고 헤이하치로東鄉平八郎, 사이토 마코토齋藤実 양 대장도 연명으로 메이지 1907년 5월 중순에 협회에 미즈히키막을 보냈다. 자주색 천에 흰색으로 파도 문양에 닻과 사쿠라 꽃을 함께 곁들인 것이 해군을 나타내는 것이었다. 원래 미즈히키막水引幕은 음과 양이 싸워 불이 나오듯 양 리키시가 정기精氣를 품어내며 승부를 겨루기 때문에 이것을 억제하기 위해 물을 상징하는 미즈히키막을 걸었다는 것으로 설명된다. 하지만 당시는 미즈히키막水引幕 보다 도효천막土俵天幕이라는 말이 일반적[41]이었다는 것에서도 알 수 있듯이 군대의 색채가 전면에 나와 있는 것이다.[42] 1900년대 초반 이미 육군과 해군에서 보낸 미즈히키막이 야스쿠니신사의 임시대제에 사용되는 등 〈스모계-군부-야스쿠니신사〉가 이미 상당히 밀접한 관계에 있다는 것을 할 수 있다.

1928년 스모협회는 '재단법인 대일본스모협회'로 새롭게 출범하였는데

---

41 風見明, 앞의 책, pp.95-97 참조.
42 위의 책, pp.98-99 참조.

초대 회장에 후쿠다 마사타로福田雅太郎 육군대장이 취임하였다. 그는 황족이면서 이세신궁의 신관을 역임한 카야노미야賀陽宮로 부터 '국기'스모를 보다 활성화시키라는 지시를 받았다고 한다. 당시 황태자였던 쇼와 천황은 스모 애호가로 잘 알려져 있는데 하사금을 지급하는 등 황실의 지원이 있었고 대일본스모협회는 천황배 등 국기에 걸 맞는 명칭으로 대회를 정비하는 등 대일본스모협회의 출범은 군부와 황실과 매우 밀접한 관계 속에서 성립되었다고 할 수 있다.[43]

대일본스모협회 초대회장 후쿠사 마사타로福田雅太郎 이후로 1930년 육군대장 출신 오노 미노부尾野実信, 1939년 해군대장 출신 다케시타 이사무竹下勇 등 군인출신이 계속 회장을 역임하는 것이 스모협회와 군부의 밀접한 관계를 상징적으로 나타낸다고 할 수 있겠다. 따라서 대일본스모협회가 출범하고 나서 육군기념일(3월 10일)[44]과 해군기념일(5월 27일)[45]에 육군장교들의 친목 및 상호부조 단체인 가이코샤偕行社와 해군장교의 친목 및 상호부조 단체인 스이코샤水交社에 참석하여 매회 여흥으로 스모가 펼쳐졌다.[46] 이 스모에 쇼와 천황이 참석하는 경우가 많았다. 또한 야스쿠니신사도 전 육군대장 출신 스즈키 다카오鈴木孝雄가 1938년에 제4대 궁사로 취임하였다.

---

43  胎中千鶴, 「帝国日本の相撲-外地から見た「国技」と大相撲-」, 『現代思想』, 藤原書店, pp.189-190 참조.

44  육군기념일과 해군기념일 모두 러일전쟁의 승리를 기념한 날로 육군은 1905년 2월말부터 3월 10일에 걸친 봉천대회전(奉天大會戰)의 승리를 기념한 것이다.

45  해군기념일은 5월 27일부터 28일에 걸쳐 행해진 쓰시마해전 승리를 기념한 것이다.

46  육군기념일에는1922년 제5회 가이코샤(偕行社)가 스모경기가 있었다. 해군기념일에는 제1회(1928), 3회(1929), 5회(1930), 8회(1933), 9회(1934), 10회(1935),11회(1937), 12회(1940) 등 스이코샤(水交社)에서 펼쳐졌다. 김용의(2014), 앞의 책, pp.146-151 참조.

　이상 잠시 살펴본 바와 같이 1920년대와 1930년대에 들어서 〈스모계-군부-야스쿠니신사〉는 군국주의가 고양되는 가운데에 상호간에 보다 밀착된 관계를 형성해 간다. 야스쿠니신사의 봉납스모가 군신·충신을 만들어 내는 것과 동일한 제의적 성격을 내포할 가능성이 크다는 점은 이러한 〈스모계-군부-야스쿠니신사〉의 관계를 통해서도 짐작할 수 있다.


## Ⅴ. 맺음말


　2015년 야스쿠니신사의 봉납스모는 4월 3일 개최되었다. 야스쿠니신사 홈페이지의 연간행사 일람을 검색해보면 춘계예대제(4월21일~23일)는 날짜가 정해져있으나, 사쿠라마쓰리와 봉납스모는 4월 초순上旬으로만 되어있다.[47] 이는 사쿠라가 만개하는 시기가 일정하지 않다는 것과 봉납스모는 사쿠라마쓰리의 일환으로 매년 열린다는 것을 의미한다.

　그런데 우리는 앞에서 육해군의 문장紋章과 봉납스모의 미즈히키막의 문장이 일본의 벚꽃인 사쿠라라는 것을 확인할 수 있었다. 끝으로 사쿠라와 봉납스모의 관계에 대하여도 간단히 정리해 보고자 한다. 일본 군부가 군국주의 하에서 '사쿠라 꽃처럼 진다', '산화散花'와 같은 은유적 미의식을 통해 가미카제 특공대와 같은 군인들의 희생을 강요해온 것은 잘 알려져 있는 사실이다. 한편 전사한 후에는 천황이 참배해 주시는 야스쿠니신사에서 부활하여 야스쿠니신사의 사쿠라 꽃으로 환생한다고 믿었다.[48] 야스쿠니신사는 사

---

47　야스쿠니신사 공식 홈페이지 참조 http://www.yasukuni.or.jp/(열람일: 2015. 4.30)

48　오오누키 에미코, 앞의 책, p.47 참조.

쿠라의 명소로 알려져 있을 만큼 경내境內에 사쿠라 묘목苗木이 많이 심어져 있으며 각 벚꽃 나무에는 개별적으로 부대명이 기입되어 있다. 이는 야스쿠 니신사에서 사쿠라 꽃을 신격화된 병사의 환생으로 의미부여 하였기 때문 으로 알려져 있다.

현재 야스쿠니신사의 봉납스모는 전전과 같은 임시대제 및 초혼식이 없기 때문에 본전에서의 도효이리 의식은 하지 않는다. 전전 봉납스모의 도효이리 의식은 전사자戰死者 영혼의 초혼招魂관념을 반영한다고 보았다. 따라서 전전 임시대제 초혼식의 봉납스모는 '사쿠라 꽃처럼 진' 전사자 영혼과 관계한다면, 현재 야스쿠니신사의 봉납스모는 사쿠라마쓰리의 시기에 맞추어 열린다는 점에서 '만개한 사쿠라 꽃'인 환생한 전사자와 관계한다. 이렇게 보면 야스쿠니신사의 봉납스모는 전전과 전후를 관통하는 '전사자의 영혼'을 배경에 둔 일본만의 특징적 문화현상이라고 할 수 있을 것이다.

## ■ 참고문헌

가와무라 구니미쓰, 송완범 외 역(2009), 『성전의 아이코노그래피(천황과 병사, 그리고 전사자의 초상과 표상』, 재이앤씨.

고야스 노부쿠니, 김석근 역(2005), 『야스쿠니의 일본, 일본의 야스쿠니』, 산해.

다카하시 데쓰야, 현대송 역(2005), 『야스쿠니문제』, 역사비평사.

동북아역사재단(2014), 『야스쿠니에 묻는다: 야스쿠니 무단 합사 철폐 소송』, 동북아역사재단.

박진우(2007), 「국가신도와 야스쿠니신사 · 초혼사의 통합과정에 대한 재검토」, 『日本思想』12. 한국일본사상사학회.

아카자와 시로, 박화리 역(2008), 『야스쿠니신사』, 소명출판 참조.

오에 시노부, 양현혜, 이규태 역(2011), 『야스쿠니신사』, 소화.

오오누키 에미코, 이향철 역(2004), 『사쿠라가 지다 젊음도 지다-미의식과 군국주의』, 모멘토.

折口信夫(1995), 「髯籠の話」, 『折口信夫全集』, 第2卷, 中央公論社.

折口信夫(1943), 『藝能』, 7月號.

内館牧子(2013), 『女はなぜ土俵にあがれないのか』, 幻冬舍.

風見明(2002), 『相撲、国技となる』, 大修館書.

賀茂百樹(1911), 『靖国神社誌』, 靖国神社.

川端 要寿(1993), 『物語日本相撲史』, 筑摩書房.

工藤隆一(2007), 『力士はなぜ四股を踏むのか』, 日東書院.

酒井忠正(1956), 『日本相撲史』上卷, 日本相撲協会.

新田一郎(1994), 『相撲の歴史』, 山川出版.

胎中千鶴(2010), 「帝国日本の相撲-外地から見た「国技」と大相撲-」, 『現代思想』, 藤原書店.

藤生安太郎(1938), 『武道としての相撲と国策』, 第日本清風.

陸軍省新聞班, 海軍省海軍軍事普及部(1938), 「靖国神社臨時大祭を迎へて」, 陸軍省.

リ-トンプソン(2010), 「相撲の歴史を捉え直す」, 『現代思想』, 藤原書店.

靖国神社(1983), 『靖国神社百年史(資料編)上』, 原書房.

山中恒(2005), 『すっきりわかる「靖国神社」問題』, 小学館.

横山健堂(1943), 『日本相撲史』, 富山房.

http://www.yasukuni.or.jp/(열람일: 2015. 4. 30).

http://www2.kokugakuin.ac.jp/kaihatsu/maa/taisai_index.html(열람일: 2015. 4. 30).

http://binder.gozaru.jp/(열람일: 2015. 4. 20).

# 제8장

■

# 야스쿠니신사靖国神社 유슈칸遊就館의
# 건립과 동시대 전쟁박물관으로의 성격변화

김용철

## Ⅰ. 머리말

야스쿠니신사靖国神社 유슈칸遊就館이 오늘날 차지하는 위상은 각별하다. 태평양전쟁을 비롯한 지난 시기 침략전쟁의 상황을 전리품, 전몰자의 유품을 중심으로 전시하는 전시공간으로 단순한 무기박물관이 아니다. 특히 1945년 종전과 함께 폐지되었다가 1986년 재개관하고, 2002년의 리노베이션 이후에는 일본의 황국사관에 토대를 둔 전쟁박물관으로 뿌리를 내린 듯한 인상을 주고 있다. 2006년 전시내용에서 미국이 일본을 압박하여 태평양전쟁 도발을 유도하였고 일본의 참전이 미국의 경제부흥으로 이어졌다는 대목이 문제가 되어 미국의 비판이 이어지자 결국 그 내용을 수정한 일도 기억해아 할 사실이지만, 1년 약 30만에 날하는 관람객의 숫자가 근년 증가

일로에 있는 사실도 주목해야 할 점이다.[1] 근대 일본의 전쟁에 관한 각종 전시회를 통하여 야스쿠니신사의 기능을 보완하고 그 의미를 부각시키는 유슈칸의 기능은 각종 시각자료를 통해 전쟁의 기억을 재생산하는 기관으로서 뿌리를 내린 듯이 보인다.

이러한 유슈칸은 한 때 동시대 전쟁박물관으로서의 성격을 가진 바 있다. 진행중인 전쟁에서 획득한 전리품이나 전사자의 유품, 그리고 최신무기가 전시된 전시공간이었다. 뿐만 아니라, 전의고양을 위한 대규모 기획전시회도 개최하였다. 하지만, 유슈칸이 동시대 전쟁박물관으로서의 성격을 띠게 된 것은 건립 당시부터 그렇지는 않았다. 그것은 건립 이후 몇 차례 변화를 거친 결과였다. 또한 유슈칸의 건립 이전부터 유사한 전시관 건립 구상이 있었고, 시간적으로는 야스쿠니신사가 도쿄東京 초혼사招魂社였던 시기부터 전시관 논의가 있었다.

이 글에서는 야스쿠니신사의 부속시설로서 유슈칸이 건립된 경위와 몇 차례 변화를 거쳐 동시대 전쟁박물관의 성격을 갖게 된 과정을 조명하고자 한다. 유슈칸이 갖고 있던 동시대 전쟁박물관의 성격은 2차 세계대전의 종전과 함께 일단락된 셈이지만, 당시까지 유슈칸이 가진 의미는 매우 컸다. 오늘날 유슈칸이 기능을 확대하기 위해 보여주고 있는 갖가지 시도에서도 알 수 있는 바와 같이 건립 이후 유슈칸이 동시대 전쟁박물관으로서의 성격을 갖기까지의 과정에 대한 검토는 과거를 되돌아보는 일에 그치지 않는다. 그것은 오늘날의 유슈칸이 지향하는 방향을 가늠하는 데도 중요한 실마리를 제공해줄 것이다.

---

1  「靖国神社遊就館: 米が批判の記述修正 アジア関連は変えず」, 『毎日新聞』 2006.10.6.

## Ⅱ. 유슈칸 이전의 전시관 건립구상

유슈칸은 설립 이전부터 그 설립과 관련지을 만한 한, 두 가지 움직임이 있었다. 유슈칸의 역사에서는 전사前史로 규정해야 할 이 사례들은 야스쿠니신사의 전사에 해당하는 초혼사 당시의 상황을 반영하고 있어 흥미롭다. 가장 먼저 전시관 건립을 구상한 인물은 서양화가 다카하시 유이치高橋由一다. 현재 남아 있는 기록에 따르면 그는 초혼사에 전액관展額館을 지어 액면額面을 봉납받아 전시함으로써 "신령을 위로하고 대중을 발명發明케 하는"곳으로 삼고자 하였다.[2] 전시관의 취지뿐만 아니라, 헌납자의 사회적 지위별로 헌납의 방법을 자세히 명시하여 고급관료는 2, 3개 정도를 헌납하고 중간층은 3, 4명, 6, 7명이 하나를, 외국인도 뜻있는 자는 헌납할 수 있도록하였다. 헌납회화의 종류는 일본 전통회화와 서양화를 구별하지 않고 초상화, 풍경화를 언급한 점은 전통적인 신사의 부속 전시공간인 에마당絵馬堂과는 구별되는 점이다. 1871, 2년의 기록으로 추측되는 이 구상은 실현되지는 못하였으나 비슷한 시기「서양화법의 국가적사회적 유용성」에서 서양화의 국가사회적 유용성을 역설한 사실에 비추어 서양화를 중심으로 한 회화의 보급에 힘쓰던 시기에 전시관 건립을 구상한 유이치의 의도를 알 수 있다.[3]

다카하시 유이치가 초혼사에 전액관을 건립을 구상하게 된 것은 서양화를 중심으로 한 회화의 보급하려던 의도에 더하여 매우 중요한 배경적 요인이 있었다. 무진전쟁戊辰戦争의 전몰자를 제사지내는 신사로서 도쿄초혼사

---

2 高橋由一(1984),「招魂社地展額館奉創設布告書」,『高橋由一 油画史料』, 中央公論美術出版, pp.238-241.

3 高橋由一,「西洋画法の国家社会的有用性」, 위의 책, pp.218-220.

가 건립된 이후 주변 지역이 유흥장으로 번성해간 것이다. 따라서 경마장이나 서커스장, 온천 등이 들어섬에 따라 대중적인 유흥장으로 자리잡아 가던 당시 초혼사 일대에 주목한 유이치가 초혼사 부속 전시관을 구상한 것은 서양화 도입의 선구자로서 회화의 대중적 보급에도 힘썼던 그가 대중의 왕래가 많은 곳에 전시관을 건립하여 그 효과를 극대화하려 한 계산의 결과였던 셈이다.

다카하시 유이치의 전시관 구상과는 다른 움직임이 1878년에 있었던 에마당 건립논의다. 1878년 2월 2일 육성군陸軍省의 조회照會 문서에 따르면 화족회華族會가 육군성에 기탁한 돈 삼만엔 가운데 부상병 치료비 등에 쓰고 남은 금액을 육군성이 반납하기도 곤란하니 그것으로 에마당을 건립할 것을 제안하며 그 내용을 화족회에 조회하였다.[4] 서남전쟁西南戰爭 당시 정부군 부상병의 치료를 위해 화족회가 기탁한 의연금 잔여액의 새로운 사용처로서 초혼사 에마당의 건립이 제안되었던 것이다. 당시 육군경陸軍卿 야마가타 아리토모山県有朋가 태정경太政卿 이와쿠라 토모미岩倉具視에게 보낸 이 조회서는 초혼사 에마당 건립에 사용하는 것에 대한 논의가 육군성에서 진행 중이니 화족회의 의사를 묻는 것이었다.[5]

원래 신사의 일종이었던 초혼사의 부속건물로서 에마당의 건립이 논의된 것은 지극히 자연스러운 일이다. 하지만, 그것은 유슈칸의 전사가 가진 또 다른 일면을 보여준다. 즉, 유슈칸은 신사의 봉납물 전시공간이라는 전통성을 띤 공간으로 구상되었던 것이다. 후일 야스쿠니신사와 전시공간인 유슈칸이 짝을 이루듯이 초혼사 시기에 전시공간으로 짝을 이룬 것은 전통적인

---

4   靖国神社編(1983),「陸軍省照會」,『靖国神社資料集』, 靖国神社, p.49.

5   위의 글, p.49.

신사에서 볼 수 있는 에마당이었던 셈이다.

육군성의 조회에 대해 화족회는 에마당 건립의 취지를 이해하고 육군성의 견해를 이해한다는 입장을 전달하였다. 아울러 화족회 내부에서 에마당 건립에 관해 논의한 결과 영세불후의 시설로 건립해줄 것을 주문하였다. 이후 화족회는 추가로 3000엔을 기부하여 돌이나 금속으로 등롱을 건립하겠다는 의사를 표시함으로써 절대적인 찬성의지를 표명하였다. 메이지정부 수립과정에서 내전인 무진전쟁이 발발하여 정부군과 막부군이 대립하던 시기인 만큼 초혼사 에마당의 건립은 정부군의 전몰자를 위한 추도시설에 부속된 전시공간으로서 논의되었고, 적어도 이 시점에서는 신사신도의 관념에 바탕을 둔 신사의 전시공간 즉, 에마당 이상의 성격을 갖지 않았다는 점이 주목된다.


## Ⅲ. 유슈칸의 출범과 무기진열소

### 1. 유슈칸의 출범

에마당 건립구상이 구체화되어 가던 상황에 변화가 나타난 것은 1879년 1월의 일이다. 1월 6일자로 발송된 문서에 따르면 '掲額 및 武器陳場'이라는 문구가 명시되어 있다.[6] 즉, 이 시점에 이르러 진열공간은 액자를 거는 에마당의 성격에 더하여 무기진열장으로서의 성격을 갖게 된 것이다. 그리고 그 비중은 무기진열장에 가 있었다. 3월 22일 공병제일방면工兵第一方面 니시다

---

6    靖国神社編(1983), 「陸軍省第一局長小澤武雄伺書」, 『靖国神社百年史 資料篇 中』, 靖国神社, p.50-51.

西田 소좌가 발송한 공문서에 따르면 "대포, 그 밖의 중량 물품을 진열할 전
망"이 있음을 지적하였을 뿐만 아니라 이후로는 더 이상 공식문서에서 에마
당이라는 단어가 등장하지 않는다.[7] 다만, '揭額'이라는 용어를 통하여 에마
당의 기능을 부분적으로 계승하고 있을 뿐이다. 문서에 따르면 에마당 자체
가 전시시설로서의 기능을 갖고 있었지만, 메이지시대에 들어 박물관이 가
진 교육장으로서의 기능을 이해한 관계자들의 고려가 반영된 결과로 보인
다.[8]

초혼사 에마당이 '게액 및 무기진열장'으로 그 성격을 전환한 것은 당시
초혼사의 운영에 관한 변화와도 관련이 있는 것으로 추측된다. 그해 도쿄
초혼사는 야스쿠니신사로 이름을 바꾸고 지위도 별격관폐사別格官幣社로 격
상되었다.[9] 같은 날 발송된 통지문에 따르면 이후 야스쿠니신사는 내무·육
군·해군성이 관할하고 제식은 육군·해군성의 관원이 집행하며, 신관神官
인사 문제는 내무성이, 건축수리 및 일체의 경리는 육군성이 관장하는 것으
로 명시하였다.[10] 야스쿠니신사의 실제적 운영을 육군성이 주도하게 된 것
이다. 이러한 사정을 감안하면 에마당에서 게액 및 무기진열소로 전환이 이
루어진 것도 다름 아닌 육군성의 입장이 강하게 반영된 결과로 추측된다.

'揭額 및 武器陳列所' 건립 계획은 이후 착착 진행되었다. 1879년에는 이
탈리아에서 초빙하여 공부미술학교 교수직을 맡고 있던 건축가 카펠레티와
협의하여 구조에 관한 논의를 진행하였다. 카펠레티가 제시한 설계의 요점

---

7    靖国神社編(1983), 「工兵第一方面提理伺書」, 『靖国神社百年史 資料篇 中』, 靖国神社, p.52.

8    福沢諭吉(1998), 『福翁自伝』, 校倉書房, pp.123-134.

9    靖国神社編(1983), 『靖国神社百年史 事歴年表』, 靖国神社, pp.119-120.

10   靖国神社編(1983), 『靖国神社百年史 事歴年表』, 靖国神社, pp.119-120.

사진 1 카펠레티가 설계한 유슈칸. 1880년대

은 이탈리아 고성古城에 원형을 두고 건축장식을 배제한 것으로 1881년 완성된 건축물(사진 1)에 그대로 반영되어 있다. 당시 야스쿠니신사 경내에서는 가장 규모가 컸던 이 건물은 간결하고도 엄격한 외형에 무기박물관으로서의 이미지에 꼭 들어맞는 예였다.

카펠레티에 의한 건축이 이루어지던 그 시기에 건물의 이름이 '유슈칸'으로 지어졌다. 당시 육군성 총무국장 오자와 다케오小澤武雄가 학자 요시오 기쿠힌吉尾菊瀨에게 부탁하여 지었다는 그 이름은 원래 유가사상의 계승자 순자荀子가 지은 『荀子』의 한 구절 "君子居必擇鄕, 遊必就士" 즉, 군자는 살 곳을 향촌으로 택하고, 놀 때는 선비를 따른다는 구절에서 온 것이다.[11] 특히 마지막 부분에 나와 있듯이 군자가 놀 때는 선비를 따른다는 부분은 무기진열소의 명칭으로는 이율배반적인 측면도 갖고 있지만, 전근대 동아시아의 유교적 교양을 바탕으로 한 작명의 시도는 유교적 전통을 바탕으로 한

---

11    靖国神社編(1983), 『靖国神社百年史 資料篇 中』, 靖国神社, pp.58-59 以, 君子居擇必鄕, 遊必就士.

메이지시대 정신적 지향의 일면을 반영한다. 더욱이 서양식 건물에 전근대 유교적 교양을 담은 명칭을 붙임으로써 발생한 다소간의 의미상 불일치는 메이지시대 뿌리깊게 남아 있던 유교적 전통을 고려하면 불가피한 일면을 드러내고 있다.

이전까지 '掲額並武器陳列場'이라는 명칭으로 불리던 이 전시공간은 1880년 11월 17일에 보낸 육군성 총무국장의 질의서 이후 '유슈칸'으로 굳어졌다.[12] 유슈칸이 무기진열장으로서의 성격을 띠게 되면서 다양한 방식으로 진열품이 확보되었다. 당시 확보된 진열품 가운데 메이지정부 수립과정에서 확보된 무기들은 가장 큰 비중을 차지한다. 폐번치현廃藩置県으로 없어진 각번이 소장하던 무기를 반납한 예들과 무진전쟁에서 막부군과 관군이 사용한 무기가 육군성과 해군성으로부터 대량 교부되어 유슈칸의 진열품이 되었다. 그 과정을 통해 무진전쟁에서 사용된 날이 부러진 칼 등 수많은 무기가 유슈칸 진열품으로 확보되었다. 그밖에도 철도공사에서 발견된 고대 무기, 육군소위가 기증한 조선의 갑주 등이 당시 유슈칸의 진열품에 포함되었다.[13]

진열품이 충분히 확보되지 않은 상황에서 그것을 확충하기 위한 방편으로는 궁내성宮内省에서 천황가의 소장품을 대출하였다. 1883년 4월 26일 궁내성에 대여를 조회한 결과 사자왕 도검, 신공황후神功皇后 갑옷, 고대 창 등

---

12 「工兵第一方面提理伺書」에는 ..靖国神社付属掲額及武器陳列所..라고 언급되어 있고 1880년 1월 2일의 「陸軍省総務局伺書」에는
　　..靖国神社境内遊就館ノ儀　別紙方法書並略図間割ノ通ヲ以テ
　　1.額 在来ノ中掲クル二足ル者ハ之ヲ
　　1.書籍 古来ノ兵書図画其他
　　1.武器 砲兵工二有之旧諸藩ノ還納品分捕品等ノ中,同不用ノ分ヲ受ケ
13 『朝日新聞』, 1882년 11월 26일.

이 포함되었고 각 대여품은 한 달 동안 대여되었다. 이들 대여품은 품목 자체의 비중도 그러하지만, 시대고증이나 중요도의 측면에서도 아직 빈약했던 당시의 사정을 반영하고 있다. 이후 1909년에는 내무성에서 국보를 대여하여 진열품을 확충하였다. 무기진열소로 성격이 굳어져갈 당시 유슈칸에는 무기뿐만 아니라, 전쟁을 소재로 다룬 회화 등의 조형물도 확보되며 후일 전쟁박물관으로 발전할 가능성을 안게 되었다.

액자 및 무기진열장으로서 유슈칸이 개관한 이래 1888년 8월 당시에는 1832점이 진열품으로 확보되었고 수요일과 일요일, 대제일부터 5일 정도의 공개기간이었음에도 그해 7월말까지 약 3만에 달하는 관람객이 입장하였다. 무기진열장으로서 대중들 사이에서도 자리를 잡은 셈이었다. 또한 청일전쟁을 지나며 청나라 군함 조강호操江號의 부속품 청나라 국기, 청룡도, 삼우창三友槍 등이 전리품으로 확보되었고, 러일전쟁을 통해 러시아군함 왈리야크의 군함기 등이 전리품으로 확보되었다. 이 과정을 통해 대량으로 늘어난 소장품으로 공간의 증축이 불가피하게 되었다.

## 2. 유슈칸 관제의 공포

청일전쟁, 러일전쟁을 지나며 전리품을 비롯한 소장품이 대폭 늘게 되자 유슈칸의 증축은 시급한 과제가 되었다. 그리고 1908년 준공된 이 증축은 유슈칸의 역사에서 새로운 전기가 되었다. 이듬해인 1909년 정리위원회가 운영되고 위원장인 모리 오가이森鴎外는 의견서를 제출하여 유슈칸의 위상과 운영에 관한 중요한 제언을 하였다.[14] 모리 오가이의 의견서는 소장품 및

---

14  靖国神社編(1983), 『靖国神社百年史 資料篇 中』, 靖国神社, pp.85-86.

전리품 진열 외에 역사상 참고할 만한 무기류 수집, 진열하여 교육자료로 삼아야 함을 지적하였고, 유슈칸의 운영주체와 관련하여서는 야스쿠니신사 소속의 불가피성을 지적하고 표면상 신사의 부속시설로 두고 칙령으로 관제를 정하여 관장 이하 직원을 두어야 운영 원활하고 책임을 다할 수 있다고 주장하였다.[15]

1910년 4월 1일 칙령으로 공포된 유슈칸의 관제는 모리 오가이의 의견서 내용을 대부분 수용함으로써 보다 체계적인 무기역사박물관으로서의 면모를 갖추게 되었다.[16] 당시 공포된 관제의 내용 가운데, 제1조 야스쿠니신사 부속 유슈칸은 무기연혁을 알 수 있는 물건 수집, 보존하여 군사상 참고가 되게 한다. 제2조 공중이 관람하게 할 수 있다. 제3조 이하 직원 직제에 관한 규정 등도 그렇지만, 같은 해 4월에 채택된 확장취지서 또한 내용상 일치하고, 구주제국의 경우 광대한 설비 갖춘 국민교육자료 제공하고 있는 사실을 언급한 점고 그렇다. 나아가 일본의 경우 오랜 상무국가로서 무기발달 뚜렷함에도 완전한 무기진열장의 부재를 유감으로 여기며 유슈칸이 일본의 무기변천을 명확히 하고 전리품과 함께 국민의 군사지식 증진이나 상무정신 함양의 장으로 기능할 것을 강조한 점에서도 그의 주장과 일치한다. 다만, 유슈칸의 운영에서는 궁사宮司의 감독을 그만두고 관장을 육군성 부관 지휘하에 두는 것이 지당하다고 주장함으로써 육군성의 영향력이 강화되는 길을 열어둔 점은 그가 육군성 의무국장 신분이었던 사실과 무관하지 않아 보인다.[17]

---

15   靖国神社編(1983), 『靖国神社百年史 資料篇 中』, 靖国神社, pp.85-86.

16   靖国神社編(1983), 『靖国神社百年史 資料篇 中』, 靖国神社, pp.88-89.

17   遊就館編(1938), 『遊就館史』, 遊就館, p.320.

1910년의 확장을 통해 유슈칸은 안정적인 무기진열장으로서의 성격과 운영체계를 확립하였다. 그러나 칸토대진재關東大震災로 건물이 붕괴되는 등 큰 타격을 입어 그 기능이 중단되었고, 가설건물로 이전하는 등 우여곡절을 겪었다. 1930년 복구건축을 기공하여 이듬해 완성함으로써 무기진열장으로서의 기능을 회복하였다. 이 과정에서 건물의 외관은 서양식 건축디자인을 탈피하여 '군복을 입은 건축'으로도 불린 기와지붕의 제관양식帝冠樣式으로 바뀌었고 오늘날까지 그대로 보존, 사용되고 있다.

## Ⅳ. 동시대 전쟁박물관으로의 성격변화

1882년 출범 이후 청일전쟁, 러일전쟁을 지나며 소장품을 확충하고 무기진열소로서 체제를 갖추어간 유슈칸은 1930년대에 들어 다양한 측면에서 변화를 겪었다. 1931년에는 복구건축이 완공되어 새로운 건물이 들어섰다(사진 2). 그 이듬해인 1932년에는 쇼와 천황 부부가 준공개관 직전의 유슈칸을 방문하여 야스쿠니신사 부속시설로서의 위상도 높아졌다. 1874년 1월 예대제에 메이지천황이 행차한 이래 야스쿠니신사에는 10차례 천황의 행차가 있었고, 1932년 이전까지 천황의 황후나 황태자가 비슷한 회수로 유슈칸을 방문한 사실, 그리고 1929년 천황의 스모장 방문이 있었던 사실에 비추어보면 유슈칸의 존재는 비로소 이 시기에 한 단계 부각되었다고 해도 과언이 아니다. 그로부터 2년 후인 1934년에는 준공된 부속건물 국방관을 운영하게 되면서 그 규모가 확대되었다.[18] 하지만, 동시대 전쟁박물관으로서의

---

18  국방관은 전사한 군인의 부인인 三谷てい子가 기부한 50만엔으로 1932년 건립되었다.

사진 2  복구재건한 유슈칸, 1931년

성격을 갖게 된 결정적인 계기는 중일전쟁이다. 중일전쟁기에 이르러 이전까지의 무기의 역사 혹은 이전에 있었던 전쟁사 관련 물품을 전시하는 박물관의 영역을 넘어서서 진행중인 전쟁과 관련한 다양한 전시를 개최하고 전쟁에 관한 선전을 담당하는 주요기관으로 자리잡아갔던 것이다.

한 가지 주목을 끄는 점은 이미 중일전쟁 발발 이전부터 유슈칸령을 개정하여 동시대전쟁박물관으로 성격을 변화시킬 수 있는 발판을 마련한 사실이다.[19] 1935년 개정된 유슈칸 관제의 내용에는 무기진열장으로서 군사상

靖国神社編(1983), 『靖国神社百年史 資料篇 中』, 靖国神社, p.73.

19  1935년 10월 30일 칙령으로 개정된 遊就館令에는
제1조 야스쿠니신사부속 遊就館은 전역, 사변 등에 관한 기념품 및 무기의 연혁을 알게 해줄만한 물건을 수집, 보존하여 군사상의 참고를 제공하고, 국방정신의 작흥 및 군사지식의 증진에 자산을 제공하고자 그것을 공중에게 관람대상으로 제공한다는 규정에서 보듯이 무기박물관으로서의 기능과 함께 국방정신의 작흥이나 공중에게 관람대상으로 제공하는 등의 대중교육 혹은, 선전의 기능까지 명시하고 있다. 또한 1935

의 참고와 국방정신의 작흥 및 군사지식의 증진에 자산이 되고 공중에게 관람대상으로 제공하는 등의 사항이 명시됨으로써 군사상의 필요와 국방정신 함양이라는 목표를 강조하였다. 하지만, 운영 전반에 걸쳐 군부에 완전히 종속시킴으로써 군부의 의도에 따라 움직이는 기관으로 변모하였다. 말하자면 이 유슈칸령 개정을 통해 전시체제하 전쟁박물관의 길을 열어놓은 것이다.

중일전쟁이 발발하자 전리품의 전시에 더하여 전사자의 유품을 전시하고 최신 무기를 전시하는 공간으로 변모해갔다. 1938년 4월 중일전쟁의 전모를 보여주는 대규모 전시회 〈支那事変大展覧会〉를 개최하여 중일전쟁의 의의를 선전하고 전사자의 훈공을 기리려 하였다.[20] 사진과 도표를 중심으로 일본군의 기념품 400여점과 전리품, 전사자나 사망한 종군기자의 유품을 전시한 이 전시회는 구체적인 시각자료를 통해 중일전쟁의 전모를 제시하고 대중에게 침략전쟁의 정당성을 내면화시키는 선전장이었다. 특히 이는 같은 시기에 도쿄제실박물관東京帝室博物館, 도쿄부미술관東京府美術館 등과 비교했을 때도 유슈칸의 각별한 위상이 두드러지는 부분이다. 주로 관변

년 11월 20일 개정된 「遊就館 處務規程」에는
  • 제1조 遊就館은 본관, 국방관 및 그 부속시설로 이루어진다.
  • 제4조 관장은 육군성 고급부관의 감독 아래 관무를 총괄한다.
  • 제5조 관장은 다음사항에 대해서는 육군성 고급부관의 인가를 받는 것으로 한다.
      1. 주사 이하의 직원 인사
      2. 금전, 물건의 기부 및 기탁품의 수령과 그것에 대한 손해배상
      3. 유슈칸 소장 물건의 대여 및 폐품처분
      4. 업무에 관한 제규정의 제정 및 개폐
      5. 임시사무로서 예규에 없는 것.
  등의 규정에서 보듯이 육군성의 관리감독이 한층 강화되었다.

20    靖国神社編(1983), 「陸軍省照會」, 『靖国神社資料集』, 靖国神社, p.49.

사진 3 대전차전람회, 1939년

단체들이 미술작품을 중심으로 하여 개최한 박물관, 미술관의 국방헌금전람회 부류와는 달리 유슈칸의 전시회는 실제 군사장비나 전리품, 전사자 유품 등의 실물을 통한 전시회였다. 전쟁선전이라는 기능에서는 유슈칸이 각별한 기능을 수행했던 셈이다.

동시대전쟁박물관으로 변모해간 유슈칸이 중일전쟁기에 개최한 가장 큰 이벤트는 1939년 1월에 열린 〈대전차전람회戰車大展覽會〉(사진 3)다. 이 전람회는 150대의 탱크로 구성된 전차부대가 도쿄 도심을 행진하는 대규모 시위를 벌인 후 야스쿠니신사 유슈칸 앞마당에 집결, 전시되고 유슈칸 전시실에는 전몰자의 유품이나 초상 등을 전시하였다. 이 전시회는 실내전시와 옥외 전시를 아우름으로써 전쟁박물관 전시의 새로운 기원을 남겼다.

유슈칸이 건립 60주년을 맞은 1941년에는 〈메이지유신이후 무비武備변천전람회〉를 개최하여 근대 일본의 군사장비가 비약적으로 발전해간 과정을 선전하였다. 유슈칸이 갖고 있던 무기진열소로서의 성격을 최대한 살린 이 전시회는 당시까지의 약 80년에 걸친 군사장비의 변천을 메이지유신 전후, 메이지 10년경, 청일전쟁, 러일전쟁, 현대전의 다섯 시기로 나누어 에도 시대 말기의 무기부터 최신무기까지를 전시하였다. 또한 이 전시회에서 지난 시대의 군사장비뿐만 아니라, 진행중인 전쟁에 사용중이던 총포까지 전시함으로써 유슈칸이 동시대전쟁박물관으로서의 면모를 과시하고 전쟁선전의 주요기관으로서의 위상을 확립하는 데도 기여하게 되었다. 새로운 합사대제가 있을 때마다 합사자 가운데 수훈을 세운 자의 유품을 전시함으로써 전선과 후방의 거리를 좁힌 것도 이 시기 유슈칸의 중요한 기능이었다. 1941년 9월에는 수훈을 세운 새로운 합사자의 유품 가운데 전사자가 유족에게 남긴 가훈이나 "분전역투奮戰力鬪의 냄새가 코를 찌르는" 피 묻은 일장기 등을 통하여 절절한 감회를 불러일으켰다.[21]

그런데 중일전쟁이 장기화되면서 드러난 물자부족은 유슈칸에도 영향을 주었다. 1941년 단행된 금속공출 당시에는 유슈칸의 소장품 일부도 공출되었다.[22] 개관 이후 처음으로 소장품 정리가 이루어지고 "넘치는 무기"의 일부가 육군성에 반납된 것이다. 그리고 이미 이 시기부터 유슈칸의 전시가 이전까지 보였던 활기는 사라졌다.

중일전쟁 발발 이후 태평양전쟁 종전까지 두드러진 유슈칸의 성격변화와 관련하여 또 한 가지 주목할 점은 천황가 관련 관람객의 면면이다. 지금의 천황인 황태자가 태평양전쟁 발발 직후인 1942년 1월 31일 방문한 경우를 제외하면 대부분 여성이었다. 유슈칸은 여성과 가까운 공간으로 변화해 간 것이다. 쇼와 천황의 큰딸로 황태자의 8살 위 누나 등이 주요방문객이었다.[23] 이는 유슈칸이 실제로는 후방에 남겨진 여성과 어린이를 위한 전시공간이었음을 상징적으로 보여주는 대목이기도 하다.

태평양전쟁이 발발하자 대동아전쟁실을 운영하고, 영국령이었던 인도네시아 보르네오에서 노획한 전리품을 전시하였다(사진 4). 야포, 박격포, 지

---

21  『朝日新聞』1941년 9월 29일.

22  『朝日新聞』1941년 9월 30일.

23  당시 영친왕 李垠의 아들 李玖와 李方子 여사, 의친왕 李堈의 아들 李鍵과 그의 두 아들인 李沖과 李沂가 유슈칸 혹은 국방관을 방문했을 때의 사진이 남아 있다. 遊就館編(1939), 『遊就館年譜』, 遊就館, p.45.

사진 4  보르네오전선 전리품 전시, 1942. 3.

뢰, 나팔 등 영국제 군사장비를 전시한 이 전람회는 태평양전쟁의 첫 번째 전리품 전시회로 선전되었다. 1942년 4월에는 〈투구의 연혁전람회〉와 같이 과거 역사 속의 무장들이 사용하였던 투구 100점 정도를 전시한 예도 있었지만, 이전의 활기는 찾아보기 어려웠다. 이후 대규모의 기획전시는 자취를 감추고 전사자의 유품을 전시하는 것으로 전시회의 맥을 이어갔다. 1943년 10월에는 진주만 기습공격 당시의 소위 구군신九軍神의 군복, 편지 등의 유품이 전시되었고 신문에는 유족들의 결의만 부각되어 보도된 점도 그와 같은 사정을 웅변해준다.

동시대 전쟁박물관으로서 유슈칸이 수행한 이러한 기능은 같은 시기 도쿄제실박물관, 도쿄부미술관을 비롯한 공립박물관이나 미술관, 도쿄 니혼바시日本橋 다카시마야高島屋, 미츠코시三越 등의 백화점에서 전함건조헌납제국예술원회원미술전戰艦建造献納帝国芸術院会員美術展, 대동아전쟁미술전大東亜戦争従軍画展, 대동아종군화전大東亜戦争従軍画展 등의 전쟁미술전람회를 개최한 사실과 짝을 이룬다. 조형물을 통한 전쟁선전이란 차원에서 보면 공통점을 가진 이들 기관 혹은 시설 사이에 일종의 기능분담이 이루어졌던 셈이다. 그와 같은 사정 속에서 전사자의 유품을 전시한 유슈칸의 기능이 여타의 전시시설과는 구별되는 차별성을 띠며 그 존재가치를 부각시킨 점은 특히 주목해야 할 부분이다.

## Ⅴ. 맺음말

　야스쿠니신사의 유슈칸은 도쿄초혼사 시기에 다카하시 유이치가 구상했던 전시관과 육군성이 화족회에 제안했던 에마당의 건립 등 전사가 있었지만, 도쿄조혼사가 야스쿠니신사로 바뀐 시점에서 무기진열소인 유슈칸으로 출범했다. 카펠레티가 설계한 건물은 무기박물관으로서의 이미지를 충실히 반영시킨 예라고 하겠다. 이후 유슈칸은 무기박물관으로서의 체계를 확립해갔다. 청일전쟁, 러일전쟁을 거치며 전리품, 기념품 등 소장품을 확충했고, 칙령으로 관제를 공포하여 운영면에서도 체계를 갖추었다. 이 과정에서 육군성의 영향력이 강화되어 후일 동시대 전쟁박물관이 될 길을 열어놓게 되었다.

　유슈칸이 동시대 전쟁박물관으로의 성격변화를 이루게 된 결정적인 계기는 중일전쟁이었다. 중일전쟁이 발발하자 〈지나사변대전람회〉, 〈대전차전람회〉, 〈메이지유신이후 무비변천전람회〉 등을 개최하여 무기박물관으로서의 성격을 벗어나 진행중인 전쟁의 정당성을 대중에게 선전하고 내면화시키려는 시도를 이어갔다. 태평양전쟁 발발 이후에는 전리품이나 유품을 전시하는 것으로 전시회의 규모도 축소되고 이전의 활기는 잃었지만, 최신무기를 전시하고 전리품이나 전사자 유품을 통한 전쟁선전은 이어갔다. 당시 도쿄제실박물관이나 도쿄부미술관이 미술작품을 통해 펼친 전쟁선전과는 또 다른 차원의 전쟁선전을 유슈칸이 담당했던 것이다. 어쩌면 근년 이어지고 있는 태평양전쟁 재조명 전시회를 비롯한 일련의 움직임은 중일전쟁 발발 이후 유슈칸이 수행한 동시대 전쟁박물관의 일면을 이 시대에 전승하고, 친략전쟁을 미화하려는 의도와도 무관하지 않은 것으로 생각된다.

## ■ 참고문헌

高橋由一(1984), 『高橋由一油画史料』, 中央公論美術出版.

福沢諭吉(1998), 『福翁自伝』, 校倉書房.

遊就館編(1939), 『遊就館年譜』, 遊就館.

靖国神社編(2008), 『靖国神社 遊就館圖錄』, 靖国神社.

靖国神社編(1983), 『靖国神社百年史 資料篇(上,中,下)』, 靖国神社.

靖国神社編(1987), 『靖国神社百年史 事歷年表』, 靖国神社.

高橋由一(1984), 『高橋由一油画史料』, 中央公論美術出版.

야스쿠니에 다가서다
일본의 야스쿠니 정치와 동아시아 내셔널리즘의 충돌
일본 근대와 신화의 공존: 포스트 야스쿠니
일본 야스쿠니에 관한 비판적 시각
일본 야스쿠니 해부
야스쿠니를 바라보는 보편적 시선
일본의 야스쿠니
야스쿠니, 일본을 묻다
야스쿠니, 일본을 알자
야스쿠니를 파헤치다
뒤틀린 제국의 추억: 야스쿠니를 다시보다
신화와 근대의 공존: 야스쿠니 신사
제 3 부
脫야스쿠니로 여는 새로운 일본론

# 제9장

■

## 천황의 전쟁 책임과 야스쿠니 문제[*]
### -'도미타富田 메모'를 중심으로-

· 박진우

## Ⅰ. 머리말

야스쿠니신사를 둘러싼 문제는 실로 광범위한 분야에 걸쳐 있다. 일본의 전통문화, 일본인의 사생관과 종교의식을 둘러싼 사회문화적 문제, 정교분리 원칙과 야스쿠니신사 참배의 위헌소송을 둘러싼 헌법 해석의 문제, 그리고 침략전쟁과 식민지지배, 점령과 도쿄재판 등을 둘러싼 역사인식과 국제관계의 문제 등이 현실의 정치와 서로 복잡하게 얽혀 오늘날까지 갖가지 논란을 불러오고 있어 그 전체상을 파악하는 것은 그다지 용이한 일이 아니다.

그러나 야스쿠니신사의 기원으로 돌아가 보면 메이지유신부터 야스쿠니

---

[*] 본 연구는 『일어일문학』 제77집(2018.2)에 게재된 것을 일부 수정 보완하였음.

신사는 천황에 대한 충성과 불가분의 관계에서 출발하고 있다. 1868년 5월 10일 태정관 포고에서 "'癸丑'(1853년 페리내항) 이래 '国事'에 쓰러진 '諸士'의 영혼을 위로하기 위해 '祠宇'를 세워 이를 합사한다"[1]는 것이 야스쿠니신사의 출발점이었다. 이후 야스쿠니신사는 천황제이데올로기를 지탱하는 국가신도의 핵심에 자리하면서 근대 일본의 침략전쟁에 국민을 동원하고 국가＝천황에 대한 충성과 희생을 유도하는데 중요한 역할을 했다.

패전 후 야스쿠니신사는 점령군의 '신도지령'에 의해 종교 법인으로 바뀌었지만 천황을 위해 목숨을 바친 전몰자를 합사하고 그들을 '영령'으로 기리는 본래 기능을 유지한 것은 이후 파생하는 갖가지 문제의 근원이 되었다. 더구나 야스쿠니신사의 존속은 천황제가 패전 후에도 폐지되지 않고 존속했다는 사실과도 결코 무관하지 않다. 야스쿠니신사와 천황제는 역사적으로 처음부터 밀접한 관계를 가지고 출발한 것이며 패전 후 그 어느 것도 폐지되지 않고 존속함으로써 침략전쟁을 부정하고 그것을 정당화하는 역사인식에도 중요한 영향을 미친 것이다. 그런 점에서 야스쿠니신사와 천황과의 관계는 기본적으로 패전 후에도 단절되지 않고 연속성을 가진다. 실제로 쇼와昭和천황은 1945년 11월 20일의 임시 大招魂祭에 패전 후로는 처음으로 참배한 이래 1975년 11월 21까지 8차례에 걸쳐 야스쿠니신사에 참배하고 있다.

---

1    国立国会図書館調査及び立法考査局(2007), 『新編靖国神社問題資料集』2007年, p.3.

표 1  천황과 야스쿠니신사 관련 연표

| 연월일 | 행사 | 비고 |
| --- | --- | --- |
| 1945.11.20 | 임시대초혼식 | 국영신사로 마지막 참배. GHQ 참관 |
| 1952.10.16 | 추계예대제 | 종교법인 이후 처음 |
| 1954.10.19 | 추계예대제 | |
| 1957.4.23 | 춘계예대제 | |
| 1959.4.8 | 임시대제 | 창립 90년 |
| 1964.8.15 | 전국전몰자추도식 | 추도식은 이듬해부터 무도관에서 개최 |
| 1965.10.19 | 전후 20년 | |
| 1969.10.20 | 신사창립 100년 기념대제 | |
| 1975.11.21 | 전후 30년 | |

*国立国会図書館調査及び立法考査局(1976), 『靖国問題資料集』의 연표를 바탕으로 작성.

그러나 1975년의 참배를 마지막으로 쇼와 천황은 1989년 사망할 때까지 14년 간 단 한 번도 야스쿠니신사에 참배하지 않았다. 천황이 1975년부터 14년 간 야스쿠니신사에 참배하지 않은 이유에 관해서는 진상을 모른 채 크게 두 가지 설이 제기되어 왔다. 그 하나는 1975년 8월 15일 미키 다케오三木武夫 수상의 야스쿠니신사 참배가 '공적'인가 '사적'인가를 둘러싸고 국회에서 논란이 되었기 때문이라는 것이며, 또 하나는 1978년 10월 'A급 전범'이 야스쿠니신사에 합사되었기 때문이라는 것이었다.

이러한 의문 속에서 2006년 7월 20일 『니혼게이자이신문』(이하 『닛케이신문』)이 쇼와 천황의 측근이었던 전 궁내청 장관 도미타 도모히코富田朝彦의 이른바 '도미타 메모'를 공개하면서 야스쿠니신사에 'A급 전범'이 합사된 것에 대하여 천황이 불쾌감을 가지고 참배하지 않았다는 사실이 거의 명백해졌다. 메모가 공개될 당시의 정황에서 보면 'A급 전범' 합사에 불쾌감을 가졌다는 천황의 '마음'을 이용해서 고이즈미 준이치로小泉純一郎수상의 야스쿠니신사 참배를 저지하려 한 측면도 있었다. 그러나 천황의 '마음'을 이용해서도 끝내 고미즈미 수상의 발걸음을 막지 못했지만 그것으로 메모의 역할이 끝난 것은 아니었다. 메모의 공개는 커다란 파문을 불러일으키면서 천황과 야스쿠니신사에 관한 논란을 가져왔다. 수상의 야스쿠니신사 참배를 반대하는 입장에서는 메모의 내용을 천황의 '마음'으로 받아들여 'A급 전범'을 분사하고 무종교추도시설을 건립해야 한다고 주장했다. 한편 수상의 야스쿠니신사 참배를 지지하는 입장에서는 메모의 신빙성을 의심하면서 갖가지 억측으로 반론을 시도했다.

그러나 이러한 논란 속에서도 천황이 왜 'A급 전범' 합사에 불쾌감을 가졌는가 하는 가장 본질적인 문제는 거의 논의 대상에서 제외되고 있었다. 천황에게 충성을 바친 'A급 전범'이 야스쿠니신사에 합사된 사실에 대하여 천황이 불쾌감을 가졌다는 사실이 무엇을 의미하는가를 파고 들어가 보면 천황의 전쟁 책임 문제와도 불가분의 관계에 있다는 점이 분명해질 터인데, 대부분의 논의는 천황이 불쾌감을 가졌으니 수상이 참배해서는 안 된다는 입장과 메모의 신빙성을 의심하는 입장의 대립으로 그치고 있었다. 이러한 가운데 '도미타 메모'가 천황의 전쟁 책임 문제와 불가분의 관계에 있다고 지적한 것은 지금까지 살펴 본 한 『아사히신문』 편집위원 죠마루 요이치 上丸洋一의 상중하에 걸친 3편의 논문이 있을 뿐이다.[2] 죠마루는 "왜 천황은 A급 전범의 야스쿠니신사 참배에 불쾌감을 품은 것일까. 천황의 내면과 관련하여 사안은 극히 미묘하다. 그리고 거기를 파고 들어가면 아무래도 천황

---

2   上丸洋一(2006), 「A級戦犯合祀不快発言と天皇の戦争責任」上・中・下, 『AIR』9月, 10月, 11月号.

의 전쟁 책임 문제에 도달하지 않을 수 없다"[3]고 정곡을 찌르는 지적을 하고 있다. 여기서 죠마루는 '도미타 메모'에 대한 보수 논단의 반론을 비판하면서 천황의 도죠 히데키東条英機에 대한 인식의 변화, 패전 직후부터 쇼와 천황의 입헌군주＝평화주의자의 이미지가 만들어지고 정착되는 과정, 천황 사후의 전쟁 책임 문제 등에 관하여 상세하게 논증하고 있다.

　본 연구에서는 죠마루와 견해를 같이하는 입장에서 단지 분석의 관점을 바꾸어 먼저 '도미타 메모'의 공개와 그것이 불러일으킨 파장을 언론보도와 보수논단의 논조를 중심으로 검토하고, 이어서 '도미타 메모'의 검증을 통해서 천황이 'A급 전범' 합사에 불쾌감을 가진 이유가 천황의 전쟁 책임 문제와 불가분의 관계에 있다는 사실을 논증해 보고자 한다.


## Ⅱ. '도미타 메모'의 공개


　일본의 주권 회복 이후 야스쿠니신사 문제는 1980년대 중반까지 주로 국내문제로서 논의되어 왔다. 그러나 1985년 8월 15일에 나카소네 야스히로中曾根康弘 수상이 최초로 '공식' 참배를 실현하면서 야스쿠니신사 문제는 국제문제로까지 확대되었다. 나카소네 수상은 참배 직후 중국과 한국의 거센 항의에 직면하여 그해 가을 추계 예대제 참배를 포기하고 이듬해 8월 15일에는 공식적으로 참배 보류를 발표했다. 이후 야스쿠니 문제는 수상들이 참배를 자제하면서 수면 하로 가라앉은 것처럼 보였지만 여전히 진행 중에 있었다. 특히 津地鎮祭와 순직 자위관의 호국신사 합사 등 정교분리 원칙의

---

3　위의 논문, 上, p.48.

침해를 위헌으로 하는 소송이 각지에서 발생하여 사법의 판단을 기다리고 있었으며, 중국과 한국의 반발에 대응하여 야스쿠니신사에 합사된 'A급 전범'의 분사론이 검토되기 시작했다. 야스쿠니신사에 대체할 수 있는 무종교 국립추도시설 안이 제기된 것도 이 때부터였다.

수면 하에서 진행되고 있던 야스쿠니신사 문제가 국내외에 파문을 불러일으키면서 또 다시 표면화된 것은 2001년 수상으로 취임한 고이즈미가 '종전기념일' 참배를 공언하면서부터였다. 결국 고이즈미는 논란을 피하기 위해 이틀 앞당겨 8월 13일에 참배했지만 이후부터 2006년까지 매년 참배하면서 야스쿠니신사 문제는 도쿄재판과 'A급 전범'에 대한 평가, 일본의 침략전쟁과 식민지 지배 등을 둘러싼 역사인식 문제로까지 확산되어 뜨거운 논란을 불러일으켰다. 특히 고이즈미는 2006년 임기종료를 앞두고 마지막으로 '8월 15일'에 야스쿠니신사에 참배하겠다고 공언하면서 논란이 극에 달하고 미국과의 현안문제로까지 확대되었다.[4] 『아사히신문』, 『마이니치신문』뿐만 아니라 『요미우리신문』까지도 고이즈미의 참배를 비판하는 사설을 연속해서 실었으며,[5] 이윽고 『닛케이신문』은 비장의 카드로 쇼와 천황이 'A급 전범'의 합사에 불쾌감을 가지고 참배하지 않았다는 이른바 '도미타 메모'를 공개했다.

'도미타 메모'란 1974년 궁내청 차장으로 취임한 후 1978년부터 1988년

---

4　千々和泰明·佐々木葉月·田口千紗(2008.3), 「小泉首相の靖国神社参拝問題 : 対米関係の文脈から」, 『国際公共政策研究』12-2 참조.

5　『朝日新聞』:「靖国参拝·嘆かわしい首相の論法」(8月4日), 「親子で戦争を考える·『侵略』と『責任』見据えて」(8月13日), 「靖国参拝·耳をふさぎ、目を閉ざし」(8月16日), 『毎日新聞』:「安倍氏靖国参拝『この先』は明確な言葉で」(8月5日), 「小泉時代考 自己中心の世界で、靖国と叫び続けた」(8月8日), 「8·15首相参拝 こんな騒ぎはもうたくさん」(8月16日), 『読売新聞』:「終戦の日·『昭和戦争』の責任を問う」(8月15日), 「首相靖国参拝『心の問題』だけではすまない」(8月16日).

까지 궁내청 장관을 역임한 도미타 도모히코가 생전에 남긴 일기와 메모의 일부로 2003년 11월 83세로 사망한 직후 자택 2층의 침실에서 일기와 함께 발견되었다. 일기는 일 년에 한 권씩 1975년부터 1986년까지 기록되어 있으며, 메모는 1987년부터 1997년까지 20수권의 표지에 'T. TOMITA'라는 영문 이름이 적힌 수첩 곳곳에 삽입되어 있었다. 이 가운데 특히 1987년과 1988년의 2년분은 각각 5센티 정도 두께의 분량으로 내용도 다른 수첩의 내용과는 달리 거의 매일 일어난 일과 만난 사람과의 대화, 궁내청이 안고 있는 과제 등이 상세하게 기록되어 있다고 한다. 『닛케이신문』이 문제의 '도미타 메모'를 유족으로부터 입수한 것은 2006년 5월이었다. 『닛케이신문』은 메모를 공표하기에 앞서 보수적인 입장의 근현대사가 하타 이쿠히코秦郁彦와 한도 가즈도시半藤一利에게 분석을 의뢰한 결과 메모의 일자와 내용은 사실과 정합성이 있으며 신빙성이 매우 높다는 것을 확인하고 7월 20일에 전격 공개하기에 이른 것이다.[6] 2006년 7월 20일 조간 1면에 실린 머리기사는 다음과 같다.

- A급 전범 야스쿠니 합사
- 쇼와 천황이 불쾌감
- 참배 중지 '그것이 내 마음이다'
- 전 궁내청 장관 88년 발언을 메모

머리기사 아래에는 "도미타 전 궁내청 장관이 남긴 수첩(사진 좌)과 쇼와 천황이 A급 전범 합사에 관하여 말한 것을 기록한 부분(사진 우)"이라는 설

---

6  『日本経済新聞』 2006.7.23.

명과 함께 두 장의 사진이 실렸다. 메모를 찍은 우측 사진의 내용은 39면에 '도미타씨 메모·야스쿠니부분 전문'이라 하여 활자로 옮긴 것이 실려 있는데 그 내용을 번역해서 옮기면 다음과 같다.

나는 그 때 A급 전범이 합사되고

더구나 마츠오카松岡, 시라도리白取까지도

츠쿠바筑波는 신중하게 대처했다고 들었는데

마츠다이라松平의 아들인 지금의 궁사가 무슨 생각으로

그렇게 간단하게

마츠다이라松平는 평화에 대한 의지가 강했다고 생각하는데

애비 마음 자식이 모른다더니

그렇기 때문에 나는 그 후 참배하지 않는다

그것이 내 마음이다


『닛케이신문』은 같은 날 석간에서도 1면에 '쇼와 천황 발언 메모에 파문', '야스쿠니 논의 가속'이라는 머리기사와 함께 2장의 사진을 실었다. 구도는 조간과 같이 좌측이 도미타 장관이 남긴 수첩과 일기의 사진이고 우측은 해독이 불가능할 정도로 작은 글씨의 메모 사진이다. 그리고 도미타 일기에 대하여 '전쟁과 야스쿠니, 수많은 언급'이라는 제목 아래 다음과 같은 장문의 설명을 덧붙이고 있다.

1982년 8월 30일자 일기에서는 "폐하와 90분. 교과서문제(교과서의 전쟁 기술 검정에 대한 중국, 한국의 항의)에 관련하여 한국과 중국에 대한 심정을 다 이쇼 말기, 쇼와 초기의 사실을 바탕으로 말씀해 주시다"라고 되어 있다.

1986년 7월 23일자 일기에서도 "최근 야스쿠니의 일, 교과서 문제 등으로 빈번하게 말씀이 있으시다. (중략) 那須(御用邸)에 가셨을 때 밤에 국제연맹 탈퇴 당시의 일, 일미개전 전후의 일 등 여러 가지 말씀을 하셨다"고 적혀있다.

일기를 보면 쇼와 천황이 전쟁과 야스쿠니에 관하여 항상 마음에 걸려하고 있었다는 것을 알 수 있다. A급 전범 합사에 관한 말이 기록되어 있던 4월 28일자(1988년: 인용자) 수첩 메모에는 천황탄생일(4월 29일)에 앞서 치러진 기자회견에서 즉위 60년에 임하여 전쟁에 대한 생각을 질문 받은 것에 대한 감상도 적혀 있었다.

회견에서 천황은 "무엇보다도 대전의 일이 가장 싫은 기억"이라고 답하고 있는데, 메모에는 "전쟁의 감상에 대한 질문을 받고 싫은 심정을 표현하고 싶었다"고 적혀있다. 당시 전쟁 책임과 야스쿠니신사에 관한 각료의 발언이 잇따르고 있었다. 천황은 질문에 대한 회답에 대하여 당시 각료의 야스쿠니신사, 중국에 대한 발언과 관련해서 말할 작정이었다고도 말하고 있다.[7]


이후 『닛케이신문』은 7월 21일부터 도미타의 일기와 메모를 통해서 쇼와 천황의 인물상을 추적하는 특집을 연재했으나 일기와 메모를 전적으로 공개하지는 않고 있다. 그러나 『닛케이신문』이 소개한 일기와 메모의 일부만 보더라도 쇼와 천황이 전쟁과 야스쿠니신사 문제에 대하여 만년에 이르기까지 줄곧 마음에 두고 있었다는 것은 의심할 여지가 없다.

일기와 메모의 신빙성에 대해서 일찍부터 그 자료적 가치를 인정한 것은 처음으로 메모의 분석에 임했던 하타와 한도였다. 그들은 메모의 기술이 과거의 역사적 자료와 정합성을 가지며 틀림없는 사실이라고 논평하고 일기

---

7  『日本経済新聞』 2006.7.20. 夕刊.

와 메모를 모두 공개하지 않는 이유에 관해서는 천황의 극히 사적인 발언이
다수 기술되어 있기 때문이라고 했다.[8]

이후 『닛케이신문』은 2006년 10월부터 사외유식자를 중심으로 구성된
'도미타메모연구위원회'[9]를 설치하여 11차례의 회합으로 메모 전체를 검증
하고 2007년 4월 30일 최종보고서를 정리했다. 보고서에서는 "지금까지 공
표되어 온 시종 등의 일기는 비교적 많지만 이들과는 입장이 다른 궁내청
수뇌의 많지 않은 기록으로 쇼와사연구의 귀중한 자료"라고 평가하고, 특히
천황이 야스쿠니신사의 'A급 전범' 합사에 불쾌감을 표명한 발언에 대해서
"다른 사료나 기록과 대조해 보아도 사실관계가 합치하고 있으며 불쾌감 이
외의 해석을 있을 수 없다"는 결론을 내렸다.[10]

'도미타 메모' 공개 이후 고이즈미의 야스쿠니신사 참배에 대하여 『아사
히신문』이 실시한 여론조사에서는 '천황의 발언을 중시한다'가 63%로 나왔
으며, '차기수상의 참배 반대'가 1월 조사의 46% 보다 14포인트 높은 60%
로 나타났다.[11] 또한 『산케이신문』과 FNN이 공동으로 실시한 여론조사에서
도 차기 정권은 '참배해야 한다' 27%보다 '참배하지 말아야 한다'가 20포인
트 높은 47%로 나타났다.[12]

---

8    半藤一利·秦郁彦·保阪正康(2006.9), 「徹底検証·昭和天皇『靖国メモ』未公開部分の核
     心」, 『文藝春秋』, p.111.

9    위원은 御厨貴 도쿄대학교수, 秦郁彦 현대사가, 保阪正康 작가, 熊田淳美 전국립국회도서
     관장, 安岡崇志 니혼게이자이신문특별편집위원, 富田知子(도미타 도모히코의 부인) 특
     별위원.

10   『日本経済新聞』 2007.5.1.

11   『朝日新聞』 2006.7.25.

12   우에스기 사토시, 「추도의 정치학」(일본의 전쟁 책임 자료센터 편, 박환무 역(2011)
     『야스쿠니신사의 정치학』, 동북아역사재단, p.100.

## Ⅲ. '도미타 메모'에 대한 반향

메모 공개 이후 고이즈미 수상의 참배 여부가 커다란 쟁점이 되었다. 수상의 참배를 반대하는 입장에서는 쇼와 천황이 'A급 전범'이 합사된 것에 대하여 불쾌감을 가지고 참배하지 않았기 때문에 고이즈미 수상이 참배해서는 안 된다는 논조가 대부분이었다. 『아사히신문』은 "A급 전범이 합사되어 있는 곳에 참배하면 평화국가로써 다시 태어난 전후의 발자취를 부정하는 결과가 된다. 쇼와 천황은 그렇게 생각했을 것이다"[13]고 하면서 쇼와 천황의 '무거운 말'을 중시하여 고이즈미의 참배를 반대했다. 『도쿄신문』은 '도미타 메모' 공개 이후 "역시 마음의 문제니까"라고 받아 넘긴 고이즈미에 대하여 "'마음의 문제, 가라든가 가지 말라는 말을 들을 문제가 아니다'라고 잘라 말하는 수상은 구체적인 증거로 명백해진 쇼와 천황의 '마음의 문제'를 무시할 수 있을까"[14]라고 하면서 역시 쇼와 천황의 '마음'을 중시했다. 대부분의 논조는 천황이 왜 불쾌감을 가졌는가 하는 본질적인 문제에 대해서는 침묵하고 오로지 천황이 'A급 전범' 합사에 대하여 불쾌감을 가지고 참배하지 않았다는 점에 무게를 두고 있었다.

심지어 『요미우리신문』은 사설을 통하여 "쇼와 천황은 일관해서 전쟁을 회피하기를 바라면서 입헌군주로서의 입장을 바탕으로 적극적인 발언을 삼가 오셨다"고 하여 천황을 입헌군주＝평화주의자로 미화하는데 중점을 두었다. 때마침 『요미우리신문』은 2005년 8월부터 와타나베 츠네오渡辺恒雄 주간의 주도로 '전쟁 책임검증위원회'를 설치하여 2006년 8월까지 '검증·

---


13  『朝日新聞』 2006.7.21.

14  『東京新聞』 2006.7.21.

전쟁 책임'이라는 기획물을 연재하고 있었으며 기획연재의 마무리 단계에서 메모가 공개되자 천황이 'A급 전범' 합사에 불쾌감을 가진 것은 천황이 평화주의자라는 것을 뒷받침하는 증거라고 받아들였다. 결국 2006년 8월 15일의 '검증·전쟁 책임' 최종고는 "천황은 입헌군주로서의 입장을 바탕으로 전쟁회피에 노력했다고 볼 수 있다"[15]는 결론을 내려 천황의 전쟁 책임을 봉인하는데 일익을 담당했다.

한편 '도미타 메모'의 공개는 쇼와 천황을 숭경하고 수상의 야스쿠니신사 참배를 지지하는 보수 우파들의 입장에서는 커다란 충격이었다. '도미타 메모'가 공개된 이튿날에는 『닛케이신문』의 도쿄 본사 사옥에 화염병을 투척하는 사건이 발생하기도 했다. 범인은 "닛케이신문은 자신이 신으로 받드는 쇼와 천황을 야스쿠니신사 문제의 여론조작에 이용했다. 이에 경고하려고 했다"[16]고 하는데 이러한 폭력적인 사건은 더 이상 발생하지 않았다. 대부분의 보수 우파들은 보수 논단을 통하여 갖가지 의혹을 제기하면서 반론을 시도했지만 설득력이 약하고 오히려 곤혹스러움과 당혹감을 노정하는 결과가 되었다. 그 몇 가지 특징을 보면 다음과 같다.

첫째로 천황의 'A급 전범'에 대한 불쾌감을 믿고 싶지 않다는 심정이다. 『산케이신문』은 "메모만으로는 쇼와 천황이 14명 전원의 A급 전범 합사에 불쾌감을 보였다고까지는 읽히지 않는다"[17]고 했지만 그것은 『산케이신문』이 '그렇게 읽고 싶지 않다'는 곤혹감을 인상지울 뿐이었다. 대부분 천황의 발언을 믿지 못하겠다는 근거로 상투적으로 제시하는 것은 패전 직후 천황

---

15   読売新聞戦争責任検証委員会編(2006), 『検証·戦争責任』Ⅱ, 中央公論社, p.229.

16   『日本経済新聞』2006.7.21.

17   『産経新聞』2006.7.21, 社説.

이 내대신 기도 고이치木戶幸一 등의 측근에게 한 다음과 같은 말들이다.

> - 전쟁 책임자를 연합국에 인도하는 것은 참으로 고통스럽고 견디기 어
>   려운 일이다. 내가 혼자서 책임지고 퇴위라도 하면 어떻게 안 될까.[18]
>   (1945년 8월 29일)
>
> - 미국에서 보면 범죄인이지만 우리나라에서는 공로자이다.[19] (1945년 12월
>   10일)

이와 같이 'A급 전범'이 처벌받는 것에 대하여 마음 아파했던 천황이 불쾌감을 가졌을 리가 없다는 것이다. 혹은 천황의 'A급 전범' 전원에 대한 불만이 아니라 제2차 세계대전 당시 독일, 이탈리아와 삼국동맹을 추진한 마츠오카 요스케松岡洋右와 시라도리 도시오白鳥敏夫에 대한 불만일 것이라든가, 도죠 히데키東条英機에 대해서 천황은 신뢰하고 있었다고 주장하기도 한다. 천황과 도죠와의 관계에 대해서 상투적으로 인용되는 자료는 다음과 같은 내용들이다.

> 도죠가 헌병을 이용해서 민간을 압박한다고 보고 드린 것에 관한 말씀.(중략) 도죠는 그런 사람이라고 생각하지 않는다. 그 사람만큼 짐의 의견을 즉시 실행에 옮기는 자는 없다. 그는 말은 잘 들으면서 실행에 옮기지 않는 고노에(近衛文麿: 인용자)와 달리 말은 안 듣고 금방 논쟁을 하니까 사람들

---

18　木戶幸一(1966), 『木戶幸一日記』下卷, 東京大学出版会, p.1230.
19　위의 책, p.1256.

이 싫어하는 것일 것이다.[20] (1946년 2월 12일)

원래 도죠라는 인물은 말하면 잘 알아듣는다. 그것이 압제가처럼 평판이
나쁜 것은 본인이 너무 많은 직무를 겸하고 있어 일이 많기 때문에 자신의
생각이 아래에 제대로 전달되지 않았던 점과 헌병을 너무 많이 사용했다.
(중략) 도죠는 열심히 일하고 평소 하는 말도 사려 면밀하여 꽤나 좋은 부
분이 있었다.(중략) 그가 대동아 각지를 돌아다닌 일[昭和 18년 봄부터 여
름]도 자기 자신을 선전하기 위한 것이라는 말이 돌아 평판이 나쁘지만 그
것도 내 허락을 얻고 한 일이다.[21]


이상과 같은 천황의 발언만을 보면 천황이 도죠에 대하여 상당한 신뢰를
가지고 있다고 볼 수도 있다. 천황의 '불쾌감'을 믿고 싶지 않은 입장에서는
이와 같이 천황이 도죠를 평가하는 부분만 강조하고 있는 것이다. 그러나
그들은 천황의 도죠에 대한 평가가 도쿄재판 과정에서 천황의 전쟁 책임 면
책과 함께 변화하고 있다는 점에 대해서는 눈을 감고 있다.[22] 더구나 '독백
록'의 마지막 부분에서 "나는 도죠를 동정하지만 애써 변호하려는 것은 아니
다. 다만 진상을 분명히 해 두고 싶기에 이것만은 말해 둔다"[23]고 말한 부분
은 무시해 버린다. 천황이 굳이 도죠를 변호하려는 것은 아니라는 말을 한
것은 자신과 도죠의 관계를 자름으로서 전쟁 책임의 논란에서 벗어나려는
것이었다. 실제로 천황이 '독백록'에서 강조한 것은 도죠에 대한 평가가 아

---

20  木下道雄(1990), 『側近日誌』, 文藝春秋, p.146.

21  寺崎英成(1995), 『昭和天皇独白録』, 文芸春秋, pp.88~89. '독백록'은 1946년 3월 18일
    에서 4월 8일 사이에 4차례에 걸쳐 작성되었다.

22  앞의 논문, 「A級戦犯合祀不快発言と天皇の戦争責任」中, pp.127~128.

23  앞의 책, 『昭和天皇独白録』, p.96.

니라 다음과 같이 일관해서 입헌군주로서의 입장에서 벗어나지 않도록 행동했다는 점을 강조하여 자신의 책임을 변명하는데 있었다.

나는 입헌군주로서는 정부와 통수부와의 일치된 의견은 인정하지 않으면 안 되며, 만약 인정하지 않으면 도조는 사직하고 커다란 '쿠데타'가 일어나 오히려 엉망진창의 전쟁론이 지배적이 될 것이라고 생각하고 전쟁을 멈추는 것에 대해서는 답하지 않았다.[24]

개전 당시 도조 내각의 결정을 재가한 것은 입헌정치 하에서 입헌군주로서 부득이한 일이다. 만약 내가 좋아하는 것은 재가하고 싫어하는 것은 재가하지 않으면 그것은 전제군주와 하나도 다른 것이 없다. (중략) 만약 비토했다면 국내는 대혼란에 빠지고 결국 전쟁이 되어 일본은 멸망했을 것이다.[25]

천황은 이러한 입헌군주로서의 입장에서 전쟁을 막을 수 없었다는 '공식 견해'를 만년까지 기자회견에서 되풀이해서 반복해왔다.[26]

둘째로 메모의 천황 발언을 믿지 않는 심정은 쇼와 천황에 대한 절대적인 숭경과 경애심을 배경으로 하고 있으며, 그것은 천황의 입헌군주로서의 자

---

24  위의 책, pp.75-76.

25  위의 책, p.136.

26  예를 들면 천황은 외국인 기자단과의 회견에서 "나는 메이지천황의 유지에 따라 입헌군주로서 행동해 왔습니다. 나는 (전쟁 중에도; 인용자) 그렇게 행동했으며, 그 밖의 시기에도 그러했습니다."(1971년 11월 16일), "개전 당시에는 각의 결정이 있었고, 나는 그 결정을 번복할 수 없었다. 나는 이것은 제국헌법의 조항에 합치한다고 믿고 있습니다."(1975년 9월 22일) 등과 같이 같은 취지의 발언을 반복하고 있었다. 高橋紘 (1988), 『陛下、お尋ね申し上げます』, 文春文庫, p. 187, p.212.

각과 모든 책임을 한 몸에 지겠다는 헌신적인 '희생정신'에 대한 신앙에 가까울 정도의 믿음에 근거하고 있었다. 이 때 자주 인용되는 것이 1945년 8월 9일 어전회의에서 "나는 아무래도 상관없다. 견디기 어렵고 참기 어려운 일이지만 이 전쟁을 그만 둘 결심을 했다"[27]는 말과 1945년 9월 천황과 맥아더의 첫 회담에서 "모든 책임은 자신에게 있다"고 한 천황의 발언이었다. 천황과 맥아더의 회담 내용에 관해서는 두 사람이 비밀에 부칠 것을 약속했지만 맥아더는 만년에 출간한 회고록에서 그 내용을 다음과 같이 공개하여 반향을 불러 일으켰다.

나는 천황이 전쟁범죄자로서 기소되지 않도록 자신의 입장을 호소하기 시작하는 것은 아닐까 하는 불안을 느꼈다.(중략) 그러나 이러한 나의 불안은 근거가 없는 것이었다. 천황의 입에서 나온 것은 다음과 같은 말이었다.
"나는 국민이 전쟁 수행을 하는데 있어서 정치, 군사 양면에서 행한 모든 결정과 행동에 대한 전 책임을 지는 자로서, 나 자신을 당신이 대표하는 諸國의 재결에 맡기기 위해 찾아왔습니다."
나는 커다란 감동에 휩싸였다. 죽음을 수반할 정도의 책임, 그것도 내가 알고 있는 모든 사실에 비추어 명백하게 천황에게 돌릴 수는 없는 책임을 받아들이려하는, 바로 이 용기에 가득 찬 태도는 나에게 골수에 사무칠 정도로 감동을 주었다.[28]

맥아더가 84세로 사망하기 직전에 완성한 이 회고록은 과장되거나 사실

---

27　迫水久常, 「終戦の真相」( 鶴見俊輔・中川六平編(1989), 『天皇百話』上の巻, ちくま文庫, p. 666.

28　ダグラス・マッカーサー(1964), 『マッカーサー回想記』下, 朝日新聞社, p.142.

관계에 오류가 많으며 자신의 사적을 치켜세우기 위한 자기평가로 지적[29]되고 있으나, 일본의 보수파와 우익들은 이 내용을 마치 '전설'처럼 신봉하고 있다.[30] 예를 들면 보수 논객의 최우익으로 평가되는 고보리 게이이치로小堀桂一郎는 천황이 맥아더와의 회견 내용을 평생 밝히지 않았다는 사실을 예로 들어 "천황은 자신의 말이 쇼와사의 해석에 미치는 영향이 얼마나 큰지를 고려하시어 억제로 일관하셨다.", "(그것은) 제왕학의 발로였다"고 하면서 도미타 메모가 사실이라면 천황은 "제왕학의 준칙의 틀을 넘어서 해서는 안 될 발언을 한 셈이 된다.", "따라서 필자는 그것이 진정한 폐하의 말씀이라고는 믿지 않는다"고 했다.[31] 이 정도까지 오면 사실을 어떻게 인식할 것인가의 문제를 넘어서 거의 신들린 상태의 '신앙' 고백에 가깝다. 이러한 인식을 바탕으로 객관적이고 이성적인 논의가 성립될 리가 없다.

셋째로 천황의 정치이용이라는 비판이다. 보수적인 입장의 법학자 모모치 아키라百地章는 "공적인 발언이 아니라 비공식의 메모를 A급 전범 분사론에 결부시키는 것은 천황의 정치이용이 되지 않을 수 없다"[32]고 했으며 역사학자 이토 다카시伊藤隆도 정치적 목적을 위한 사료의 이용을 경계하면서 천황의 참배 여부는 천황 한 사람의 생각으로 간단하게 결정되는 것이 아닐 것이라는 의문을 제기했다.[33] 사쿠라이 요시코桜井よしこ는 처음에는 '도미


29    袖井林次郎,『マッカーサーに二千日』, 中公文庫, 1976年.

30    회담 당시 통역을 맡았던 奧村勝蔵가 작성한 회담기록은 2002년 10월 17일 외무성이 공개했지만 주목을 모았던 '모든 책임을 진다'는 내용은 없었다(『朝日新聞』 2002.10.20).

31    小堀桂一郎(2006.10),「天皇の『御言葉』とは何か」,『正論』, p.78.

32    『産経新聞』 2006.7.26.

33    伊藤隆(2006.10),「富田メモを弄ぶ危険な誘惑」,『諸君！』, p.127.

타 메모'의 신빙성을 의심하고 천황이 그런 말을 할 리가 없다고 주장하다가 이후 메모의 진실성이 높아지자 '도미타 메모'을 논의하는 자체가 "천황폐하의 발언을 정치적으로 이용하는 전례를 만들어 진흙탕에 빠질 가능성이 있다"고 논점을 바꾸어 반론하기도 했다.[34]

넷째로 메모의 자료로서의 가치와 내용에 대한 의문도 제기되었다. 『週刊新潮』에서는 천황이 사망하기 직전까지 시종장을 역임했던 도쿠가와 요시히로德川義寛의 장남의 말을 빌려 메모의 '私'는 도쿠가와 요시히로일 것이라는 추측을 보도했다.[35] 그러나 궁중의 '안'을 총괄하는 시종장의 발언을 궁중의 '밖'을 총괄하는 궁내청 장관이 그대로 받아 적는다는 것은 현실적으로 상상하기 어려운 일이다. 논픽션작가 호사카 마사야스保阪正康도 도미타 수첩은 유족이 보관하여 공개되지 않고 있기 때문에 엄밀한 자료비판이 이루어지지 않고 있다는 등의 의문을 제기했으나 이후 '도미타메모연구위원회'에 참가하여 '도미타 메모'가 사실이라는 결론을 내리고 있다.[36]

이 밖에도 쇼와 천황과 현 천황은 야스쿠니신사의 춘추 예대제에 빠트리지 않고 칙사를 파견하는 등 야스쿠니를 중시하는 자세를 계속하고 있다는 점, 그리고 천황의 동생 다카마츠노미야高松宮와 미카사노미야三笠宮는 'A급 전범' 합사 후에도 야스쿠니참배를 계속했다는 점 등을 근거로 천황이 그런 말을 했을 리가 없다는 반론을 전개하기도 했다.

그러나 그 어느 것도 공통적으로 논리적 근거가 약하고 주관적이며 감정적인 대응으로 메모의 신빙성에 의문을 제기하고 있었다. 심지어 『산케이신

---

34　앞의 논문 「A級戦犯合祀不快発言と天皇の戦争責任」中, p.106.

35　『週刊新潮』 2006.8.10.

36　『日本経済新聞』 2007.5.1.

문』은 "여기에는 예측대로 'A급 전범' 분사파나 수상의 참배를 반대하는 정치가와 매스컴, 여기에 중국, 한국이 달려들었다. '오고토바'를 방패로 'A급 전범을 분사하라', '수상의 야스쿠니 참배를 그만두라'는 폭풍이다. '그렇게도 쇼와 천황을 경애하고 있었던가요?' 하고 한마디 야유해 주고 싶을 정도다"[37]라고 비꼬는 궁색한 반응을 보였다.

이후 '도미타 메모'는 2014년 9월 쇼와 천황의 사적을 편년체로 엮은 『昭和天皇実録』이 공개되면서 또 다시 화제에 올랐다. 실록은 1만 2천 쪽에 달하는 분량으로 본문 18권과 색인 1권을 포함하여 총 19권이며 2015년부터 매년 3월에 4권, 9월에 2~3권씩 간행하여 2020년에 출간을 완료할 예정으로 있다.[38] 실록이 공개된 후 관심이 집중된 것은 '도미타 메모'에 관한 기술이었다. 당시 언론에 보도된 '도미타 메모'와 관련된 실록의 기술은 다음과 같다

실록에서는 1988년 4월 28일 오전 황거 吹上御所에서 도미타 장관과 면회한 것과 관련하여 "야스쿠니신사에서의 이른바 A급 전범의 합사, 참배에 관하여 말씀하시다"라고 기록하고 내용의 상세에 관해서는 적혀있지 않지만 이어서 "또한 2006년에는 도미타 장관의 메모로 보이는 자료에 관하여 『니혼게이자이신문』이 보도했다"고 기재되어 있다.[39]
궁내청은 9일 쇼와 천황의 87년의 생애를 기록한 '실록'을 공개했다. 그 가운데 천황이 야스쿠니신사에 참배하지 않은 것은 A급 전범의 합사가 이유라고 천황이 직접 말했다고 하는 도미타 도모히코 궁내청 장관(당시, 고

---


37  『産経新聞』 2006.7.22.

38  『産経新聞』 2015.3.27.

39  『朝日新聞』 2014.9.6.

인)의 메모와 부합하는 기술이 있다는 것을 알게 되었다. 메모의 내용에는 언급하지 않고 있지만 그 존재와 내용을 보도한 닛케이신문의 보도가 있었다는 것을 기술하고 메모의 출전으로 명시하고 있는 점에서 실질적으로 메모의 내용을 추인한 것으로 보인다.[40]
실록에서 179개소에 전거자료로 채용된 '도미타 메모'는 1975년을 최후로 쇼와 천황이 야스쿠니신사에 참배하지 않게 된 이유가 1978년 10월의 A급 전범 합사였다는 것을 분명히 밝혔다.[41]

이와 같이 『아사히신문』, 『마이니치신문』, 『닛케이신문』은 실록의 기술을 실질적으로 '도미타 메모'의 내용을 추인한 것으로 보았지만, 메모 자체에 의문을 제기하는 입장에서는 실록에서 메모의 내용을 실지 않았다는 점과, 궁내청이 "쇼와 천황의 야스쿠니신사 불참배로 파악하는 입장이나 보도내용을 시인한 것은 아니다"고 한 것을 내세워 『닛케이신문』의 보도내용을 시인한 것은 아니라는 것을 실록에서 분명히 밝혔다고 주장했다.[42] 실제로 궁내청은 『닛케이신문』이 '도미타 메모'를 공개한 사실을 실록에 기재한 것에 대하여 "사회적인 반향, 영향이 컸다는 점에서 보도가 있었다는 사실을 게재했다"고 하면서 "메모의 해석은 다양하여 A급 전범 합사와 쇼와 천황의 야스쿠니신사 불참배로 파악하는 입장이나 보도내용을 시인한 것은 아니다"라고 하면서도 한편으로는 천황과 장관의 면회와 보도 내용이 "전혀 무관한 것은 아니다"라고도 했다.[43]

---

40　『毎日新聞』 2014.9.9.

41　『日本経済新聞』 2014.9.9.

42　『産経新聞』 2014.9.9.

43　『朝日新聞』 2014.9.6.

그러나 천황이 야스쿠니신사에 참배하지 않는 것에 관하여 도미타 장관에게 말했다는 것을 실록에 기재하고 출전까지 명시했다는 것은 내용을 게재하지 않아도 사실상 인정하고 있는 것과 마찬가지라고 보아야 할 것이다. 더구나 실록에서는 천황의 동정을 기술하는 근거 사료로서 '도미타 메모'를 179회에 걸쳐 인용하고 있으며 특히 1987년에는 65회, 1988년에는 51회 인용하고 있는 점으로 보더라도 사료로서의 가치를 인정하고 있다는 것을 충분히 알 수 있다.

이상과 같이 '도미타 메모'의 신빙성을 믿는 입장의 논조는 쇼와 천황이 'A급 전범' 합사에 불쾌감을 가지고 참배하지 않았기 때문에 천황의 '마음'을 존중해서라도 수상이 참배해서는 안 된다는 주장이 주류를 이루고 있었다. 한편 메모의 신빙성을 의심하는 입장에서는 쇼와 천황에 대한 경애심을 배경으로 정치적인 이용은 안 된다고 반론하는데 그치고 있었다. 그 어느 것도 왜 천황이 'A급 전범' 합사에 불쾌감을 가졌는가 하는 본질적인 문제에 대해서는 침묵하고 있었다. 그렇다면 메모의 어떤 부분에서 천황이 불쾌감을 가진 이유를 해독할 수 있으며, 그것이 또한 천황의 전쟁 책임 문제와 어떤 관련성이 있을까. 다음은 이 문제를 구체적으로 검토해 보기로 하자.


## Ⅳ. '도미타 메모'의 검증

『닛케이신문』은 7월 20일자 조간 39면에 '도미타씨 메모 · 야스쿠니부분 전문'이라고 하여 공개한 메모의 내용을 실었지만 사실은 '야스쿠니부분전문'이 아니다. 20일 석간에는 야스쿠니신사에 관한 천황의 발언을 기록한 페이지의 전체 사진이 실려 있는데 조간에 소개된 문장 위에 다른 문장이 있다는 것을 확인 할 수 있다. 사진을 확대해 보면 나카소네, 후지오, 오쿠노 등의 이름이 보이며, 나카소네 야스히로中曾根康弘, 후지오 마사유키藤尾正行, 오쿠노 세이스케奧野誠亮를 두고 하는 말이라는 것을 쉽게 알 수 있다. 그들은 모두 야스쿠니신사를 둘러싼 문제나 역사인식에 대한 발언으로 논란을 야기한 사람들이다. 조간에서 『닛케이신문』이 이 부분을 자르고 보도한 것은 생존하고 있는 당사자들에 대한 의도적인 배려라고 볼 수 있는데, 실은 그 앞 페이지에도 관련의 메모가 있지만 닛케이는 그 내용을 공개하지 않아 더욱 의혹을 불러일으키는 빌미가 되었다. 미공개된 전반부의 두 쪽에 걸친 야스쿠니 관련 천황 발언 내용은 이후『文藝春秋』 2006년 9월호에서 소개되고 있는데 정확한 설명을 위해 원문을 그대로 옮기면 다음과 같다.[44] 밑줄 친 부분은 2006년 7월 20일 『닛케이신문』이 최초로 공개한 부분이다.

Press의 회견                                                                63.4.28

③

〔1〕작년은

(1) 高松宮 薨去 후 얼마 지나지 않아 마음이 무거웠다.

(2) 메모로 대답했기 때문에 자연스럽지 못했다고 생각한다.

(3) 4.29에 吐瀉했는데 그 전에 역시 몸 상태가 충분하지 않았다.

　　그래서 장관에게 금년에는 기자들의 인상이 있었겠지.

＝ (2)에 관해서는 기자들도 말이 있었습니다.

〔2〕전쟁의 감상에 대한 질문을 받고 싫은 심정을 표현하고 싶었다.

　　그것은 나중에 말하고 싶다.

　　그리고 전후 국민이 노력하여 평화의 확립에 힘써 준 것을

---

44    앞의 글,「徹底検証・昭和天皇「靖国メモ」未公開部分の核心」, p.113.

말하고 싶었다.

"싫다"고 말한 것은 오쿠노 국토상의 발언, 중국에 대한 발언에
관해서 말할 작정이었다.

6 3 . 4 . 2 8

④

전에 있었지 어찌된 일일까

나카소네中曾根의 야스쿠니 참배도 있었지만

후지오藤尾의 발언

＝오쿠노奧野는 후지오와 다르다고 생각했는데 균형 감각이라고 생각한
다.

단순한 복고는 아니더라도

나는 그 때 A급 전범이 합사되고

더구나 마츠오카松岡, 시라도리白取까지도

츠쿠바筑波는 신중하게 대처했다고 들었는데

마츠다이라松平의 아들인 지금의 궁사가 무슨 생각으로 그렇게 간단하게

마츠다이라松平는 평화에 대한 의지가 강했다고 생각하는데

애비 마음 자식이 모른다더니

그렇기 때문에 나는 그 후 참배하지 않는다.

그것이 내 마음이다.

● 관련 질문 관계자도 있어 비판이 된다는 의미

○ 그다지 각료도 모르고 그렇습니다만이 많다


위의 내용을 세부적으로 해독하면 다음과 같다. '63.4.28 ③'은 昭和63
년, 즉 1988년 4월 28일, 천황의 87세 탄생일 하루 전날의 기록이다. 여기서
③은 당일 메모한 4장 가운데 세 번째 장이라는 의미이다. 그 3일전인 4월 25

일에는 천황탄생일을 앞두고 항례적인 기자회견이 있었다. 천황은 1988년 9월 19일 피를 토하고 쓰러져 이듬해 1월 7일 사거하므로 생애 마지막 기자회견이었다. 그 기자회견 3일 후에 천황이 도미타 장관을 불러 기자회견에 대한 감상을 말한 것이 바로 ③쪽과 ④쪽으로 이어지는 '야스쿠니부분전문'이다.

③쪽 '[1]작년은'의 (1)의 내용은 1987년 2월 천황의 둘째 동생 다카마츠노미야가 사망한 두 달 후의 기자회견이어서 아직도 마음이 무거웠다는 의미이다.

③쪽 (2)는 그 영향으로 기자회견에서 궁내청 기자회가 제출한 질문에 대한 회답으로 메모로 준비해 둔 것을 읽었기 때문에 자연스럽지 못했을 것이라고 반성하는 부분이다. (3)의 두 번째 줄 "그래서 장관에게 ~ "라는 부분은 메모로 회답한 것에 대하여 기자들 사이에 무슨 말이 있었겠지 하고 물은 것이고 장관은 기자들 사이에서도 말이 있었습니다하고 답하고 있다.

③쪽의 '[2]전쟁에 관한 감상'으로 시작 되는 부분은 3일 전의 회견에 대한 대화를 기록한 것이다. 당시 언론에 보도된 기자회견의 내용을 보면 "지난 대전에 관한 생각을 말씀해 주세요"라는 질문에 대하여 "무엇보다도 대전의 일이 가장 싫은 기억입니다"[45]라고 답하고 있기 때문에 "싫은 심정을 표현하고 싶었다"는 메모의 내용과 일치한다고 볼 수 있다.

계속해서 언론에 보도된 기자회견에서는 "일본이 전쟁으로 나가 버린 최대의 원인은 무엇이라고 생각하고 계시는지요?"라는 질문에 대하여 "그것은 인물 비판이나 그런 것이 포함되기 때문에 지금 여기서 말하는 것은 피하고

---

45　『朝日新聞』1988.4.29.

싶다고 생각합니다."라고 답하고 있다.[46] 메모 ④의 마지막 부분에 "● 관련 질문 관계자도 있어 비판이 된다는 의미"라고 적은 것이 여기에 해당하는 것으로 보인다. 기자들에게 신하의 이름을 들어 구체적으로 말하면 세간에 알려지기 때문에 삼가겠다는 의미일 것이다. 그러나 도미타 장관과의 사적인 대화에서는 자신의 심경을 토로하면서 실명을 거론하고 있다. 그것이 ③쪽의 마지막 부분에 나오는 오쿠노와 ④쪽에 나오는 나카소네, 후지오, 그리고 'A급 전범'과 마츠오카, 시라도리의 이름이다.

③쪽 끝 부분에 ""싫다"고 말한 것은 오쿠노 국토상의 발언…"이라고 한 것은 기자회견에서의 질문에 대하여 "무엇보다도 대전의 일이 가장 싫은 기억"이라고 대답했지만 실은 며칠 전에 오쿠노가 중국에 대하여 한 말과 관련해서 말하고 싶었다는 의미다. 실제로 오쿠노 국토청 장관은 기자회견 3일 전인 1988년 4월 22일 야스쿠니신사에 참배했을 때 "공인으로서인가, 사인으로서인가"를 묻는 기자들의 질문에 대하여, "이제 그런 질문은 그만하면 안 될까. 하등 중국의 욕을 할 생각은 없지만 등소평에게 국민이 휘둘리고 있는 것이 유감이다"고 말하고, 심지어 "백색인종이 아시아를 식민지하고 있었다. 그런데 일본만 나쁘다고 한다. 누가 침략 국가인가"[47]라고 한 발언이 국회에서 논란이 되어 5월 13일에 사임하기에 이르렀다. 천황의 기자회견 당일도 오쿠노 발언을 둘러싸고 국회에서 커다란 논란이 되고 있었다.[48]

---

46    위와 같음.

47    『朝日新聞』 1988.4.22.

48    오쿠노의 발언에 대한 논란은 『朝日新聞』에서 1988년 4월 22일부터 4월 29일까지 연일 보도되고 있었다.

천황은 오쿠노 장관이 야스쿠니신사를 참배한 후 전쟁을 정당화하는 발언으로 물의를 일으킨 것에 대하여 불만이었지만 기자회견에서는 사람의 이름을 거명하지 않았다. 자신이 싫어하는 '신하'의 이름이 언론을 통해서 만천하에 공개되어 물의를 일으키는 것을 꺼렸기 때문일 것이다. 다만 그 생각을 3일 후 도미타 장관을 불러 그 때 자신이 '싫다'고 한 것은 오쿠노의 발언으로 야스쿠니 문제가 국제적으로 비화되는 것이 싫다는 말을 하고 싶었던 것이라고 자신의 심경을 토로한 것이다.

그 연장선상에서 ④쪽 1행과 2행에서는 1985년 8월 15일 나카소네의 공식참배로 인하여 국제적으로 물의를 일으킨 것과, 1986년 후지오 문부상이 『文藝春秋』에서의 대담에서 교과서 검정 문제와 야스쿠니 문제의 배경에 있는 도쿄재판은 부당하다, 한국병합은 침략 당한 쪽에도 책임이 있다는 등의 발언으로 국제적인 물의를 일으키고 파면된 것을 상기하고 있다. 즉 천황은 1988년 4월 25일 기자회견을 하기 3일 전인 4월 22일 오쿠노의 발언이 물의를 일으킨 것을 계기로 1985년 8월 15일 나카소네 수상이 야스쿠니신사에 공식 참배한 것과 그 이듬해 후지오 문부상이 역사인식의 문제발언으로 인하여 중국과 한국으로부터 항의를 받은 사건을 상기하면서 도미타 장관에게 자신이 1975년 이래 야스쿠니신사에 참배하지 않게 된 심경을 말한 것이다.

다만 ④쪽 4행의 '=오쿠노...'에서 5행의 '단순한 복고는 아니더라도'까지의 부분에 대해서 하타 이쿠히코는 천황의 말이 아니라 도미타 장관의 견해일 가능성이 높다고 보고 있다. 그 이유는 한 칸 띄워서 '=' 표시를 한 것은 ③쪽의 "=(2)에 관해서는 기자들도 말이 있었습니다"라고 장관이 자신의 말을 적을 때 표시한 기호와 같기 때문이다. '='를 표기하는 것은 도미타 장관이 나름대로 메모할 때 자신의 발언을 기록하는 규칙이 있었을 것으

로 보는 것이다.[49]

④쪽의 밑줄 친 부분은『닛케이신문』이 최초로 공개한 내용으로 문제의 야스쿠니신사 'A급 전범' 합사에 대한 천황의 불쾌감을 나타내는 부분이다. 여기서 마츠오카는 독일, 이탈리아와 '3국 동맹' 당시의 외무대신 마츠오카 요스케松岡洋右이며, 시라도리의 '도리取'는 당시의 주이탈리아대사 시라도리 도시오白鳥敏夫의 '도리鳥'를 장관이 잘못 표기한 것이다. 또한 츠쿠바筑波는 1966년 후생성에서 'A급 전범' 명부를 건네받고도 합사하지 않은 당시 야스쿠니신사의 궁사 츠쿠바 후지마로筑波藤麿이며, 마츠다이라는 패전 직후 초대 궁내청 장관을 역임한 천황의 측근 마츠다이라 요시타미松平慶民, 그리고 '마츠다이라의 아들인 지금의 궁사'란 'A급 전범'을 합사한 1978년 당시 야스쿠니신사의 궁사 마츠다이라 나가요시松平永芳를 말한다.

'3국 동맹'을 주도한 마츠오카에 대한 불만은 이미 독백록에서도 토로[50]하고 있으며 마츠다이라 궁사에 대해서는 도미타 일기에서도 나카소네의 참배로 물의를 일으킨 1985년의 12월 31일에 "천황, 야스쿠니신사와 마츠다이라 궁사 비판"[51]이라고 적혀있는 것을 보면 천황이 상당한 불쾌감을 가진 것은 틀림없는 사실이라고 볼 수 있다. 이러한 천황의 불쾌감은 2007년 4월 공개된 전 시종 우라베 료교卜部亮吾의 일기[52]를 통해서도 뒷받침되고 있다.

'도미타 메모'와 같은 날인 1988년 4월 28일의 우라베 료고 일기에 "부르

---

49 앞의 글, 「徹底検証・昭和天皇「靖国メモ」未公開部分の核心」, p.115.

50 앞의 책,『昭和天皇独白録』, pp.56〜57.

51 『日本経済新聞』 2006.7.20, 夕刊.

52 『朝日新聞』 2007.4.26. 하타 이쿠히코는 우라베 료고 일기의 공개에 대하여 이것으로 이른바 '도미타 메모'의 해석이 사실이라는 것이 뒷받침되었다고 평가했다(『共同通信』 2007.4.27).

심이 있어 吹上로 장관 배알 후 나갔더니 야스쿠니의 전범 합사와 중국의 비판, 오쿠노 발언에 관한 일"[53]이라고 적혀 있는 것을 보면 천황은 같은 날 도미다 장관과 우라베 료고 시종에게 각각 따로 만나 같은 말을 거듭했다는 것을 알 수 있다. 또한 우라베가 2002년 3월 사망하기 전의 2001년 7월 31일 일기를 보면 "10시 어제 밤 예약한 아사히의 이와이岩井기자 내방/예상대로 야스쿠니신사 참배를 그만 두신 경위/직접적으로는 A급 전범 합사가 마음에 들지 않아"라고 하여 'A급 전범' 합사 이후 불쾌감을 가지고 참배하지 않는다는 '도미타 메모'의 내용과 일치하는 내용이 적혀있으며 8월 15일에는 "조간/야스쿠니합사 이래 천황폐하 참배 중지에 관한 기사/합사를 받아들인 마츠다이라 나가요시는 큰 바보"[54]라고 하여 천황의 불쾌감을 거듭 기록하고 있다.

이상 ③쪽부터 ④쪽을 연결해서 읽으면 천황은 1988년 오쿠노 장관의 발언을 계기로 1985년 나카소네가 야스쿠니신사에 공식 참배한 것과 1986년 후지오 장관이 역사인식 발언함으로서 중국과 한국의 항의를 받으면서 물의를 일으킨 점을 상기하고 이와 관련해서 야스쿠니신사에 'A급 전범'이 합사된 사실을 알고부터 야스쿠니신사에 참배하지 않았다는 것을 도미타 장관과 우라베 시종에게 말한 것이다.

이렇게 볼 때 천황이 'A급 전범' 합사에 불쾌감을 가진 가장 큰 이유는 'A급 전범' 합사로 인하여 야스쿠니신사 문제가 국제적인 문제로 논란을 불러일으키고 그것이 궁극적으로 자신의 전쟁 책임 문제로 비화되는 것을 우려

---

53  『朝日新聞』2007.4.26, 26면. 우라베는 이 문장에 붉은 펜으로 밑줄을 치고 있다.

54  위와 같음. 半藤一利·御厨貴·原武史(2008), 『卜部日記·富田メモで読む人間·昭和天皇』, 朝日新聞社, p.154 해설 참조.

하고 있었기 때문이라고 할 수 있다. 특히 천황이 중국과 한국에서의 항의를 강하게 의식하고 있었다는 것은 도미타 일기에도 있듯이 1982년 역사교과서 문제가 물의를 일으켰을 때부터 표면화되기 시작했다.『닛케이 신문』이 공개한 '도미타 일기'의 일부만 보더라도 1982년 8월 30일에 "천황, 교과서문제 발언"이라고 적혀 있고, 1985년 12월 31일에는 "천황, 야스쿠니신사와 마츠다이라 궁사 비판, 나카소네 평가. 나카소네도 꽤나 내외의 정세에 적절한 배려를 할 수 있게 되었다. 성장했다고 생각해"라고 적혀있으며 1986년 7월 23일에는 "야스쿠니의 일, 교과서 문제 등으로 말씀"이라고 적혀있다.[55] 천황은 1982년 역사교과서문제가 국제적인 문제로 비화되면서부터 중국과 한국의 항의를 강하게 의식하기 시작했던 것이다. 특히 1985년 12월 31일 일기에 "나카소네 평가. … 내외의 정세에 적절한 배려"라고 하는 부분은 나카소네가 1985년 8월 15일 공식참배로 중국과 한국의 항의에 직면하여 1986년 정식으로 참배 보류를 발표한 것에 대하여 천황이 칭찬하고 있는 것이다. 야스쿠니신사 문제가 국제적으로 비화되는 것을 우려하는 천황의 심정은 1986년의 '종전기념일'에 읊은 다음의 노래를 통해서도 확인할 수 있다.


"이 해의 이 날에 아직도 야스쿠니신사에 근심이 깊다"[56]


당시 야스쿠니신사에 'A급 전범'의 합사를 찬성하는 보수세력은 이 노래

---

55   『日本経済新聞』 2006.7.20, 夕刊.
56   徳川義寛・岩井克己(1997), 『侍従長の遺言』, 朝日新聞社, p.182.

의 '근심'이라는 표현을 나카소네 수상이 야스쿠니신사 참배를 보류한 것에 대한 불만으로 해석했지만 전 시종장 도쿠가와 요시히로는 이를 강하게 비판하고 있다.[57] 황실의 和歌 상담역으로 30여 년간 일해 온 오카노 히로히코岡野弘彦 歌人이 2007년 아사히신문과의 인터뷰에서 증언한 것에 의하면, 1986년 가을 경 시종장 도쿠가와가 천황의 와카를 가지고 상담을 위해 방문했을 때 오카노 가인이 '근심'의 이유가 노래의 표현만으로는 충분히 전해지지 않는다고 지적하자 도쿠가와는 천황의 '근심'이라는 표현은 'A급 전범' 합사에 대한 불만을 의미하고 있으며 그 이유는 "(야스쿠니신사는) 국가를 위해 전쟁터에서 전사한 사람들의 영을 모시는 신사인데 그 제신의 성격이 바뀐다고 생각"한다는 점과, "저 전쟁과 관련한 나라와의 사이에 장래에 화근을 남기게 된다는 생각"이라고 말했다고 한다. 그리고 도쿠가와는 "그것을 너무 분명하게 노래에 표현하면 지장이 있기 때문에 조금 완곡하게 하신 것입니다"라고 덧붙였다고 한다.[58]

이러한 천황의 우려는 1986년 후지오 문부상의 역사교과서 문제를 둘러싼 문제 발언과 2년 후 오쿠노 국토청 장관의 야스쿠니신사 참배 후의 문제 발언으로 현실이 되었다. 때마침 오쿠노 장관의 발언은 천황의 기자회견을 3일 앞둔 기묘한 타이밍이었다. 오쿠노 장관의 발언이 국회에서 논란이 되고 언론에서도 4월 29일까지 연일 이 기사를 다루었다. 오쿠노의 문제 발언 3일 후의 기자회견에서 천황이 "무엇보다도 대전의 일이 가장 싫은 기억"이라고 한 것은 바로 오쿠노 장관의 발언을 염두에 두고 한 말이었던 것이다. 천황은 'A급 전범'의 합사에 대하여 처음부터 불쾌감을 가지고 주변국가와

---

57  위의 책, p.183.

58  『朝日新聞』 2007.8.4.

의 '화근'을 초래할 것이라고 우려하고 있었으며 그것이 결국 국제문제로 현실화되자 자신의 불쾌감과 '근심'을 이해하지 못하는 '충신'들에 대한 불만을 측근들에게 토로한 것이다.

그리고 이러한 불만의 배경에는 "대전의 일이 가장 싫은 기억"이라고 했듯이 자신의 전쟁 책임에 대한 꺼림칙한 마음이 여전히 남아있었기 때문이었다. 야스쿠니신사에 'A급 전범'을 합사하고, 거기에 수상과 각료가 참배함으로서 국내외에서 논란이 되면 그것이 언젠가 천황의 전쟁 책임 문제로까지 확산될 가능성도 배제할 수 없는 것이다. 천황은 그러한 점까지 염두에 두고 불쾌감을 품고 있었던 것이다. 그런 점에서 야스쿠니신사에 'A급 전범'이 합사된 이후 쇼와 천황이 참배하지 않은 것은 전쟁 책임 문제의 소용돌이 속에 휘말리고 싶지 않다는 의지의 표현이며, 그것은 또한 그만큼 쇼와 천황에게 전쟁 책임에 대한 심리적인 부담이 만년까지 남아있었다는 것을 의미한다고 볼 수 있는 것이다.

이상과 같이 '도미타 메모'의 'A급 전범' 합사에 대한 천황의 불쾌감이 자신의 전쟁 책임 문제와 불가분의 관계에 있다고 해도 몇 가지 의문은 남는다. 첫째로 천황이 'A급 전범'의 합사를 알게 된 것이 언제인가 하는 점, 둘째로 'A급 전범'이 합사된 것은 1978년 10월 17일인데 그것에 대한 불쾌감이 왜 1980년대에 들어와 표명되었는가 하는 점, 셋째로 1988년 4월 28일에 기록된 메모가 왜 2006년 7월에 공개되었는가 하는 점이다. 둘째와 셋째의 의문에 대해서는 이미 논한바가 있으므로[59] 여기서는 첫째 의문에 대해서 살펴보기로 하자.

'A급 전범' 14명이 '순국영령'으로 야스쿠니신사에 합사된 것은 1978년 10

---

59    박진우(2009), 「한국에서 본 야스쿠니 문제」, 『일본역사연구』 30집, pp.103~107.

월 17일이었고 『아사히신문』이 이를 특종 보도한 것은 그 이듬해인 1979년 4월 19일의 일이었다. 'A급 전범'을 합사한 사실이 보도된 날에 천황의 측근 이리에 스케마사入江相政 시종장이 일기에 "조간에 야스쿠니신사에 마쯔오카, 시라도리 등 합사의 일, 텔레비전에 나오다. 기분 나쁜 일"[60]이라고 적은 것은 천황의 '불쾌감'을 나름대로 헤아리고 있었다는 것을 의미하는 것이지 천황이 언론 보도를 통해서 비로소 'A급 전범'의 합사 사실을 알았다는 것은 아닐 것이다.

1946년부터 30년 이상 야스쿠니신사의 궁사로 재직하던 츠쿠바 후지마로筑波藤麿가 1978년 재직 중에 급사한 후 '영령에 답하는 모임' 등의 'A급 전범' 합사를 요구하는 세력의 지지를 배경으로 그해 7월에 6대 궁사로 취임한 마츠다이라 나가요시는 10월에 합사제가 예정되어 있다는 것을 알고 취임 후 불과 3개월 만에 14명의 'A급 전범' 합사를 완료했다. 1992년 마츠다이라 궁사의 강연록을 보면 "옛날에는 (천황에게: 인용자) 상주하여 재가를 얻었는데, 지금도 관습에 따라 上奏簿를 御所로 가져간다"[61]고 발언한 부분이 있다. 이는 평소에는 합사제를 올리기 전에 '제신 명부'를 천황에게 보고한다는 말인데, 1978년에는 예년과 달리 10월에 'A급 전범'을 먼저 합사한 후 1달 늦은 11월에 보고되었다. 이 점은 전 시종장 도쿠가와 요시히로의 증언에서 확인할 수 있다.

야스쿠니신사 합사자 명부는 매년 10월에 신사 측이 가져와서 그것을 폐하에게 올리게 되어 있지만 쇼와 53년(1978)에는 뒤늦게 11월에 가져왔

---

60 　朝日新聞社編(1991), 『入江相政日記』第 5 卷, 朝日新聞社, p.419.

61 　松平永芳(1992.12), 「だれが英霊を汚したのか『靖国』奉仕14年の無念」, 『諸君』, pp.166-167.

다. "A급 전범의 14명을 합사했다"고 한다. 나는 "일반이 알게 되면 문제가 되지 않을까"하고 불평했지만 그쪽에서는 "유족에게만 알렸다", "외부에는 공표하지 않았으니까"라고 말해왔다. 역시 뭔가 꺼림칙한 일이 있었겠지요. 그랬더니 이듬해 4월에 신문에 크게 실려 떠들썩했다. 그건 결국 알게 되는거죠.[62]

야스쿠니신사에 'A급 전범'이 합사된 것은 10월 17일인데, 천황에게 상주부가 보고된 것은 11월이라는 것이다. 즉 마츠다이라 궁사는 전범 합사를 먼저 마치고 그 후에 상주부를 올려 사후보고를 한 것이다. 당시 궁내청 간부들 사이에서는 'A급 전범' 합사에 반대하는 의견이 강했다. 당시 야스쿠니신사 홍보과장이었던 바바 히사오馬場久夫에 의하면 궁내청 담당자가 "그런 식으로 전범을 모시면 천황의 참배는 불가능하다"고 반대했지만 강행했다고 한다.[63] 이상의 상황을 정리하면 마츠다이라 궁사는 천황에게 보고하기 전에 'A급 전범'을 합사했으며, 천황은 이 사실을 그 한 달 후에 '상주부'를 보고 받고 비로소 알게 되었다고 할 수 있다. 따라서 천황은 1978년 11월 야스쿠니신사에 'A급 전범'이 합사된 사실을 알게 된 시점부터 불쾌감을 품고 이후 야스쿠니신사에 참배하지 않았던 것이다.

---

62  앞의 책, 『侍従長の遺言』 p.180. 실제 증언은 『朝日新聞』(1995.8.19)의 「徳川侍従長の証言 8」에 게재.

63  앞의 글, 「徹底検証・昭和天皇「靖国メモ」未公開部分の核心」, p.119.

# Ⅴ. 맺음말

'도미타 메모'의 본질적인 문제는 전후 새롭게 창출되어 상징천황제를 지탱해 온 신화, 즉 천황은 입헌군주이자 평화주의자라는 도식에서 천황과 'A급 전범' 사이에 분명한 선을 긋고 천황의 전쟁 책임을 은폐, 망각하려는 시도의 연장선상에 있는 것으로 보아야 할 것이다.

근대 일본의 침략전쟁은 근대천황제라는 시스템과 분리해서 말할 수 없으며 그 시스템이 있었기에 쇼와 천황의 전쟁지도, 전쟁관여가 가능했던 것이다. 이와 같이 밀접불가분의 관계에 있는 천황과 전쟁 책임과의 관계를 분리하여 봉인하고 망각하려는 움직임은 2000년대에 들어와 더욱 주도면밀하게 진행되고 있는 것으로 보인다. 그 결과 천황뿐만 아니라 언론의 책임, 국민의 책임을 포함한 전쟁 책임에 대한 보다 심화된 논의를 포기하고 모든 책임을 군부와 'A급 전범'에게 전가하여 당초 밀접한 관계에 있던 천황과 야스쿠니신사와의 관계까지도 분리해 버리는 아이러니한 현상조차 나타나기 시작했다.

그러나 천황과 'A급 전범'을 분리하는 논리에도 딜레마가 있다. 그것은 곧 쇼와 천황과 'A급 전범'이 합사되어 있는 야스쿠니신사와의 사이에 거리를 두는 입장과, 'A급 전범'을 비롯한 야스쿠니의 제신들을 '순국의 영령'으로 상찬하고 천황의 야스쿠니신사 참배를 요구하는 입장과의 모순이다. 원래 두 입장의 본심은 과거의 침략전쟁을 정당화한다는 점에서 같다. 그러나 전자의 경우 천황의 전쟁 책임을 봉인하기 위해서는 'A급 전범'을 천황과 분리하여 희생시키지 않을 수 없게 된다. 한편 후자의 경우 천황이 직접 야스쿠니신사에 참배해야 '순국 영령'에 대한 진정한 '위령'이 된다고 주장하면서 침략전쟁을 미화하고 있다. 그러나 만약 천황이 직접 참배하게 된다면 애써 분리한 천황과 전쟁 책임의 관계가 또 다시 분출될 가능성이 있다. 그런 점에서 2006년 공개된 '도미타 메모'는 바로 천황과 'A급 전범'의 사이를 단절하여 천황의 전쟁 책임을 봉인하고 평화주의자로 미화하는데도 일익을 담당한 것이었다고 할 수 있을 것이다.

# '도미타 메모' 관련 연표

| 1974.11. | 도미타, 궁내성 차관 취임 |
|---|---|
| 1975.8.15. | 미키 수상, 야스쿠니신사 사적 참배 |
| 1975.10.30. | 천황 방미 직후 기자회견, '전쟁 책임' 발언 |
| 1975.11.20. | 참의원 내각위원회, 천황의 야스쿠니신사 참배에 대하여 종일 질의 |
| 1975.11.21. | 천황 야스쿠니신사 참배(최후) |
| | 사회당, 천황의 야스쿠니신사 참배에 대한 질문주의서 제출 |
| 1975.11.28. | 미키수상, 질문주의서 답변(천황의 사인으로서의 참배 강조) |
| 1978.5. | 도미타, 궁내청 장관 취임 |
| 1978.10.17. | 야스쿠니신사에 A급 전범 합사 |
| 1979.11. | 야스쿠니신사, 합사자 '상주부' 황실에 보고 |
| 1979.4.19. | 아사히신문, 야스쿠니신사 A급 전범 합사 보도 |
| 1982.8.30. | "폐하와 90분. 교과서 문제와 관련하여 한국과 중국에 대한 심정을 다이쇼말기, 쇼와 초기의 사실에 비추어 말씀하시다"(도미타 일기) |
| 1985.8.15. | 나카소네 수상, 야스쿠니신사 공식참배 |
| 1985.10.17. | 나카소네 수상, 야스쿠니신사 추계예대제 참배 보류 |
| 1985.12.31. | 천황, 야스쿠니신사와 마츠다이라 궁사 비판, 나카소네 평가(도미타 일기) |
| 1986.6.10. | 후지오 문부상 문예춘추에 역사인식의 문제 발언으로 파면 |
| 1986.7.23. | "최근 야스쿠니의 일, 교과서 문제 등으로 말씀 많으시다"(도미타 일기) |
| 1986.8.1. | 고도다 관방장관, 각료의 참배 신중 요청 |
| 1986.8.14. | 고도다 관방 장관 담화 |
| 1986.8.15. | 나카소네 수상의 참배 보류 정식 발표 |
| | 천황의 와카, "이해의 이날에 야스쿠니신사의 근심이 깊다" |
| 1988.4.22. | 오쿠노 국토상, 야스쿠니참배 후 기자들에게 역사인식 문제 발언으로 사임 |
| 1988.4.25. | 천황탄생일 기자회견 |
| 1988.4.28. | 천황의 A급 전범 합사 불쾌감 발언(도미타 메모) |
| 1988.9.17. | 천황 토혈, 입원 |
| 1989.1.7. | 천황 사망 |
| 1995.8.19. | 도쿠가와 요시히로 전 시종장 증언(1986.8.15의 와카에 대하여) |
| 2001.7.31. | 우라베 료고 전 시종 일기 공개, 천황의 A급 전범 합사에 대한 불쾌감 방증 |
| 2006.7.20. | 닛케이신문, '도미타 메모' 공개 |
| 2014.9.9. | '쇼와 천황실록' 공개 |

■ 참고문헌


박진우(2009), 「한국에서 본 야스쿠니 문제」, 『일본역사연구』 30집.

일본의 전쟁 책임 자료센터 편, 박환무 역(2011), 『야스쿠니신사의 정치학』 동 북아역사재난.

朝日新聞社編(1991), 『入江相政日記』第5巻, 朝日新聞社.

伊藤隆(2006.10), 「富田メモを弄ぶ危険な誘惑」, 『諸君！』.

木戸幸一(1966), 『木戸幸一日記』下巻, 東京大学出版会.

木下道雄(1990), 『側近日誌』, 文藝春秋.

国立国会図書館調査及び立法考査局(2007), 『新編靖国神社問題資料集』.

小堀桂一郎(2006.10), 「天皇の『御言葉』とは何か」, 『正論』.

上丸洋一(2006.9,10,11), 「A級戦犯合祀不快発言と天皇の戦争責任」上・中・下, 『AIR』21.

袖井林次郎(1976), 『マッカーサーに二千日』, 中公文庫.

ダグラス・マッカーサー(1964), 『マッカーサー回想記』下, 朝日新聞社.

千々和泰明・佐々木葉月・田口千紗(2008.3), 「小泉首相の靖国神社参拝問題：対米関係の文脈から」, 『国際公共政策研究』12-2.

鶴見俊輔・中川六平編(1989), 『天皇百話』上の巻, ちくま文庫.

寺崎英成(1995), 『昭和天皇独白録』, 文芸春秋.

徳川義寛・岩井克己(1997), 『侍従長の遺言』, 朝日新聞社.

半藤一利・御厨貴・原武史(2008), 『卜部日記・富田メモで読む人間・昭和天皇』, 朝日新聞社.

半藤一利・秦郁彦・保阪正康(2006.9), 「徹底検証・昭和天皇『靖国メモ』未公開部分の核心」, 『文藝春秋』.

松平永芳(1992.12),「だれが英霊を汚したのか『靖国』奉仕14年の無念」,『諸君』.

読売新聞戦争責任検証委員会編(2006),『検証・戦争責任』Ⅱ,中央公論社.

# 제10장

■

## 야스쿠니신사 한국인 무단 합사 철폐 소송 경위와 논리[*]

남상구

## Ⅰ. 머리말

야스쿠니신사 문제란 국가에 의한 전사자 추도, 일본의 침략전쟁과 식민지 지배에 대한 역사인식, 일본 헌법의 정교분리원칙, 일본인과 한국인·대만인 유족의 감정, 외교 갈등 등 다양한 요소가 얽히고설킨 문제다. 야스쿠니신사 문제의 사안별 쟁점과 성격, 현황을 정리하면 아래 〈표 1〉과 같다.[1]

---

[*] 본고는 남상구, 「야스쿠니신사 문제의 현황과 연구동향」(동북아역사재단, 『동북아역사논총 제50호』, 2015년 12월)을 수정 보완하였다.

[1] 야스쿠니신사의 합사 대상에 대해서는 남상구의 「야스쿠니신사 합사 문제에 관한 고찰」(『일본사상』제10호, 2006년)에 정리되어 있다.

표 1 야스쿠니신사 문제 개요

| 사안 | 쟁점 | 문제점 | 문제의 성격 | 현황 |
|---|---|---|---|---|
| 한국인 무단 합사 | 무단 합사 | 식민지에서 병력동원 수단 | 식민침탈 역사 | 일본에서 한국인 합사 철회 소송(1건) 진행 중<br><br>-2건 일본 대법원에서 기각 당함 |
| | | 유족의 인격권 침해 | 인권 침해 | |
| | | 식민침탈의 역사 긍정, 민족적 인격권 부정 | 야스쿠니신사의 역사인식 | |
| | 일본정부 관여 | 헌법 정교분리원칙 위배 | 헌법 해석 | |
| 일본총리 참배 | A급 전범 합사 (1978.10) | 침략전쟁 미화 (도쿄재판 부정) | 일본 정부의 역사인식 | 새로운 국립추도시설 건설, A급 전범 분사 등이 해결 방안으로 제기됨<br><br>일본에서 아베 총리 참배 위헌소송(2건) 진행 중 |
| | | 동북아 외교 갈등 초래 | 외교 | |
| | 위헌 여부 | 정교분리원칙 위배 | 헌법 해석 | |
| 새로운 국립 추도 시설 | 총리참배로 인한 갈등 | 유족회 등 야스쿠니신사 지지 세력이 적극 반대 | 국가에 의한 전사자 추도 | 일본 안보관련 법안 개정으로 새로운 전사자 발생 가능성 대두 |
| | 국립 전사 자추도시설 건립 | 평화헌법 개정 기반 구축 | | |
| 역사인식 | A급 전범 합사 | 식민침탈, 침략전쟁의 역사를 긍정·미화 | 야스쿠니신사의 역사인식 | 야스쿠니신사 역사인식이 일부 역사교과서에도 반영됨 |
| | 침략전쟁 정당화 | | | |

이러한 많은 문제 가운데 한국 사회와 언론이 관심을 갖고 있는 것은 일본 총리나 각료, 정치인의 참배다. 총리나 각료의 참배는 침략전쟁에 대한 사죄와 반성을 부정하는 것이기 때문이다. 일본 총리나 각료의 참배는 외교적 갈등을 가져오지만 참배를 하지 않으면 갈등은 발생하지 않는다는 점에서 관리가 가능한 문제다. 하지만 총리가 야스쿠니신사를 참배하지 않아도 해결되지 않는 문제가 있다. 야스쿠니신사의 역사인식과 유족 의사에 반하여 합사된 한국인 문제이다. 유족의 의사에 반하여 합사된 문제는 비단 한국 유족만의 문제는 아니다. 타이완, 일본 유족의 문제이기도 하다.

　야스쿠니신사의 합사 대상은 기본적으로 내전과 대외 침략전쟁에서 사망한 일본군의 군인과 군속이다. 이러한 신사에 한국인이 합사된 것은 1910년 강제병합 이후다. 1945년 8월 일본 패전 이전(이하, 전전)에 야스쿠니신사에 합사된 한국인은 415명인 것으로 알려져 있다.[2] 전전에 야스쿠니신사는 육·해군성이 관리하는 국가의 공적인 추도시설이었다. 하지만 일본이 패전 이후(이하, 전후) 야스쿠니신사를 관리하던 육·해군성이 해체되었고 야스쿠니신사는 종교 법인으로 바뀌었다. 하지만 육·해군성의 업무를 인계한 후생성이 한국인 합사를 야스쿠니신사와 공동으로 모의하고 한국인 전사자 신상자료를 동 신사에 제공했다.[3] 일본 정부는 1952년 4월 19일 법무부 민사국장의 '평화조약 발효에 따른 한국인·타이완인 등에 관한 국적 및 호적 사무 처리에 관하여'라는 통지를 근거로 일본에 거주하는 한국인의 일본 국적을 일괄적으로 '박탈'했음에도 불구하고 야스쿠니신사에 한국인 전사자 신상자료를 제공한 것이다. 후생성이 야스쿠니신사에 제공한 한국인 자료는 20,727명분이었다. 연도별로는 1959년 19,650명, 1964년 82명, 1972년 66명, 1973년 385명, 1975년 509명의 자료가 야스쿠니신사에 제공되었다.[4] 하지만 일본 정부는 한국의 유족들에게는 전사자 통보조차 하지 않았다. 또한 일본 정부는 전상병자전몰자유족등원호법(이하, 원호법)과 은급법 등 보상에서는 국적이 바뀌었다는 이유로 한국인 전사자를 배제하는 이중적인 태도를 취했다. 야스쿠니신사 역시 한국인 유족에게는 합사사실을 통보하지 않았다.

---

2　남상구(2006), 「야스쿠니신사 합사 문제에 관한 고찰」, 『일본사상』 제10호, p.169.

3　国立国会図書舘国立国会図書館調査及び立法考査局(2007), 『新編 靖国神社問題資料集』.

4　厚生労働省, 『朝鮮人靖国神社合祀に関する情報提供について(回答)』(2006. 11. 16)

본고의 목적은 첫째, 한국인 무단 합사 철폐소송을 소재로 야스쿠니신사 문제를 바라보는 일본 정부와 사법부, 야스쿠니신사의 시각의 한국 유족의 시각과 어떻게 다른지를 명확하게 밝히는 것이다. 둘째, 야스쿠니신사 문제가 일본 총리나 각료가 참배할 때만 불거지는 문제가 아니라 일본의 지배에서 해방된 지 70년이 지났음에도 불구하고 해결되지 못하고 있는 식민지 청산과 관련된 문제라는 점을 밝히는 것이다.

## Ⅱ. 연구 성과와 과제

야스쿠니신사에 합사되어 있는 '한국인' 숫자, 합사범위, 합사경위, 합사자 명부에 대해서는 단편적인 사실[5]만이 알려졌을 뿐 체계적인 연구는 없었다. 가장 큰 원인은 야스쿠니신사 합사자 관련 정보가 개인정보 보호와 종교적 이유라는 명목으로 일반인에게는 공개되어 있지 않기 때문이다. 또한 A급 전범 합사 문제와 일본 총리의 참배 문제에 대해서는 사회적 관심이 높음에도 불구하고 야스쿠니신사에 합사되어 있는 '한국인' 문제에 대한 사회적 관심은 상대적으로 낮았기 때문이다. 하지만 2001년 한국인 합사철폐 소송을 계기로 한국인 합사문제에 대한 연구 성과가 축적되고 있다.

야스쿠니신사 한국인 합사 문제에 관한 연구로는 2001년 8월 13일 개최된 "고이즈미 일본 총리의 야스쿠니신사 참배 및 한국인 합사 무엇이 문제

---

5    國立國會図書館調査立法考査局, 『靖國神社問題資料集(調査資料；76-2)』년에는 1976년 한국인 합사자 수가 20,636명이라는 사실과 개략적인 야스쿠니신사 합사경위가 기술되었으며, 『東京新聞』(1995.8.26)에는 한국인 합사자 수가 21,181명이라고 기술되었다.

인가?"라는 공청회 자료집, 한국인의 합사경위를 조사한 일제강점하강제동원피해진상규명위원회(남상구)의 『진상조사보고서(Ⅶ-1): 야스쿠니신사 '한국인' 합사경위 및 합사자 명부 조사』(2007년), 남상구의 「한국·한국인과 야스쿠니신사 문제」(『한일관계사연구』 제35집, 2010년), 식민지기 한국인 합사 문제를 중점적으로 검토한 노기 가오리의 「야스쿠니신사의 한국인 합사에 관한 연구」(2008년도 동북아역사재단 국내외 신진연구자 육성 사업 연구결과보고서, 2009년)와 장신의 「일제하 조선에서 야스쿠니신사의 표상과 조선인 합사자」(『역사문제연구』 통권25호, 2011년)가 있다. 이러한 연구를 통해 야스쿠니신사에 한국인이 합사된 경위와 일본 정부의 관여, 합사 대상과 숫자, 명단 등이 밝혀졌다.

일제강점하강제동원피해진상규명위원회 진상보고서는 강제동원 피해자에 대한 조사와 병행한 결과 생존자 60명이 야스쿠니신사에 합사되었다는 사실을 밝혀내는 성과를 거두었다. 아카자와 시로赤澤史朗의 『戰没者合祀と靖国神社』(吉川弘文館, 2015년)는 일본 국회도서관이 발간한 『新編靖国神社問題資料集』 등을 참고로 합사기준의 변천을 검토했는데, 한국인 합사문제에 대해서도 시사하는 바가 크다.

야스쿠니신사 합사철폐 소송에 대해서는 1차 도쿄소송의 소송의 경과, 원고와 일본 정부 및 시민단체의 주장을 비교 검토한 김광열의 「전쟁 책임에 대한 현대 일본 사회의 인식-야스쿠니신사 한국인 합사 문제를 중심으로-」(함동주, 김광열, 임현순, 2009, 『근현대 일본의 한국 인식』, 동북아역사재단), 제2차 도쿄소송 1심과 도쿄지방법원 판결을 비판적으로 검토한 강경민의 「야스쿠니 소송의 경과와 쟁점」(『역사와 책임』 제3호, 2012.7)가 있다. 상기 연구는 재판의 쟁점을 원고 측의 논리에 따라 정리하고 일본 사법부의 판결을 비판적으로 검토하고 있다. 동북아역사재단편 『야스쿠니신사에 묻는다-야스쿠니신사 무단 합사 철폐소송-』(2014년)은 도쿄소송 2와 관련하여 도쿄고등법원에 제출한 의견서를 수정·보완한 것이다. 일본 법정에서 한국인 유족과 연구자들이 개별적으로 의견을 진술한 적은 있었으나, 한국 측 견해를 종합적으로 일본 재판부에 전달한 적은 처음이었다. 의견서는 식민지 조선에서 야스쿠니신사는 침략신사였다는 역사적 사실을 전제로 하여 원고의 고통에 대한 공감과 '제2의 가해' 문제로 제기하고 이를 무시하고 있는 야스쿠니신사와 일본 정부의 책임을 물었다. 의견서가 비록 일본 재판부의 판결을 바꾸지는 못했지만 야스쿠니신사 문제에 대한 한국사회의 연구 성과와 논의를 총괄하여 일본 법원에 제출했다는 점에서 그 의의는 매우 크다고 할 수 있다. 이 책에서 주목할 연구는 일본 재판부의 판결 논거인 '종교적 관용론'의 문제점을 법리에 중점을 두면서 다각적으로 비판한 이석태의 글과, 한국의 전통적인 추도 문화라는 관점에서 야스쿠니신사 합사가 한국인 유족의 추모권을 침해하고 있는 현실을 지적한 지영임의 글이다. 지영임의 연구는 야스쿠니신사 합사로 인해 유족이 어떤 고통을 받고 있는지에 대해 민속학적인 측면에서 접근했다.

## Ⅲ. 야스쿠니신사 합사 철폐 소송 경위와 논리

야스쿠니신사 합사철폐 소송은 5건이 제기되었는데, 그 개요는 〈표 2〉와 같다. 5건의 소송에서 원고는 친족의 야스쿠니신사 합사를 철폐할 것과 합사로 인한 정신적 고통에 대한 손해배상을 요구했다.

표 2 야스쿠니신사 합사철회 소송 개요

| 제소<br>법원 | 제소<br>연월 | 원고 | 판결 | | | 주요 청구내용 |
|---|---|---|---|---|---|---|
| | | | 지방법원 | 고등법원 | 대법원 | |
| 도쿄<br>(東京)1 | 2001년<br>6월 | 한국인 피해자,<br>유족 416명 | 기각<br>(2006.5) | 기각<br>(2009.10) | 기각<br>(2011.12) | 일본 정부는 야스쿠니<br>신사 합사통지를 철회<br>하고 정신적 피해에 대<br>해 손해배상을 할 것 |
| 오사카<br>(大阪) | 2006년<br>8월 | 일본인 유족 8명 | 기각<br>(2009.2) | 기각<br>(2010.12) | 기각<br>(2011.12) | 야스쿠니신사는 제신<br>명표, 제신부, 영새부<br>에서 원고 유족의 기록<br>을 삭제할 것 |
| 도쿄<br>(東京)2 | 2007년<br>2월 | 한국인 유족<br>10명, 생존자1명 | 기각<br>(2011.7) | 기각<br>(2013.10) | × | |
| 오키나와<br>(沖繩) | 2008년<br>3월 | 일본인 유족 5명 | 기각<br>(2010.10) | 기각<br>(2011.9) | 기각<br>(2012.6) | 일본 정부는 야스쿠니<br>신사에 대한 합사 통지<br>를 철회하고 정신적 피<br>해에 대한 위자료를 지 |
| 도쿄<br>(東京)3 | 2013년<br>10월 | 한국인 유족<br>10명 | 진행 중 | | | 급할 것 |

도쿄소송 1(2001.6)은 야스쿠니신사 합사철폐뿐 아니라 강제동원 피해자의 '생사 확인, 유골 반환, 미불금과 군사우편저금 반환, BC급 전범과 시베리아 억류자에 대한 손해배상'도 포함한 소송이었다. 도쿄소송2(2007.2)에는 생존해 있음에도 불구하고 야스쿠니신사에 합사된 생존자 1명[6]이 원고로 참여했다. 그리고 오사카소송의 경우, 타이완인 유족 1명도 원고로 참가했었으나 친족이 야스쿠니 사에 합사되지 않은 사실이 확인되어 소송을 철회

---

6  야스쿠니신사는 전쟁에서 사망한 일본인 군인과 군속 등을 합사 대상으로 하고 있는데,
  국무총리 산하 일제강점하강제동원피해진상규명위원회 조사 결과(2006.12.30)에 따르
  면 생존자로 야스쿠니신사의 합사 대상자가 아님에도 불구하고 야스쿠니신사에 합사된
  한국인은 60명에 이른다. 이들은 일본 정부가 야스쿠니신사에 제공한 자료에는 사망자
  로 되어 있으나 실제로는 살아있었던 사람들이다. 생존자 합사에 대해 야스쿠니신사는
  생존한 분은 처음부터 초혼·합사가 되지 않았냐고 주장하면서도, 영새부에서 이름을
  삭제해 달라는 요구에 대해서는 영새부가 의식에 사용되는 명부이기 때문에 뒤에 수정
  하는 것은 불가능하다고 주장한다.(야스쿠니신사 답변서 2006.11.20).

했다. 도쿄소송 3(2013.10)은 일본 정부가 유족에게 정식으로 전사를 통보하고 유골을 반환할 것도 요청하고 있다는 점이 특징이다.

합사철폐 소송 3건은 대법원 기각, 1건은 고등법원 기각으로 재판이 종료되었다. 도쿄소송 3은 현재 1심이 진행 중이다. 야스쿠니신사 합사철회 소송의 쟁점을 정리하면 〈표 3〉과 같다. 한국인이 원고인 도쿄소송 1, 2, 3의 경우 민족적 인격권 침해를 주장하고 있다는 점이 특징이다. 원고가 역사적 사실을 배경으로 한 피해와 가해를 전면에 내세운 것은 1988년 야마구치 호국신사 자위대원 합사 소송[7]에 대한 일본 대법원 판결을 염두에 두었기 때문이었다.

1988년 6월 1일 대법원은 헌법에 보장된 종교의 자유는 타자의 신앙에 기초한 행위에 대해 관용적이어야 한다며 종교상의 인격권 침해를 인정하지 않았다. 즉 타자의 종교행위에 의해 감정을 상하거나 불쾌감 혹은 혐오감을 갖는 것은 법으로 보호할 이익에 해당되지 않는다는 것이다. 도쿄고등법원(2013.10)은 1988년 판결('종교적 관용')을 내세워 한국인 원고가 주장하는 권리를 부정했다. 도쿄지방법원(2010.10)도 "한국 국적을 가진 원고들이 식민지 시대에 일본국에 징병, 징용되어 제2차 세계대전의 전장에 나가, 사망한 자의 유족임을 감안하면, 피고 야스쿠니신사에 의한 본건 합사행위 등에 대해 강한 거부 의사를 표시하고 있는 것 자체에 대해서는 원고들의 역사인식 등을 전제로 하면, 이해할 수 없는 바는 아니다"는 점을 인정하면서도 역시 1988년 판결을 들어 원고의 주장을 기각했었다.

---

7　1968년 1월 12일 순직한 자위대원을 자위대원 OB조직이 유족의 의사에 반하여 야마구치현 호국신사에 합사한 것에 대해, 유족(부인)이 종교의 자유를 침해당했다면 합사철회를 요구하는 소송을 함.

표 3 야스쿠니신사 합사 소송 쟁점

| 구분 | 사안 | 원고 주장 | 사법부 판결 |
| --- | --- | --- | --- |
| 1 | 종교적 인격권 | 자신의 방법으로 추도하는 권리를 침해당했음 | 법적으로 보호해야 할 이익이 아니며, 합사는 종교적 교의에 관한 문제로 법률로 판단할 대상이 아님 |
| 2 | 경애·추모 인격권 | 가족적이고 인격적인 유대 가운데 친족을 경애·추모하는 권리를 침해당했음 | 종교행위 때문에 발생하는 불쾌한 감정에 불과한 것으로 이를 법적 이익으로 인정할 수 없으며, 오히려 야스쿠니신사의 신앙의 자유를 침해할 소지가 있음 |
| 3 | 민족적 인격권 | 친족이 자신을 침략한 국가의 고유의 종교에 의해 침략한 국가에 충성을 다한 자로 모셔지고 있는 것은 피해 민족으로서의 인격권을 침해하는 것으로, 이로 인해 원고에 대한 사회적 평가가 낮아짐<br><br>* 민족적 인격권이란 누라라도 자기가 속한 민족의 일원으로 그 민족 고유의 문화, 풍습, 전통 등을 자신의 생활방식으로 선택하고 실천할 수 있는 권리(도쿄소송3, 2013.10.22) | 법적 이익으로 인정할 수 없으며, 합사로 인해 사회적 평가가 낮아졌다고 볼 수 없음 |
| 4 | 일본 정부 개입 | 국가가 특정의 종교단체에 전몰자의 개인 정보를 제공하는 것은 헌법의 정교분리 원칙에 반함 | 합사는 야스쿠니신사의 판단에 의한 것으로 일본 정부가 전몰자 정보를 제공한 것은 일반적인 행정사무의 범위 내에서 이루어진 것임 |

즉 자신의 신앙과 맞지 않는 신앙을 가진 자의 믿음에 기초한 행위에 대한 불쾌감과 혐오감 등의 종교상의 감정을 직접 법적 이익으로 인정할 수 없으며, "타인의 종교적 행위가 강제와 불이익을 수반함에 따라 자신의 신앙의 자유를 방해하는 데 이르렀을 때 비로소 상기의 종교상의 감정은 신앙의 자유에 대한 방해를 동반한 것으로서 법적 보호할 가치가 있다고 해석하는 것이 타당하다"는 것이다. 한국인 유족이 종교상의 감정이 아니라 야스쿠니신사의 역사적 역할과 역사인식에 대해 문제를 제기했음에 불구하고

사법부는 종교의 문제를 내세워 원고의 주장을 기각한 것이다.

둘째, 일본의 식민지 지배라고 하는 역사적 사실과 한국인 유족의 문제를 어떻게 평가할 것인가 하는 문제다. 일본 정부가 야스쿠니신사에 전사자 신상자료를 제공한 문제에 대해 도쿄고등법원은 "전후처리 문제의 하나로 당시 국회 답변에서 찾을 수 있듯이 전쟁에서 순직한 자 또는 그 유족이 피항소인 야스쿠니신사 합사를 바라고 있었다고 충분히 믿을만한 합리적 이유가 있었던 상황에서"[8] 이루어졌다고 주장했다. 도쿄소송3 소장을 보면, 원고는 친족의 야스쿠니신사 합사를 "일본의 침략전쟁에 의해 사랑하는 가족을 강제적으로 빼앗겨, 전사를 당한 고통을 맛보며 고통스런 인생을 강요당한 원고들에게 그 침략전쟁의 정신적 지주이자 침략자들이 합사된 야스쿠니신사에 사랑하는 아버지·형제가 합사된 것은 우롱당하고 모욕당하는 것 이외의 아무것도 아니다"[9]고 평가하고 있다. 한국인의 경우, 유족이 합사를 바란다는 논리로는 일본 정부의 행위를 정당화하는 것은 불가능한 것이다.

한편 오사카고등법원은 2010년 12월 "국가가 개인정보를 신사 측에 제공한 것은 종교행위의 원조·조장에 해당하는 것으로 헌법의 정교분리 원칙에 위배된다."며, "합사에 국가의 협력이 불가피했다고까지 얘기할 수 없으며, 합사의 원활한 실행에 큰 역할을 했다는 것이 명백하다"고 판결했다.

---

8    東京高等裁判所「平成23年(ネ)第5515号 平成25年10月23日判決言渡 判決要旨」.

9    「訴状」2013.10.22, p.41.

## Ⅳ. 한국인 무단 합사 철폐 소송의 쟁점

한국인 무단 합사 문제는 야스쿠니신사 합사철폐 소송을 통해 법적인 다툼을 하고 있는데, 쟁점별로 원고의 주장과 사법부의 판결의 개요를 정리하면 〈표 4〉와 같다. 도쿄소송2에서 원고는 가족을 자기 의사에 반하는 종교적 방법으로 위령을 받지 않을 이익이 침해당했는데, 이것은 개인의 사적 영역을 문제로 삼는 사생활권이 아니라 "일본국에 의한 조선 지배 및 피항소인 야스쿠니신사가 그 정신적 지주로 행한 역할 등 역사적 사실 및 동 역사적 사실을 배경으로 한 가해와 피해의 구조를 요소로 하는 특수한 인격권"[10] 에 기초한 것이라고 주장했다. 원고가 식민지 피해라는 역사적 사실을 강조한 것은 1988년 야마구치 호국신사 자위대원 합사 소송[11]에 대한 일본 대법원의 판결을 염두에 두었기 때문이었다. 1988년 6월 1일 대법원은 상기 소송 판결에서 헌법에 보장된 종교의 자유는 타자의 신앙에 기초한 행위에 대해 관용적이어야 한다며 종교상의 인격권 침해를 인정하지 않았다.

---

10　東京高等裁判所, 2011, 「平成23年(ネ)第5515号 平成25年10月23日判決言渡 判決要旨」.

11　1968년 1월 12일 순직한 지위대원을 자위대원 OB조직이 유족의 의사에 반하여 야마구치현 호국신사에 합사한 것에 대해, 유족(부인)이 종교의 자유를 침해당했다면 합사철회를 요구하는 소송을 함.

표 4  야스쿠니신사 합사 소송 쟁점 개요

| 구분 | 사안 | 원고 주장 | 피고의 주장과 사법부 판결 |
| --- | --- | --- | --- |
| 1 | 종교적 인격권 | 자신의 방법으로 추도하는 권리를 침해당했음 | 법적으로 보호해야 할 이익이 아니며, 합사는 종교적 교의에 관한 문제로 법률로 판단할 대상이 아님 |
| 2 | 경애·추모 인격권 | 가족적이고 인격적인 유대 가운데 친족을 경애·추모하는 권리를 침해당했음 | 종교행위 때문에 발생하는 불쾌한 감정에 불과한 것으로 이를 법적 이익으로 인정할 수 없으며, 오히려 야스쿠니신사의 신앙의 자유를 침해할 소지가 있음 |
| 3 | 민족적 인격권 | 친족이 자신을 침략한 국가의 고유의 종교에 의해 침략한 국가에 충성을 다한 자로 모셔지고 있는 것은 피해민족으로서의 인격권을 침해하는 것으로, 이로 인해 원고에 대한 사회적 평가가 낮아짐<br>* 민족적 인격권이란 누구라도 자기가 속한 민족의 일원으로 그 민족 고유의 문화, 풍습, 전통 등을 자신의 생활방식으로 선택하고 실천할 수 있는 권리(도쿄소송 3, 2013.10.22) | 법적 이익으로 인정할 수 없으며, 합사로 인해 사회적 평가가 낮아졌다고 볼 수 없음 |
| 4 | 일본 정부 개입 | 국가가 특정의 종교단체에 전몰자의 개인 정보를 제공하는 것은 헌법의 정교분리 원칙에 반함 | 합사는 야스쿠니신사의 판단에 의한 것으로 일본 정부가 전몰자 정보를 제공한 것은 일반적인 행정사무의 범위 내에서 이루어진 것임 |

즉 타자의 종교행위에 의해 감정을 상하거나 불쾌감 혹은 혐오감을 갖는 것은 법으로 보호할 이익에 해당되지 않는다는 것이다. 도쿄고등법원 (2013.10)은 1988년 대법원 판결('종교적 관용')을 내세워 한국인 원고가 주장하는 권리를 부정했다. 도쿄지방법원(2011.7)도 "한국 국적을 가진 원고들이 식민지 시대에 일본국에 징병·징용되어 제2차 세계대전의 전장에 가 사망한 자의 유족임을 감안할 때 피고 야스쿠니신사에 의한 본건 합사행위 등에 대해 강한 거부 의사를 표시하고 있는 것 자체에 대해서는 원고들의 역사인

식 등을 전제로 하면 이해할 수 없는 바는 아니다"[12]라고 평가를 하면서도 1988년 대법원 판결을 근거로 원고의 주장을 기각했다. 한국인 유족이 종교적인 문제로서가 아니라 야스쿠니신사의 역사적 역할과 역사인식으로 인한 인격권 침해에 대해 문제를 제기했음에 불구하고 사법부는 종교의 문제를 내세워 원고의 주장을 기각한 것이다.

둘째, 일본 정부가 한국인 야스쿠니신사 합사에서 어떠한 역할을 했는지에 관한 문제다. 일본 정부는 야스쿠니신사에 한국인 전사자 신상자료를 제공한 것에 대해, 일반적인 행정사무의 범위 내에서 이루어진 것이고 합사는 야스쿠니신사의 결정에 따른 것이라고 주장했다. 하지만 오사카고등법원은 2010년 12월 "국가가 개인정보를 신사 측에 제공한 것은 종교행위의 원조·조장에 해당하는 것으로 헌법의 정교분리 원칙에 위배된다"며, "합사에 국가의 협력이 불가피했다고까지 얘기할 수 없으며, 합사의 원활한 실행에 큰 역할을 했다는 것이 명백하다"고 판결했다.[13] 앞에서 기술했듯이 선행 연구를 통해 일본 정부의 협력 없이는 한국인의 야스쿠니신사 합사가 불가능했다는 점이 밝혀졌다.

셋째, 일본의 식민지 지배와 강제 동원된 한국인 합사를 어떻게 평가할 것인가 하는 문제다. 일본 정부가 야스쿠니신사에 전사자 신상자료를 제공한 것에 대해 도쿄고등법원은 "전후처리 문제의 하나로 당시 국회 답변에서 찾을 수 있듯이 전쟁에서 순직한 자 또는 그 유족이 피항소인 야스쿠니신사 합사를 바라고 있었다고 충분히 믿을만한 합리적 이유가 있었던 상황

---

12    동북아역사재단편, 2014년, 앞의 책, p.274.

13    大阪高等裁判所,「平成21年(ネ)第792号靈璽簿からの氏名抹消等請求控訴事件」の判決 (2010.12.21.).

에서"[14] 이루어졌다고 주장했다. 유족이 야스쿠니신사 합사를 원했다는 것이다. 이에 대해 원고는 도쿄소송3 소장에서 "일본의 침략전쟁에 의해 사랑하는 가족을 강제적으로 빼앗겨, 전사를 당한 고통을 맛보며 고통스런 인생을 강요당한 원고들에게 그 침략전쟁의 정신적 지주이자 침략자들이 합사된 야스쿠니신사에 사랑하는 아버지·형제가 합사된 것은 우롱당하고 모욕당하는 것 이외의 아무것도 아니다"[15]고 야스쿠니신사 합사를 비판했다.

## Ⅴ. 한국인 무단 합사의 문제점

첫째, 야스쿠니신사는 강제동원되었다가 사망한 한국인을 식민지지배의 피해자가 아니라 일본을 지키기 위해 희생한 일본인으로 기억하고 있다는 점이다. 야스쿠니신사는 한국인 합사자에 대해 "전사한 시점에서는 일본인이었으므로 사후도 당연히 일본인이다. 그리고 일본 병사로서 죽으면 야스쿠니신사의 신으로 모셔진다는 생각으로 싸우다 죽었으므로" 유족의 신청이 있어도 (합사를) 취하하는 것은 불가능하다는 입장을 내세우고 있다.[16] 나아가 합사자는 "일본의 독립을 굳건히 지키고 평화로운 나라로서 주변의 아시아 나라들과 함께 번영하기 위해서는 싸울 수밖에 없었다"(야스쿠니신사 제작·배포 한국어 팸플릿)[17]고 주장한다. 즉 한국인 강제동원 피해자도 일본의

---

14    東京高等裁判所,「平成23年(ネ)第5515号  平成25年10月23日判決言渡  判決要旨」
      (2013.10.23.).

15    한국인 합사철폐소송「訴状」2013.10.22, p.41 .

16    『朝日新聞』1978年 4月 16日.

17    靖国神社,『야스쿠니 대백과 靖国大百科』(팸플릿, 한국어·중국어·영어), 2006년.

독립을 지키고 아시아 나라들과 함께 번영하기 위해 목숨을 바친 일본인이라는 것이다. 더구나 야스쿠니신사에는 한국을 침략하는 과정에서 사망한 일본인 군인·군속[18]과 극동국제군사재판(도쿄재판)에서 1928년 이후 일본의 대외침략전쟁을 주도한 혐의로 사형당하거나 수감 중에 사망한 A급 전범 14명이 포함되어 있다. 따라서 이러한 신사에 한국인 강제동원 피해자를 일본을 위해 사망한 자로 모시는 것 자체가 일본의 식민지 지배를 정당화하는 것으로, 피해자는 물론 그 유족의 명예와 인격권을 훼손하는 것이라 할 수 있다.

또한 야스쿠니신사에 합사된 한국인은 일본이 창씨개명정책을 내세워 강요한 일본식 성과 이름으로 합사되어 있다. 야스쿠니신사 한국인 합사철폐 소송에서 원고는 "전후 60 수년이 지난 지금까지 창씨개명정책에 의해 강제된 일본식 성과 이름을 계속해서 사용하고 있는 것은 아직 한반도를 일본제국주의 지배 아래에 있다고 규정하는 것으로, 피고 야스쿠니신사가 해의(害意)를 갖고 부정확한 명칭을 사용하는 것이 분명하다"[19]고 주장했다. 한국인에게 있어 창씨개명이란 자신의 정체성을 부정하는 것으로, 야스쿠니신사에 합사된 한국인 입장에서 보면 강제동원은 아직도 끝나지 않은 현재진행형의 문제인 것이다.

둘째, 야스쿠니신사는 일본인에 대해서도 유족의 동의를 구하는 절차를

---

18    야스쿠니신사 합사자 중 일본의 조선 침략과 관련된 사람은 1876년 1월 26일 '강화도 사건' 1명, 1882년 11월 5일 '임오군란' 12명, 1885년 5월 5일 '갑신정변' 6명, 1909년 5월 4일 '의병진압 관련' 50명, 1910년 5월 5일 '의병진압 관련' 109명, 1911년 5월 4일 '의병진압 관련' 27명 등 총 299명이다. 이들은 '폭노신압 중 사망'한 자로 평가되고 있다.

19    「平成19年(ワ)第4657号 準備書面(原告20)2009年 10月 13日」, p.29.

거치지 않고 합사해왔다고 주장한다. 그러나 1959년 10월 4일 구황족 기타시라가와노미야 요시히사北白川宮能久와 기타시라가와노미야 나가히사北白川宮永久의 합사에 있어서는 궁내청으로부터 "신청하신 요시히사 친왕能久親王과 나가히사 친황永久親王의 혼을 야스쿠니신사에 합사봉제合祀奉斎하는 것에 대한 허락이 있었기에 알려드립니다."[20]라고 허락을 받은 후에 합사절차를 진행했다. 그러나 한국인의 경우에는 국적이 바뀌었음에도 불구하고 유족에게 아무런 통지도 없이 합사를 실시했고, 유족들의 합사철폐요구를 종교적 교의를 내세워 거부하고 있다.

셋째, 야스쿠니신사는 일본 제국주의 침략전쟁의 상징이라는 점이다. 야스쿠니신사에는 한국을 침략하는데 앞장섰던 일본 군인, 군속은 물론 한국인 친일 협력자가 신으로 모셔져 있다. 더욱이 일본군 '위안소'를 경영하던 민간 업자까지 신으로 모셔져 있다. 이는 대한민국의 헌법적 가치를 정면으로 부정하는 것으로 국제사회의 상식에 비추어 볼 때도 도저히 용납할 수 없다. 한국의 언론도 야스쿠니신사를 일본 침략전쟁을 미화하는 군국주의의 상징으로 인식하고 있다. 1996년 7월 31일자 조선일보 사설의 "2차 대전의 A급 전범으로 처형된 전 총리 도조 히데키東条英機를 비롯한 2백 50여만 명의 위패가 안치된 군국주의 일본의 상징이며 성역이다. 따라서 총리가 이곳을 공식 참배했다는 것은 군국주의 일제의 역사적 정당성과 정통성을 공식화하겠다는 '선언'과 같은 의미를 지닐 수도 있는 것이다"라는 주장은 이를 상징적으로 보여준다. 또한 야스쿠니신사를 단순히 과거의 침략전쟁에 대한 미화가 아니라 일본의 군사대국화와 재침략의 위협을 상징적으로 보여주는 시설로 인식되고 있다.

---

20  宮内庁掌典長回答(1959.7.7), (靖国神社,『靖国神社百年史資料編（上）』,1983년, p.311).

# Ⅵ. 맺음말

야스쿠니신사에 합사된 한국인 문제는 동 신사가 영새부에서 한국인들의 이름을 삭제하고 더 이상 한국인들을 야스쿠니신사의 신으로 모시지 않는 다고 선언할 때 해결될 수 있다. 그러나 야스쿠니신사가 종교법인의 외피를 쓰고 종교적 교의를 내세워 이를 거부하는 한 사실상 해결방법은 없다고 해도 과언은 아니다. 일본 정부도 야스쿠니신사가 종교시설이기 때문에 정부가 간섭하는 것은 헌법의 정교분리원칙에 위배된다는 논리를 내세우고 있다.[21]

그렇다면 야스쿠니신사에 합사된 한국인 문제를 해결하기 위한 방법은 없는 것일까. 일본 정부가 야스쿠니신사 문제를 직시하고 이를 해결하고자 하는 의지를 갖고 있다면 합사철폐는 불가능할 지라도 다음과 같은 일들은 가능할 것이다.

첫째, 야스쿠니신사가 일본 정부의 협력 없이 한국인을 동 신사에 합사시키는 것이 불가능했다는 것은 명백하게 밝혀진 사실이다. 합사에 대한 최종 결정은 야스쿠니신사가 했다고 하더라도 그 결정이 일본 정부가 제공한 자료를 근거로 했다는 사실은 일본 정부도 부인하지 못할 것이다. 따라서 일본 정부는 유족의 동의 없이 피해자의 신상자료를 야스쿠니신사에 제공, 그 결과 유족의 의사에 반하여 피해자가 동 신사에 합사된 사실에 대해 한국인 유족에게 공식적으로 사죄해야 한다.

---

21 　2004년 당시 A급 전범을 야스쿠니신사에서 분리시키자는 의견에 대한 아베 신조(安倍晋三) 관방장관은 기자회견에서 "정부가 합사 취하를 요청하면 헌법에 정해진 신교(信敎)의 자유와 정교분리원칙에 위배된다"고 발언했다(『産経新聞』2004.4.11).

둘째, 일본 정부는 야스쿠니신사에 합사되어 있는 한국인이 일본을 위해 사망한 것이 아니라 강제동원 피해자라는 사실을 교육하고 전시할 수 있는 시설을 만들 필요가 있다. 현재 시베리아 억류자와 은급 결격자, 일본인 유족, 일본인 전사상자를 기념하고 기억하기 위한 시설들은 있으나 강제동원 피해자를 기억하기 위한 시설은 없다. 그리고 아베 내각을 비롯한 역대 내각은 일본이 식민지 지배와 침략전쟁으로 다대한 손해와 고통을 끼친 것에 대해 반성하고 사죄를 표명한 1995년 무라야마 담화의 계승을 내세웠다. 야스쿠니신사의 왜곡된 역사관을 바로잡기 위한 시설을 정부가 건설하는 것이야 말로 일본 정부가 무라야마 담화를 계승하고 있다는 진정성을 보여주는 길이고, 야스쿠니신사에 합사된 한국인 피해자의 명예를 회복하는 길이다.

셋째, 일본 정부가 관리하는 치도리가후치전몰자묘원에는 한국인 강제동원 피해자의 유골도 섞여 있을 개연성은 매우 높다. 이는 일본 정부도 부정하지 못하는 사실이다. 그리고 이 묘원에 유골이 있는 한국인은 야스쿠니신사에도 합사되어 있을 가능성이 매우 높다. 그러나 현재 이 묘원에는 한국인도 포함되어 있다는 설명은 전혀 찾아 볼 수 없다. 일본 정부는 이 묘원에 강제동원되었다가 사망한 한국인 유골도 포함되어 있다는 사실을 방문객이 알아 볼 수 있도록 명기해야 할 것이다.

넷째, 앞으로 야스쿠니신사와 일본 정부의 주장을 반박하는 논리를 정치하게 만드는 작업이 필요하다. 한국인 합사문제를 '제2의 가해'와 탈식민지화라는 차원에서 접근해나갈 필요가 있다고 여겨진다. 야스쿠니신사의 한국인 합사가 식민지기 전시동원에서 어떤 역할을 했는지, 전후 유족에게 어떤 피해를 끼쳤는지에 대한 구체적인 연구도 과제다. 그리고 야스쿠니신사에는 한국인뿐만 아니라 약 28,000명의 타이완인도 합사되었다는 사실에 주목할 필요가 있다. 타이완인이 어떤 경위로 합사되었는지에 대한 비교연구는 한국인 합사문제에 대한 연구의 폭을 넓히는데 기여할 수 있을 것이다.[22] 최근 타이완에서서 야스쿠니신사 합사 문제에 대한 연구가 진행되고 있는데, 다이완과의 공동연구도 시도해 볼 필요가 있다고 여겨진다.

---

22    타인완인의 야스쿠니신사 합사 문제를 다룬 연구로는 위나이밍(2008), 「타이완의 야
      스쿠니신사 문제: 역사 인식과 충돌」, 『동북아역사논총』 제28호가 있다.

■ 참고문헌


## 단행본


노길호(1996), 『일본의 굴레 야스쿠니신사』, 문창출판.

일제강점하강제동원피해진상규명위원회(2007), 『진상조사보고서(Ⅶ-1) : 야스쿠니신
　　　사 '한국인' 합사경위 및 합사자 명부 조사』.

동북아역사재단편(2014), 『야스쿠니신사에 묻는다-야스쿠니신사 무단 합사 철폐소
　　　송-』, 동북아역사재단.

村上重良(1974), 『慰霊と招魂-靖国の思想-』, 岩波書店.

大江志乃夫(1984), 『靖国神社』, 岩波書店.

国立国会図書舘調査立法考査局(1976), 『靖國神社問題資料集(調査資料;76-2)』.

国立国会図書舘国立国会図書館調査及び立法考査局(2007), 『新編 靖国神社問題資料
　　　集』.

小堀桂一郎(1988), 『靖国神社と日本人』, PHP研究所.

田中伸尚(2002), 『靖國神社の戰後史』, 岩波書店.

子安宣邦(2004), 『国家と祭祀: 国家神道の現在』, 青土社.

高橋哲哉(2005), 『靖国問題』, 筑摩書房.

赤澤史朗(2005), 『靖国神社-せめぎあう〈戦没者追悼〉のゆくえ』, 岩波書店.

西山俊彦(2006), 『靖国神社取消し訴訟の中間報告――信教の自由の回復を求めて』サン
　　　パウロ.

田中伸尚(2007), 『靖国訴訟――戦死者の記憶は誰のものか』, 岩波書店.

赤澤史朗(2015), 『戦没者合祀と靖国神社』, 吉川弘文館.

## 논문

박규태(2000), 「야스쿠니(靖國) 신사와 일본의 종교문화」, 『종교문화연구』 제2권.

남상구(2005), 「전후 일본에 있어서의 전몰사 추도시설을 둘러싼 대립: 야스쿠니신사
　　　와 지도리카후치전몰자묘원을 중심으로」, 『한일관계사학회』 제22집.

조진구(2005), 「일본의 과거 역사인식과 야스쿠니신사 문제」, 『한국과 국제정치』 제21
　　　권 제4호 통권 제51호 2.

곽진오(2006), 「글로벌화와 일본 민족주의: 야스쿠니신사의 사례를 중심으로」, 『일본
　　　학보』 제68집.

남상구(2006), 「야스쿠니신사 합사 문제에 관한 고찰」, 『일본사상』 제10호.

이규수(2006), 「야스쿠니신사참배 논란과 동아시아 근대사 인식」, 『사림』 제26호.

박진우(2007), 「국가신도와 야스쿠니신사, 초혼사의 통합과정에 대한 재검토」, 『일본
　　　사상』 제12권.

마크 셀든(2008), 「전쟁과 역사의 기억 그리고 아태지역의 미래-미일과 야스쿠니 문
　　　제-」, 『동북아역사논총』 제28호.

박규태(2008), 「야스쿠니의 신화: 현대일본의 종교와 정치」, 『종교연구』 제50호.

위나이밍(2008), 「타이완의 야스쿠니신사 문제: 역사 인식과 충돌」, 『동북아역사논
　　　총』 제28호.

김광열(2009), 「전쟁 책임에 대한 현대 일본 사회의 인식—야스쿠니신사 한국인 합사
　　　문제를 중심으로—」, 함동주·김광열·임현순, 『근현대 일본의 한국 인식』, 동북
　　　아역사재단.

노기 가오리(2009), 「야스쿠니신사의 한국인 합사에 관한 연구」(2008년도 동북아역사
　　　재단 국내외 신진연구자 육성 사업 연구결과보고서).

박진우(2009), 「한국에서 본 야스쿠니 문제」, 『일본역사연구』 제30집.

장신(2011), 「일제하 조선에서 야스쿠니신사의 표상과 조선인 합사자」, 『역사문제연
　　　구』 통권25호.

김광열(2009), 「전쟁 책임에 대한 현대 일본 사회의 인식—야스쿠니신사 한국인 합사 문제를 중심으로—」, 함동주·김광열·임현순, 『근현대 일본의 한국 인식』, 동북아역사재단.

남상구(2010), 「한국·한국인과 야스쿠니신사 문제」, 『한일관계사연구』 제35집.

강경민(2012), 「야스쿠니 소송의 경과와 쟁점」, 『역사와 책임』 제3호.

송경섭·김광열(2013), 「開港期 朝鮮에서 死亡한 日本軍의 야스쿠니(靖國)神社 合祀: 江華島事件부터 淸日戰爭까지」, 『한일민족문제연구』 제24호.

지영임(2013), 「야스쿠니재판을 통해 본 한일 종교관의 쟁점과 해결방안」, 『일본문화연구』 제46호.

남상구(2015), 「야스쿠니신사 문제의 현황과 연구동향」, 『동북아역사논총 제50호』 2015년 12월, 동북아역사재단.

# 제11장

■

# 일본의 '야스쿠니 정치'란 무엇인가[*]
## -동아시아 내셔널리즘의 대립과 위기관리-

김영근

## Ⅰ. 서론

본 글의 문제의식은 일본의 야스쿠니신사(靖国神社, 이하 야스쿠니) 정치를 점검하고, 일련의 정치적 이슈가 일본의 정책적(제도) 선택 및 한일관계에 미친 영향을 고찰하는 데 있다. 역사와 사상으로서의 공간인 야스쿠니를 분석함으로써 다음 세 가지 문제의식을 해부하고자 한다. 말하자면 일본 야스쿠니를 분석대상으로 하는 인문·정치사회학이라 할 수 있다.

이러한 문제의식을 규명(답)하기 위해 다음 세 가지의 문제를 설정하기로 하자. 첫째, 야스쿠니 참배 이슈가 아베 신조安倍 晋三의 외교정책 중에서 우

* 이 논문은 2007년 정부(교육과학기술부)의 재원으로 한국연구재단의 지원을 받아 수행된 연구(NRF-2007-362-A00019)로, 김영근(2015), "일본의 야스쿠니 정치와 동아시아 내셔널리즘"(『일본연구』24집, pp.1-23)을 수정·가필한 것이다.

선순위에 들어있는가, 아울러 만약 있다면 그 이유는 무엇인가? 둘째, 야스쿠니 정치 및 관련된 내셔널리즘은 과연 일본 국내 및 대외 국가들에게 어떠한 영향을 미치는가? 특히 일본 내각의 각료가 주변국에 외교적으로 민감 사항인 야스쿠니를 참배하는 목적이 정치가들의 보수이념이나 우경화 혹은 역사인식 문제 등 내셔널리즘과 관련되어 있는지, 나아가 한일관계에 어떠한 영향을 미치고 있는가에 관한 것이다.[1] 셋째, 야스쿠니 정치의 배경이라 할 수 있는 내셔널리즘의 관리방법은 양자관계, 다자관계, 내재적 요인변화 등으로 다양하다. 과연 바람직하고 효율적인 해결방안은 무엇인가? 특히, 내셔널리즘의 충돌을 막기 위해서는 다각적 트랙multi-track은 필요한가, 필요하다면 그 방법은 무엇인가에 답하고자 한다.

우선 야스쿠니에 관한 선행연구를 유형화하자면 크게 세 가지로 나뉜다. 첫째, 야스쿠니신사靖国神社의 한국인 무단 합사 철회 요구를 기각한 일본 재판부의 판결이 부당함을 법적 · 철학적 · 문화적 · 역사적 관점에서 종합적으로 논증하려는 연구이다. 예를 들어, 한국의 전문가들이 야스쿠니신사 한국인 무단 합사 철폐 소송을 지원하기 위한 일환으로 일본 법정에 제출했던 의견서를 토대로 한 『야스쿠니에 묻는다』 책이 대표적이다. 이 책을 통해 한국인 유족들의 의사를 무시한 한국인 희생자 무단 합사 철폐 소송을 이끄는 일본과 한국 활동가들이 밝히는 야스쿠니의 본질에 다가설 수 있다.[2]

---

1   예를 들어, 다음 책이 대표적이다. 오사사와 마사치(大澤真幸)(2007), 『내셔널리즘의 유래(ナショナリズムの由来)』, 講談社. "전후 보수적 정치가로 지목된 기시 노부스케(岸信介)나 나카소네 야스히로(中曾根康弘)와 같은 전전 태생의 정치가들은 국가경영의 철학이나 이념면에서 확고한 경험과 방향성을 토대로 보수적인 행동을 취하여 왔다." 고선규(2014), 「일본 아베정권의 보수우경화 경향과 향후 전망」, 『독도연구』 제16호, 영남대학교 독도연구소, p.313.

2   동북아역사재단 편(2014), 『야스쿠니에 묻는다: 야스쿠니신사 무단 합사 철폐 소송』,

"야스쿠니신사는 메이지유신 초기이후 정부군 전몰자들의 영혼을 위로하기 위해 1869년 창건된 쇼콘사招魂社에서 비롯되어, '천황파'나 관군 전사자를 제사지내기 위한 시설로 만들어졌다.[3] 2차세계대전제 이후 야스쿠니신사는 정교분리의 원칙하에 국가로부터 분리되어 도쿄도 지사가 인가認可하는 종교법인으로 변경되었으나, 당시 전몰자에 관한 업무를 인계받으며, 전몰자의 합사가 계속되었다. 현재 야스쿠니신사에는 중일전쟁과 태평양전쟁은 물론, 19세기말 청일전쟁과 대만침략, 러일전쟁 및 한국의 의병 진압 등 근대 일본의 식민지 획득과 지배 과정에서 일어난 모든 전쟁의 전몰자들이 합사되어 있다. 그중 만주사변에서 2차대전까지 전몰자로서 합사자수는 약 213만 명에 이르며, 여기에는 침략전쟁 당사자로서 전후 극동군사재판에서 A급 전범으로 판결 받은 도조 히데키東條英機 등 14명이 포함되어 있다."[4]

둘째, 〈야스쿠니의 이데올로기와 정서〉 및 〈야스쿠니의 공간과 유산〉 등의 이슈에 관해 문학·미술사·사상 연구를 바탕으로 한 인문학적 접근방식이다. 야스쿠니 문제를 추도와 현창顯彰 사이의 감정의 문제, 전후책임론과 관련한 역사인식의 문제, 종교의 문제, 죽은 자와 산 자의 정치와 관련한 문화의 문제, 국립 추도시설의 문제 등으로 분류하여 뛰어난 객관적 분석을

---

동북아역사재단.

3　야스쿠니신사의 전신은 도쿄 쇼콘사(招魂社) 신사로(신사이다.) 일본 왕실이 참배하는 신사로 1869년 메이지정부와 막부 간의 보신(戊辰) 전쟁에서 숨진 관군 병사들을 위령하기 위해 창설된 시설이다.

4　동북아역사재단(2007), 「일 자민당의 야스쿠니신사 및 독도관련 정책목표에 부쳐 : 동북아의 평화아 한일관계의 개신을 위한 일본의 역할을 촉구하며」 "그동안 일본 정부측은 '정교분리'에 의해 야스쿠니 문제에 대한 정부 관여가 불가하다는 입장을 내세웠으나, 합사 과정에서의 일본 정부의 역할을 알려주는 증거가 발견되고 있다."

행한 『야스쿠니 문제靖國問題』가 대표적이다.[5] 한편, 야스쿠니와 원령怨靈신앙의 관계 분석, 천황제와 관련한 논의도 들 수 있다.[6]

셋째, 야스쿠니의 사회적, 정치경제적 효용성을 묻고 답하는 연구방법론을 들 수 있다.[7] 『야스쿠니신사의 정치季刊戰爭責任硏究』는 야스쿠니신사 문제가 일본의 정치 지형 변화에 따라 어떻게 변해왔으며 대응할 것인가에 관해 논의하고 있다.[8] 한편, '야스쿠니의 기억(시간과 공간)' 혹은 정치화 과정은 일본 특유의 '정당화 아이덴티티'와 연계되어 있으며, 나아가 이와 관련된 기억형성의 사회적·정치적 구성 요인을 분석하는 선행연구가 있다. 특히 일본의 야스쿠니 정치가 과연 전범戰犯과 관련된 일본 제국주의 침략전쟁과 연계되어 있는가라는 점이 주요 논쟁 대상이라 할 수 있다.

이상의 선행연구 유형화를 통해 얻을 수 있는 학지學知적 교훈은 지금까지 비교적 간과되고 있는 야스쿠니의 정치경제학 혹은 사회인문학적 분석이 절실한 상황이라는 점이다. 현재 진행 중인 동아시아 내셔널리즘의 충돌을 제대로 이해하고, 나아가 이를 극복하고 한일관계가 개선되기 위한 방안을 마련하기 위해서는 대립의 현상을 파악하는 것이 중요하다.

---

5    다카하시 데쓰야, 현대송 옮김(2005), 『결코 피할 수 없는 야스쿠니 문제(靖國問題)』. 역사비평사.

6    대표적인 야스쿠니 연구로는 박규태(2000), 박규태(2008), 정창석(2008), 박진우(2003) 등을 들 수 있다.

7    정치학적 관점에서의 대표적인 야스쿠니 연구로는 김상준(2005), 곽진오(2009), 남상구(2010), 마크 셀든(2008) 등이 있다.

8    일본의 전쟁 책임자료센터편, 박환무 옮김(2011), 『야스쿠니신사의 정치(季刊戰爭責任硏究)』, 동북아역사재단.

표 1 야스쿠니신사 합사 취사 관련 주요 소송

| | 원고 | 피고 | 재판소 | 제소일 |
|---|---|---|---|---|
| 재한군인군속재판 | 한국인 군인군속과 유가족 252명 | 일본국 | 도쿄 지방재판소 | 2001년 6월29일 |
| 야스쿠니합사 취소 소송(오사카) | 일본 · 대만 유족 10명 | 일본국 및 야스쿠니신사 | 오사카 지방재판소 | 2006년 8월 11일 |
| No! 합사재판(도쿄) | 한국인 유족 및 생존자 11명[9] | 일본국 및 야스쿠니신사 | 도쿄 지방재판소 | 2007년 2월 26일 |
| 야스쿠니합사 취소 소송(오키나와) | 오키나와 주민 | 일본국 | 나하 지방재판소 | 2008년 3년 19일 |
| '야스쿠니 무단 합사 철회' 소송 | 한국인유족 및 생존자 | 일본국 및 야스쿠니신사 | 도쿄 고등재판소 | 2013년 10월 23일[10] |

출처: 『야스쿠니에 묻는다: 야스쿠니신사 무단 합사 철폐 소송』(동북아역사재단편, 동북아역사재단, 2014), p.191을 바탕으로 저자 작성

이에 본 논문에서는 주변국인 한국이나 중국에 영향을 미치고 있는 일본의 야스쿠니신사 참배 이슈 및 정치화 과정에 주목하고자 한다. 결론적으로 현재 동아시아에서 작동하고 있는 내셔널리즘의 극복이 매우 중요하다. 그러기 위해서는 우선 내셔널리즘이 어떠한 메커니즘을 통해 성립되고, 그것이 국내 정치과정에서 어떻게 수용되고 지지받고(혹은 국민들의 마음을 사로잡고 행동에 영향을 미치거나 지배하고) 있는지를 고찰할 필요가 있다. 이러한 정치

---

9　"일방적으로 영령이라 받들어져 가족들의 생각과 반대되는 방법으로 위령됐다"면서 인격권 침해를 주장했으며 전몰자 정보 제공은 헌법이 정한 정교분리원칙을 위반한다고도 주장한다.

10　(제2심항소심판결) 2011년 7월 1심에서 도쿄지방재판소는 "합사는 신앙의 자유에 근거한 것이며 강제성을 동반하지 않은 한 관용돼야 한다"고 지적했다. 정부의 정보제공도 "결징권은 신사 측에 있다"고 정교일치를 부정했다. 1심 판결에 의하면 야스쿠니신사는 지난 1959년 정부의 통지에 근거해 태평양전쟁에서 사망한 9명과 생존 중인 남성 1명을 합사했다.

과정을 통한 사회문제해결이라는 국내적 요인(요소)에 덧붙여 여러 사회요소가 국가정책을 결정하고 실시되는 과정을 둘러싸고 대외적인 상호작용(의존)이 수반되는 과정도 포함하고 있다.

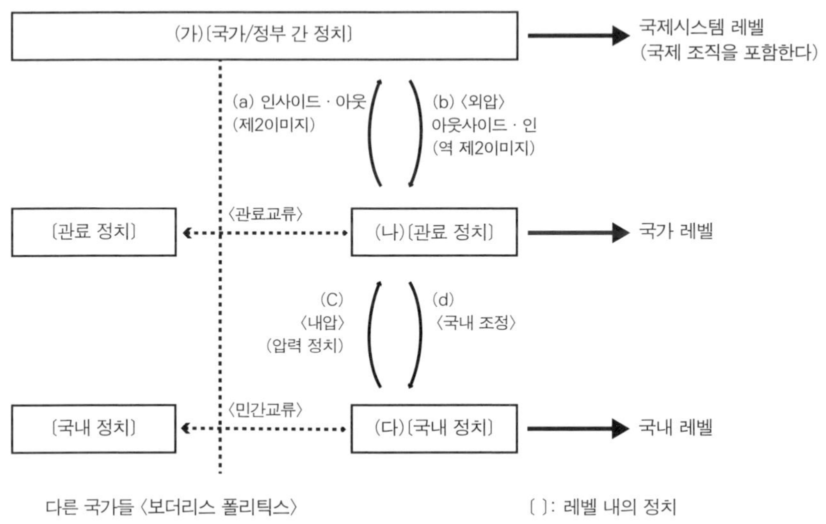


그림 1 야스쿠니 정치의 상호의존 레벨
출처: 야마모토 저 · 김영근 옮김(2014), 『국제적 상호의존』 논형, p.101.

표 2 야스쿠니의 정치경제학

| 관련 이슈 | 효과 | 비고 |
|---|---|---|
| 평화헌법(제9조) 개정 | 외부 위협요인의 내재화를 통한 제도개혁의 방향성 설정 | |
| 전후보상: 국내정치 (국가 vs.개인) | 일본의 전후처리(역사인식)와 과거청산 | |
| 우경화 | 일본 보수 및 일본주의의 확산 | |
| 내셔널리즘(국수주의) | 일본 보수 및 일본주의의 확산 | |
| 전후체제와 선거 | 정권유지의 정치경제학 | |
| 한일/중일 무역관계 | 위기관리의 경제학 | |

출처: 필자 작성

# Ⅱ. 일본의 야스쿠니 정치 : 일본주의의 탄생 및 보수와의 연계

## 1. 일본주의의 탄생 및 보수와의 연계

야스쿠니신사 참배로 인해 전후 한일관세 및 중일관계가 더욱 경색되는 정치과정에서 일본은 8월 15일(한국의 광복절)을 피한 8월 13일 방문이나 다른 행사 후 잠시 방문하는 방식의 전환을 꾀했다. 일련의 일본의 정책적 대응과정은 주변국과의 상호이해와 교류협력을 위한 일본의 대외정책의 일환으로 해석되기도 하지만 그보다는 오히려 '야스쿠니의 정치'로 이해할 수 있다.

### (1)일본 야스쿠니의 정치란 무엇인가?

일본 야스쿠니의 정치를 이해하기에 앞서, 우선 정치란 '정치적인 행위자들이 정치적 목표를 달성하기 위해 전개하는 실제적이고 복합적인 일련의 행동'으로 설명되는 정치과정political process을 의미한다. 실제로는 정치적 행위가 이루어지는 차원은 정치조직과 정치영역을 포함하고 있고 제도화된 정치 체계를 통해 정치가 이루어지는 과정으로 확대되고 있다. 여기서 정치과정은 '정치화'라는 용어와 다소 구별된다. '정치화'란 본래는 정치적이지 않은 문제들이 정치적 문제가 되어 가는 경우를 말하기도 하고, 비非정치적인 기구나 조직이 정치성향을 띠게 되는 경우를 말하기도 하며, 정치적인 문제가 제도적 절차를 거치면서 정치적 안건으로 다루어지는 과정을 의미하기도 한다.

이를 바탕으로 일본 '야스쿠니의 정치'를 설명하자면, '정치과정' 및 '정치화'를 내포하고 있다. 예를 들어 일본 수상의 야스쿠니 참배 문제는 애초에

'정치(적) 문제'라기 보다는 종교 혹은 개인적 이슈로 시작되었다. 특히 최근 아베 신조 수상의 야스쿠니 정치는 '정치화'에 '권력과정'이 가미된 양상이다. 이 문제는 '포퓰리즘'을 노린 정치화의 한 단면, 또는 일본 국내의 보수와 진보라는 이데올로기 대립을 국제적 이슈로 전환하여 하나의 국가 간 '권력과정'으로 비화시켜 나아가는 단면으로 나눌 수 있다. 말하자면 일본의 역사적, 정치적 구조를 내재화하지 않고 야스쿠니의 이미지를 국가경계國境를 넘어 다양한 행위주체와 상호교섭(퍼트남의 'Two-Level Game')이 행해지는 정치영역의 세분화 및 초국경화 과정으로 확산(확대)시키고 있다. 다만 내셔널리즘의 탄생은 국제적 요인보다는 국내 사회 구조와 성격에 의하여 영향을 받는다.

그렇다면 내셔널리즘nationalism이란 무엇인가? 내셔널리즘이란 '국가의 이익을 국민의 이익보다 앞세워 모든 것을 국가 중심으로 생각하는 주의'로, 국가의 공동체적 이념을 강조하고 그 통일, 독립, 발전을 꾀하는 주의를 의미한다.[11] 다만 "세계대국world power 즉 패권국가hegemonic state가 존재하는 경우에는 보편적인 원리에 따라 질서 유지가 이루어지고 경제적인 상호의존도 진전되지만, 힘이 분산되면 국익 중심의 내셔널리즘이 대두하여 국가의 현재성(내셔널리티)이 강화될 것이다."[12]라는 점에 주목할 필요가 있다.

다른 한편으로 내셔널리즘은 친구(혹은 동맹국가)에게만 우선적으로 애착과 유대감을 느끼는 감정으로, 편협하고 차별적인 부분을 지니며 외부 사

---

11  국가주의 (國家主義)로 쓰이기도 한다. 민족의 주체성이나 독창성, 우월성 따위를 강조하는 사상이나 운동의 의미를 담고 있는 민족주의(民族主義), 민족 지상주의(民族至上主義)에 가까운 내셔널리즘도 존재한다. 참고로 국수주의(國粹主義), 국제주의(國際主義) 등의 용어와 유의하여 사용할 필요가 있다.

12  야마모토 저 · 김영근 옮김(2014), 『국제적 상호의존』 논형, p.50.

람들에게 배타적 · 억압적으로 작용한다고 비판하는 사람도 존재한다. 현재 일본 군국주의 부활의 조짐을 가장 확실하게 드러내며 결과적으로 동아시아 내셔널리즘의 충돌을 유발하고 있는 요인 중의 하나가 바로 야스쿠니신사 참배라 할 수 있다.[13] 한국과 중국의 국가적 · 국민적 저항을 물리치고 야스쿠니 참배를 강행하는 일본 지배계급(내각 및 국회의원 등)의 행태에서 군국주의 부활 등 일본의 정치 프로세스 및 메커니즘을 감지할 수 있다.[14]

> "야스쿠니신사는 민초들의 신도神道를 국가종교화한 것이며, 전쟁신戰爭神을 미화하는 군국주의 이데올로기 장치이다. 그러므로 일본 총리의 야스쿠니신사 참배는 군국주의 부활의 의지를 내보이는 정치적인 행위이다. 여기에서 신사神社의 국가종교화－군국주의화의 동시진행이 과거(명치유신 이후 황군皇軍에 의한 조선점령 · 태평양전쟁)와 같이 이루어질지의 여부도 관심거리이다. 유슈칸遊就館[15]에서 '천황에 의한 전쟁'을 미화하는 바탕에 군국주의가 도사리고 있음을 잊어서는 안 될 것이다."

1985년에는 나카소네 야스히로中曾根康弘가 총리로서는 처음으로 공식 참배하였고, 2000년에는 이시하라 신타로石原愼太郎 도쿄도지사가, 2001년에는 고이즈미 준이치로小泉純一郎 총리가 공식 참배하였으며, 2013년 아베 신조 총리의 공식 참배는 한국과 중국 등 주변국뿐만 아니라 국제적인 비난도

---

13    오오사와 마사치(大澤真幸) 지음 · 김선화 옮김(2014), 『내셔널리즘의 역설: 상상의 공통체에서 오타쿠까지』, 어문학사.

14    고희탁 외 지음(2011), 『국학과 일본주의－일본 보수주의의 원류』, 동북아역사재단.

15    일왕(天皇)을 위해 죽은 전사들을 전쟁신으로 받들어 모신 '야스쿠니신사의 군사박물관'

받은 바 있다.

일본 총리의 신사참배가 문제시 되는 것은 관료의 신사참배가 일본 헌법 제20조에 규정된 정교분리 원칙과 관련되어 논의되고 있기 때문이다.[16] 일본의 야스쿠니 정치를 반대하는 주변국의 입장은 일본이 과거처럼 국가차원에서 신도神道를 장려하거나 적극적으로 비호할 경우, 역사인식이나 영토분쟁 등 주변국과의 마찰(대립)이 되풀이될 가능성이 높다는 것이다.

표 3 연도별 야스쿠니신사를 다녀간 일본의 수상 및 주요 인사 목록

| 일시 | 내용 | 이슈화 |
| --- | --- | --- |
| 1978.10 | 도죠 히데키 포함 A급 전범 14명 야스쿠니신사 비밀리에 합사 | |
| 1979.4 | 야스쿠니 합사 언론 발표 | |
| 1985.8.15 | 나카소네 야스히로 총리 야스쿠니신사 첫 공식 참배 | |
| 1996.7.29 | 하시모토 총리의 신사 공식 참배 | |
| 2001.8.13 ~2006.8.15 | 고이즈미 총리의 신사 공식 참배<br>2006년 8월 15일 고이즈미 前총리의 야스쿠니신사 참배 | |
| 2013 ~ | 아베 총리의 신사 공식 참배 | |
| 2014 ~ | 일본 각료 3명 및 국회의원 84명 신사 참배 | |
| 2015.4.22 ~ 23 | 일본 각료 3명[17] | |

출처: 필자작성

---

16　일본국 헌법 제20조에서 정교분리의 원칙에 관해 다음과 같이 규정하고 있다. 제20조: ① 신앙의 자유는, 누구나 이것을 보장한다. 어떠한 종교 단체도, 국가로부터 특권을 받거나, 정치상의 권력을 행사해서는 안 된다. ② 누구도, 종교상의 행위, 축전, 의식 또는 행사에 참가하는 것을 강제 받지 않는다. ③ 국가 및 어떤 국가 기관도, 종교 교육 기타 어떠한 종교적 활동도 할 수 없다.

17　야마타니 에리코(山谷えり子) 국가공안위원장 겸 납치문제담당상, 아리무라 하루코(有村治子) 여성활약담당상, 다카이치 사나에(高市早苗) 총무상 3인.

한일, 일중의 외교문제로 볼 때 야스쿠니 정치에 관한 논의는 야스쿠니신사가 'A급 전범'을 합사하고 있다는 점에 중점이 두어진다. 한중 양국의 정치와 미디어 모두 거의 이 차원에서 문제에 접근하고 있다.

한국 정부는 "전쟁이 종결된 지 70년이 지난 지금에도, 일본의 책임 있는 인사들이 과거 제국주의 침탈 역사의 상징인 야스쿠니신사에 공물을 보내거나 참배를 계속한다는 것은, 일본이 아직도 역사를 직시하지 못하고 있다는 것을 단적으로 보여주는 것"이라며 "한 · 일 국교정상화 50주년을 맞아 일본이 과거사에 대하여 진정으로 반성하고 사죄하는 자세를 행동으로 보여줌으로써, 한 · 일 양국 국민의 한 · 일 관계 개선 여망에 부응할 것을 강력히 촉구 한다."는 입장이다.

표 4  전후 일본의 보수정치와 일본주의 담론

| 정치가 | 주요 담론 |
| --- | --- |
| 고이즈미 준이치<br>수상 | "국가를 위하여 죽은 영령들에게 참배하는 것이 무엇이 나쁜가? 국가를 위한 희생자들에게 참배하지 못하는 나라가 일본 말고 또 어디가 있단 말인가? …… 나는 힘들 때마다 태평양전쟁 때의 가미카제 특공대를 생각한다." |
| 이시하라 신타로<br>도쿄도지사 | "난징 대학살은 중국인들이 지어낸 거짓말이다. ……, 될 수만 있다면 히틀러가 되고 싶다." |
| 아베 신조<br>수상 | 개인 자격으로 '마사카키' 공물 봉납(2015.4.22. 국회의원106명 참배)<br>"전후 70년을 맞아 이웃국가와의 관계개선에 힘써 나가는 것과 함께 야스쿠니 참배를 계승하겠다."(2015.3.8. 자민당 창당 60주년기념 전당대회 연설) |

출처 : 필자작성

## (2) 정치 보수 및 일본주의의 탄생

일본의 우경화가 심화되어가고 있는 현상의 특징은 주도적인 행위자의 변화이다.[18] 주로 일본 정부주도였던 것에서 탈피하여 일본의 대표적 혐한 단체인 '재일특권을 허용하지 않는 시민 모임(재특회)',[19] '넷우요쿠(右翼: 인터넷을 중심으로 활동하는 우익들)' 등 NGO/NPO, SNS(소셜네트워크서비스)의 역할 또한 강화되는 추세이다. 한편, 우경화의 배경으로는 장기화된 일본 경제사회의 침체 및 아베 정권의 우경화 용인(강화) 정책을 들 수 있다.

우선 일본은 1990년대 초반 이후 '잃어버린 20년'이라 불리는 침체상황과 더불어 2011년 3월 11일에 발생한 동일본대지진이라는 대재해를 겪은 이후 부흥과 재생을 꿈꾸어 왔지만 그다지 큰 진전을 보이고 있지 않다는 점이 우경화 심화 현상에 크게 영향을 미치고 있다. 일본의 우경화는 잃어버린 20년을 훌쩍 지나 '잃어버린 30년'의 터널로 진입해가는 상황을 탈피하려는 과정에서 나타나는 하나의 돌파구(분산수단)로도 해석된다. 이에 덧붙여 쟁점이 되고 있는 것은 한일 과거사 및 위안부 문제와 관련한 역대 일본 정부의 '고노 담화(1993)' 및 '무라야마 담화(1995)' 등을 모두 재검토해야 한다고 주장해 왔던 아베의 발언(입장)이 정권교체를 실현한 이후 그대로

---

18　최근 일본의 우경화와 혐한 시위에 관한 대표적 논의로는 다음을 참조할 것. 홍성후 (2014), 「일본 아베 정부의 보수 우경화 원인 분석: 동아시아 정책을 중심으로」, 『한국동북아논총』 Vol.70, pp.45-64; 박철희(2014), "일본 정치 보수화의 삼중 구조", 『일본비평』 Vol.10, pp.70-97; 이규수(2014), 「일본 '재특회(在特會)'의 혐한, 배외주의」, 『일본학』, 동국대학교 일본학연구소, 제38권, pp.71-95.

19　재특회(在特會·자이토쿠카이)는 재일 한국·조선인에게 특별영주자격을 부여한 입국관리특례법의 폐지를 목표로 내걸고 2006년 설립됐으며 일본 각지에서 민족 차별적인 시위를 벌이고 있다.

정책으로 반영되어 있는 상황이다. 일본 정부의 '반한시위 묵인화' 시책이나 교과서 및 교육 정책에서의 내셔널리즘 강화가 그 요인으로 작동하고 있다.

물론 혐한反韓시위에 대한 일본 시민들의 자발적인 저지反反韓운동이나 '반한시위금지법' 제정을 위한 초당파 연구모임의 활동 등은 한국의 입장에서 봤을 때 대단히 고무적인 움직임이다. 이는 살아있는 일본의 양심 혹은 뛰어난 자정능력이라고 평가할 만하다.[20] 다만 일본 내의 친親한국적 대응에 관해 특별한 한일 공조 방안을 마련해보자라는 주장에 대해서는 매우 신중하게 접근해야 한다. 친한親韓 움직임이 지속되기 위한 방안으로는 오히려 일본 내 자정능력을 더더욱 높이는 여론조성이나 국제사회의 공조가 급선무라고 생각된다. 예를 들어 2020년 올림픽 유치에 전력을 기울이고 있었던 당시 혐한시위가 평화와 인류애의 올림픽 정신에 어긋나는 행동이라는 일본 국민 특히 도쿄시민들의 자각은 시위를 저지하는 데 큰 역할을 수행했다. 또한 국제적 공조의 예로 '위안부' 문제에 관한 '미국의회 결의안' 등이 국제적인 파급효과가 매우 컸었다는 점은 시사하는 바가 크다.

---

20  한일관계 개선에 가장 중요한 요인 혹은 행위자임에도 불구하고, 양국의 자의적 해석 (활용)에 따라서는 바람직하지 않은 결과를 초래할 수 있다는 점에 유의할 필요가 있다.

# Ⅲ. 동아시아 내셔널리즘의 기원과 전개

세계화Globalization의 급진전과 맞물려 국경과 탈국경의 시대가 교차하는 현재, 주변 국가들의 우경화 혹은 국수주의적 외교행위에 수반되는 다양한 현상들이 급증하게 되었다. 예를 들어 최근 한국과 일본, 중국과 일본과의 야스쿠니 논쟁이 국가 간 무역과 관련하여 주요 쟁점으로 부상하였다. 정치적 이슈로 말미암아 한 국가의 무역(경제·통상)정책에 정치적 요소가 가미되는 양상이 나타났다.

다카하시 데쓰야高橋哲哉 도쿄대 교수는 "야스쿠니신사 참배가 결과적으로 일본 자민당 정권의 평화헌법 9조 개정 프로세스와 밀접한 관련이 있다"고 지적한다.[21] 동아시아 내셔널리즘의 충돌과정을 외부위협으로 간주하고, 이를 이용하여 평화헌법을 개정한 후 집단적자위권을 행사할 수 있는 국내여론을 조성하고자 하는 의도로 해석된다.

전후 동아시아 내셔널리즘의 충돌을 유발한 일본의 야스쿠니 정치에 관해서 아젠다별로 유형화(시기구분)하자면, 요시다 독트린(전후~1960년대), 나카소네니즘(1980년대), 고노담화(1993.8.4), 무라야마담화(1995.8.15), 고이즈미즘(2001~2006), 아베담화(2015.8.14) 등으로 나눌 수 있다. 이러한 일련의 일본 정치와 충돌 혹은 화해하는 과정 속에서 한국을 포함한 동아시아 주변국들의 내셔널리즘 역시 변화하고 있다.

---

21　2013년 8월 10일 도쿄에서 야스쿠니 참배 반대행사의 일환으로 열린 심포지엄에서 발표한 내용을 바탕으로 한 2013년 8월 13일자 한국 언론 인터뷰 발췌『연합뉴스』 2013.8.13.

표 5  전후 동아시아 내셔널리즘의 충돌

| 일본의 아젠다 | 내셔널리즘의 충돌과 화해 | 비고 |
| --- | --- | --- |
| 요시다 독트린<br>(전후 ~ 1960년대) | 미일강화회담 → 일본의 독립과 미일(쌍무)군사동맹의 성립 | - |
| 나카소네이즘<br>(1982 ~ 1987) | 일본이 우경화 및 보수정치 주창 → 한국과 중국의 관심 | 관심 |
| 고노담화<br>(1993.8.4) | 일본 내 이데올로기의 대립과 동아시아 | 화해 |
| 무라야마담화<br>(1995.8.15) | 일본 식민지 지배에 관한 공식사과 → 당시 낮은 관심 → 현재 관심도 제고 | 화해 |
| 고이즈미즘<br>(2001 ~ 2006) | 일본의 우경화 및 보수정치 확산 → 한국/중국과의 대립 | 충돌 |
| 아베담화<br>(2015.8.15) | 전후체제 70년 새로운(변형된) 일본국익의 모색 | 충돌 |

출처: 필자작성

첫째, 요시다 독트린(전후 ~ 1960년대)이란 연합군총사령부GHQ 점령 아래 일본 정부의 수장이던 요시다 시게루吉田茂 수상이 주장한 일본의 외교노선을 말한다.[22] 요시다 독트린(노선)의 경우, 일본의 안보 문제는 미국에 의존하는 한편, 군사적 예산은 최소한의 비용만을 지출, 일본의 경제발전(전후 국제무역체제로의 복귀)에 국가 역량을 집중하는 정책 스탠스의 결과가 주변국가와 내셔널리즘의 충돌을 초래했다고 보기는 어렵다. 자연스레 동아시아 국제관계는 마찰이 아닌 협력구도로 평가할 수 있겠다.

둘째, 나카소네이즘(1980년대)은 전후정치의 총결산을 내걸고 평화헌법(9조)의 개정 등 일본의 우경화 및 보수정치를 주창하여 주변국 한국과 중국

---

22  요시다 독트린(노선)에 관해서는 다음 논문을 참조할 것. 이명찬(2007), 이명찬(2014) 등.

의 내셔널리즘을 환기시킨 외교노선을 의미한다. 나카소네 야스히로(中曽根康弘: 1980.11.27∼1987.11.6) 수상은 1985년 8월 15일 일본 총리로는 처음으로 야스쿠니신사를 공식 참배하였다. 다만 야스쿠니신사에 도조 히데키(東條英機) 등 A급 전범들이 합사된 사실이 알려진 이후 한국과 중국의 격렬한 반발로 인해 나카소네 정권의 공식 참배는 한 번으로 끝났다.[23]

셋째, 고노담화(1993)[24]는 당시 고노 요헤이(河野洋平) 관방장관이 일본군위안부에 대한 일본군과 군의 강제성을 인정한 담화이다. 위안소는 당시 일본군軍 당국의 요청에 의해 설치된 것이며, 위안소의 설치·관리 및 위안부 이송에 관해서는 옛舊일본군이 관여하였다고 발표했고, 일본군위안부들에게 사과와 반성의 마음을 표명하였다. 인간의 존엄과 국가의 책임에 관한 고노담화의 사상을 야스쿠니 정치에 투영해 본다면, 일본헌법의 정교분리의 원칙에 따라 개인이든 국가 자격이든 간에 야스쿠니신사 참배에 반대하는 입장이라 할 수 있다. 실제 야스쿠니신사 참배에 적극적 정치를 행하고 있는 측에서는 고노담화의 철회를 주장하고 있다.[25]

넷째, 무라야마담화村山談話는 무라야마 도미이치村山富市 수상이 일본의 전후 50주년의 종전기념일 1995년 8월15일에 일본이 태평양 전쟁 당시의 식민지배에 대해 공식적으로 사죄한다는 뜻을 표명한 담화이다. "식민지 지

---

23   이후 현직 총리가 야스쿠니를 참배한 것은 하시모토 류타로(橋本龍太郎), 고이즈미 준이치로(小泉純一郎), 아베 신조(安倍晋三) 총리 3인에 그치고 있다.

24   공식명칭은 다음과 같다. ≪위안부 관계 조사결과 발표에 관한 고노 내각관방장관 담화(일본어: 慰安婦関係調査結果発表に関する河野内閣官房長官談話)≫

25   예를 들어, 일본의 우익시민단체 "고노담화의 완전철회를 요구하는 시민의 모임"은 위안부가 허위이며, 고노 담화가 굴욕적인 내용이므로 이를 철회해야 한다고 주장하고 있다.

배와 침략으로 아시아 제국의 여러분에게 많은 손해와 고통을 줬다. 의심할 여지없는 역사적 사실을 겸허하게 받아들여 통절한 반성의 뜻을 표하며 진심으로 사죄한다"고 발표했다. 이는 외교적으로 일본이 일본의 식민지배를 가장 적극적으로 사죄한 것으로 받아들여졌다. 그러나 강제동원 피해자에 대한 배상 문제와 군 위안부 문제 등은 언급하지 않았다.[26]

다섯째, 고이즈미즘(2001~2006)이란 1993년 55년 체제[27]가 붕괴한 이후 1990년대 시장과 국내 압력이 가중되는 상황 즉 '잃어버린 일본경제 10년(10여 년 간 계속된 일본의 경제 침체)'를 일본의 재무장과 군국주의 부활 등을 통해 극복하려한 외교노선을 말한다. 고이즈미 준이치로小泉純一郎 수상(2001.8.8~2006.9.26)은 매년 야스쿠니신사에 참배한 수상으로, 당초 8월 15일에 참배할 예정이었으나 한국·중국 양국을 배려한다는 이유로 이틀 앞당겨 13일에 참배함으로써 주변국의 비난을 무마하고, 자민당自民黨 총재선거 당시 자신의 선거 공약이었던 공식 참배를 정치적 현실화하려 노력했다고 평가할 수 있다.

마지막으로 아베 담론(2006~2009, 2012~현재)을 요약하자면, 아베 신조 현직 총리의 공식참배는 2006년 고이즈미의 참배 이후 7년만인 2013년 12월 26일로 한국과 중국은 물론 미국의 비판까지 가세한 대립의 정치과정으로 전개되었다. 전후 동아시아 내셔널리즘의 충돌과정(표 7 참조)에서 가장

---

26　2009년 8월 11일 하토야마 유키오(鳩山由紀夫) 당시 민주당 대표는 외신기자 회견을 통해 무라야마담화(1995년)를 실제로 계승하겠다고 밝히고, 또한 A급 전범이 합사된 야스쿠니신사를 대체할 '국립추도시설'을 짓겠다는 정책을 표명한 바 있다.

27　일본에서 1955년 이후 큰 정치변혁을 일컫어 연도를 차용하여 〈55년 체제〉라 한다. 당시 여당 자유민주당과 야당 일본사회당의 양대 정당 구조가 형성된 체제를 말한다. 일본 정치학자 마스미 준노스케升味準之輔가 1964년에 발표한 논문 〈1955년의 정치체제〉(《사상思想》 1964년 4월호)에서 처음으로 사용했다.

첨예한 대립을 초래한 시기라고 할 수 있다.

주변국들의 반발에 대해서는 "야스쿠니 참배가 이른바 전범을 숭배하는 행위라는 오해에 기반한 비판이 있지만, 지난 1년 동안 해온 일들을 영령께 보고하고, 두 번 다시 전쟁의 참화에 사람들이 고통 받지 않게 하겠다는 결의를 전하려고 참배했다. 중국인과 한국인들의 마음에 상처를 줄 생각은 털끝만큼도 없다"라고 밝히고 있다.[28] 이는 외형적으로 야스쿠니 참배를 국내 정치 문제로 한정하려는 스탠스이며 〈고이즈미즘〉을 계승하는 것으로써 전후 체제 70년에서 탈피하여 새로운(변형된) 일본국익을 실현하려는 내셔널리즘의 국제화 전략으로 평가된다.


## Ⅳ. 한일관계의 변용과 내셔널리즘의 충돌

### 1. 일본의 보수우경화 프로세스와 야스쿠니의 정치

야스쿠니를 통한 일본의 보수우익 정치 과정에서 연결되어 있는 경로(혹은 요인)를 이해하기 위해서는 야스쿠니 정치를 적극적으로 지지하는 재특회, 일본회의 등 우익(우요쿠: 右翼) 지지그룹을 고찰할 필요가 있다.[29] 일명 일본에서 특정한 이익단체를 대변하는 의원과 관료집단이 행동하는 〈야스쿠니족靖国族〉의 정치과정에 주목할 필요가 있는 것이다. 일본 정치현상의 주류를 이루고 있는 세력들의 역사적 근원淵源을 포함한 계보 그리고 이념적 특

---

28　길윤형, "야스쿠니신사 참배, 선 넘은 아베" 『한겨레』, 2013.12.26.

29　후지오카 노부카츠, 니시베 스스무, 고바야시 요시노리 등의 정치사상사 연구가 필요하다.

질, 정치성향 등 정치화 목표가 야스쿠니를 통해 체계화되고 제도화되는 과정으로 이어지고 있다. 일본이 전후 복귀하는 과정에서 정계에는 특정 업계와 유착하여 해당업계의 이익을 대변하는 의원들의 그룹 즉, '족族의원'이 존재하고 있었다.[30] 예를 들어 건설업계의 이익을 대변하는 정치인들은 '건설족', 농림수산업계의 이익을 대변하는 정치인은 '농림수산족의원', 우정성 관련단체 등으로부터 많은 도움을 받아온 정치인은 '우정족郵政族'으로 불린다. 1970년대 후반 집권 자민당 정무조사회의 각 부회部會가 법안과 예산에 대한 예비심사권을 갖게 됨에 따라 본질적으로 예산의 집행기관인 관료에 대한 정치인의 영향력이 강해지게 되었다. 일본에서는 정부 부처가 새로운 법안 등을 만들 때 자민당의 관련 부회 등에 그 내용을 사전 설명하고 '승인'을 받는 것이 관례로 정착되어 있었다. 따라서 족의원 정치는 국회의원이 특정 단체의 이익을 옹호하면서 정관政官유착이라는 일본 특유의 정치병폐를 안고 있는 구조이다.[31]

예를 들어, 〈야스쿠니의 족族정치〉에 관한 사례로는 일본유족회 회장 출신으로 일본의 82·83대 총리를 지낸 하시모토를 들 수 있다. 하시모토 수상이 유족회 회장이 될 수 있었던 배경(이유)을 살펴보면, "하시모토가 후생성과 연결고리가 있는 정치인이었다는 점, 즉 '족정치'의 단면과 연계되어 있었기 때문이다. 그는 후생성의 비서관으로 정치생활을 시작했고, 이후 후생대신의 자리까지 올랐다. 후생성은 유족회에 연금과 보상금을 지급하는

---

30  족의원보다 넓은 의미의 〈일본의 족정치〉에 관해서는 다음 논문을 참조할 것. 정준기(2001)『일본 자민당 족정치 연구』경북대학교 정치외교학과 박사학위 논문. 예를 들어, 건설족의 '족정치'란 건설업계와 유착해 있는 정치인, 관료, 언론인, 학자 등을 포괄하는 행위자들이 전개하는 정치과정을 내포하는 개념이다.

31  네이버 지식백과 검색 키워드: 일본 족의원 (시사상식사전, 박문각)

기준이 되는 '은급법恩給法/年金法'과 '원호법救護法' 등을 관할하는 정부기관이다. 이들의 관계를 정리해보면 다음과 같은 연결고리가 발견될 수 있다. 유족회는 후생성과 깊은 관계를 맺는 정치인들을 지지해 국회로 보내고, 국회의원들은 연금법과 구호법the pension Law and the relief Law 등의 적용대상을 늘리거나 지급 금액을 늘리는 방식으로 일본유족회의 편의를 봐준다는 프로세스이다. 즉, 유족회는 정치인들에게 표를 주고 정치인들은 후생성을 통해 유족들에게 금전적 보상을 해주는 것이다."[32]

한편 야스쿠니족의 정치과정에 관한 다른 사례로는 1997년 2월 87명의 자민당 의원들이 결집해 '일본의 미래와 역사교육을 생각하는 젊은의원들의 모임' 결성을 들 수 있다. 이 모임은 고노담화[33] 발표 이후 중학교 교과서에 '종군위안부'의 기술이 들어가게 된 것에 대한 위기감이 계기가 되었으며, 같은 해에 결성된 '일본회의日本会議'의 활동과 어우러져 아베 내각의 주력멤버가 되었다. 이들은 일본의 야스쿠니 정치의 핵심역할을 수행하고 있다. 야스쿠니신사 참배를 통해 지지세력을 규합하고 현재 그 영향력이 미미한 야스쿠니 정치를 확대하여 이익을 실현하고자 하는 '정책 네트워크' 구축을 목표로 하고 있다.

---

32    스나미 게스케, "야스쿠니를 지키는 삼각동맹"『한겨레 21』, 2007.7.24.

33    1993년 8월, 고노 요헤이(河野洋平) 관방장관을 통해, 옛(舊)일본군이 '위안부'에 대해 "직접 혹은 간접적으로 관여"하였고, "본인들의 의사에 관계없이 모집된 사례가 많았으며, 더욱이 관헌 등이 직접 이에 가담한 일도 있었다"는 사실을 인정했다. 일본 정부는 이 견해가 보상으로 이어지는 것은 아니라고 했지만, 불충분하게나마 일본의 국가로서의 책임을 피할 수 없다는 것을 정부 스스로가 인정하는 내용이었다.

## 2. 야스쿠니 내셔널리즘과 한일관계의 변용

일본이 주도하는 동아시아경제공동체(자유경제권) 실현 혹은 글로벌라이제이션하의 정치적 리더쉽 제고를 목표로 정치적·군사적 헤게모니大國化를 희망하는 경제·재財계 혹은 국내적 선호preferences와는 달리 아베가 내세우는 反한국·反중국 이데올로기(정책 스탠스)를 바탕으로 야스쿠니 정치가 지속될 경우 여러 부정적 효과를 경험할 가능성이 크다.[34]

물론 앞에서 살펴본 나카소네 수상의 사례와 같이 국제주의적인 측면을 고려한 즉 주변국가와의 관계를 중요하게 여긴 나카소네가 주변국들의 비판에 직면하자 참배를 중지했던 정책대응이야말로 화해형 야스쿠니 정치로 해석할 수 있다.[35] 당시 1984년 10월 나카소네 수상은 〈중의원예산위원회〉에서 일부 일본이 참가한 전쟁의 침략적 측면을 인정했듯이, 야스쿠니 정치 과정에서도 주변국과의 관계를 중시했고, 역사인식에서도 진일보한 견해를 보임으로써 어느 정도 마찰 상대국의 관심을 유화시키는 정책을 수행했다고 평가할 수 있다.

무엇보다도 주변국들의 비난에도 불구하고 일본 총리의 야스쿠니 공식참배가 이뤄질 수 있었던 메커니즘, 즉 야스쿠니에 얽혀있는 이해관계 및 참배의 정치적 효과를 고찰하기 위해서 야스쿠니 정치의 지지기반에 관해 고

---

34　물론 일본(인)의 전쟁관이나 일본인의 사생관(死生觀)-순국관(殉國觀)을 포함한 생사학(死生學) 분석도 중요하다. 다만 본고에서는 야스쿠니의 정치(과정)에 주안을 두어 분석하고 있어, 일본(인)의 이데올로기 분석은 별도의 논문에서 다루기로 한다. 예를 들어 아베 신조 수상의 내셔널리즘과 신자유주의적 정치사상에 관해서는 개인적 차원이 아닌 제도화된 과정의 일환으로 한정하여 분석한다.

35　최희식(2012), 「나카소네 야스히로(中曾根康弘)의 정치리더십 연구」, 『한국정치학회보』 제46집 제5호, pp.247-266.

찰해 보기로 하자.

기본적으로는 일본 혹은 일본 정치인들의 야스쿠니와 관련한 역사인식 문제가 주변국들의 일본주의, 일본 우익, 우경화, 내셔널리즘 연구의 내용과 방향을 규정해 왔다고 할 수 있다. 고이즈미 수상과 아베 수상의 신사 참배 역시 일본유족회日本遺族会[36]를 비롯한 보수성향 지지층을 겨냥한 정치화 프로세스로 볼 수 있다. 이러한 야스쿠니 정치를 지향하는 일본 총리들의 지속적인 야스쿠니신사 참배를 가능하게 했던 대내적 요인으로는 야스쿠니신사에 대한 일본 국민들의 지지기반이라 할 수 있는 '인식 및 선호 변화'를 들 수 있다.[37] 수상의 야스쿠니신사 공식참배를 주장하는 대표적인 단체로 널리 알려진 일본유족회는 1947년 유족들의 궁핍한 생계 문제를 해결하기 위해 결성되었다. 이후 일본정치계의 커다란 압력단체로 성장하였으며, 유족회원들 가운데 상당수가 자민당원으로 활동하고 있다. 당권을 노리는 정치가 입장에서 보면, 일본유족회와 상호 협력하는 정치구도 혹은 메커니즘 속에서 행동하고 있다고 할 수 있다. 이는 결과적으로 야스쿠니 정치가 가속화하는 과정에서 결과적으로 내셔널리즘으로 분화하여 주변국들과 충돌하는 기제로 작동하게 되는 것이다.

아베 총리의 우경화 정책 등에 대한 주변국가 특히 한국의 강력한 대응은 일관성을 지니고 있다. '전전戦前으로의 복귀' 정책이라 할 수 있는 일본의

---

36　日本遺族会は、「大東亜戦争」戦没者遺族の全国組織として昭和22年（当時は、日本遺族厚生連盟）に創設された。各都道府県には独立した遺族会が結成され、日本遺族会の支部としての役割も果たしている。市町村にも遺族会が結成されており、各々、さまざまな活動を行っている。http://www.nippon-izokukai.jp/

37　2001년 자민당 총재 선거 당시, 당내 지지기반이 취약했던 고이즈미는 "총리가 되면 어떤 비판이 있어도 매년 8월 15일 야스쿠니신사를 참배할 것"이라고 공약했고, 야스쿠니신사참배 약속은 결과적으로 유족회의 지지표층으로 이어진 것이다.

정책이 결과적으로 한일간 협력관계의 저해요인으로 작용하거나 저항에 직면할 것이라는 점이다. 또한 최근 일본은 '군국화'의 길로 해석되는 〈안보법제〉를 논의 중에 있다.[38]

이러한 프로세스야말로 일본의 보수세력들이 지지하고 있는 야스쿠니신사참배 목적이 〈일본의 보통국가화〉에 필수적인 요소라는 입장과 맥을 같이하고 있다. 이들은 미국이 만들어놓은 평화헌법과 미일안보조약이라는 두 기둥 위에 구축된 일본의 전후체제로부터의 탈피를 제창하여 〈보통국가화〉를 목표로 하고 있다. "일본 내 보수세력들의 지향점은 천황, 총리, 장관으로 이어지는 삼권분립의 수장首長들이 야스쿠니신사에 주변국가의 비판 없이 참배를 할 수 있는 보통국가의 건설을 노리는 것이다. 자위대를 전투요원으로서 해외에 파병하기 위해서는 국가원수에 의한 전몰자 위령(현창) 시스템이 확립되어야 하는 것이다."[39] 극단적으로 보면 일본의 야스쿠니 정치는 장기적인 비전과 전략을 바탕으로 추진되고 있으며 결과적으로 일본의 보통국가 실현에 순풍으로 작용하는 요인이 될 수도 있다는 점을 염두에 두어야 할 것이다.

야스쿠니신사 참배와 한일무역의 변화 분석을 통해 알 수 있는 것은, 다행히도 아직까지 일본 야스쿠니의 정치가 다른 한일 분쟁 아젠더와는 달리

---

38　일본 정부는 아베 총리 주재로 임시각의(국무회의)를 개최(7월 14일)하여 집단적 자위권 행사를 용인하는 내용을 골자로 하는 11개 안보 법률 제·개정안을 의결 중에 있다. 각의는 자위대법 등 10개 법률 개정안을 '평화안전법제 정비법안'으로 일원화해 신법인 국제평화지원법안과 함께 2개 법안을 의결하는 내용을 담고 있다. 일본내각부 홈페이지.

39　김봉식(2006), 「고이즈미 수상의 야스쿠니(靖国) 신사참배에 관한 고찰」, 『일본어문학』제35집, pp.511-534.

경제적 쟁점화 되지 못하고 있다는 점이다.[40]


## Ⅴ. 결론: 일본 야스쿠니 정치와 내셔널리즘의 관리


일본과의 분쟁이슈를 관리하기 위해서는 두 가지 유형화 및 시나리오가 필요하다. 첫째, 국제적 요인이 배제된 이슈와 국제적 요인이 작동하는 이슈로 분류할 수 있다. 본 논문의 분석대상인 '야스쿠니 정치' 및 이와 밀접하게 관련되어 있는 '천황제 시스템,' '내셔널리즘'은 굳이 분류하자면 국제적 요인이 작동하기 어려운 이슈라 할 수 있다. 다만 '야스쿠니 정치'가 전쟁 희생자와 관련된 인권문제 혹은 역사인식과 연계되어 있다는 점에서 충분히 국제적 협력을 도출할 수 있는 사안이라 할 수 있다.

주목해야 할 점은 최근 일본의 야스쿠니 정치에서 나타나는 '내셔널리즘'은 첫째, 전전戰前 제국주의에 의한 침략전쟁과 일본의 식민지지배에 대한 반성과는 거리를 둔 행보로 보인다는 것이다. 과거 일본이 관여한 전쟁의 평가 혹은 반성을 피하고 있다는 점에서 한중일 역사논쟁이나 영토분쟁, 위안부문제 등과 비슷한 정치과정으로 변화하고 있다. 결과적으로 아시아태평양전쟁을 일본의 침략전쟁으로 해석하지 않고 애매한(이와 다른) 역사관으

---

40 이에 반해 중일관계에서는 한일관계와 다른 양상을 보이고 있다. "2010년 9월 센카쿠 열도 주변에서의 중국어선과 일본 순시선 충돌사건 발생 이후 희토류를 둘러싼 일·중 간 무역마찰; 중국 어업감시선의 센카쿠 열도 부근 영해 침입(2011년 8월), 일본 정부의 센카쿠 열도 국유화 결정(2012년 9월) 등 최근 동북아시아를 둘러싼 영토·영유권 문제로 말미암아 한 국가의 무역(경제·통상)정책에 정치적 요소가 가미되는 양상이 나타났다." 김영근(2013), 「일본의 대외 영토분쟁 및 정권교체의 정치경제」, 『저팬리뷰 2013』, pp.138-139에서 재인용.

로 야스쿠니 정치가 진전될 경우, 동아시아 내셔널리즘의 충돌 또한 가속화
될 가능성도 적지 않다.

둘째, 천황제가 일본의 역사를 관통해 존속해 온 것을 강조함으로써, 전
전戰前의 '메이지明治時代 헌법체제'와 천황제를 지지하는 입장으로 선회하
고 있다. 나아가 정치적 논쟁에서 벗어나지 못하고 메이지헌법明治憲法적 천
황제 의미를 가지고 야스쿠니 정치를 지속할 경우, 결과적으로 국제적 요인
이 작동하는 이슈로 전환되어 국제적 비판을 감내해야 할 것이다. 즉 일본
이 천황天皇의 독재적인 정치권한 행사를 인정했던 '메이지헌법 체제' 즉 미
국의 뜻과 대립되는 역사관의 정당화를 시도할 경우, 일본의 행동(야스쿠니
정치)은 지지받지 못하고 외교적으로 고립될 수 있다. 이 때 한국과 일본의
내셔널리즘 충돌 과정에서 미국의 지지(협력)를 얻기 위해서는 대의명분과
미국의 이념·이익을 고려한 정책선택이 중요하다.

마지막으로 결론을 대신하여 야스쿠니를 넘어 동아시아공동체 구상을 위
한 두 가지 과제를 제시하고자 한다.

첫째, 정경분리 정책을 통해 한일관계 악화로 인한 양국 경제·사회·문
화 등 다른 분야에 미치는 악영향을 최소화해야 한다. 한국의 외교·안보
및 경제정책의 방향성은 상대국과의 대립·협력의 프로세스 속에서, 어떻
게 한일관계를 '경쟁'의 게임에서 '협조의 게임'으로 진전시켜 나아갈 것인
가에 대한 문제이다. 이 때, 협조의 게임으로 전환하는 데 기여할 수 있을
것인가 하는 관점에서 우리가 주목해야할 논리가 '정경분리先經後政의 원칙'
인 것이다.[41] 취약한 평화(협력)구조, 즉 '경색된 한일관계'에서 벗어나 실질

---

41    김진영(1998), 「김대중 정부의 대북정책 : 정경분리 원칙과 상호주의 원칙을 중심으
　　로」,『영남국제정치학회보』제 1집, pp.7-14.

적 평화를 실현하기 위해서는 우선 적극적으로 정치적 이슈가 다른 분야의 협력구도에 영향을 미치지 않도록 하는 것이 중요하다.

둘째, 본 논문에서 다룬 일본 야스쿠니 정치과정 분석을 통해 얻을 수 있는 교훈은 국가적 주체로서 일본은 분쟁(마찰) 상대국에게 객관화되고 상대화된 역사(과거사)인식 및 보편화ㅅ된 공공의 정체성(아이덴티티)을 갖지 않으면 동아시아의 내셔널리즘 충돌을 심화시킬 가능성이 높다는 점이다. 일본의 정치화 프로세스에 발생하는 다양한 분쟁요인을 극복(혹은 관리)하기 위해서는 양자간 합의가 아닌 국제적 틀에서 논의하는 것이 보다 용이할 것이다. 최근 일련의 일본의 우경화 정책기조로 인해 기로에 선 한일외교의 현상을 극복하고, 한일관계가 협력으로 가기 위한 지름길은 미국 요인을 포함한 '다자주의'의 활용이라 할 수 있다. 외압을 통해 일본을 미국이나 국제제도와 공조할 수 있는 '공정하고 공평한 지평(level playing field)'으로 이끌어내야 한다. 다만, '야스쿠니 정치'에는 인권 혹은 노동 이슈와는 달리 개인의 역사로 치부하는 일본의 국내정치적 논리가 상당히 침투되어 있다(중일관계 vs. 한일관계). 무엇보다도 한국(중국)이 일본과의 마찰 이슈를 압박하여 효과를 거두기 위해서는 일본의 우경화 행동(야스쿠니신사 참배 등)에 대한 공동 경고 등 미국과의 협조, 나아가 다자적 제도의 협력이 필요하다. 주지하다시피 일본의 대외정책 결정패턴에 대한 가장 유력한 설명은 '반응형 국가 reactive state 모델'이다.[42] 일본은 외압foreign pressure이 있을 때 반응하며 시

---

42  Kent Calder(1988), "Japanese Foreign Economic Policy Formation : Explaining the Reactive State", World Politics, Vol.40, No.4, pp.517-541; 박철희(2006), 「제6장 일본의 대외정책 결정패턴의 변화: 반응형 국가 모델에 대한 비판적 고찰」, 『일본 대외정책의 분석』, 한울. 'SII/미일구조협의(1989-1991년)' 및 '미일 포괄경제협의(1993-1996년)' 과정에 있어서는 미국의 개혁요구에 일본이 순응하는 '외압 반응형

스템이나 구조개혁이 용이하다는 논리를 아울러 활용한다면, 미국 혹은 국제제도(다자주의) 요인이 중요하다는 점을 알 수 있다. 물론 "일본이 '외압/반응형' 정치만을 고집한다면 국가(정부)는 외부의 요구를 내부화하는 매국노(아마야 나오히로天谷直弘의 '라샤멘'을 상기해 보자)[43]에 지나지 않을 것"이며, 국제적 지지를 받지 못함으로써 국수주의적 환상에 머무르게 될 가능성도 존재한다.

---

국가(reactive state)'에 관해서는 다음 논문을 참조할 것. 김영근(2014), 「아베노믹스의 정치경제학: 미일 통상교섭과 일본의 구조개혁을 중심으로」, 『일본학보』 제98집.

43  아마타니 나오히로(天谷直弘), 「저렴한 내셔널리즘을 배척한다(ソープ・ナショナリズムを排す)」, 『문예춘추(文芸春秋)』, 1981년 7월호, 특히 p. 326. 야마모토 지음 · 김영근 옮김(2014), p.106 재인용.

■ 참고문헌

고선규(2014),「일본 아베정권의 보수우경화 경향과 향후 전망」,『독도연구』제16호,
  영남대학교 독도연구소, pp.311-336.

고야스 노부쿠니(2004), 김석근 옮김(2005),『야스쿠니의 일본 일본의 야스쿠니(國家
  と祭祀: 國家神道の現在)』.

곽진오(2009),「일본인과 靖國神社: 참배와 반대에 있어서 신사를 둘러싼 성격규명에
  관한 연구」,『한일관계사연구』, 한일관계사학회, 제34호, pp.309-337.

김상준(2005),「기억의 정치학: 야스쿠니 vs. 히로시마」,『한국정치학회보』, 한국정치
  학회, 39(5), pp.215-236.

남상구(2010),「한국 · 한국인과 야스쿠니신사 문제」,『한일관계사연구』, 한일관계사
  학회, 제35호, pp.225-251.

다카하시 데쓰야(2005) · 현대송 옮김(2005),『결코 피할 수 없는 야스쿠니 문제(靖國
  問題)』, 역사비평사.

동북아역사재단 편(2014),『야스쿠니에 묻는다: 야스쿠니신사 무단 합사 철폐 소송』,
  동북아역사재단.

마크 셀든(2008),「전쟁과 역사의 기억 그리고 아태지역의 미래: 미일과 야스쿠니 문
  제」,『동북아역사논총』제21호, pp.7-30.

박규태(2000),「야스쿠니신사와 일본의 종교문화」,『종교문화연구』제2호, 한신대학교
  종교문화연구소, pp.131-144.

박규태(2008),「야스쿠니의 신화: 현대일본의 종교와 정치」,『종교연구』제50집, 한국
  종교학회, pp.39-76.

박진우(2003),「네오내셔널리즘과 상징천황제」,『일어일문학』제19집, 대한일어일문학
  회, pp.23-45.

이명찬(2007),「일본의 외교 · 안보정책에 나타난 '네 가지 노선': 일본의 외교 · 안보
  정책의 이해를 위한 분석틀」,『국제 · 지역연구』16권 1호, 서울대학교 국제학연
  구소, pp.75-116.

이명찬(2014),「일본의 집단적자위권 행사 용인과 국가노선의 대전환」,『일본연구논

총』Vol.40, 현대일본학회, pp.1-35.

일본의 전쟁 책임자료센터 편 · 박환무 옮김(2011), 『야스쿠니신사의 정치(季刊戰爭責任研究)』, 동북아역사재단.

정창석(2008), 「절대주의 천황제의 공간적 확대」, 『일본문화학보』 제37집, 한국일본문화학회, pp.275-297.

# 저자소개(목차 순)

**김영근**(金暎根, Young-Geun Kim / E-mail: ikimyg@korea.ac.kr)

도쿄대학 대학원 총합문화연구과에서 박사학위(국제관계학 전공)를 받았다. 현재 고려대학교 글로벌일본연구원 교수로 있으며, 사회재난안전연구센터 소장을 맡고 있다.「재해후의 일본경제정책 변용: 간토 · 전후 · 한신 · 동일본대지진의 비교분석」등의 논문을 썼으며,『재해 리질리언스: 사전부흥으로 안전학을 과학하자』(공저),『일본 재해학과 지방부흥』(공저),『한일관계사 1965-2015. II: 경제』(공저),『동일본 대지진과 일본의 진로』(공저) 등의 저서와『한일경제협력자금 100억 달러의 비밀』,『제언 동일본대지진』,『일본 원자력 정책의 실패』,『재난에서 살아남기 2』,『열광선언』등의 역서가 있다. 주된 관심분야는 글로벌 위기관리 및 재해안전학, 일본의 정치경제, 동아시아 국제관계, 국제기구 등이다. 미국 예일대학 국제지역연구센터(YCIAS) 파견연구원, 일본 아오야마가쿠인대학 국제정치경제학부 협력연구원, 현대경제연구원 동북아연구센터 연구위원, 무역투자연구원(ITI) 무역정책실 연구실장, 계명대학교 국제대학 일본학과 조교수를 역임했다.

**김용철**(金容澈, Yong-Cheol Kim / E-mail: kimyc8201@naver.com)

서울대학교 고고미술사학과를 졸업하고 도쿄대학 대학원 미술사학과에서 박사학위를 취득하였다. 동아시아 근대 및 일본미술사 전공으로 성신여자대학교 전임강사를 거쳐 고려대학교 글로벌일본연구원 교수로 재직 중이다. 주요논문으로「후지타 쓰구하루(藤田嗣治)의 전쟁화」,「청일전쟁기 일본의 전쟁화」등이 있고, 저서로는『전쟁과 미술: 비주얼 속의 아시아태평양전쟁』(공저, 2019) 등이 있다.

**박규태**(朴奎泰, Kyu-Tae Park / E-mail: chat0113@daum.net)

고베대학 서울대학교 독어독문학과 졸업, 동대학원 종교학과 석사. 동경대학 종교학과 박사를 받았다. 현재 한양대학교 일본학과 교수로 재직하고 있다. 주요 저서로『일본정신분석』,『신도와 일본인』,『일본 신사의 역사와 신앙』,『라프카디오 헌의 일본론』,『일본정신의 풍경』등 다수가 있고 주요 역서로『일본문화사』,『국화와 칼』,『황금가지』,『세계종교사상사』등 다수가 있다.


**서동주**(徐東周, Dong-Ju Seo / E-mail: djseo9123@snu.ac.kr)

쓰쿠바대학 대학원 인문사회과학연구과에서 박사학위(일본문학 전공)를 받았으며, 현재 서울대학교 일본연구소 교수로 재직하고 있다.『연동하는 동아시아 문화』(공저),『재일조선인 자기서사의 문화지리』(공저),『전후일본의 지식풍경』(공저),『전후일본의 생활평화주의』(공저) 등의 저서를 비롯해 다수의 논문이 있다. 최근의 관심분야는 냉전기 전후일본의 문화적 상상력, 한일관계를 중심으로 한 근대지식의 이동 등이다. 서울대학교 일본연구소 연구교수, 이화여자대학교 이화인문과학원 HK교수를 역임했다.


**지영임**(池映任, Young-Im Chi / E-mail: happyhime@hotmail.com)

히로시마대학 대학원에서 문화인류학으로 박사학위를 받았으며, 현재 대구가톨릭대학교 외래교수로 재직하고 있다.『야스쿠니에 묻는다: 야스쿠니신사 무단합사 철폐 소송』(공저),『죽음 의례와 문화적 기억』(공저) 등의 저서를 비롯해「야스쿠니 문제로 본 사람을 신으로 모시는 습속」,「야스쿠니재판을 통해 본 한일 종교관의 쟁점과 그 해결방안」,「전후 한국에서의 국가신도 시설의 변용」등의 논문이 있다. 동경대학 외국인 특별 연구원(JSPS), 동경대학 첨단과학기술연구센터 객원 연구원, 대구가톨릭대학교 다문화연구소 연구원 등을 역임했다.

**이충호**(李忠澔, Chung-Ho Lee / E-mail: alphachino@bufs.ac.kr)

도쿄대학 대학원 총합문화연구과에서 박사학위(비교문학비교문화 전공)를 받았으며, 현재 부산외국어대학교 일본어창의융합학부 조교수로 있으며, 탄뎀융복합교육센터 센터장을 맡고 있다. 대표 논저로는『일본고전문학에 나타난 삶과 죽음』(공저),『식민지조선 일본어잡지의 괴담·미신』(편저), 「近世期における韓日の英雄伝説の比較―民衆の英雄としての金徳齢と由比正雪」, 「江戸の楠正成像―浮世草子における好色化と当世化を中心に―」 등이 있다. 일본 리쓰메이칸대학교 객원연구원, 일본 국문학연구자료관 방문연구원, 고려대학교 글로벌일본연구원 연구교수를 역임했다.


**박삼헌**(朴三憲, Sam-Hun Park / E-mail: syamony@konkuk.ac.kr)

고베대학 대학원 문화학연구과에서 문학박사(일본사회문화사 전공)를 받았으며, 현재 건국대학교 일어교육과 교수이다. 저서로는『천황, 그리고 국민과 신민 사이: 근대 일본 형성기의 심상지리』,『근대 일본 형성기의 국가체제: 지방관회의·태정관·천황』(2013년 대한민국학술원 우수학술도서),『한중일이 함께 쓴 동아시아 근현대사 1·2』(공저, 2012년 문화체육관광부 우수교양도서),『처음 읽는 동아시아사 1·2』(공저) 등이 있고, 옮긴 책으로는『천황의 초상』,『특명전권대사 미구회람실기 제3권 유럽대륙(상)』(2012년 대한민국학술원 우수학술도서) 등이 있다. 한중일 공동역사편찬위원회 위원, 동북아역사재단 자문위원, 하와이대학 일본연구소 개원교수 등을 역임했다.


**조규헌**(曺圭憲, Kyu-Heon Cho / E-mail: jgh@smu.ac.kr)

와세다대학 대학원 일본문화론(일본민속학·문화인류학) 전공으로 박사학위를 받았으며, 현재 상명대학교 한일문화콘텐츠학과 교수로 재직 중이다. 주요저서로는『일본 의례문화의 기층과 변용』,『「コト八日」の祭祀論的研究』,『文化の遠近法: エゴ・イマジネル2』(공저),『식민지 시기 일본어 조선설화집 기초적 연구 2』(공저),

『신동북아 문화원형의 지형도』(공저), 『노년의 풍경』(공저), 『제국일본의 문화권력』(공저), 『일본 장례문화의 탄생』(역서) 등이 있다. 최근 논문으로는 「아니메 투어리즘에 의한 지역문화콘텐츠의 가능성: 사이타마현의 사례를 중심으로」, 「아키타현 나마하게의 '민속'적 가치와 '문화콘텐츠'로의 활용」, 「일본민속에서 '고유신앙'에 관한 일고찰: 조령신앙에서 사령신앙으로」 등이 있다. 주된 관심분야는 일본문화론, 의례문화, 일본문화콘텐츠, 문화코드 등 이다.


**박진우**(朴晋雨, Jin-woo Park / E-mail: pjw3331@sookmyung.ac.kr)

히도츠바시대학 사회학연구과에서 박사학위를 취득하였으며 현대 숙명여자대학교 일본학과 교수로 재직 중에 있다. 주요 저서로『근대 일본 형성기의 국가와 민중』, 『21세기 천황제와 일본』, 『천황의 전쟁책임』 등이 있으며 역서로『근대천황상의 형성』, 『메이지의 문화』 외 다수가 있다. 주된 관심 분야는 근현대천황제와 일본의 역사인식 등이다. 히도츠바시대학 사회학연구과 특별연구원, 영산대학교 국제학부 조교수, 리츠메이칸대학 정책과학부 객원교수 등을 역임했다.


**남상구**(南相九, Sang-Gu Nan / E-mail: nsggg@nahf.or.kr)

일본 치바대학(Chiba University)에서 일본현대사로 석사와 박사 학위를 받았다. 현재 동북아역사재단에 연구위원으로 재직 중이다. 관심 분야는 야스쿠니신사, 일본 교과서 문제 등 한일 간 역사 문제와 일본에서의 전쟁 기억이다. 주요 저서로는『일본 정치의 구조 변동과 보수화』(공저), 『야스쿠니에 묻는다: 야스쿠니신사 무단합사 철폐 소송』(공저), 『한일관계 1965-2015 정치 편』(공저), 『東アジア近現代通史7 アジア諸戦争の時代』(공저), 『일본군 '위안부' 그 역사의 진실』(역서) 등이 있다.

216, 230, 233, 237, 251, 265,
267, 333, 335, 339, 341, 354

## ㅍ

패권국가 338
평화헌법(9조) 310, 336, 344, 345, 353
폐번치현 89, 258
표상 8, 20, 21, 26, 32, 34, 36-40, 46, 47,
50, 57, 58, 69, 71, 94, 98, 99,
103, 105, 111, 177, 235, 249,
313, 330

## ㅎ

한국인 합사 11, 310-313, 321-323, 326,
327, 329, 330
한일관계 5, 313, 329-334, 337, 343, 348,
351, 354-356, 358, 360
한 · 일 국교정상화 341
합사 5, 10, 11, 27, 43, 47, 56, 57, 62,
64, 65, 88-96, 102, 105, 116,
139, 141, 153, 159, 162, 164,
181-183, 193, 194, 196-198,
201, 204, 206-208, 210, 212-
215, 217, 228-233, 236, 237,
240, 241, 244, 264, 272-282,
288-291, 293, 297, 298, 300-
304, 306, 309-330, 333, 335,
340, 341, 346, 347, 358
합사제 93, 96, 162, 181, 229-233, 236,

302
합사 철폐 11, 222, 249, 309, 312, 314,
319, 328, 332, 333, 335, 358,
362
현창 8, 18, 19, 20, 37-39, 44, 45, 54,
56, 77, 110, 116-118, 136, 142,
153, 157-159, 179, 184-186,
196, 198, 207, 210, 212, 213,
217, 222, 227, 333, 353
환생 10, 37-39, 134, 225, 248

## A

A급 전범 5, 11, 47, 64, 153, 154, 159,
223, 273-283, 287-291, 293,
295, 297, 298, 300-306, 310,
312, 323-325, 333, 340, 341,
346, 347

## C

Constitution 58-61, 76